教育部实用型信息技术（ITAT）人才培养系列教材

酒店计算机信息管理

周贺来　王彬　编著

全国"信息技术应用培训"教育工程工作组　主审

中国水利水电出版社
www.waterpub.com.cn

内 容 提 要

本书系统介绍了酒店计算机信息管理的具体知识，全书内容共 10 章，具体知识点主要包括：酒店业计算机的具体应用；酒店信息化的基本概述；酒店管理信息系统的基础知识和内容框架；现代信息技术在酒店业中的主要运用；酒店信息管理的流程分析；酒店管理信息系统的开发、实施、应用与管理；因特网在酒店信息管理中的应用（包括现代酒店的网站建设、网络营销、电子商务和网上酒店预订）；现代信息管理手段（供应链管理、客户关系管理、企业资源规划、决策支持系统、酒店收益管理等）在酒店业中的应用；酒店业信息化建设基本知识与实例介绍；酒店管理软件的操作流程介绍等。为了便于学生学习和教师授课，本书列举了许多相关的实际案例，并补充了许多阅读材料。每章前面都列出了本章内容导读与学习目标，后面都给出了本章小结和相关习题。

本书是教育部实用型信息技术（ITAT）人才培养系列教材之一，可以作为旅游管理、酒店管理、餐饮管理、烹饪管理以及相关专业学生的学习教材，也可作为酒店业信息化软件供应商及其相关技术人员的参考资料，还可作为酒店业管理机关、酒店行业相关协会和酒店业信息管理部门工作人员进行信息化建设时的重要工具指导书。

本书配有电子教案，需要者可以从中国水利水电出版社网站和万水书苑免费下载，网址为：http://www.waterpub.com.cn/softdown/和 http://www.wsbookshow.com。

图书在版编目（CIP）数据

酒店计算机信息管理 / 周贺来，王彬编著. -- 北京：中国水利水电出版社，2010.1（2014.1重印）
（教育部实用型信息技术（ITAT）人才培养系列教材）

ISBN 978-7-5084-7069-6

Ⅰ. ①酒… Ⅱ. ①周… ②王… Ⅲ. ①饭店－企业管理－管理信息系统－教材 Ⅳ. ①F719.2-39

中国版本图书馆CIP数据核字(2009)第228438号

策划编辑：杨庆川　责任编辑：张玉玲　封面设计：李 佳

书　名	教育部实用型信息技术（ITAT）人才培养系列教材 **酒店计算机信息管理**
作　者	周贺来　王彬　编著 全国"信息技术应用培训"教育工程工作组　主审
出版发行	中国水利水电出版社 （北京市海淀区玉渊潭南路1号D座　100038） 网址：www.waterpub.com.cn E-mail：mchannel@263.net（万水） 　　　　sales@waterpub.com.cn 电话：（010）68367658（发行部）、82562819（万水）
经　售	北京科水图书销售中心（零售） 电话：（010）88383994、63202643、68545874 全国各地新华书店和相关出版物销售网点
排　版	北京万水电子信息有限公司
印　刷	北京蓝空印刷厂
规　格	184mm×260mm　16开本　19.25印张　475千字
版　次	2010年1月第1版　2014年1月第3次印刷
印　数	7001—10000册
定　价	32.00元

凡购买我社图书，如有缺页、倒页、脱页的，本社发行部负责调换

版权所有·侵权必究

前　　言

目前，酒店业计算机应用发展很快，应用领域、管理幅度越来越大，从以前仅仅是总台的预订接待，发展到餐饮管理、客房管理、程控电话管理、财务结账处理，以至于到现在后台的人力资源管理、财务管理、库存管理、客户管理等。可以说，酒店业的信息化建设目前已经得到了国家旅游行政机关、酒店行业协会和各家酒店企业的高度重视。

本书作为教育部实用型信息技术（ITAT）人才培养系列教材之一，全书共 10 章，全面介绍了酒店计算机信息管理的具体知识，主要内容包括：酒店业计算机的具体应用情况介绍；酒店信息化的基本概述；酒店管理信息系统的基础知识和内容框架；现代信息技术在酒店业中的主要运用；酒店信息管理的流程分析；酒店管理信息系统的开发、实施、应用与管理；因特网在酒店信息管理中的应用（包括现代酒店的网站建设、网络营销、电子商务和网上酒店预订）；现代信息管理手段（供应链管理、客户关系管理、企业资源规划、决策支持系统、收益管理系统等）在酒店业中的应用；酒店业信息化建设基本知识与实例介绍；酒店管理软件（石基 PMS 系统中的饭店管理软件）的操作流程介绍等。

本书通俗易懂，内容新颖，知识全面，实用性强，教材结构体系既符合目前酒店信息管理的实际情况和具体要求，同时相关章节具体案例的列举和每章后面小结和复习题的提供、相关学习资源的给出，使该教材非常适合课程教学和岗位培训的需要。

本书是跨专业、跨学科合作的结晶，编写人员中既有多年从事酒店业务管理和计算机信息管理课程教学和专业研究的专职教师，也有具有丰富的酒店信息系统规划、开发、应用和维护经验的酒店软件供应商的技术人员，同时还有精通酒店业务管理的酒店企业实战人才。全书由周贺来、王彬任主编，策划了本书的内容体系，牵头确定了编写大纲，负责统稿和定稿工作；安雪、徐茜、韩鹏任副主编，对本书初稿进行了审稿。全书各章的参编情况如下：贾琳琳编写第 1 章，张超广、赵忠奇编写第 2 章，杨安杰、蔡中民编写第 3 章，胡伟、王德静编写第 4 章，徐茜编写第 5 章，安雪编写第 6 章，周贺来编写第 7 章，牧笛、王永政编写第 8 章，李红娟编写第 9 章，王彬、韩鹏编写第 10 章。另外，石基公司的软件技术人员提供了石基 PMS 软件的相关文字说明材料。

本书是教育部实用型信息技术（ITAT）人才培养系列教材之一，可作为旅游管理、酒店管理、餐饮管理、烹饪管理等专业学生的学习教材，也可作为酒店业信息化软件供应商及其相关技术人员的参考资料，还可作为酒店业管理机关、酒店行业协会和酒店业信息管理部门工作人员进行信息化建设时的重要工具指导书。

在本书的编写过程中，参考了许多前人的资料，我们大都在参考文献中进行了罗列，对于有些确实无法查到来源的可能会没有提及，在此对他们表示衷心的感谢。

由于时间仓促及编者水平有限，书中难免有不当之处，敬请广大读者批评指正。

编　者

2009 年 10 月

目　　录

前言

第1章　计算机在现代化酒店中的应用介绍 1
1.1　现代化酒店的含义与功能 1
　1.1.1　现代化酒店的含义 1
　1.1.2　现代化酒店的服务内容 1
　1.1.3　现代酒店业在国民经济中的地位 3
1.2　现代化酒店计算机应用简介 4
　1.2.1　现代化酒店中计算机应用的必要性 4
　1.2.2　现代化酒店中计算机应用的领域 7
　1.2.3　现代化酒店中计算机应用的特点 8
1.3　酒店业计算机应用的发展分析 8
　1.3.1　酒店业计算机应用的总体历程 8
　1.3.2　现代化酒店计算机应用系统简介 10
　1.3.3　现代化酒店计算机应用的前景展望 10
本章小结 14
复习思考题 15

第2章　酒店管理信息系统概述 16
2.1　信息与信息管理 16
　2.1.1　数据与信息 16
　2.1.2　信息的特征 17
　2.1.3　管理信息和信息管理 18
2.2　信息系统 20
　2.2.1　信息系统的概念 20
　2.2.2　信息系统的功能 21
　2.2.3　信息系统的结构 22
　2.2.4　信息系统的类型 23
2.3　酒店管理信息系统概述 27
　2.3.1　酒店管理信息系统的概念 27
　2.3.2　酒店管理信息系统的特征 28
　2.3.3　酒店管理信息系统的功能 29
　2.3.4　酒店管理信息系统的结构 33
2.4　酒店管理信息系统的发展 38
　2.4.1　酒店管理信息系统的应用历程 38
　2.4.2　酒店管理信息系统的发展概况 39
　2.4.3　当前主流酒店管理信息系统简介 40
　2.4.4　酒店管理信息系统的发展方向 43
2.5　酒店管理信息系统的选购 45
　2.5.1　酒店软件系统供应商的选择 45
　2.5.2　硬件系统的可靠性要求 46
　2.5.3　酒店软件系统的评价标准 46
本章小结 47
复习思考题 47

第3章　酒店信息管理的技术基础 49
3.1　信息技术及其在酒店业中的应用概述 49
　3.1.1　信息技术的含义与内容 49
　3.1.2　信息技术在酒店业中的应用 50
3.2　数据处理技术及其在酒店管理中的应用 50
　3.2.1　数据处理及其目的 50
　3.2.2　数据库系统及其组成 51
　3.2.3　数据仓库与数据挖掘技术 51
　3.2.4　联机事务处理技术 52
　3.2.5　联机分析处理技术 52
3.3　计算机网络技术及其在酒店管理中的应用 53
　3.3.1　计算机网络概述 53
　3.3.2　酒店内部局域网的应用 56
3.4　多媒体技术及其在酒店管理中的应用 57
　3.4.1　多媒体技术概述 58
　3.4.2　多媒体技术在酒店管理中的主要应用 58
3.5　酒店信息管理中其他相关技术的应用 59
　3.5.1　电子门锁系统的应用 59
　3.5.2　触摸屏的应用 62
　3.5.3　语音信箱的应用 63
　3.5.4　迷你吧计算机控制系统的应用 64
　3.5.5　视频点播系统的应用 65
　3.5.6　电子通信与控制技术的应用 67
本章小结 68
复习思考题 69

第4章 酒店管理业务的信息流程分析 ……70
4.1 酒店宾客服务的信息流程 ……70
- 4.1.1 酒店宾客管理的整体流程 ……70
- 4.1.2 预订阶段的宾客服务信息流程 ……72
- 4.1.3 接待阶段的宾客服务信息流程 ……75
- 4.1.4 住店消费阶段的宾客服务信息流程 ……78
- 4.1.5 结账离店阶段的宾客服务信息流程 ……78

4.2 酒店前台其他业务的信息流程 ……78
- 4.2.1 酒店客房管理的信息流程 ……78
- 4.2.2 酒店营业点管理的信息流程 ……79
- 4.2.3 酒店客账管理的信息流程 ……80
- 4.2.4 酒店销售业务的信息流程 ……87

4.3 酒店后台业务的信息流程 ……88
- 4.3.1 酒店财务管理的信息流程 ……88
- 4.3.2 酒店人力资源管理的信息流程 ……95
- 4.3.3 酒店设备管理的信息流程 ……98
- 4.3.4 酒店物资管理的信息流程 ……100

本章小结 ……101
复习思考题 ……102

第5章 酒店管理信息系统的规划与开发 ……103
5.1 酒店信息系统的总体规划 ……103
- 5.1.1 信息系统总体规划的基本知识 ……103
- 5.1.2 信息系统发展的诺兰阶段模型 ……107
- 5.1.3 酒店信息系统总体规划的步骤 ……108

5.2 信息系统的开发知识综述 ……110
- 5.2.1 信息系统开发的任务和特点 ……111
- 5.2.2 信息系统开发的原则和策略 ……111
- 5.2.3 信息系统开发前的准备工作 ……112
- 5.2.4 信息系统开发的几种常用方式 ……113
- 5.2.5 管理信息系统开发的生命周期 ……115

5.3 酒店管理信息系统的开发流程 ……116
- 5.3.1 酒店管理信息系统的系统分析 ……116
- 5.3.2 酒店管理信息系统的系统设计 ……125
- 5.3.3 酒店管理信息系统的系统实施 ……131

本章小结 ……134
复习思考题 ……134

第6章 酒店管理信息系统的运行与管理 ……136
6.1 酒店管理信息系统的运行管理 ……136
- 6.1.1 酒店计算机信息管理的组织建设 ……136
- 6.1.2 酒店信息系统日常运行的管理 ……138
- 6.1.3 酒店信息系统应用的规章制度 ……139

6.2 酒店管理信息系统的维护管理 ……140
- 6.2.1 酒店信息系统维护的内容 ……140
- 6.2.2 酒店信息系统维护的类型 ……140
- 6.2.3 酒店信息系统维护的管理 ……141

6.3 酒店管理信息系统的安全管理 ……142
- 6.3.1 酒店信息系统安全的含义 ……142
- 6.3.2 影响酒店信息系统安全的主要因素 ……142
- 6.3.3 加强酒店信息系统安全的主要措施 ……143
- 6.3.4 保证酒店信息系统安全的常用技术对策 ……144
- 6.3.5 典型的酒店管理信息系统安全解决方案 ……145

6.4 酒店管理信息系统的效果评价 ……145
- 6.4.1 酒店管理信息系统的评价内容 ……145
- 6.4.2 酒店管理信息系统的评价体系 ……146
- 6.4.3 酒店管理信息系统的评价指标 ……147

6.5 酒店信息系统的外包管理 ……148
- 6.5.1 酒店信息系统外包概述 ……148
- 6.5.2 酒店信息系统外包的主要优点 ……150
- 6.5.3 酒店信息系统外包的缺点 ……150

本章小结 ……151
复习思考题 ……151

第7章 因特网在酒店信息管理中的应用 ……153
7.1 Internet的基本知识 ……153
- 7.1.1 Internet的含义 ……153
- 7.1.2 Internet中的几个常用术语 ……153
- 7.1.3 Internet的主要应用 ……155

7.2 Internet在酒店经营中的主要作用 ……155

7.3 酒店企业的网站建设 ……157
- 7.3.1 酒店企业网站建设的必要性分析 ……157
- 7.3.2 酒店企业网站的制作流程 ……159
- 7.3.3 酒店网站建设和运营中的主要工作 ……161
- 7.3.4 酒店网站规划建设实际案例 ……164

7.4 酒店业网络营销 ……169
- 7.4.1 网络营销的形式及其特点 ……169
- 7.4.2 酒店业开展网络营销势在必行 ……171
- 7.4.3 酒店业开展网络营销的应对策略 ……172

7.4.4 我国酒店业开展网络营销的具体措施 …… 173
7.4.5 酒店业网络营销的实例分析 …… 176
7.5 酒店业电子商务 …… 177
 7.5.1 电子商务概述 …… 178
 7.5.2 电子商务在现代酒店中的主要应用 · 181
 7.5.3 电子商务在现代酒店管理中的作用 · 183
 7.5.4 电子商务在酒店管理中的应用实例 · 184
7.6 酒店网络预订系统 …… 185
 7.6.1 酒店网络预订系统概述 …… 185
 7.6.2 酒店网络预订系统的应用模式 …… 188
 7.6.3 网络预订系统的运作方法 …… 191
 7.6.4 我国网络预订系统的现状和发展趋势 …… 193
 7.6.5 网络预订系统典型应用实例 …… 197
阅读材料：《e龙旅行网服务条款》…… 207
本章小结 …… 210
复习思考题 …… 210

第8章 酒店信息管理中其他相关方法的应用 ·· 212
8.1 客户关系管理在酒店业中的应用 …… 212
 8.1.1 客户关系管理概述 …… 212
 8.1.2 酒店业中客户关系管理的应用价值 …… 215
 8.1.3 客户关系管理在酒店中的应用实例 …… 217
8.2 呼叫中心在酒店业中的运用 …… 218
 8.2.1 呼叫中心的基本知识 …… 218
 8.2.2 现代酒店应用呼叫中心的意义 …… 221
 8.2.3 呼叫中心与订房公司的区别 …… 222
 8.2.4 国内外酒店业呼叫中心的应用现状 · 222
8.3 供应链管理及其在酒店业的应用 …… 223
 8.3.1 供应链管理概述 …… 223
 8.3.2 供应链管理在现代酒店中的应用 …… 223
 8.3.3 酒店业供应链体系的构建策略 …… 226
8.4 企业资源规划在现代酒店中的应用 …… 228
 8.4.1 企业资源规划的基本知识 …… 228
 8.4.2 企业资源规划在酒店业中的应用分析 …… 229
 8.4.3 我国酒店业ERP应用的典型案例 …… 230
8.5 酒店决策支持系统及其应用 …… 231
 8.5.1 酒店决策支持系统的概念 …… 231
 8.5.2 酒店决策支持系统与酒店管理信息系统的区别 …… 231
 8.5.3 酒店决策支持系统的功能 …… 232
8.6 业务流程重组及其在酒店业中的应用 …… 232
 8.6.1 业务流程重组的基本知识 …… 233
 8.6.2 业务流程重组的管理原则 …… 236
 8.6.3 酒店企业业务流程重组的实施 …… 237
8.7 收益管理系统及其在酒店业的应用 …… 239
 8.7.1 收益管理系统的基本知识 …… 239
 8.7.2 收益管理系统可以应用于酒店业 …… 240
 8.7.3 当前酒店业收益管理系统的应用情况 …… 244
本章小结 …… 245
复习思考题 …… 246

第9章 酒店信息化建设及其案例介绍 …… 247
9.1 酒店业信息化概述 …… 247
 9.1.1 信息化的基本知识 …… 247
 9.1.2 酒店信息化的含义与作用 …… 248
 9.1.3 酒店业信息化的发展阶段 …… 251
9.2 我国酒店信息化建设的问题与对策 …… 253
 9.2.1 我国酒店信息化建设的发展现状 …… 254
 9.2.2 我国酒店信息化建设中的主要问题 …… 255
 9.2.3 我国酒店信息化建设的应对策略 …… 256
9.3 酒店业信息化建设案例介绍 …… 257
 9.3.1 ××酒店信息化建设整体方案 …… 257
 9.3.2 ××酒店人力资源管理系统应用案例 …… 261
 9.3.3 ××国际酒店财务管理系统应用案例 …… 263
 9.3.4 ××大酒店信息化建设工作总结 …… 265
本章小结 …… 268
复习思考题 …… 269

第10章 石基PMS：酒店信息管理典型软件介绍 …… 270
10.1 石基PMS概述 …… 270
 10.1.1 石基PMS的应用范畴 …… 270
 10.1.2 石基PMS的基本任务 …… 271
10.2 预定模块介绍 …… 271
 10.2.1 预定相关的基本概念 …… 271

10.2.2　预定模块的工作流程……………273
10.3　前台接待模块介绍……………………278
　10.3.1　前台接待的功能说明……………278
　10.3.2　前台接待模块的工作流程………278
10.4　出纳管理模块…………………………283
　10.4.1　出纳管理的功能简介……………283
　10.4.2　出纳模块的工作流程……………283
10.5　财务应收账模块介绍…………………286
　10.5.1　财务应收账的基本知识…………286
　10.5.2　财务应收账模块的工作流程……286
10.6　客房管理模块介绍……………………292
　10.6.1　客房管理的基本知识……………292
　10.6.2　客房管理模块工作流程…………292
10.7　夜审模块介绍…………………………297
　10.7.1　夜审前的准备……………………297
　10.7.2　夜审运行的主要内容……………298
本章小结………………………………………298
复习思考题……………………………………299
参考文献……………………………………300

第1章 计算机在现代化酒店中的应用介绍

【内容导读】

计算机作为一种信息处理工具,在现代化酒店中发挥着日益重要的作用。酒店计算机信息管理已成为酒店管理中的一项重要内容。大力加强计算机信息管理,提高现代化酒店的工作效率和经济效率,并推出特色项目和个性化服务,已经成为各家酒店的共识。

本章首先介绍现代化酒店的含义、服务内容与重要功能,然后说明现代化酒店中计算机信息管理的必要性、计算机应用的领域与特点,最后介绍酒店中计算机应用的发展历程,对常用的应用系统做了介绍,并指出了计算机在现代化酒店应用中的发展前景。

【学习目标】

- 了解现代化酒店的含义及其服务内容
- 理解现代化酒店计算机应用的必要性
- 熟悉现代化酒店中计算机的应用领域
- 了解现代化酒店中计算机应用的特点
- 掌握现代化酒店中各种应用系统的功能
- 了解现代化酒店计算机应用的发展前景

1.1 现代化酒店的含义与功能

随着人类经济社会的不断发展,特别是随着旅游业的不断发展,酒店业在国民经济中的重要地位日益凸显,由其提供的综合性服务功能越来越齐全。现代化酒店服务功能的不断增加,社会信息化发展的日益迅猛,促使现代化酒店的计算机信息管理变得非常关键。

1.1.1 现代化酒店的含义

按照人们的传统理解,酒店就是向人们提供食宿服务的场所,是为满足人们最基本的旅行生活需要的,即仅仅是提供食和住的服务。例如,瑞士酒店管理协会曾将酒店概括为:"拥有完整的接待、住宿以及饮食设施的企业"。但是随着经济社会的快速发展和现代化酒店功能的日益多样化,这种传统认识似乎已经不能完整地概括酒店的含义了。

其实,现代化酒店实际上已经成为了一个综合性的服务机构,是一个通过向消费者提供住宿、餐饮、娱乐、健身、商务、购物和社交服务,进而向消费者收取一定的费用来获取利益,以客房和餐厅为主体,集娱乐、健身、购物等设施于一身的现代化企业。

1.1.2 现代化酒店的服务内容

按照以上的定义,现代化酒店的功能已趋向多样化。其服务内容表现在以下方面:

(1) 主要功能依然是提供住宿与饮食服务。

最初酒店之所以产生，就是为了满足人们外出"住"和"吃"的需要而发展起来的。它所提供的基本服务与顾客的基本要求是一致的。对于现代化酒店来说，其最重要的组成部分仍然是客房和餐厅，其所提供的最主要功能仍然还是住宿与饮食服务。

住宿服务包括出租客房、清扫客房、洗衣和出租业务，以及设施、设备的辅助手段（如提供电话、洗涤用品等）。这些服务应当能够满足顾客在住宿方面的需求。

饮食服务主要是烹调和特色服务，其目的是为了满足顾客在饮食方面的需要。

(2) 辅助服务项目逐渐增加繁多。

为了更好地为顾客提供服务并在竞争中生存，现代化酒店除了提供上述基本服务外，还要提供其他的各种辅助性服务项目，这些辅助服务项目的功能是否齐全，以及服务质量的高低，往往更能影响到酒店的声誉，甚至会左右到酒店的客源乃至最终的经营利润。

在现代化酒店中，目前已经普遍开展的辅助项目主要有：

1) 娱乐服务项目。随着社会经济的发展和人们生活水平的提高，人们对娱乐提出了越来越多、越来越高的要求。人们在旅途中，除了满足吃和住的需要外，往往还需要通过一定的娱乐活动来松弛紧张的心情，调节情绪，在娱乐中得到休息。目前，诸如夜总会、歌舞厅、游艺厅、棋牌室、网吧等，既能满足顾客的需要，又是酒店收入的重要来源。

2) 健身和运动项目。具有一定规模的现代化酒店，一般都设有专门的健身和运动设施，这是为适应人们追求身心健康的需要而设立的。这些设施包括台球室、桌球室、乒乓球室、保龄球馆、健身房、游泳池、网球场等。

3) 商务和通讯服务。目前，一般的现代化酒店都提供商务和通讯服务。很多顾客都是因公出差，或因商务、公务而需要利用像酒店这样的环境与外界发生联系。即使是一般的休闲、度假、观光旅游者，也要经常与店外发生这样或那样的联系。因此，提供商务和通讯服务成为了现代化酒店不可缺少的服务内容。酒店要通过自己的人员、设备以及技术条件为顾客提供国际和国内电话、因特网、电传、传真、打字、复印和翻译等服务。

4) 购物中心。很多现代化酒店内都设有购物中心，主要经营日用品或本地的土特产品等。由于个性需求以及其他方面的原因，酒店的服务不可能十全十美，总会有顾客想要增加或补充日用品，还有的顾客喜欢购买一些具有地方特色的物品留做纪念。在酒店内部专设这样的购物中心，既方便了顾客，又增加了酒店的收入。

5) 中介代理服务。现代化酒店不同于以往酒店的一个主要特征就是为顾客提供中介代理服务。例如，很多现代化酒店都把顾客在店外的某些活动也纳入自己的服务内容，如为顾客订购机票、车船票、旅游景区门票，发运行李，兑换外币等。

(3) 成为当地居民的社交中心。

以往本地居民很少到酒店来消费，酒店服务对象基本上都是外地顾客。现代化酒店由于功能齐全，设施高档，设备豪华，所以当地居民的一些重要社会活动也经常会在酒店里举行，例如重要宴会、庆典仪式、新闻发布会、招待会、各种沙龙等。而酒店为了扩大影响，增加收入，也会将部分服务设施如夜总会、歌舞厅、多功能厅、网吧、会议室、餐厅、娱乐厅等向非住店的当地居民开放，使酒店也成为当地居民的娱乐和社交中心。

总之，现代化酒店虽然仍然把食宿服务作为主要的服务内容，但它已经不再是一个简单的食宿场所，而是发展成为具有多种功能的综合性服务设施。

1.1.3 现代酒店业在国民经济中的地位

随着经济社会的发展，交通等基础设施的逐步完备，特别是旅游业的快速发展，酒店业在国民经济中的重要地位越发显露出来，它对促进国民经济的发展起着日益重要的作用。酒店是旅游外出者解决食宿等基本生活问题的主要物质承担者，是旅游外出者游览观光或进行公务、商务活动的主要生活基地，是当地居民、政府机关、企事业单位举行各种活动的重要场所，通常还是一个城市或地区的对外窗口，是反映一个国家或地区接待能力强弱的重要标志。从国民经济角度来看，酒店业具有其他行业不可替代的重要地位。

1. 酒店业是旅游业的一个重要组成部分

酒店业是旅游业的基本构成要素之一，它同旅游景区（景点）、旅行社、旅游交通设施等具有同等重要的地位。发展旅游业首先要考虑交通设施和酒店的设施条件。

酒店业是旅游业生存发展的重要物质基础，为旅游外出者提供在旅游过程中的食宿、娱乐场所，现代化酒店还为人们提供了保健、社交、会议、消遣与购物等活动的场所，更为先进的信息化酒店在高科技方面为人们的公务、商务以及休闲活动提供了便利。

新中国酒店业 20 多年的发展历程表明，酒店业的发展相对于旅游业来说，应该是具有超前性的，否则就难以适应市场需求的发展和起伏变化。

2. 酒店业是旅游收入以及国家外汇收入的重要来源之一

国内外统计资料表明，酒店业是创造旅游收入的重要来源之一。酒店业的收入是旅游总收入的重要组成部分。随着经济的发展，酒店业的收入将进一步提高，对国民经济增长的贡献也将进一步加大。同时，现代化酒店是一种不出口的商品外贸经营方式，它的创汇能力在一定程度上比普通商品的创汇能力还要高。以我国为例，高级酒店的主要接待对象基本上是外国顾客、华侨、港澳台同胞、外籍华人和一些国内有支付能力的消费群体。其中，除国内顾客外，其他顾客在酒店内消费所支付的费用基本上都是用外汇来结算的。因此，可以说酒店是创造一个国家或地区外汇收入的重要场所。

3. 酒店业的发展可以大力促进相关行业的发展

酒店业是一个综合性的服务行业，从社会再生产过程来看，酒店业属于消费环节，属于第三产业。但是它同第一产业、第二产业以及第三产业的许多组成部分都有着密不可分的联系。酒店业的大力发展必将促进国民经济其他行业的发展，例如联系最为紧密的建筑业、装修业、轻工和电气行业、食品加工业、纺织业等。总之，酒店业通过自身的运转，势必带动许多相关产业或行业获得更多的收入，带动一系列行业的共同发展，具有相当大的"乘数效应"，其对国民经济的拉动作用是显而易见的。

4. 酒店业为社会创造了众多的就业机会

酒店业是一种以提供服务为主的劳动密集型行业。虽然随着社会经济以及科学技术的发展，信息化酒店的出现，让人们感觉好像酒店业的科技含量上升，将减少人员的需求，但是事实上并非如此，其实它对服务质量，不仅仅在硬件设施方面，在人员服务方面也提出了更高的要求。也就是说，信息化酒店的产生并没有压缩对劳动力的需求，减少就业机会。相反，为了满足顾客的需要，保证信息化酒店的服务质量，酒店必须雇佣更多的员工来保证每天 24 小时的高效、高质量运转，这就提供了更多的就业机会，吸纳了更多的劳动力。国外有关研究已经表明，在近年来新增的劳动就业人口中，每 25 人中就有 1 人就职于酒店。同时，由于酒店业同其他行业，如信息、设备、家具、食品、装修等行业有着很强的相关关系，势必也会促进这些行业的发展，进而提高这些行业对劳动力的需求，为社会提供更多的间接的就业机会，吸收更多的劳动力，降低失业率。

5. 酒店业既是各类交流活动的中心，也是一个国家或地区的对外窗口

由于酒店服务对象的特殊性，尤其是现代化酒店功能逐渐完备，服务群体进一步扩大。现代化酒店中设施设备的引进，现代化管理技术的应用，尤其是信息化酒店的产生，使酒店的功能变得更加齐全，作用也越发重大。目前，酒店的顾客来自世界各地、五湖四海，涉及社会各界人士，他们利用酒店这一场所促进了文化艺术和科学技术的交流。酒店提供的娱乐、休闲、商务场所更是促使了社交活动的发展。目前，很多酒店已经成了一个城市、一个地区乃至一个国家的社交中心。一些大型的涉外酒店，已经成为一个国家或地区对外交流、发展经济的窗口。一个国家、一个地区或一个城市的酒店也是当地投资环境的重要组成部分，其发展水平在一定程度上标志着这个地区的经济开放水平，直接影响着投资商对当地投资环境的认可程度，因而它也是该地经济发展的窗口。

1.2 现代化酒店计算机应用简介

随着现代信息技术的不断发展，计算机已经越来越成为酒店经营管理中不可缺少的现代化管理工具。本节介绍酒店计算机应用的必要性、发展历程、应用特点和主要应用领域。

1.2.1 现代化酒店中计算机应用的必要性

现代化酒店已经成为一种集客房、餐饮、通讯、娱乐、商务文化及其他各种服务与设施为一体化的消费场所，其组织日益庞大，服务项目逐步拓宽，产生的信息量不断增多，要想提高工作效率，降低生产成本，提高服务质量和管理水平，提高经济效益，必须借助计算机来进行现代化的信息管理。酒店计算机管理的重要作用主要表现在以下几个方面：

（1）拓宽客源市场，扩展服务项目。

近几年，随着经济社会的飞速发展和酒店功能的不断增强，酒店业的竞争异常激烈。怎样才能在扩大的市场中拓宽自己的客源，得到更大的利润份额，成了酒店业棘手的问题。而计算机的引入，为这一问题的解决创造了条件，提供了手段。

一方面，计算机网络增强了旅游业内各种企业之间的合作，产生了方便旅客的吃、住、行、游一条龙服务，也为互相合作的双方提供了客源；另一方面，远程预订系统的建立进一步促进了各酒店的对外宣传渠道，并通过网上订房增加了客源。在国外，许多国际知名的大酒店或酒店集团纷纷走出各自为战的小圈子，由竞争对手变成 Internet 上的合作者，联手开发网上预订系统，共享计算机网络带来的客源市场。

计算机应用于酒店管理中，还极大地改变了酒店的经营结构，扩展了酒店的服务项目，一方面更加满足了客人的消费需求，另一方面也给酒店带来了更为广阔的财路，提高了效益。计算机对酒店经营的影响是广泛而深刻的，下面列举几种较为有代表性的形式：

1）开设网上酒店。酒店通过构筑电子商务平台，把自己搬到了 Internet 上，使客人能够经由互联网进行订房、订席、购物、结账或开展企业间的合作。这种网上酒店在发达国家已屡见不鲜，在我国也开始起步。不论现在网上酒店的效益如何，它都将是一种发展趋势，并将给

酒店业乃至整个旅游业营销带来一场深刻的革命。

2) 增设商务中心。现在国内外的高级酒店都设有商务中心。这种以计算机为基础和中心的特殊场所使商务繁忙的客人有了异地办公室，可以在此处理传真、电子邮件、图片扫描、文稿打印等事务，减少了因出门在外产生的办公不便。

3) 客房上网。大凡较有档次的酒店都已经为商务客房配置了上网的端口，这使有条件的客人能直接在客房内收发电子邮件、查询信息或上网休闲。

4) 视频点播。视频点播是智能楼宇的基本功能之一，它可以是基于闭路电视系统的，也可以是基于服务器的。它通常是有偿服务，既为客人提供休闲娱乐，也给酒店带来效益。现在不少酒店都能提供此项服务。

5) 触摸屏查询。在大堂设置触摸屏查询系统，能帮助客人了解酒店各种设施的位置、功能和服务价格等，并能提供其他相关的信息服务，如天气信息、本地旅游景点信息、交通信息等。

服务领域的拓宽、服务项目的增加就意味着客源和经济效益的增加，从而最终使酒店在竞争异常激烈的现代社会中处于领先地位。

（2）提高酒店的服务质量。

由于计算机处理信息的速度很快，可以大大减少客人入住、结账的等候时间，提高对客服务质量。例如，快速的客人信息查询手段，使客人得到满意的答复；餐费、电话费、洗衣费等费用的一次性结账，不仅方便了宾客，也提高了酒店的管理水平；回头客自动识别、黑名单客人自动报警、VIP客人鉴别等均有利于改善宾馆的形象；清晰准确的账单、票据、表格，使客人感到高档次的享受；完善的预订系统，使客人的入住有充分的保证。

完善的客史档案管理更使客人的"个性化"服务得以很好的实施。利用计算机保存大量的客人历史资料，通过统计分析，可对常客或消费额达到一定数量的客人自动给予折扣；也可对客人的消费特点进行分析，总结出客人生活方面的要求和特点，研究如何为客人提供更合适的个性化服务，如安排房间、提供就餐等，甚至细致到给客人送什么报纸杂志、生日送什么礼品等。如此周到细致的服务，肯定会使客人有"宾至如归"的感受，从而更有利于酒店树立特色形象，开拓客源市场。

（3）提高酒店业务运作的效率和准确性。

酒店各部门，尤其是前台每天都进行着大量的重复工作，如进行预订或入住的登记、客房状况的统计、各类信息的查询、客人结账退房等，用手工方式进行上述业务的处理，一是速度慢，需要的人手多；二是出现差错的可能性较大。

由于计算机及其网络系统的运用，酒店前台的许多工作都交给计算机来处理。比如过去需要用手工抄写、计算的事情，现在由计算机来完成；过去身份证登记要人工完成，现在可由电脑去扫描处理；过去总台与财务部门的交接要手工一笔笔进行，现在数据通过网络来传递；过去前台与后台信息交流常常要通过人员走动去进行，现在则可人不离岗，通过酒店内部网络系统来实现；电脑的自动夜间稽核功能结束了手工报表的历史，电脑资料的正确保存避免了抄客人名单的低效工作，严格的数据检查避免手工操作的疏忽而造成的错误，票据的传送、登记、整理、复核等一系列的繁重劳动也可大为减少；电话自动计费及开关控制，使话务员的工作只是接电话而已。

由于计算机对信息处理的快速、高效，可大大减少客人预订、登记、用餐、娱乐、购物、结账的等待时间，并可快速地为客人查询各种信息。

此外，数据库的数据共享及计算机联网管理使得信息的一次输入可多处使用，完全避免了重复操作。只要不进行误操作，就可基本上杜绝各服务环节的差错。

总而言之，酒店经营运作使用计算机管理可大大提高业务处理的效率和准确性。

(4) 完善酒店内部管理体制。

各种酒店管理信息系统的出现和逐步完善，尤其是信息化酒店的出现，使现代化酒店的管理体制和组织形式有了很大的改变。不仅使组织结构扁平化，便于沟通和管理，还使各岗位的管理和考核更加科学化、正规化、系统化，有力地加强了酒店企业的内部管理。

科学、正规、系统的酒店软件系统在酒店管理体系中发挥着强有力的稳定作用，可明显地减少员工及管理人员的流动对酒店管理运作的不良影响。系统提供的多种安全级别，保证各类数据不被无权过问的人查阅和操作。每天的审核制度、各种费用的优惠控制、应收账款的管理、员工工作量的考核、员工操作过程的跟踪，均可加强酒店管理。

另外，由于系统具有存储和处理功能，可以明显地减少因为酒店员工的职位变动和企业外流动对现代化酒店企业的经营管理所带来的负面影响，优化酒店企业的管理体制。

(5) 提高酒店的经济效益。

酒店的经济效益包括直接经济效益和间接经济效益两种。以上所述的拓宽客源市场、增加服务项目、提高酒店的服务质量等就可为酒店带来直接经济效益。

从另一角度看，通过计算机管理，节省人力、物力资源，减少经营过程中的人为因素，减少各种漏洞、损失，还可以间接地提高酒店的经济效益。例如，计算机管理系统在各消费场所设立收银点，可基本杜绝漏账，还可提供"黑名单"，控制客人信用记账的限额，以便预防、限制客人的逃账行为；同时能够实现各岗位、各部门之间及时地进行信息核对，可以限制工作人员作弊。又如，酒店的库存管理系统，当物品调出余量小于保障值时，将自动提示请求采购信号和数量范围；反之，不符合规定的采购就无法被系统接受和不给出所需的入库单。这样就可以杜绝盲目采购，防止失误采购，让腐败分子无机可乘。

另外，完善的预订功能可防止有房不能租或满房重订的情况出现，可随时提供准确的房间使用和预订情况，从而提高客房出租率；客人费用的直接记账，可有效防止逃账的发生；完善的分析功能可用于市场销售，如确定宣传的重点地区和如何掌握价格的浮动等，可以正确控制房价，控制客人优惠，从而减少管理漏洞，提高客房收入。

总之，计算机管理可有效地减少酒店的各种损失，从整体上提高酒店的经济效益。

(6) 全面了解营业情况，提高酒店决策水平。

酒店市场竞争激烈，管理者需要不时地分析酒店经营状况，预测各种可能发生的情况，作出相应对策。传统的酒店管理主要靠管理者的经验，这好比跟着感觉走，一旦感觉或判断有误，常常会引起决策的失误。

酒店计算机系统能提供完备的历史以及当年度的数据，又可提供各种分析模式，使管理者很方便地掌握酒店营业情况，完成复杂的分析工作，作出科学的决策。管理者还必须对酒店运营进行内部控制，如客房销售控制、食品原料成本控制、客房消耗品数量控制等。由于酒店计算机系统能提供完备的信息管理，增强了酒店管理者的控制决策水平。

1.2.2 现代化酒店中计算机应用的领域

目前，酒店计算机应用已涉及酒店经营和管理的各个领域，除了前台经营部门和后台管理部门基本普及计算机辅助管理以外，酒店的安全监控、酒店散客的信息服务、酒店的电子门锁系统，以及酒店的楼宇控制等，都已开始使用计算机进行辅助管理和控制。

1. 计算机在酒店前台管理中的应用

前台管理是计算机在酒店中应用最早的领域，酒店前厅的客房预订、登记排房、结账退房等处理都已基本普及了计算机应用。目前在酒店的前台管理中，计算机的应用主要有接待预订管理、客人账务处理、餐饮管理（包括餐厅和预订等管理）、娱乐管理、洗衣房管理、计算机迷你吧服务、公关和销售管理、网络订房管理、客户资源管理等。

通过计算机的辅助管理，可以提高对客服务的质量，同时提高前台的管理效率，为酒店经营创造更好的效益。凡是与前台客户直接有关的管理部门都可以通过计算机网络信息系统实现前台的电脑化经营统一管理，有些酒店信息系统是以一个酒店为基本单位的局域网信息系统，有些酒店信息系统是以酒店管理集团为大本营建立起来的广域网信息系统。

2. 计算机在酒店后台管理中的应用

酒店后台管理的许多方面目前都已开始计算机的应用，它提高了后台管理的效率，为前台经营服务。通过计算机化的管理，可以降低酒店管理的成本，如酒店的设备管理、能源管理、办公室管理、人力资源管理、仓库管理、财务管理、采购管理、车辆管理等。这些管理采用了计算机以后，使酒店经营的设备、能耗、仓库的商品和食品、酒店的员工、财务资金等都处于可控的良性循环中，并可以更好地为前台经营服务。当出现了经营问题时，酒店随时可以调用电子文档和电子数据进行分析，并快速作出恰当的处理。

3. 计算机在酒店安全监控中的应用

酒店的安全监控系统目前都采用了计算机控制，通过电脑和网络可以正确无误地控制和监测各个监控点。如酒店大堂的监测和控制、酒店总台的监测和控制、电梯的安全监测与控制、酒店其他公共场所的监测和控制、酒店财务部的监测和控制等。

同时，现代化的安全监控系统还可以很好地实现各个监控点图像信息的保存和查找、监测与报警、自动循环录像以及重点监控点图像的计算机处理。保安人员在总控室就可以看到酒店整体的安全情况，并可以长久大容量地保存保安信息，保证酒店处于安全的运行环境中，同时保证客人处于安全的消费环境中。

4. 计算机在酒店楼宇控制中的应用

酒店楼宇控制是最近兴起的又一种计算机应用领域，它使酒店运行的环境都处于可控状态。如酒店大楼的中央空调系统、电机设备的计算机控制供排水系统、电子门锁系统、灯光照明系统、烟雾识别自动报警系统、"三表"抄读系统、空调温度调节系统、电梯自动控制系统等都由楼宇控制系统统一控制，使酒店的经营安全和能源控制处于最佳状态。酒店楼宇控制提高了酒店的经营管理水平，降低了经营的能耗。

5. 计算机在散客信息服务中的应用

为散客提供信息服务是信息时代散客的服务需求，酒店通过信息服务系统可以为客人提供优质的信息服务，塑造良好的酒店服务形象。如酒店的信息网站、大堂的多媒体信息查询系统等，使客户不管在哪里都可以查阅到酒店的所有服务信息。通过散客信息服务系统，可以让客人了解酒店的服务设施、服务内容、服务地点、服务价格、服务时间,同时还可以了解酒店的环境信息,如酒店周围的交通信息、酒店相关的旅游信息,还可以了解外币兑换信息等。总之,酒店散客信息服务系统是酒店树立形象、培养忠诚客户的重要举措,特别是信息网站已成为酒店在网上形象的重要窗口。

1.2.3 现代化酒店中计算机应用的特点

在酒店这个社会服务行业,计算机应用必须围绕"提供优质服务"这个目标,为客户提供优质服务和个性化服务,创造良好、温馨、舒适的服务环境,进而提高酒店经营管理的效率,减少人力资源成本。在当今的信息时代,酒店业的计算机应用有如下特点:

(1)实时性。酒店计算机的信息处理,必须能够实时地满足客人随时随地提出的服务要求,能迅速地实现登记和查询服务,系统的实时响应和快速处理是酒店信息系统的最基本要求。如一个客户在结账前几分钟在客房打了长途电话,在结账时应迅速反映该客户的话费情况。

(2)协同性。酒店的客人服务不是靠一个部门就能完成的,实现对客服务需要各个部门的协同运作。计算机应用系统必须考虑这种协同性,使各个部门通过计算机应用系统实现对客的完美服务,这是不同于其他计算机应用系统的一个很重要的特点。如一个客人在餐厅的消费是享受餐饮服务,在保龄球馆打球是享受娱乐服务,这些服务在不同部门实现,我们可以通过计算机信息系统的协同实现对客自动记账,到总台一次性付账。

(3)个性化。酒店是提供服务的场所,服务就必须要有个性化,特别是现在的网络化时代。酒店计算机信息系统必须具备个性化的服务能力,真正为客人提供完美服务。如通过计算机信息系统可以为客人提供自助服务系统,在客房里实现消费查账服务、点歌服务、点菜服务、旅游信息服务、自助结账服务等。

(4)稳定性。酒店计算机系统也是酒店实现对客服务的一种重要工具,必须考虑系统的稳定性。稳定性是指系统运行可靠,随时可以使用,能真正成为酒店服务的一种工具,成为我们酒店经营的一种技术手段,帮助酒店管理人员提高酒店管理效率。

(5)安全性。酒店计算机应用系统中客观存在很多不稳定因素,尤其是网络环境下的信息系统,很可能会受到病毒、黑客和相关非法人员的非法侵害和干扰破坏,这就要求必须做好系统安全性的设置。安全性是指涉及客户自己操作的系统必须安全,而且系统中的操作数据必须长久保存,可以查询但不能泄露和随意篡改。系统中的所有电子文档和电子数据都必须处于安全的可用状态。

1.3 酒店业计算机应用的发展分析

本节介绍酒店计算机应用的发展历程,主要应用系统的介绍以及未来发展趋势分析。

1.3.1 酒店业计算机应用的总体历程

酒店计算机应用始于 20 世纪 70 年代初,当时美国的 EECO 公司首先把计算机用于酒店预订和排房的业务管理,至 20 世纪 80 年代初出现了完善的酒店管理信息系统。

我们国内酒店业应用计算机始于 1983 年,第一套国产酒店管理软件在杭州酒店首次应用。至 80 年代末,国产软件大量涌现,出现进口软件和国产软件同时共存的局面。

20 世纪 90 年代,酒店管理软件进入了成熟时期,适应多种平台的酒店信息管理软件不断开发出来,同时基于 Web 技术的酒店管理信息系统也开始出现。

信息技术的飞速发展,给酒店计算机应用带来了蓬勃生机。最早酒店中的计算机应用主要限于预订接待、客房管理等前台应用,随后便出现了财务管理、人力资源管理、物资管理、设备管理等后台应用,以及酒店办公自动化系统、酒店决策支持系统、酒店安全保卫系统、酒店计算机门锁系统、酒店信息服务系统、客房电脑保险系统、计算机娱乐系统等,同时随着计算机网络的不断发展,Internet/Intranet 也开始在酒店经营管理和服务中得到应用,成为酒店经营不可缺少的现代管理工具。

概括来讲,酒店业中的计算机应用已经经历了以下几个阶段:

(1) 电算化阶段。早期的酒店业计算机应用主要是以替代手工操作为主而引入的计算机电算系统,它的出现使员工可以利用系统来处理简单、琐碎、重复性的工作,如财务管理方面,可进行收银、总账、出纳管理、银行对账等;客房管理方面,可进行酒店可用房查询、房客入住登记、收银、查询、结账、报表生成等多种功能等。这些应用对酒店实现局部科学管理、提高工作效率、改善服务质量等起到了一定的作用。但是在这一阶段的计算机应用并没有从深层次上改变传统酒店业的内部管理流程,还停留于表层,仅仅是替代手工操作,远未达到彻底改变竞争方式和经营管理模式的要求。

(2) 自动化阶段。随着计算机在智能楼宇控制自动化和酒店设施设备管理监控中的应用,酒店宾馆的设备运行管理的自动化逐步走向高层次信息化应用,如暖通系统的监控、给排水系统监控、供配电与照明系统监控、火灾报警与消防联动控制、电梯运行管制、出入口控制及门禁系统等,发展成由中央管理站、各种 DDC 控制器及各类传感器、执行机构组成的能够完成多种控制及管理功能的智能化自动化控制系统。同时酒店信息化在这一阶段应用的另一方向是酒店办公业务自动化,通过覆盖酒店管理主要业务部门的办公自动化系统,实现文档信息方便、快捷、准确地传递和管理。

(3) 网络化阶段。以因特网和数字化经济为主要特征的信息化冲击,使网络化建设也已成为酒店业整个信息化建设应用中的重要组成部分,于是以宽带高速数据网络为核心的"数字化酒店"(Cyber Hotel)也应运而生。"数字化酒店"的含义不仅仅是酒店有宽带接入线路,方便客人在酒店内部高速上网,还包含以下内容:在网上创建公司网站可供客户浏览,进行互动式的数据查询和客户自助服务功能,有市场销售、宣传推广、订房管理的功能;运行突破业务电算化功能的酒店管理信息系统;以因特网为基础,方便员工的移动办公系统和面向社会的电子商务系统。在这一阶段的应用重点是网络营销和网上实时订房业务。

(4) 集成化阶段。随着酒店信息化管理系统的深入运用,酒店业信息化步入了酒店流程再造的全新集成化应用阶段。国际上领先的应用经验是:三分软件七分实施。此时,酒店综合管理软件的功能已经非常齐全,主要包括:宴会与销售管理、财务管理、人力资源、前台管理、餐饮和成本控制管理、工程设备管理、采购和仓库、客房服务、商业智能分析、远程数据库交换等几大模块,各个模块之间无缝集成,同时还与多种酒店智能自动化系统如门锁管理系统、程控电话交换机系统、公安户籍管理系统、VOD 数字点播系统等有接口,包括与在线电子交易系统集成。而七分实施主要是强调应用最佳行业业务规范进行酒店业务流程再造,将传统的组织结构向顾客导向的组织结构转变,酒店流程的再造不仅是为使用电脑系统而使用电脑系统,更重要的在于相应地转变和理顺酒店的组织结构,使信息技术架构同酒店的新业务流程及组织的管理目标相互适应协调，形成酒店在信息时代的新竞争优势。如对酒店企业而言，网络订房就是信息技术带来的最简单不过的变革，任何一个现代化酒店企业都不得不适应这种变革，再造酒店业务流程。

（5）协同化阶段。进入网络经济时代以后，酒店业信息化的新追求境界是在集成化基础上的协同化应用，酒店通过互联网搭建统一的信息应用平台将客户、酒店、员工、供应商、合作伙伴等各方联为一个整体以实现纵览全局的跨行业、跨组织、跨地区，实时在线的、端对端数据无缝交换的业务协同运作，其重点在于各方联为一体直接面向顾客提供个性化服务。

1.3.2 现代化酒店计算机应用系统简介

信息技术的飞速发展，给酒店业的计算机应用提供了必备条件，出现了酒店管理信息系统、酒店安全保卫系统、酒店办公自动化系统、酒店计算机门锁系统、酒店信息服务系统、客房电脑保险系统、计算机娱乐系统以及酒店餐饮管理系统、无线点菜系统等。

目前，计算机从酒店的预订接待开始，已深入应用到酒店的各个部门、各种服务过程中，特别是酒店内各种信息的综合处理，计算机已成为酒店的重要信息处理工具。

由于本书的侧重点是介绍酒店计算机的信息管理，并不介绍酒店其他的计算机控制系统。因此本小节简单罗列一下计算机在酒店信息管理中的主要应用系统。

概括来讲，酒店业中目前比较成熟的计算机应用系统主要包括：

- 各种酒店管理信息系统（包括前台的接待预订系统、客房管理系统、餐饮管理系统、康乐管理系统等，后台的财务管理系统、人事管理系统、物资管理系统、设备管理系统等）
- 酒店办公自动化系统
- 酒店网络预订系统
- 各种与外界联系的外部接口信息系统（如与公安部门户籍管理系统的接口系统、与程控电话交换机接口的电话自动计费系统、与数字电视连接的数字视频点播系统、与各种相关设备连接的自动监控系统等）

除了以上应用系统之外，在现代化酒店管理中，已经使用或者即将投入使用的应用系统还有酒店决策支持系统、酒店电子商务与网络营销系统、客户关系管理系统、供应链系统、呼叫中心系统、企业资源计划系统、酒店收益管理系统、车辆导航定位系统等。

关于以上各种应用系统的相关知识，在本书后续的专门章节中将会详细展开介绍。

1.3.3 现代化酒店计算机应用的前景展望

展望未来酒店计算机应用的发展前景，可以归纳为以下几点：

（1）酒店内部的全电脑化管理。

所谓酒店内部的全电脑化管理，指的是酒店内部管理的方方面面都使用计算机进行管理，其根本目的不但是为客户提供了优质的服务，而且减轻了酒店服务人员的劳动强度，改善了管理方式，提高了管理效率，为酒店创造更多的机遇，使传统酒店业重现生机。

计算机在酒店中的应用从开始的预订、排房，经历了短短的 25 年时间，已应用到酒店的各个部门，不但在前台广泛使用计算机，用于接待、登记等一系列的管理，而且在后台也已普遍使用计算机，如酒店工程设备管理、人力资源管理、仓库管理等，并且计算机在酒店领域还开辟了许多新产品，提供了许多计算机控制的个性化产品，如无线点菜器、总台自动接待机、客房信息查询终端等，使酒店提供的服务更人性化、信息化。

酒店内部实施全电脑化管理，将使酒店业管理发生重大变革，这些变化将长期潜移默化地对酒店业的发展前景产生巨大影响。

1）全电脑化管理最终将利用先进的平行式沟通管理方式取代传统的上下级直式管理方式，达到加强管理弹性，提高管理效率的目的。

2）全电脑化管理非常注重管理的事前规划性，能使部门间配合更密切，责任更分明，绩效更明确。

3）全电脑化管理将实现信息的大量收集，并提高信息的准确性和实时性，更好地保留各种历史资料和提供资料的迅速查询，使信息管理更规范化和高效化。

4）全电脑化管理将改善传统管理制度和作业流程，避免内部的舞弊现象，从而提升酒店形象，为酒店增加客源和提高经济效益。

那么如何利用全电脑化管理协助管理层决策，达到高层次的管理呢？

管理层通过电脑进行全面的信息收集，再利用存储在电脑中的信息资源进行酒店经营的预测与分析，使酒店内部的资讯能力得到全面改善，最终导致管理层的行为能力发生重大改变（由主观弹性改为客观制度），促成酒店全新管理方式的产生，使管理产生质的变化，使管理层决策能力大幅提升。公司所有部门领导可通过电脑拥有共同的资讯，使上下各级能充分发挥专长和能力，不断提高企业的综合素质和整体竞争力。

酒店应进行全电脑化管理应用的普及，为酒店创造新的竞争条件，由管理层直接领导并组成坚强的专案小组，从酒店的真正需求去调整管理制度和作业程序，进行人员的观念更新教育和人才的培养，使新的管理发挥最佳效用。

（2）大力加强电子商务的应用。

在当前的网络化时代，也就是人们说的 E 时代，酒店管理将具有如下一些新的特点：

1）国际化。中国加入 WTO、世界经济全球化、北京奥运会的成功举办、上海世博会即将举办，使中国的旅游业更加活跃，这些都为酒店业提供了极大的发展空间。客户的要求会更加多样化，酒店业的竞争会更加透明和激烈，因此必须引进国际上先进的管理模式来提高服务水平和竞争力。

2）网络化。在一个开放的国际环境中，网络可以大大简化、规范、细化酒店的各项管理内容，还可以降低成本，并将有利于酒店业融入整个旅游商业链，更多地通过网络来扩展业务。

3）高效化。高效化是现代化酒店服务的基本要求，而利用计算机网络和计算机管理系统来辅助酒店管理，则是提高现代化酒店管理工作效率的最佳途径。

4）灵活性。现代化酒店必须能够随时掌握来自客户方面的信息和要求，并满足各种各样个性化的需求，只有网络最能胜任这种烦琐但要求绝对及时完成的工作。目前，利用计算机网络和酒店客户关系管理系统提供"一对一"的个性化服务完全可行。

电子商务技术应用于酒店管理是网络时代发展的必然趋势，酒店使用电子商务技术进行管理，具有如下几大功能优势：

1）广告宣传。客人可通过酒店网站了解酒店，从而提高酒店的知名度。

2）加强合作。电子商务为酒店提供了一个网上虚拟的全球性贸易场所，使相关旅游企业之间的合作更为快捷与高效。

3）远程订房。利用网络及时准确地向客人提供实时房态信息，实现异地订房。

4）市场调查。通过网络进行市场调查，了解客源状况以及对酒店服务的反馈意见，从而为酒店的经营决策提供可靠的依据。

中国酒店业对 Internet 的应用目前还处于摸索阶段，还没有一个可参考的成功运营模式，中国酒店业的电子商务应用和网络营销手段还仅仅处于一个较低层次，有着很大的发展空间。但酒店管理的网络化、全球化的发展趋势，是酒店管理层必须清醒地认识到的。

（3）各个部门大力加强计算机的深度应用。

随着现代化的管理方法与信息技术的综合利用，酒店内部各个主要管理领域的计算机信息化管理都将大力加强计算机的深度应用。下面对其主要领域的发展前景做出展望。

1）计算机在客房管理中的深度应用。

早期计算机在客房管理中的应用主要是房态管理、分房和排房，其主要目的是提高客房管理的精度和效率，这主要是酒店管理人员使用计算机。

现在客房中安装了计算机，供客人使用，如客人上网查阅信息、网上处理商务或公务等，计算机在客房中仅是一种信息服务设备。

未来计算机在客房中的应用，主要是对客提供完美服务和个性化服务，例如：

- 电话机可以成为计算机网络的终端，为客户提供消费账单的查询服务。
- 电视机也可以成为计算机网络的终端，为客户提供服务信息展示的服务，整个客房完全是一个信息化服务环境。
- 在客房里，不但可以查询酒店内部的各种信息，也可以查询酒店外部和 Internet（互联网）上的信息，使酒店的客房真正成为网络客房。

未来的客房管理完全是建立在计算机网络和信息技术基础上的个性化服务。例如：

- 在有些小型酒店，客房管理采用刷卡终端，客人入住酒店，只要凭信用卡直接在总台的刷卡终端上读取一下，个人信息以及入住房间的费用全部由计算机自动记录和处理，并直接分房、拿钥匙就可以入住，减少了登记和收银等麻烦工作，缩短了客人入住的登记时间。
- 客人需要什么类型的房间和什么价格的房间，自己可以直接在终端上选择，操作处理完毕，钥匙马上就出现在客人面前，整个入住的过程在很短的时间内就可完成，不但提高了酒店接待管理工作的效率，客人也获得了一种个性化的选择和服务。

2）计算机在餐饮管理中的深度应用。

早期计算机在餐饮管理中的应用主要是点菜和收银，而未来计算机在餐饮管理中的应用主要是提高餐厅、厨房和收银台之间的数据通信传输效率，提高点菜、送菜和结账的效率。如目前的手持点菜餐饮管理系统可以采用手持 POS 点菜的软件，通过无线传输可以把点菜信息传输到厨房和账台。

展望未来餐饮管理的计算机应用，主要有以下几点：

- 无线点菜：通过具有无线功能的智能掌上电脑，服务员随时随地使用系统为顾客点菜、加菜，并即时地把数据传到后厨与前台的打印机上。打印机立刻打印所点的菜单，而且所有的操作数据都存储在后台的数据库中，以备查询。
- 成本控制：未来的酒店计算机管理信息系统会具备餐饮成本控制模块。计算机可以每天提供餐饮成本分析表，使餐饮的成本都处在可控状态。
- 支持 Internet 功能：利用 Internet 可以使餐饮管理更好地提供对客服务，为客户提供互联网的信息查询和预订功能，如包厢的查询和预订、菜单查询以及客人的账单查询、会议团体的预订等。通过支持 Internet 功能，还可以方便地建立餐饮的忠诚客户群，实现与客户的信息互动。

3）计算机在酒店安全管理中的深入应用。

自从计算机在酒店中开始应用以来，计算机在酒店安全管理中起着越来越重要的作用。在现代化酒店中，可以用计算机来监测和监控酒店经营的环境，用计算机来记录和分析各种安全信息，也可以用计算机来控制各种与安全有关的运行设备。

总之，未来计算机在酒店安全管理中的应用主要有以下几个方面：
- 智能卡门锁：通过计算机技术，酒店的门锁正向智能化方向发展。电子智能卡门锁管理系统是一种全新的酒店客房、通道等场所准入的自动化管理系统。
- 安全与监控：在现代化酒店中，酒店安全与监控的计算机应用可以通过计算机多媒体技术、网络技术和安全监控技术，用于对酒店电梯、楼道、停车场、公共场所、消防通道、重要部门等许多方面进行无人管理，防止意外事故发生。
- 防盗报警系统：用计算机控制的防盗报警系统，可在酒店的重点部门安装红外微波双监探头和灯光控制器，一旦有盗贼闯入，系统即刻开启现场灯光，并自动向保安人员报警，必要时自动拨打 110 报警，能有效地威慑和捕获犯罪嫌疑人。
- 周界防卫系统：在酒店的周围设置肉眼看不见的红外警戒线，利用计算机监测从任意方向进入的人，可以有效地加强酒店经营的安全性。利用这种系统，一方面可以使安保人员足不出户就能明察大楼内外的一切；另一方面还可借用它来了解大楼外面工作人员的工作情况和人员流动情况，以便加强管理。

4）计算机在网络订房中的深度应用。

目前客人和预订网站的交互是实时的，而企业与预订网站之间的连接是非实时的、间断性的，因而客人查看网络上的信息也是非实时信息。为了保证网络预订完全实时系统的正常运转，就必须解决企业与 Internet 的实时连接链路问题。

未来计算机在网络订房中的应用是向实时网络订房方向发展，客人通过网络可以查询酒店的实时信息，如实际可预订的房间信息。

随着新技术的不断涌现和通信费用的不断降低，在企业和 Internet 之间建立一条实时连接链路已经不需要很大的费用，因此实时网络订房将具有广阔的应用前景。

关于酒店网络预订系统的具体内容，将在第 5 章中详细讨论。

（4）管理技能型复合人才的大力培养。

计算机技术在酒店业的广泛应用，使得计算机网络知识已成为酒店管理知识结构的重要组成部分。酒店内部实现全电脑化管理急需的是科技人才，必须培养造就一批既懂一般酒店管理知识，又懂信息技术应用的高、中层管理人员。唯有这样，酒店才能适应千变万化的市场需求，在业内的激烈竞争中立于不败之地。

对于管理与技术双重复合型人才的培养，主要包括两个方面：一是现有队伍的培训，二是后备人才的培养。

在现有队伍的培训方面，酒店管理层首先应该加大对酒店内部现有队伍的培养力度。首先，计算机应用技术及酒店管理系统的操作必须成为员工岗前培训的重要内容之一，使其成为员工必须掌握的基本技能。对于现有的高、中层管理人员，除了进行基本技能的培训以外，还必须充分重视现代信息的大量吸纳，及时补充和不断更新自己的知识，训练如何借助计算机管理所提供的当前资料和历史资料进行预测、分析与决策。此外，酒店计算机技术人员，在酒店计算机管理中起着举足轻重的作用，除了懂得计算机专业知识以外，还应提高管理能力及协调沟通能力，应具有创新精神及对企业的奉献精神。这样一支科技人才队伍的出现和发展，才标志着现代化酒店全电脑化管理的真正启动。

对酒店未来信息管理后备人才的培养，要从学校抓起。相关学校除了应重视计算机基础知识的教学外，应开设有关办公自动化及网络方面的计算机课程，使学生熟练地使用各种办公软件及办公设备。尤其应增设侧重于酒店计算机信息管理、旅游电子商务、旅游管理信息系统、旅游和酒店业实用软件应用等方面的课程，拓宽学生计算机应用知识，提高计算机操作水平，使学生就业后能很快适应酒店的需要，成为酒店的骨干。

对于酒店管理与技术双重人才的培养，应注意以下几点：

1）实用性。酒店从业人员可以学习一些使用频率高、能直接在工作中运用、具有明显效益的技能，如汉字输入、酒店信息系统使用、上网浏览、资料查询、信息下载、电子邮件等实用操作技术，力争在较短的时间内达到最佳的培训效果。

2）简明性。进行培训时，以简明、概括为原则，做到深入浅出，并注意循序渐进，不必花过多的时间学习其中的理论和原理，力求达到事半功倍的效果。

3）层次性。培训时应根据不同的年龄层次、知识水平、专业结构、职务职位、业务能力等情况，因人授课，做到授其所需，补其所短，绝不能千篇一律。

4）趣味性。培训中可广泛采用计算机多媒体教学方式，以图文并茂、生动形象的教学手段，激发学员的学习兴趣，充分调动他们学习的主观能动性和积极性。

本章小结

现代化酒店是一个通过向消费者提供住宿、餐饮、娱乐、健身、商务、购物和社交服务，进而向消费者收取一定的费用来获取利益，以客房和餐厅为主体，集娱乐、健身、购物等设施于一身的现代企业。它对促进国民经济的发展起着日益重要的作用。计算机作为一种重要工具，在现代化酒店信息管理中承担着重要的作用。利用计算机，酒店可以：拓宽客源市场，扩展服务项目；提高酒店的服务质量；提高酒店业务运作的效率和准确性；完善酒店内部管理体制；提高酒店的经济效益；全面了解营业情况，提高酒店决策水平。

酒店计算机应用经历了 5 个阶段：电算化阶段、自动化阶段、网络化阶段、集成化阶段和协同化阶段，其应用有如下特点：实时性、协同性、个性化、安全性和稳定性。

目前，酒店计算机应用已涉及酒店经营和管理的各个领域，除了前台经营部门和后台管理部门基本普及计算机辅助管理以外，酒店的安全监控、酒店散客的信息服务、酒店的电子门锁系统，以及酒店的楼宇控制等，都已开始使用计算机进行辅助管理和控制。

酒店业中目前比较成熟的计算机应用系统包括：各种酒店管理信息系统（包括前台的接待预订系统、客房管理系统、餐饮管理系统、康乐管理系统等，后台的财务管理系统、人事管理系统、物资管理系统、设备管理系统等）、酒店办公自动化系统、酒店网络预订系统以及各种外接联系的外部接口信息系统。除了以上介绍的应用系统之外，在现代化酒店管理中，已经使用或者即将投入使用的应用系统还有酒店决策支持系统、酒店电子商务与网络营销系统、客户关系管理系统、供应链系统、呼叫中心系统、企业资源计划系统、酒店收益管理系统、车辆导航定位系统等。

展望未来酒店计算机应用的发展前景，可以归纳为以下几点：酒店内部的全电脑化管理、大力加强电子商务的应用、酒店内部各个部门都大力加强计算机的深度应用、管理技能型复合人才的大力培养。

通过本章的学习，读者应该掌握现代化酒店计算机应用的作用、特点、领域、功能，知道现代化酒店信息管理中的主要应用系统以及未来酒店计算机应用的发展趋势。

复习思考题

1. 简要说明现代化酒店的含义及其提供的服务内容。
2. 现代化酒店在国民经济发展中有何重要作用？
3. 为什么说现代化酒店的信息管理需要计算机的支持？
4. 现代化酒店中的计算机应用主要包括哪些领域？
5. 现代化酒店中的计算机应用有什么特点？
6. 酒店计算机应用的发展经历了哪几个阶段？各阶段的特点是什么？
7. 现代化酒店中主要有哪些计算机应用系统？
8. 请简要描绘一下现代化酒店计算机应用的未来发展前景。
9. 请实地调研一家三星级以上的酒店，了解其计算机信息管理的现状。
10. 请写一篇 2000 字左右的小论文，论述酒店中各种计算机应用系统集成的重要性。

第 2 章　酒店管理信息系统概述

【内容导读】

计算机在现代酒店管理中的作用，主要体现在酒店管理信息系统（Hotel Management Information Systems，HMIS）在酒店领域功能的发挥。随着 HMIS 的引入和计算机的深度运用，酒店的管理制度将更加规范，数据处理将更加高效，信息传递将更加快捷，而工作人员却能得到一定的精简，并能给酒店带来很好的效益。现在 HMIS 在我国酒店管理中的作用越来越大，已经逐渐成为酒店经营管理中不可缺少的一个部分。

本章首先介绍了管理信息的定义与特征，信息管理的含义与内容，信息系统的含义、组成、功能与类型等基本知识，然后分析了 HMIS 的定义、特征、功能、结构，最后介绍了国内外 HMIS 的发展应用情况，以及当前国内外主要酒店管理软件的介绍，同时说明了酒店在进行 HMIS 软件选取时应该遵循的一些基本原则。

【学习目标】

- 掌握管理信息的含义与特征
- 熟悉信息管理的概念和内容
- 理解信息系统的组成和结构
- 掌握 HMIS 的含义、特征与功能
- 了解国内外 HMIS 的发展和应用情况
- 了解当前国内外主要的酒店管理软件
- 知道 HMIS 软件的选购原则和评价方法

2.1　信息与信息管理

信息是信息管理活动的主体。了解信息的含义是从事信息管理活动的基本前提。要学习酒店计算机信息管理，首先必须明确信息的概念、特征以及与之相关的信息管理知识。

2.1.1　数据与信息

1. 数据的含义

计算机信息处理中所说的数据是指用来表示事物属性的一种非随机的可鉴别的符号。事物的属性是指事物在某一方面表现出来的特性。如房屋的高度是房屋在纵的方向表现出来的特性。非随机是指表示事物属性的符号必须是人们已经约定俗成的，具有一定的稳定性。比如，用摄氏来表示温度，用安培来表示电流。可鉴别是指表示数据的符号至少应当为接受者所识别。如有时为了速记方便，人们可能使用一些特殊的表示符号，但如果这些符号在人们使用以后再也无法识别，这样的符号便不再有任何意义，不能称之为数据。

数据可能是数字，也可能是文字甚至声音、图片等。例如，在酒店的标准菜单上，可以用数字来描述菜肴的规格，用文字来描述菜肴的名称，用图片来展现菜肴的成品形状等。

2. 信息的定义

关于信息，至今还没有一个各方都认可的定义。但人们从不同角度给出了一些关于信息的描述。例如，从获取的角度来看，信息就是经过加工的数据；从经济的角度来看，信息就是有价值的数据；从使用的角度来看，信息就是指能对接受者产生实际影响的数据。

从管理学的角度来理解信息，我们认为：信息就是经过加工处理，具有一定含义，能够反映客观事物运动变化的，可以被人们所接收和理解的，对人类的行为决策有重要价值或者潜在价值的各种数据资料。信息既是人们管理的对象，又是各项管理活动的基础。这些管理活动的结果又表现为大量的信息资料，这些信息资料同时又是人们从事各项决策和管理活动的依据和基础。

3. 数据和信息的关系

从有关数据和信息的概念不难看出：数据和信息既有联系，但又不能划等号。信息都是数据，但是反之不然。数据是对客观存在的直接反映，数据可能是无价值的，但信息则是有价值的数据，而且往往是经过加工的数据。因此，数据处理是产生信息的最主要的途径。数据、数据处理和信息的关系如图 2-1 所示。

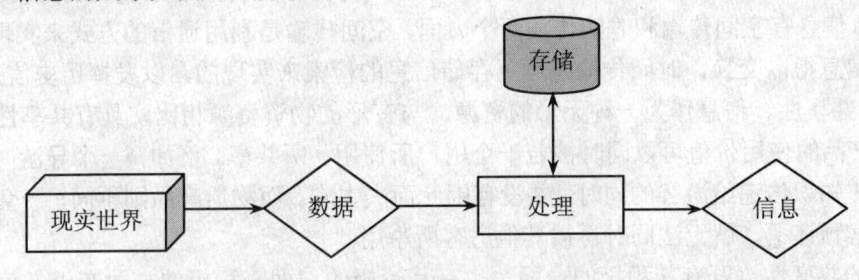

图 2-1 数据、数据处理和信息的关系

数据处理是指对数据的收集、整理、存储、传送、检索、加工、维护、输出等一系列的过程。经过处理的数据就成为了人们需要的信息，就具有了一定的价值。

另外，数据和信息又是相对的。对于一个人来说非常重要的信息，而对于他的上一级管理者来说可能只是原始数据。

2.1.2 信息的特征

通过对信息概念的分析和表述，我们可以总结出信息具有以下一些基本特征：

（1）事实性。事实性，也叫真实性，是信息最重要的属性，指的是信息的内容应该是对客观事物的真实反映。不能表现真实性的信息，不但毫无价值可言，还可能起到负作用。对于管理信息系统来说，收集具有真实性的数据是一切工作的起点。

（2）时效性。信息的时效性是指信息资料被提供和利用的时间与信息的使用价值之间存在的比例关系，这种比例关系在大多数情况下表现为一种正比例关系，即信息提供和利用的时间越早，信息的价值就越大；反之，就越小。如股票市场上的价格信息，可以说是瞬息万变，谁能及时掌握股票行情，谁就能获得直接的经济利益。

（3）可压缩性。信息的可压缩性是指在信息加工处理时，不会因合理的压缩而失去本质和价值。比如，水分子是由两个氢原子和一个氧原子组成的，也可以压缩为 H_2O 的化学分子式，从形式上看，表示数据的信息量减少了，但其本质的含义却并没有变化。再如，以酒店销售的每日明细表为基础，综合绘制成月份销售汇总表，由单个个体的数据总和为同类的合计数据，其中的数据都是进行了一定的压缩，但是却具有了更高的代表性和价值。

（4）等级性。信息的等级性可以从两个方面来理解：一方面，信息是有价值的，有价值就必然因价值的大小而有等级；另一方面，从信息的作用来讲，可分成战略级、策略级和执行级。战略级的信息可能会对长远利益产生影响；策略级的信息可能对当前利益产生作用；而执行级的信息则将对局部行为产生作用。

利用信息的可压缩性，对信息进行合理的加工、提炼与分析，可提高信息的含金量，使信息从较低的级别上升到较高的级别，即实现信息的升值。管理信息系统从某种角度来说，就是要对管理信息进行加工，使其增值，并产生从执行级到战略级的多重效益。

（5）传输性。信息是可以向外扩散和传输的。特别是借助于现代传媒工具，信息能够迅速传输。

信息的传输与物质产品的传输是不同的，它不是"实物"在位置上的移动，而是"实体"特征或属性在不同空间和不同时间上的显现和描述。例如，电视台通过摄像机、通讯卫星和电波转播足球赛比赛实况，它传播的不是运动员、裁判和现场观众，而是比赛的激烈场面和其他各种信息。信息有空间传输和时间传输两个方面，空间传输是利用通信的方式来实现的，使不同地域的信息得以交换，时间传输是运用存储信息的检索来实现的，以发挥历史信息的作用。

（6）共享性。信息作为一种无形的资源，与有形的物资资源相比，具有共享性。也就是说，信息产品的使用价值可以同时被若干个用户所使用、所共享。例如，一个导游，在将一个景点的历史知识传递给游客的同时，并没有因此而失去它；而物质产品则不同，一套客房如果被一个旅客预订了，就无法同时再被其他房客所享用。

信息的共享性，既有其积极的一面，也有其消极的一面，积极的一面在于：信息在时间和空间上可以实现最大限度的共享，提高信息的利用率，节约生产成本；消极的一面在于：这种共享性给信息的安全管理带来了一定的隐患，信息可以随时被复制、被窃取。

（7）不完全性。客观事实的信息通常难以一次就全部获得，它与人们认识事物的程度有着直接关系。我们没有能力收集一个事物的全部信息，也没有能力和必要存储越来越多地信息。只有正确地舍弃信息，才能正确地使用信息。

（8）价值不定性。信息是有价值的，但信息的价值又不是固定、统一的。首先，信息产生时的价值大小随接受者需求的不同而不同；其次，随着时间的推移，信息可能贬值，也可能升值。这就要求接受者能审时度势，抓住利用信息的最佳时机。

2.1.3 管理信息和信息管理

1. 管理信息及其形态

所谓管理信息，就是经过加工的、反映管理活动的数据，是指与生产管理、技术管理、经济环境管理等过程直接或间接相关的各种信息。它具有 3 种不同的形态，分别是：

（1）数字形态。这类管理信息是由一组有序的数列组成，是管理状况或过程的定量表述，如各种凭证、台账和报表等。

（2）文字形态。这类管理信息是由一组文字或一篇文章组成，是管理状况或过程的定性表述，如工作计划、总结报告、规章制度等。

(3) 图形形态。这类管理信息是由一组图形或图像组成，它是管理状况或过程的抽象描述，如工程项目进度图、产量比较直方图、酒店人员性别结构比例图等。

2. 管理信息的属性

管理信息除了具有上述一般信息的特征外，还具有以下基本属性：

(1) 信息来源的分散性。管理信息的来源分布在信息产生的源点，即企业各个生产环节和业务部门，这就决定了数据收集工作的复杂性和繁重性。以酒店的客户账务管理信息为例，它来自于酒店的多个营业部门，既有预定接待部的预定金信息，又有客房部的住宿费用信息，还有餐饮部的餐饮消费信息、康乐部的娱乐消费信息等。

(2) 信息量大并且多样性。随着企业规模的扩大和产品种类的增加、新技术的采用等，信息量将会越来越大，需要处理的数据是多样化的、大批量的，这样就非常需要由手工转向计算机处理，可以节约大量的人力和时间。现代酒店中，计算机的大量应用就是为了满足快速处理大量的多样化信息的需要。

(3) 信息处理方法的多样性。管理信息的处理方式主要有核对、分类、检索、合并、总计和转录等，随着计算机的运用，除了简单地进行各种算术运算外，必须注意采用现代数学方法建立复杂的管理模型。例如，各种预测模型、线性规划模型、多目标规划模型、投入产出模型等。

(4) 信息的发生、加工和使用时间、空间上的不一致性。管理是分层次的，即高层、中层和基层。最原始的信息产生在基层，经过逐级收集、加工后为中层和高层管理者所使用，在这个过程中时间和空间都将发生变化。这种时、空的不一致性使得管理信息的处理工作更加复杂化。

管理信息的上述特点对于信息处理方法和手段的选择都有直接影响。

3. 信息管理及其内容

所谓信息管理，就是指运用计划、组织、指挥、协调、控制等基本管理手段，对信息进行收集、处理、传输、检索、存储、报道、交流和提供服务的过程，是一种有效运用人力、物力、财力等基本要素，以期达到实现总体目标的社会活动。

信息管理的内容主要包括信息的收集、信息的加工和信息的使用3个方面。

(1) 信息的收集。原始数据收集得是否及时、完整和真实，决定了信息的质量。

(2) 信息的加工。就是按一定的模式或算法将数据进行逻辑的或算术的运算。

最基本的信息加工处理方式有以下几种：

- 变换：信息载体格式的转换处理。
- 排序：将信息整理成逻辑序列的处理。
- 核对：将两部分信息的内容进行核对的处理。
- 合并：将两个以上部分的同类信息合并为一个部分的信息的处理。
- 更新：对原有的信息进行追加、删除和置换为新的信息的处理。
- 检索：也叫选择，从原有的信息中取出某些信息以组成新的部分信息
- 筛选：将某部分信息按照筛选条件分为两个或两个以上的信息部分的处理。
- 组合：将不同部分的信息配合在一起。

(3) 信息的使用。信息的使用包括信息的存储、检索、传递以及信息的利用。

2.2 信息系统

信息系统的概念是管理信息系统的重要概念之一。为了下一节学习酒店管理信息系统的需要，本节先对信息系统的含义、组成、功能以及类型进行简单介绍。

2.2.1 信息系统的概念

1. 系统的概念和特征

对于"系统"这个词汇，大家并不陌生。在日常生活、工作、学习中，我们经常接触到有关"系统"的词语，如考虑问题要有"系统性"、某某事情是一个"系统工程"等；同时，我们还经常说到各种系统，比如计算机系统、人体系统、教育系统、金融系统、天体系统等。透过这些系统的具体形式，我们可以归纳出系统的一般定义和结构组成。

那么什么是系统呢？系统是有层次结构和共同目标的相关联的若干元素组成的集合。其中的每个元素都具有相对的独立性，有各自的功能和行为，几个元素也可以组成大系统中的子系统。而大系统、分系统以及更小的子系统和无法再分的众多基本组成元素就体现着整个系统的层次结构，一个系统内总是有自己一定的上下级关系和组织结构。

以酒店为例，一个酒店就可以看成是一个系统。这个系统由前台和后台两个大的子系统组成；而前台又是由前厅、客房、餐饮等若干直接为旅客提供服务的小子系统组成的；每个小的子系统，如前厅，又是由预订、接待等几个元素组成的。这些子系统的功能相对独立，但相互之间又有一定的联系。

系统的一般模型如图 2-2 所示。

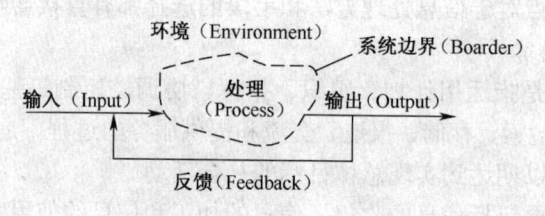

图 2-2 系统的一般模型

一般来讲，系统具有以下几个基本特征：

（1）系统的整体性。一个系统至少要由两个或更多的可以相互区别的要素或称子系统所组成，它是这些要素和子系统的有机整体，缺一不可。作为集合的整体系统的功能要比所有子系统的功能的总和还大。但是需要注意的是"整体大于部分之和"取决于系统的管理水平，管理的水平越高，放大的倍数就越大；反之亦然，管理水平越低，放大倍数越小，甚至可能出现"整体小于部分之和"的情况，"一个和尚挑水喝，两个和尚抬水喝，三个和尚没水喝"就是一个典型的反证。

（2）系统的目的性。所谓目的就是系统运行要达到的预期目标，它表现为系统所要实现的各项功能。系统目的或功能决定着系统各要素的组成和结构。

任何一个人造系统都具有明确的目的性，例如学校的目标就是培养经济建设人才和产出科研成果；工厂的目标就是产出高质量的、适销对路的产品；酒店的目标就是提供清香可口的、服务周到的饮食服务。

（3）系统的层次性。一般来说，一个系统都被包含在更大的系统内；同时，其要素本身也可能是一个小系统。例如，如果把金融业看成是一个系统，它就是国民经济系统中的一个组成部分；而它本身又由银行系统、证券系统、保险系统、期货系统等组成，其中的银行系统又包括商业银行子系统、政策性银行子系统等。再比如，如果把一个企业看做是一个系统，它可以分解成人事子系统、财务子系统、生产子系统、销售子系统、物流配送子系统等。

（4）系统的关联性。系统内的各要素之间，既相互作用，又相互联系。这里所说的联系包括结构联系、功能联系、因果联系等。这些联系决定了整个系统的运行机制，它在一定时期内相对稳定，分析这些联系是构筑一个系统的基础。

（5）系统的环境适应性。系统在环境中运转。环境是一种更高层次的系统。系统与其环境相互交流、相互影响，进行物质的、能量的或信息的交换。不能适应环境变化的系统是没有生命力的。

2. 信息系统的含义和组成

信息系统是一系列相互关联的可以输入、处理、输出数据和信息，并提供反馈、控制机制以实现某个目标的元素或组成部分的集合。

信息系统是一个专门的系统，它根据系统目标的需要，对输入的大量数据进行加工处理，代替人工处理的烦琐、重复劳动，为管理决策提供及时、准确的信息。

在日常管理中，根据信息系统中信息的处理方式是否利用了计算机技术，可以将信息系统分为基于计算机的信息系统和基于人工的信息系统。现在我们所讲的信息系统主要是指以计算机进行信息处理为基础的人机系统。

一般来讲，信息系统都包括信息处理系统和信息传输系统两个方面，其中：

- 信息处理系统对数据进行处理，使它获得新的结构与形态或者产生新的数据。比如计算机系统就是一种信息处理系统，通过它对输入数据的处理可获得新的数据。
- 信息传输系统不改变信息本身的内容，作用是把信息从一处传到另一处。现代通信技术和计算机网络技术的发展，极大地促进了信息传输系统的发展。

目前，广义的信息系统概念已经延伸到与通信系统等同。这里的"通信"不仅指通讯，而且意味着人际交流和人际沟通，包括思想的沟通、价值观的沟通和文化的沟通。

2.2.2 信息系统的功能

信息系统的功能是对信息进行采集、处理、存储、管理、检索和传输，并能向有关人员提供有用的信息。

1. 信息的采集

信息采集是信息系统的首要功能，是信息系统其他功能的基础。采集的作用是将分布在各个信息源的信息收集起来，记录下有关的数据，并将其转换成信息系统的内部形式。

2. 信息的处理

信息处理是对进入信息系统的数据进行加工处理，比如对账务数据进行统计、结算、预测分析等。信息处理的方式一般包括排序、分类、归并、查询、统计、预测、模拟以及进行各种数学计算。现代化的信息处理系统都是以计算机为基础来完成信息处理工作的，因而其处理能力越来越强。

3. 信息的存储

进入信息系统的数据经过处理后,将变为对管理有用的信息,然后信息系统就需要对它们进行存储保管。当组织相当庞大时,所需要存储的信息量也是很大的,这就需要依靠先进的数据存储技术。

4. 信息的管理

信息处理和存储的数据是十分庞大的,因此必须对信息进行有效的管理才能得到可用的信息系统。否则,盲目地进行信息的采集和存储,信息系统将成为信息垃圾箱。

信息管理的主要内容是:规定应该采集的数据种类、名称、内容等,规定应该存储数据的存储介质、逻辑组织方式,规定数据的传输方式、保存时间等。

5. 信息的检索

存储于各种介质上的庞大数据要让使用者便于检索,为用户提供方便的查询方式。信息检索一般要用到数据库技术,数据库的处理方式和检索方式决定着检索速度的快慢。

6. 信息的传输

从信息采集点采集到的数据要送到处理中心,经过加工处理后的信息要送到使用者的手中,这些都涉及到信息的传输问题。信息系统规模越大,信息传输问题越复杂。目前,利用网络进行信息的快速传输已经成为一种重要方式。

2.2.3 信息系统的结构

信息系统的结构是指信息系统的各个组成部分及其相互之间的关联关系。从不同角度观察,可以发现信息系统具有不同的结构形式,下面主要介绍其概念结构、层次结构和功能结构,需要说明的是此处举例用的信息系统主要是为企业管理服务的管理信息系统。

1. 信息系统的概念结构

信息系统从概念上看由四大部件组成,即信息源(信源)、信息处理器、信息用户(信宿)和信息管理者,它们之间的关系如图 2-3 所示。

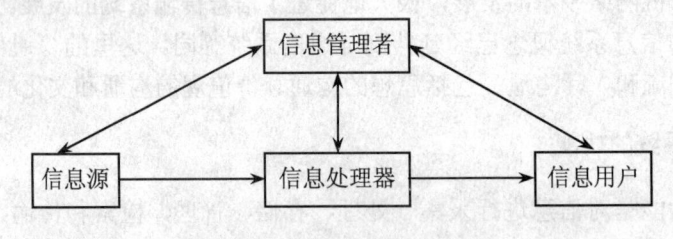

图 2-3 信息系统的概念结构

2. 信息系统的层次结构

如图 2-4 所示,可以看出,一个信息系统可以从纵向和横向两个方向进行划分:纵向上可以分为基层(作业处理)、中层(战术管理)和高层(战术策略)3 个管理层次;横向上可以分为财务管理子系统、制造子系统、营销管理子系统、人力资源管理子系统和办公自动化子系统等。每个子系统都支持从基层管理到高层管理的不同层次的管理需求。

一般来说,基层管理所处理的数据量很大,加工方法固定;而高层管理所处理的数据量较小,加工方法灵活,但是比较复杂。

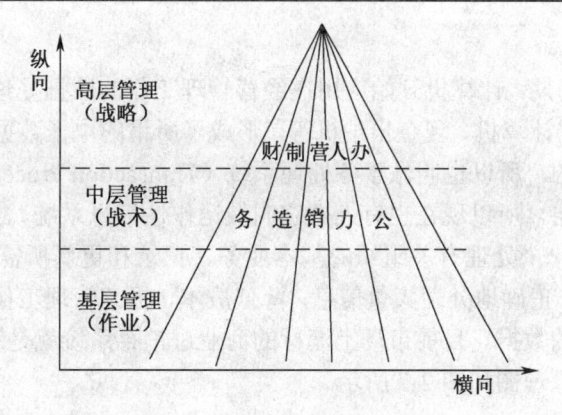

图 2-4　信息系统的层次结构

3. 信息系统的功能结构

从信息技术的角度看,信息系统具有信息的输入、处理和输出等功能。因此信息系统的功能结构从技术上看可以表示为如图 2-5 所示的形式。

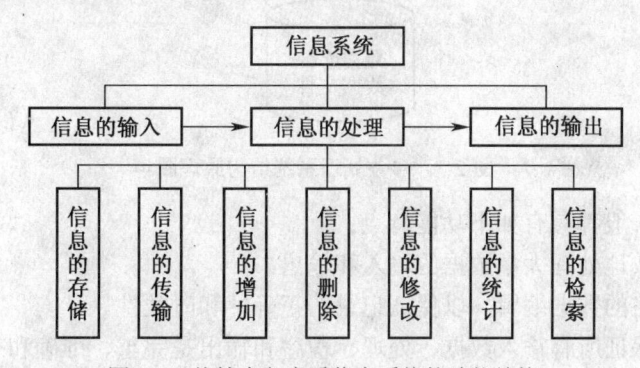

图 2-5　从技术角度看信息系统的功能结构

从业务角度来看,信息系统应该支持整个组织在不同层次上的各种功能。各种功能之间又有各种信息联系,构成一个有机的整体及系统的业务功能结构。

如图 2-6 所示是一个企业的内部管理信息系统,该系统划分为 7 个职能子系统。

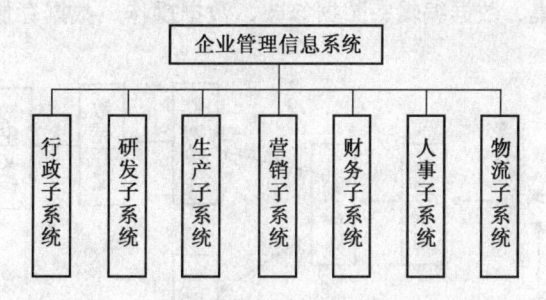

图 2-6　从业务角度看信息系统的功能结构

2.2.4　信息系统的类型

信息系统是一个内涵广泛的概念。下面沿循着历史的发展轨迹,简单介绍几种常见的信息系统,主要包括事务处理系统、管理信息系统、决策支持系统、经理信息系统。

1. 事务处理系统

20 世纪 50 年代初期，计算机开始应用在经营管理工作的数据处理中，主要是在会计和统计中，代替算盘、手摇计算机、现金出纳机等，形成了所谓的电子数据处理系统。由于它是用来处理一些具体事务的，所以也叫做事务处理系统（Transaction Processing System，TPS）。这类系统主要用于运作层，所以现在也有人把它叫做运作性信息系统。

事务处理系统是一个处理有关组织的基本业务、记录和更新所需详细数据的系统，其运行目标是迅速、及时、正确地处理大量信息，降低成本，提高管理工作的效率、准确度和服务水平，增加辅助决策的数据。目前市场上流行的商业进销存系统就是这类系统。

这类系统的结构原理图如图 2-7 所示。

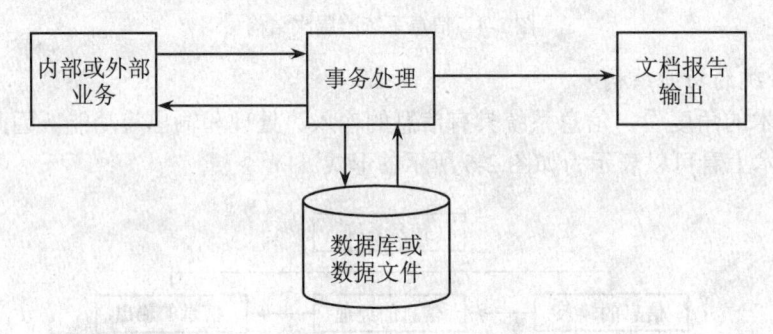

图 2-7　事务处理系统结构原理图

事务处理系统一般都具有如下功能特点：
- 能迅速有效地处理大量数据的输入和输出。
- 能进行严格的数据编辑，以保证记录的正确性和时效性。
- 通过审计保证所有输入数据、处理、程序和输出是完整、准确和有效的。
- 提供了有关安全问题的防护能力。
- 支持许多人进行处理，因此系统的故障会对组织有严重致命的影响。
- 产生文件，管理报告、账单等，定期生成常规报表或特别报告供检查和监督。

所有事务处理系统均完成一系列共同的基本数据处理过程。该过程叫做事务处理周期，包括 6 个步骤：数据搜集、数据编辑、数据修改、数据操作、数据存储和输出文档，如图 2-8 所示。

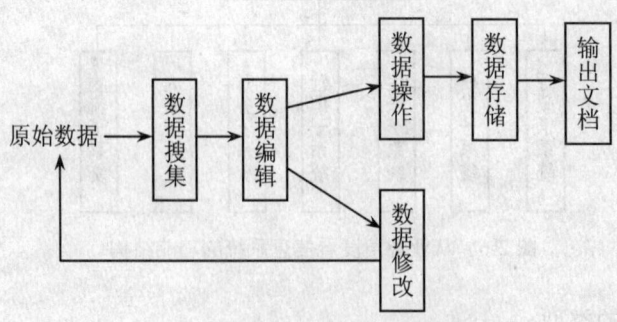

图 2-8　事务处理系统的数据处理过程

事务处理系统是计算机在管理中的最初形式，也是最基本的形式。目前，它可以用在管理的各个部门，以独立形式存在或者构成大系统的组成部分，如工资系统、订货系统、库存系统、计价系统、货价系统、销售系统、收支账目系统、总分类账系统等。

总之，这类系统是面向数据的，对日常来往的数据进行常规的处理，它充分利用了计算机对数据进行快速运算和大量存储的能力，可以减轻业务人员大量重复性的劳动。因此，它是基层业务人员的得力助手，无论是大企业、大机关，还是中小企业或一般组织，甚至个体业主都可以使用。

2. 管理信息系统

管理信息系统（Management Information System，MIS）是对一个组织（单位、企业或部门）进行全面管理的人和计算机相结合的系统，它是综合运用计算机技术、信息技术、管理技术和决策技术，与现代化的管理思想、方法和手段结合起来，辅助管理人员进行管理和决策的人机系统。

管理信息系统具有 5 个基本要素，分别是：系统的观点和系统工程的方法；定量化管理（数学分析）的方法；信息处理及计算机应用技术，或者可以简单说成系统的观点；数学的方法；计算机的应用。

一般来说，MIS 由 3 个部分组成：①数据处理系统部分：主要完成数据的采集、输入、数据库的管理、查询、基本运算、日常报表输出等；②分析部分：在事务处理系统基础上，对数据进行深加工，如利用各种管理模型定量、定性分析方法、程序化方法等，对组织的生产经营情况进行分析；③决策部分：管理信息系统的决策模型多限于以解决结构化的管理决策问题为主，其结果是要为高层管理者提供一个最佳的决策方案。

管理信息系统具有以下几点功能：

- 数据处理：完成数据的收集、输入、传输、存储、加工处理和输出。
- 事务处理：将管理人员从繁重的重复性的事务处理中解脱出来，以更多的精力思考管理问题，从事创造性劳动。
- 预测功能：运用数学、统计或模拟等方法，根据过去的数据预测未来的情况。
- 计划功能：合理安排各职能部门的计划，并按照不同的层次提供相应的计划报告。
- 控制功能：对计划的执行情况进行监测、检查，比较执行情况与计划的差异，并分析其原因，辅助管理人员及时用各种方法加以控制。
- 辅助决策功能：运用数学模型及时推导有关问题的最优解，辅助管理人员决策。

3. 决策支持系统

20 世纪 70 年代国际上展开了 MIS 为什么失败的讨论。人们认为，早期 MIS 的失败并非由于系统不能提供信息。实际上 MIS 能够提供大量报告，但经理很少去看，大部被丢进废纸堆，原因是这些信息并非经理决策所需。当时，美国的 Michael S.Scott Marton 在《管理决策系统》一书中首次提出了"决策支持系统"的概念。决策支持系统不同于传统的管理信息系统，早期的 MIS 主要为管理者提供预定的报告，而决策支持系统则是在人和计算机交互的过程中帮助决策者探索可能的方案，为管理者提供决策所需的信息。

决策支持系统（Decision Support System，DSS）是以决策模型、数据库和决策者组成的集成系统为特征的、支持决策的信息系统。决策支持系统综合应用数据模型和分析技术，具有交互式的友好人机接口，主要支持"半结构化"或"非结构化"决策问题，用于支持人而不是取代人的决策过程。

一个比较完整的决策支持系统的结构原理图如图 2-9 所示。

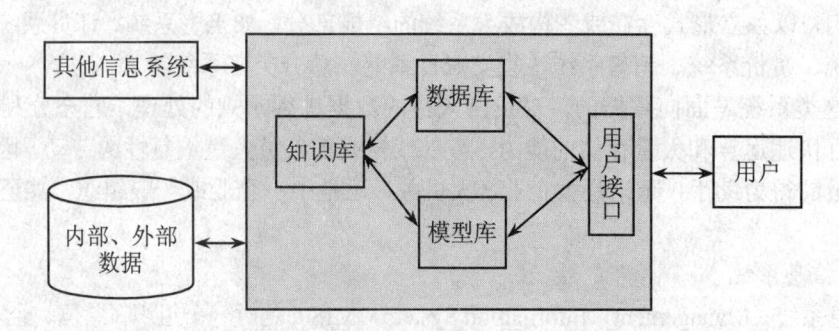

图 2-9 决策支持系统的结构原理图

决策支持系统具有以下几个主要功能：
- 管理并随时提供与决策问题有关的组织内部信息，如订单要求、库存状况、生产能力与财务报表等。
- 收集、管理并提供与决策问题有关的组织外部信息，如政策法规、经济统计、市场行情、同行动态与科技进展等。
- 收集、管理并提供各项决策方案执行情况的反馈信息，如订单或合同执行进程、物料供应计划落实情况、生产计划完成情况等。
- 能以一定的方式存储和管理与决策问题有关的各种数学模型，如定价模型、库存控制模型与生产调度模型等。
- 能够存储并提供常用数学方法及算法，如回归分析方法、线性规划、最短路径算法等。
- 上述的各种数据、模型与方法都能被容易地修改和添加，如数据模式的变更、模型的连接或修改、各种方法的修改等。
- 能灵活地运用模型与方法对数据进行加工、汇总、分析、预测，得出所需的综合信息与预测信息。
- 具有方便的人机对话和图像输出功能，能满足随机的数据查询要求，回答"WHAT……IF……（如果……则……）"之类的问题。

提供良好的数据通信功能，以保证及时收集所需数据并将加工结果传送给使用者。

具有使用者能忍受的加工速度和响应时间，不影响使用者的情绪。

4. 经理信息系统

经理信息系统（Executive Information System，EIS）是20世纪80年代中期出现的面向组织高层领导，能支持领导管理工作，为他们提高效率和改善有效性的信息系统。

经理信息系统是从通常的管理信息系统、事务处理系统中抽提信息，经过综合汇总整理，这类系统所需要的信息与专供领导层次决策使用的决策支持系统所需要的信息很类似，有些系统就把经理信息系统作为高层决策支持系统的一个组成部分，加上分析、比较、评价，形成有决策支持功能的系统。所以，国内有时也将EIS称为总裁信息系统或高层管理信息系统等。

从系统形式、内涵与功能来看，经理信息系统有以下一些特点：

（1）人机界面必须十分友善且富有个性，图文表并茂且层次清晰，用户可在很短的时间内学习掌握使用方法；提供的信息是关系到组织生存与发展的关键信息，但又可对其"追根问底"，提交逐级细化的信息，为此系统要增设综合信息库，另外外部数据库也比内部数据库的地位更重要。

（2）决策功能面对的问题是非结构化的，与 DSS 要解决的问题相比，分析与求解的难度更大，EIS 因此必须基于人工智能技术，其中基于案例的类比推理技术尤为重要。

另外，EIS 还具有丰富的办公支持功能。例如电子邮件、传真、无线通信、文字处理、电子会议、通讯录、日程安排与公文处理等。

EIS 的特点决定了开发过程的特殊性：EIS 的分析与设计必须建立在对经理和总裁等领导职能、工作状况及个性分析的基础之上；信息需求分析的重点在于关键数据的确定、由精到细的数据层次关联分析。

开发 EIS 难度很大，费用也很高，目前国内基本上还停留在研究与讨论的阶段，少数报道的 EIS 例子与目标尚有较大的差距。

2.3 酒店管理信息系统概述

在前面熟悉了信息与信息系统的基本概念的基础上，本节将开始进一步了解酒店管理信息系统的定义和功能。其实，酒店管理信息系统也是一个信息系统，它的功能主要是处理酒店内部和外部的各种管理信息，它通过输入酒店经营中的原始数据，经过系统的加工和处理，得到酒店经营所需的各种信息。本节介绍与酒店管理信息系统相关的基本知识。

2.3.1 酒店管理信息系统的概念

酒店管理信息系统（Hotel Management Information Systems，HMIS）是随着计算机在酒店业中的应用而逐渐成熟和发展起来的。目前，有关酒店管理信息系统的相关概念和叫法很多，如酒店计算机系统、酒店 IT 系统、酒店信息系统、酒店信息化系统等。所有这些提法都在一定程度上反映了人们对酒店管理信息系统的某种认识。

为了描述的方便，在本书中一律统一称为酒店管理信息系统，并为其给出以下定义：酒店管理信息系统是由酒店管理人员、计算机硬件、计算机软件、网络通信设备、现代办公设备等组成的能进行酒店管理信息的收集、传递、存储、加工、维护和使用，并以人为主的对酒店各种信息进行综合控制和管理的系统。它能实测酒店经营的各种情况，预测酒店经营的未来，并可以控制酒店的经营行为，帮助酒店实现规划的经营目标。

由于人们对酒店管理信息系统认识的角度不同，加之现代信息技术和管理实践的发展，人们还会对酒店管理信息系统作出更多的定义，但综述现代各种观点，酒店管理信息系统的概念应体现如下 3 个方面的含义：

（1）HMIS 是酒店企业的信息系统。这是从广义的角度来讲的，这种定义方式也比较符合我国现在酒店企业计算机应用的实际状况。它强调以计算机技术、网络通信技术、数据库技术为代表的信息技术基础，注重信息的收集、传递、存储、加工、维护和使用，在实际操作上多表现为事务处理或电子数据处理。这是酒店信息系统发展的第一个阶段，也是最初级的阶段。

（2）HMIS 是酒店企业的管理系统。这是从狭义的角度来讲的，这种定义方式代表了酒店企业信息系统现在及将来的发展方向。它强调面向酒店企业中的高层管理者，注重计划、控制等管理职能的实现以及对非结构化和半结构化决策问题的支持。这一系统不是单纯地将原手工系统或事务处理系统进行自动化，而应是现代管理思想和管理方法与计算机手段相结合的产物。

（3）HMIS 是一个社会技术系统。从以上 HMIS 的定义可以看出，它不仅仅是一个技术系统，而是一个以人为主导的高度集成化的人机系统。它涉及管理科学、系统理论、计算机科学和信息学科等领域，是一门交叉的边缘学科。HMIS 对酒店的信息管理是从总体出发、全面考虑，保证各种职能管理部门共享数据，减少数据冗余和孤岛现象，保证数据的兼容性和一致性。

只有保证酒店信息的集中统一，信息才能成为酒店企业的经营资源。HMIS 的这个特点要求我们：一方面现代酒店采用的信息技术必须适合酒店企业的需要；另一方面酒店企业也必须通过学习新技术来促进自身的不断创新。在 HMIS 的开发过程中，要正确地界定人和计算机在系统中的地位和作用，充分发挥各自的长处，使系统整体性能达到最优。

2.3.2 酒店管理信息系统的特征

任何一个管理信息系统都有自己的特点。和其他管理信息系统一样，HMIS 也是为酒店经营服务的，是酒店企业经营管理的重要工具，是酒店企业实现信息化管理的主要手段，是现代酒店向信息化酒店过渡的硬件基础。从系统的角度来看，HMIS 应具有以下特征：

（1）HMIS 是现代酒店经营管理的重要工具。酒店企业的决策管理主要应该由人来完成，但是随着信息技术的发展、计算机智能化管理水平的提高，在现代酒店企业中，计算机已经不再仅是数据处理的工具了。酒店企业的一些事务性、重复性的日常管理工作都可以由管理信息系统来完成，而对于一些突发事件或关系酒店企业生存与发展的重大决策则一定要由人来完成。因为计算机毕竟不是人，酒店企业经营管理也是时效性较强、变数很大的管理过程，但是即便是这类事项，现代酒店企业管理者也应适当考虑计算机数据处理的结果信息。在这种时候，计算机和 HMIS 是酒店企业管理者的重要助手之一。只有充分利用各种管理手段，管理者才能做出正确的管理决策，以达到有效经营管理的目的。HMIS 是一个人机综合控制的系统，通过它的参与管理，现代酒店的管理较一般的酒店来说更加科学化，日常事务处理也更加有序、更加规范、更加准确；它快速处理信息的能力也加快了现代酒店企业的反应速度，使现代酒店企业管理人员能够迅速地做出正确的决策，以便现代酒店企业在竞争中占据优势地位。

（2）HMIS 是一个开放的系统。管理信息系统有开放式和封闭式之分，用通俗的话说，封闭式管理信息系统是体内循环，基本上不考虑环境因素，而开放式管理信息系统则恰恰相反，同环境因素关系非常密切。HMIS 是一个具有输入和输出功能的、开放式的系统。输入的是各种票据、登记记录、账单、报表等原始凭证的内容，输出的是各种统计报表、汇总表等内容。该系统通过输出来控制整个现代酒店企业的物流和信息流。鉴于此，它不可能同外界环境完全隔离。而且，HMIS 还要能够对外界环境进行分析，并适应外界环境的变化，在一定范围内、一定程度上还要能够改善环境条件，是一个十足的开放式系统。

（3）HMIS 主要是一个反馈系统。管理信息系统内部控制可以分为前馈控制和反馈控制。HMIS 是一个综合的控制系统，也同时包括前馈控制系统和反馈控制系统。作为该系统主体的业务处理系统处理的是酒店具体业务数据信息，还主要是一个反馈控制系统。虽然目前系统还需要一定的稳定性作为基础，但是由于现代酒店的经营管理经常处于不断变化的环境之中，该系统在运行过程中如果不能根据实际情况经常加以调整和扩充，往往会脱离实际而失去作用。

因此，为了延长系统的生命周期，必须根据系统输出的结果信息以及外界的信息随时调整其内部处理方式或扩充相应的处理功能。这种反馈系统能够让该系统的输出结果更为精确、更加实用。HMIS 要求有一定适应和改变周边环境的能力，这也是其主要发展趋势。但是目前的技术和管理水平还很难达到这种要求，现代酒店企业的计划控制也就是前馈控制主要还是由人来完成的。当然，HMIS 的辅助作用也是不容忽视的。

（4）HMIS 是一个层次性的系统。现代酒店的管理具有很明显的等级制，也就是各级管理职责分明、分工明确，下级服从上级。这也是现代企业制度的基本要求之一。由此，HMIS 也将软件设计成了相应的层次，一般分为 3 个层次：最低层为作业层，主要是录入和管理一些基础数据，使用 HMIS 的主要目的是为了提高工作效率和服务质量；中间层是管理层，主要功能是管理综合数据，目的是提高管理精确度，使管理上少一些"大概"、"差不多"，使得整个现代酒店的计划、组织、控制及激励更加有效、更加精确；最高层是决策层，使用对象是现代酒店高层决策者，他们根据 HMIS 输出的结果信息做出经营管理决策，以提高经营管理的效益，这是计算机在现代酒店中应用的真正价值体现。但目前大多数的 HMIS 尚未达到这个层次。随着现代酒店的发展，酒店业发展时期向现代酒店时期的迈进，HMIS 必将进一步完善，其在决策层的应用也必然越来越普及，越来越得到决策层的重视。例如，酒店的营销策略的制定、成本控制策略、财务计划策略、目标利润制定等将来在酒店中都应该是计算机应用的主要领域，到那时 HMIS 的应用将达到高级阶段，即酒店决策支持系统（Hotel Decision Support System，HDSS）阶段。

2.3.3 酒店管理信息系统的功能

HMIS 是酒店实施现代化管理的重要手段，是现代酒店管理系统的重要组成部分。在现代酒店管理中，几乎都把信息系统的建设和完善作为健全酒店管理机制的重要内容，乃至把它放到首要的位置。建立和完善信息系统，已经成为现代酒店管理者的一个共同观念。

既然 HMIS 是酒店管理系统的组成部分，是为实施管理制度、达到一定的管理目标而设立的，那么它也就必须能够实现人们所预想的某种目标。这些目标，也就是 HMIS 所应具备的功能，或人们所设计和赋予 HMIS 的功能。

前面已经对一般信息系统的功能作了简述。下面将对 HMIS 的功能给出具体的描述。

不同的酒店企业，在对 HMIS 进行分析、规划和设计时，对其功能、性能、效率、效果可能会有不同的要求，但不论采取何种 HMIS，它们都应该具备以下功能：

（1）HMIS 的基本功能。

1）酒店业务数据的采集。

业务数据的采集和输入是 HMIS 中的一个重要环节，"输入的是垃圾，输出的必然是垃圾"，要把分布在酒店各部门的数据收集起来，必须根据系统对数据信息的需求，确定合适的数据采集方法和输入方式，以提高系统输出信息的有效性。在 HMIS 中，采集的数据主要是客人消费数据、商品采购数据、旅游动态数据以及酒店的外部相关数据等。在数据采集时，必须通过一定的数据识别手段，采集对酒店经营有用的数据信息。用各种方式征集或收集的数据统一输入到系统，即可进行处理并整理成相应的信息。

信息采集工作可以分为原始信息采集和二次信息采集两种。原始信息采集是指在信息或数据发生的当时当地，从信息和数据所描述的实体上直接取出信息或数据，并用某种技术手段在某种介质上记录下来。二次信息采集则是指采集已记录在某种介质上、与所描述的实体在时间与空间上已分离开的信息或数据。原始信息采集的关键问题是完整、准确、及时地把所需要的信息采集起来，记录下来，做到不漏、不错、不误时；二次信息采集的关键问题在于两个方面：有目的地选取或抽取所需信息和正确地揭示所得到的信息。也就是说，信息的采集过程已经包括了对信息的筛选和过滤，以保证信息的准确性和有效性。

在 HMIS 中，还要求信息的采集要有统一的要求和标准，以保证采集信息的规范化和统一性。在酒店的业务运转过程中，虽然大量的原始凭证从理论上说会降低操作效率、增加出错率，但是从制度方面的要求以及酒店管理本身出发，这些原始凭证又是必需的。因此，酒店信息的采集，要在效率、制度要求及酒店自身管理之间找到一个契合点，处理好三者之间的关系，做到多方面兼顾，达到多赢的效果。

2）酒店信息的传输。

当信息系统具有较大的规模时，信息的传输就成为信息系统所必须具备的一项基本功能。信息传输是指通过一定的手段将信息由发生源输送到接收方的过程。

信息传输可以通过很多途径，既可以借助一定的设备，如计算机、电报、电话等，也可以借助最原始的信息传输手段，如人的语言、手势等。在酒店业务运转过程中，信息传输的方式也是多样的，既可以利用机器设备也可以利用人工。

目前酒店数据的传输都将逐步通过计算机网络来实现，传输的每一个环节都采用计算机。传输的介质分有线和无线两类，有线传输如双绞线、同轴电缆线、光纤等；无线传输如微波传输、红外线传输、卫星传输等。通过数据的传输，总台登记的客人信息可以立即传输到客房管理中心，客人在餐厅消费的账务信息可以立即传输到总台账务，采购部采购的商品数据也可以立即传输到财务部，使所有的数据传输都处于可控状态，酒店经营的数据流处于有序的良性循环中。

另外，需要说明的是，信息的传输并不只是一个简单的传递问题，信息系统的管理者与计划者必须充分考虑所需要传输的信息种类、数量、频率、可靠性要求等因素。信息传输的方式既可影响信息传输的效率，也可影响信息传输的准确性。酒店应建立标准化的操作程序，并对员工严格训练，以减少转换错误的发生频率，提高信息传输的效率。

信息传输问题比较突出的是酒店业务信息系统和酒店办公信息系统。业务信息系统由于要尽可能地在信息源上收集原始数据，需要尽可能地将收集信息的"触角"伸到所有的信息发生点上，因而通讯就成了一个重要问题。办公信息系统面对的都是工作人员，他们之间有大量的信息需要交流或共享，因此信息的传输工作量也是很大的。目前来看，由于酒店管理信息系统规模不是很大，因此一般来说，信息的传输还不是很频繁，任务不是很繁重，但是随着系统范围的扩大，如酒店连锁经营的开展，这个系统中信息传输的任务也会逐步增加。

3）酒店管理信息的存储。

信息系统必须具有某种存储信息的功能，否则它就无法突破时间与空间的限制，发挥提供信息、支持决策的作用。即便是以信息传递为主要功能的通信系统，都要有一定的记忆装置，否则就无法管理复杂的通信线路。对于 HMIS 来说，信息的存储功能尤为重要。

无论哪一种信息系统，在设计信息的存储问题时，都要考虑存储量、信息格式、存储方式、使用方式、存储时间、安全保密等问题。简单地说，信息系统的存储功能就是保证已得到的信息能够不丢失、不走样、不外泄、整理得当、随时可用。

在各类信息系统中，存储的要求是不同的。在酒店业务信息系统中需要存储的信息格式是比较简单的，存储时间也相对较短，但是数量非常庞大。酒店管理信息系统中的格式却比较复杂，要求存储比较灵活，存储的时间也较长，因此信息存储问题的难度较大。酒店办公信息系统在数据存储上的特点是灵活性要求高，而且往往是多种技术手段并用，表现出结构上的复杂性。至于存储量，由于办公系统都是以前两种系统为依托，所以相对来说比较小。

4）酒店管理信息的加工。

除了极少数最简单的信息系统，如简单的小型查询系统外，一般来说，系统总是需要对已经收集到的信息进行某些处理，以便得到某些更加符合需要或更加反应本质的信息，或者使信息更适于用户使用，这就是信息的加工。

简单地说，信息的加工就是将原始的、零散的信息系统化的过程。对于 HMIS 来说，原始凭证所反映的只是零散的数据，这些数据孤立地存在并不能说明任何问题，只有把它们综合起来进行比较，它们才具有了实际意义，才能够为酒店的经营决策和业务运转提供具有实际价值的信息。但是，关于信息的加工有一点值得注意。一般认为，信息经过加工后，更加集中、更加精练、更加反应本质。这在许多情况下是正确的。但是必须看到，加工精炼过程是人们按照自己已有的认识去粗取精的过程，必然舍弃了某些自己认为"粗"的、带偶然性的内容。但是这一过程是否得当，还需要事后验证。所以，对于信息加工的结果，我们应该持比较谨慎的态度。从这个角度看，原始凭证的保留还是有着非常重要的现实意义的。

在 HMIS 中，酒店管理信息系统要用到各种类型的算法，但往往是以比较固定的方式使用，处理起来还是相当容易的。酒店业务信息系统和办公信息系统所使用的加工方法比较简单，但是由于其使用频繁，要求加工速度快，所以应认真考虑效率问题。信息系统的加工功能要求信息处理的各个环节密切协作，保证输入信息的准确性和不间断性以及输出的及时性，以便使信息系统最大限度地发挥其作用。

5）酒店管理信息的输出。

信息系统必须具备向使用者提供信息的手段或机制，也就是通过信息的输出来实现其自身的价值。输出是信息处理的方向。信息从收集到存储到加工整理，进而有效地输出，提供给使用者，信息的作用才能得以发挥，信息系统在管理体系中的作用才能得到实现。

信息的输出必须首先明确目标，即输出的方式和对象，否则信息的输出将是盲目的和无效的。酒店业务运转过程中形成的大量数据是酒店进行有效管理的重要依据。不同类别的使用者所需要的信息内容虽然是不一样的，但却是确定的，因而信息的输出也就有了特定的对象和方式。

信息的提供还要求具有及时性。这一方面是因为许多信息内容本身就具有时效性，另一方面，现代酒店管理也要求这种及时性。现代酒店管理的一个基本特征是讲效率、重速度，因为效率和速度是现代酒店高效管理的关键。从酒店管理的现实情况来看，酒店一般都是全天候营业，业务随时都在开展，如果员工训练有素，实现信息提供的及时性是完全有可能的，也是客观所要求的，其关键在于 HMIS 的完善程度。

6）酒店管理信息的维护。

信息的维护就是保持信息处于适用状态。狭义上说包括经常更新系统中的数据，使其保持适用状态；广义上说包括系统建成后的全部数据管理工作。

信息维护的目的在于保证信息的准确、及时、安全和保密。信息的准确性．首先要保证数据经常处于最新状态;其次是保证数据要在合理的误差范围内。信息的及时性就是要求能快速及时地提供信息,合理地组织存放信息,操作规程健全,操作人员技术熟练,保证信息能被及时存取。信息的安全性是指信息不因自然和人为因素而遭到破坏;一旦被破坏后,能较容易地恢复。信息的保密性是指要能防止一切非法用户使用信息。为此,要采取一定的技术措施,如加密、口令字、行政上建立严格的管理制度等。

2. HMIS 的扩充功能

(1) 信息的控制功能。

除了以上 6 项功能,HMIS 还需要首先具备的一项扩充功能就是信息的控制功能,即要有助于酒店管理人员对酒店业务的各个方面进行控制,诸如存货控制、人工费用控制、收款和顾客账户控制等。

完成存货和人工费用控制,要对营业收入进行准确的预测,这是一项复杂但是很有益处的工作。之所以复杂是因为要做出正确无误的预测是很困难的,必须经过大量的信息处理工作,既要保证预测的可靠性,又要保证提供预测信息的及时性,从而使这种预测发挥应有的效用。准确的预测有助于近期接待工作的预期安排,提高酒店工作的计划性,从而使酒店的业务运转能够按预想的计划或程序顺利进行,减少盲目性和改变无计划的紊乱局面。通过核数及比较分析分析可达到对收款工作即客人账户的控制。收款工作要对大量的数据进行处理,出错是难免的。顾客一经住店,其消费便会不断地发生,其账户上的预付金数额就会越来越少,甚至出现透支。这些情况都要求酒店能够及时、准确地控制收款工作和顾客账户的有关情况,采取有效措施,以减少或完全避免出现错误给酒店造成的损失。

(2) 分析和预测功能。

分析和预测是酒店管理信息系统的新的扩展功能。这些功能基本上是独立运行的模块,如餐饮成本分析模块、前台客源分析模块、客房价格预测模块、财务报表分析模块、客房经营保本分析模块以及酒店经营预测模块等。通过分析和预测功能,我们就可以对酒店的经营过程进行有效的控制,提高了酒店管理的精度。目前大多数酒店管理信息系统都已开发了相关的分析模块,特别是在高星级的酒店里,其管理信息系统都必须有分析和预测的处理功能,有效地提高了酒店管理的效益。

(3) 辅助决策功能。

辅助决策功能是酒店管理信息系统发展的最高阶段,管理就是决策,支持决策是酒店管理信息系统必须开拓的重要功能,但也是最困难的任务。因为管理决策人的工作风格差别很大,每个人都有自己独特的工作方式,软件的开发工作量相当庞大,而且必须借助于计算机最前沿的人工智能技术。

按照决策方法和决策过程的可描述程度,管理决策可分为结构化决策、非结构化决策和半结构化决策。结构化决策的目标比较明确,结构清楚,有规律可循,通过数学的方法就可以求解。非结构化决策,其过程比较复杂,一般毫无规律可循,必须根据掌握的材料用数学模型模拟运算,让计算机提供多个方案给决策者选择。半结构化决策可以通过化解的方法变成结构化决策,从中找出一定的规律,变成确定的解决方案。目前,大多数的酒店管理信息系统仅能解决结构化的决策和部分半结构化的决策,对于支持非结构化决策的酒店管理信息系统,目前还在探讨之中。如酒店客房的价格问题、酒店投资的选择问题以及酒店促销活动的选择问题等都是属于非结构化的管理问题。

事实证明,那些采用功能完善的 HMIS 的酒店,都能够很好地控制酒店的资源,做好相关的数据分析和经营预测,并能对各种决策活动起到支持作用,为酒店带来各种益处。

2.3.4 酒店管理信息系统的结构

前面介绍一般信息系统时,曾经谈到过信息系统的结构。HMIS 作为一个酒店业的管理信息系统,也必然有一定的系统结构。与一般的信息系统一样,它也有概念结构、功能结构、软件结构和硬件结构等多种视图,HMIS 这些不同种类的结构都反映了系统整体与各个部分之间的信息关系,也反映了整个 HMIS 的数据处理方式与数据传输方式。

本小节只是介绍一下酒店管理信息系统的硬件结构和软件结构。

1. HMIS 的硬件结构

硬件结构指 HMIS 的物理结构,即 HMIS 硬件系统组成的各个部分之间的关系。

HMIS 的硬件结构一般有 3 种类型:单机批处理式结构、联机集中式处理结构和分布式处理结构。这 3 种结构是随计算机技术发展而产生的,并还在不断发展变化着。

(1)单机批处理结构。

早期的 HMIS 都是单机批处理结构,这种结构由一台主机、显示器、键盘、打印机等组成。这种单台计算机的结构装上 HMIS 软件就构成了一个完整的 HMIS 系统,当需要处理数据时,可随时将一批待处理数据按一定时间间隔,一次性输入计算机进行批处理。这种单机批处理结构方式,往往一个人单独占用了一套计算机系统,上机时带上待处理的数据,下机后取走作业结果或工作报告,因而数据共享和实时处理性能较差。目前酒店管理系统中已很少使用这种结构。

单机批处理结构对应的数据处理方式为批处理方式,它是根据需要成批地把处理作业交给计算机,因此是一种脱机的非实时处理方式。

(2)联机集中式处理结构。

单机批处理结构的数据处理效率不高,数据共享性能也差。随着计算机技术的发展,出现了多台终端的联机系统,通过终端与计算机联系,进行各类数据处理的作业,这就是集中式数据处理结构。联机集中式处理结构采用一台或两台小型计算机或超级微型机作为主机,管理人员可以在任何时间通过各终端与主机联系,进行各类数据处理作业。由于各终端只能作为数据的输入输出,不能直接进行数据处理,所以称集中式处理结构。

集中式处理也叫联机处理,是一种实时处理方式。

集中式处理结构的优点是数据处理能力强、数据安全、可靠性高;缺点是终端本身没有处理能力,系统处理速度将随终端数量的增加而明显减慢,而且一般终端只有字符界面,用户界面不美观。在 PC 机及 Windows 流行之前的 20 世纪 70 年代到 80 年代末,集中式处理结构是酒店最理想的 HMIS 结构。

联机集中式处理结构虽然有许多优点,在计算机应用领域占据一定的市场,但随着计算机应用的深入和计算机技术的发展,这种结构已暴露出一些致命的弱点:①一次性投资较大,小型机比一般微型计算机要昂贵得多,而且要使系统可靠性高,一般要配两台主机并网运行,这样投资更大;②集中式处理结构由于数据集中在主机内处理,一旦主机出现故障,整个系统就会瘫痪,无法运转。因而联机集中式处理结构并非十全十美。

图 2-10 所示是酒店集中式处理结构示意图。

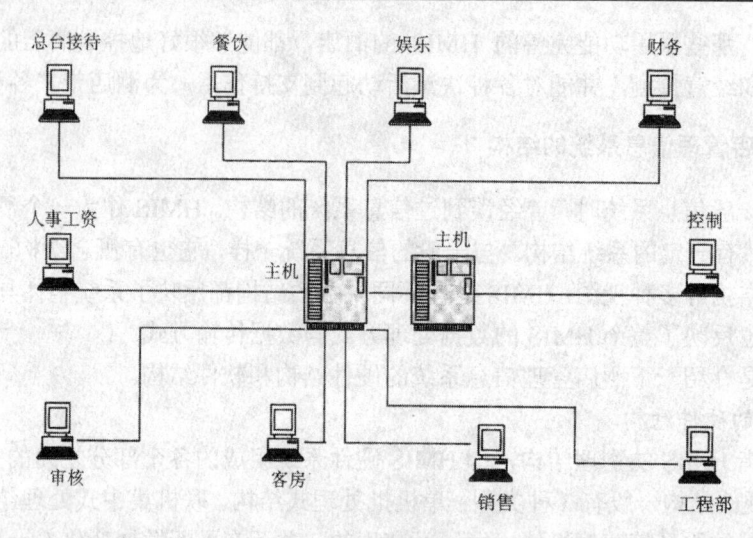

图 2-10 酒店联机集中式处理结构图

（3）分布式处理结构。

20世纪80年代中后期，随着微机功能的不断加强，出现了分布式计算机系统和分布式数据库系统，管理信息系统朝分布式方向发展。局域网系统就是这种结构的典型例子。

这种系统以一台或几台高档微机作为网络服务器，通过网络连接工作站，而每个工作站都是一台独立的本身具有数据处理能力的微型计算机，需要时可以联机入网在服务器内处理数据，所以称为分布式处理结构。图2-11所示为酒店分布式处理结构示意图。

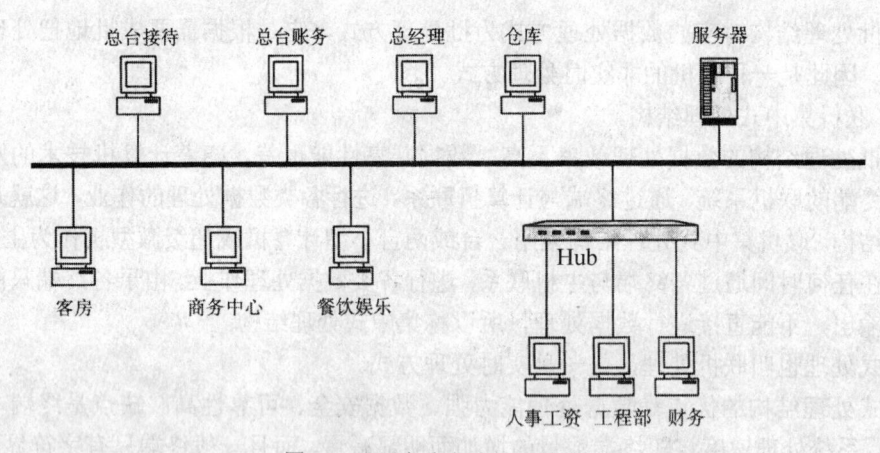

图 2-11 酒店分布式处理结构图

近年来流行的C/S结构（Client/Server，即客户机/服务器结构）是最新的一种分布式结构。其中的客户机支持用户应用的前端处理，服务器用于支持应用的系统环境，包括数据库的管理及查询服务。数据查询方式为数据库查询，网上传送的只是查询的结果，这就大大减少了数据的传送量，而且客户机一般是基于Windows图形用户界面的。

C/S结构集中了局域网系统和小型机多用户系统的优点，由服务器和客户机协同处理，充分发挥系统的各种优越性，是目前酒店中最为流行的体系结构。另外，C/S结构不但采用了分布处理方式，而且减轻了网络数据传输的压力，是一种理想的实时处理方式。

随着通讯技术的发展，分布式结构实现了远程数据处理或者远程数据采访，可以通过电话线、激光、微波和人造卫星等介质实现异地数据处理，或实现两个或两个以上局域网络的数据互访，这就是广域网系统。

广域网分布结构最适合酒店集团的信息管理，酒店集团总部可以通过广域网络系统有效地管理各地的酒店，各地酒店也可通过广域网实现互传信息数据，及时了解各酒店的经营情况。从目前计算机应用的发展趋势看，广域网分布结构是今后发展的方向，是建立集团式管理所采用的必要手段，也是目前各连锁酒店公司进行信息管理的理想模式。广域网有两个特殊的类：企业网与全球网。全球网中，第一个真正的、可供公共商用的就是因特网。目前，从计算机应用的发展趋势看，基于企业内部网络 Intranet 及 Internet 的浏览器/服务器（Browser/Server，B/S）模式结构的广域网方式是今后酒店管理信息系统的发展方向，这种类型的酒店管理信息系统国内外都正在研制过程之中。

B/S 模式实质上是 C/S 方式在新的技术条件下的延伸。这种方式下，Web Server 既是浏览服务器，又是应用服务器，可以运行大量的应用程序，从而使客户端变得很简单。前台采用网络浏览器，如 Microsoft 公司的 IE 作为用户的标准界面。客户端利用浏览器通过 Web 服务器去访问数据库以获取必需的信息，而 Web 服务器与特定的数据库系统的连接可以通过专用的软件实现。这种体系结构目前已经成为了高端酒店管理信息系统产品的主流。

如图 2-12 所示就是一个典型的酒店集团计算机管理系统的硬件结构。

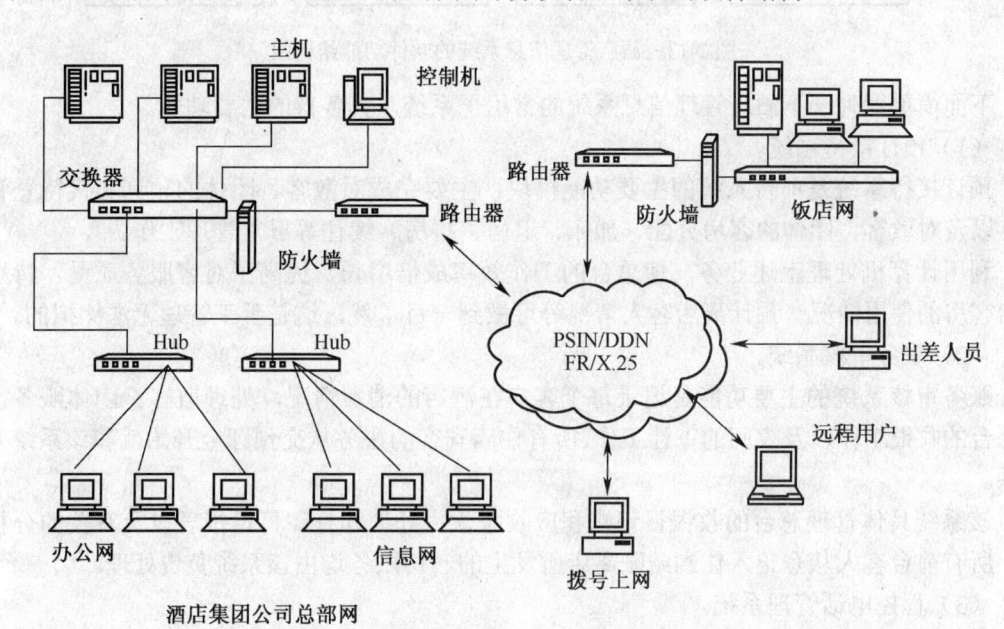

图 2-12 酒店集团计算机硬件结构拓扑图

2. 酒店管理信息系统的软件结构

软件结构是指 HMIS 的功能结构，HMIS 具有多种功能，各种功能之间相互联系，构成了一个有机结合的整体，即完整的软件功能结构。

软件功能结构是根据管理层次和所需功能导出并划分的。对于酒店来说，是根据酒店的管理层次，以及为了完成酒店业务数据处理需要而定义的功能模块（或子系统）来设计的。在酒店业务管理中，系统功能一般可分为前台和后台两大部分，此外还可包括前台系统和后台系统功能扩充的扩充系统（有的系统中把扩充系统直接包含在前后台系统中），以及各种各样的系统接口。图 2-13 所示是酒店管理信息系统的软件功能结构图。

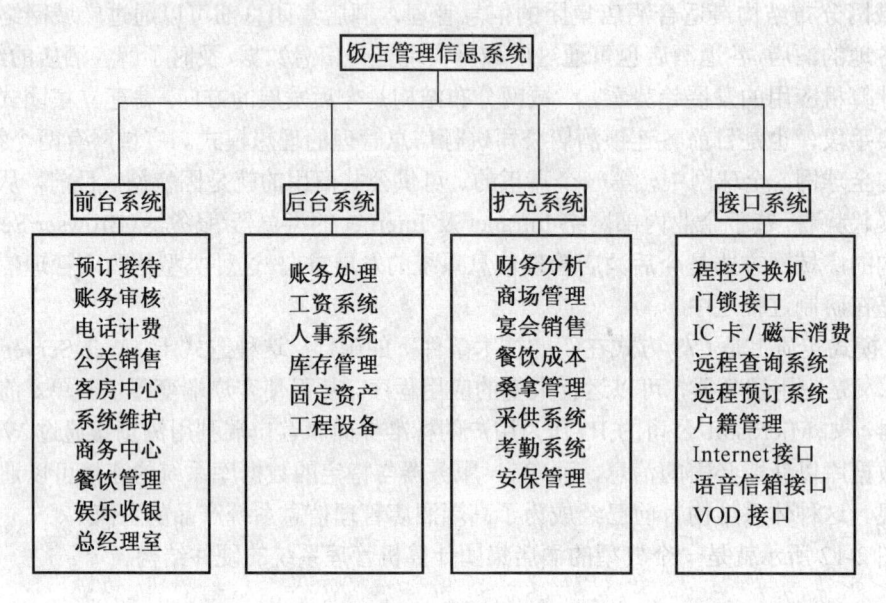

```
                    饭店管理信息系统
        ┌───────────┬───────────┬───────────┐
      前台系统    后台系统    扩充系统    接口系统
        │           │           │           │
      预订接待    账务处理    财务分析    程控交换机
      账务审核    工资系统    商场管理    门锁接口
      电话计费    人事系统    宴会销售    IC 卡/磁卡消费
      公关销售    库存管理    餐饮成本    远程查询系统
      客房中心    固定资产    桑拿管理    远程预订系统
      系统维护    工程设备    采供系统    户籍管理
      商务中心                考勤系统    Internet 接口
      餐饮管理                安保管理    语音信箱接口
      娱乐收银                            VOD 接口
      总经理室
```

图 2-13　酒店管理信息系统的软件功能结构图

下面简单罗列一下酒店管理信息系统的常用子系统及其各自的主要功能。

（1）预订接待系统。

预订接待系统是前台系统的主要功能模块，主要完成对散客、团体的预订和接待登记任务，以及对散客、团体的客房分配、加床、退房、拼房、续住等日常管理工作。

利用计算机处理上述业务，使总台的工作效率成倍增长，提高了对客服务质量，特别对酒店客房的使用情况、预计离店客人情况等可做到一目了然，这是手工管理无法比拟的。

（2）账务审核系统。

账务审核系统的主要功能是记录每个客户在酒店的消费情况，处理散客、团体账务，负责总台的收银工作以及夜间的审计工作，所有住店宾客的账务从交预订金开始就和该系统发生关系。

该系统具体管理总台的收银日记账和应收账款，处理和打印每日报表以及有关的分析报表。所有前台客人从登记入住到结账离店所发生的一切账务均由该系统负责处理。

（3）程控电话管理系统。

程控电话管理是通过程控交换机和计算机连接的一个电话计费控制系统，实现对酒店内各分机电话的准确计费并可进行各种统计、查询报表等管理。

计算机通过接收到的程控交换机输出的每条话单内容，对每条话单进行分解、计算、存储，完成每个分机的国际、国内直拨电话计费。该系统一部分完成客房分机的电话计费，把电话费用记入到住店宾客的账户中，实现客人离店的一次性结账；另一部分记录内部管理部门的每一条电话费用的详细情况，以利于酒店对费用的控制。

（4）客房中心管理系统。

客房中心管理的主要工作是控制客房状态、客房设备以及客房用品。

通过该系统的计算机处理，总台或总经理随时可以了解客房状态及有关数据，如可用房数、维修房数、自用房数、不可用房数等。

通过计算机的管理，可以使客房设备和客房用品得到合理使用，减少浪费。

（5）餐饮娱乐管理系统。

餐饮娱乐管理系统主要完成散客点菜和收银等日常管理以及餐饮预订等管理，如餐厅及各娱乐营业点的收银管理、餐饮成本的动态控制以及吧台商品的销存管理等，对住店宾客或特殊客人收费自动过账，实现一次性结账，并可打印各类营业报表及餐饮稽核报表。

（6）总经理查询系统。

总经理查询系统的主要功能是提供快速查询，让总经理等决策者快速、全面、准确地了解酒店经营管理的有关信息数据，以便作出正确的决策。

总经理查询系统提供的信息数据包括前、后台各种营业数据，如前厅接待、预订数据、房务数据、餐饮数据、收入成本数据、人事数据、工资数据，以及库存数据等。

（7）商务中心管理系统。

商务中心管理系统的主要功能是对商务中心的商品进行进、削、存管理，包括商品的入库管理、销售管理、收银管理、库存管理，也对住店客人实现收费自动过账、一次性付账等处理。

（8）财务管理系统。

财务管理系统属后台系统，财务管理是酒店管理的核心内容。财务管理系统的功能是管理总账、明细账、分类账等，包括账务处理、原始凭证处理、科目设置处理、账户管理、凭证汇总处理、账目查询和打印处理、银行对账处理、月终年终报表处理、各类报表打印处理等。

财务管理系统存储的财务数据是酒店最重要的数据，必须有一套安全数据管理机制，并且一定要有灾难恢复功能，以保证整个账务系统的数据安全。

（9）人事工资管理系统。

人事工资管理系统的主要功能是管理酒店的人事关系及工资，包括档案管理、劳动组织管理、招工用人管理、员工培训管理、人事变动管理、考勤输入管理、工资发放管理、工资汇总管理。

在人事工资管理系统中，通过有效管理可充分利用酒店的人力资源，为员工创造良好的工作环境，激励员工，提高凝聚力，提高人事工资管理的精确度，减轻人事部门的劳动强度，提高工作效率。

（10）工程设备管理系统。

工程设备管理系统主要管理酒店的固定资产设备。酒店固定资产价值比较大，工程设备管理系统对固定资产的分类、用途、维护、统计等进行有效管理，完成设备的购入登记管理、调拨管理、折旧管理、设备报废管理以及设备查询打印等管理工作。

（11）库存管理系统。

酒店库存原料品种繁多，管理、领用比较复杂，库存管理系统能详细记录每一笔原料物资出入库情况。该系统功能包括入库管理、领料管理、调拨管理、仓库明细账管理、预计进料管理、账务查询管理以及物品统计报表打印管理等，通过计算机管理，可以提高酒店资金的利用率，使仓库"账实相符"，减少库存积压。

（12）安保管理系统。

安保管理系统，主要完成酒店的安全管理制度、保密制度的管理，负责对员工的安全培训教育，查询各个部门的安全岗位职责。通过电脑考核管理，更加保证住店客人的人身和财产安全、客人的饮食安全以及确保酒店的环境卫生永远满足客人的需要。

在安保管理上，还可以通过设置电脑系统与公安110联系，以保障客户的防盗、防火安全以及客户随时需要的救护措施。

事实上，酒店管理信息系统在功能上可以是一个非常庞大的系统，能够覆盖整个酒店管理的各个方面。对某些酒店，这样的功能模块还可增加和完善，如与酒店床头柜的连接接口、与酒店内部寻呼台的连接接口、办公自动化OA系统、预测决策支持系统等，而且各种软件系统之间的功能名称和分法均可不同。

2.4 酒店管理信息系统的发展

本节将对酒店管理信息系统的发展和应用情况给以概括，同时将国内外部分主流的酒店管理信息系统进行列举，以供读者了解。最后分析了未来酒店管理软件的发展方向。

2.4.1 酒店管理信息系统的应用历程

管理信息系统是一个人/机系统，是一门应用性极强、基于某种计算机系统的学科。早在1963年，MIS发展之初，美国的希尔顿酒店就率先将计算机（IBM小型机）用在了酒店管理之中。由于MIS的引入、计算机的运用，酒店的管理更加规范，数据处理的速度大大加快，信息的传递更为迅速，而人员却得以精简，为酒店带来了更好的效益。所以计算机酒店管理很快就在西方酒店业中普及开来，由此产生了MIS的一个分支——HMIS。酒店业与航空业、金融业一样，是MIS开始应用便取得较大成功的领域之一。

严格来讲，HMIS起步于20世纪70年代初，由美国EECO公司率先研制、推出计算机酒店管理系统，主要应用于预订、排房、结账、客房、餐厅、查询、夜间作业和市场分析等业务管理。到20世纪70年代中后期，世界各国相继研制并推出类似产品，并且应用范围逐渐扩大到财务、仓库、工资、人事等后台业务领域。

我国酒店计算机管理起步较晚，1976年以前，整个行业还不曾有过计算机，更不用说HMIS的应用了。我国酒店业最早使用计算机管理的是杭州酒店，20世纪70年代末运用CROMEMCO微型机进行总台接待管理，可完成前台的接待、查询和结账等基础工作，开创了我国酒店计算机管理的先河。

改革开放以来，特别是从20世纪80年代开始，我国酒店业发展迅速，不但数量增长了几十倍，而且硬件设施已基本达到或接近国际水平，高档次的酒店为数不少，国内酒店也开始逐步运用计算机管理，HMIS也迅速普及，已大大缩小了与西方国家的差距。最初是由部分合资酒店及加盟国际管理集团的酒店引进国外的整套软、硬件系统，主要有发展比较成熟的EECO系统、HIS系统及近几年表现出较强竞争力的Fidelio系统（关于这些系统的基本情况，本节后面会给出介绍）。

现在，HMIS在我国酒店管理中的作用越来越大，已逐渐成为酒店经营管理中不可缺少的组成部分。随着计算机软、硬件的发展，后来国内很多软件公司纷纷开始研制、推出由自己设计的计算机酒店管理系统,直至 20 世纪 90 年代,国内系统才日趋成熟。

2.4.2 酒店管理信息系统的发展概况

下面从硬件系统和软件系统两个方面分析一下 HMIS 的发展情况。

1. 硬件系统的发展概况

酒店计算机管理的硬件体系结构大致经过了以下 4 种方式:

（1）单机方式。单机方式就是只用一台计算机完成预订、接待、收银、审核等前台功能。显然这种方式已远不能适应现代酒店管理的需要,现已基本被淘汰。

（2）主机/终端方式。主机/终端方式是以小型机为主机,作为共享信息的载体;配置多终端,作为用户使用的工作站。国外进口系统的硬件大多采用这种方式。其优点是便于数据的集中处理和管理,数据的完整性和安全性较好;缺点是终端没有处理能力,主机负担较重,并且设备投资、更新和升级的费用高。因此这种方式也将逐步被市场淘汰。

（3）微机局部网方式。微机局部网方式以服务器作为共享信息的载体,配置与服务器联网的多台微机作为用户使用的工作站。这种方式的优点是可采用双服务器镜像,可靠性高、布线灵活、投资少、使用和维护方便、支撑软件丰富、性价比高、技术要求较低;可以采用分步实施、逐步扩展升级的方式,不浪费原有投资。其缺点是微机较易感染病毒,系统容易崩溃。

（4）客户机/服务器方式。客户机/服务器（Client/Server,C/S）方式是近几年发展起来的、引人关注的体系结构。客户机用来支持用户应用的前端处理,服务器用于支持应用的系统环境,包括数据库的管理及查询服务。数据查询方式使用数据库查询,网上传送的是查询的结果,这就大大减少了数据的传送量。C/S 方式的优良特点,使它成为近年来软件开发商的首宠。

2. 软件系统的发展概况

HMIS 软件系统的发展大致经历了启蒙型、事务型、管理型和决策型这 4 个阶段。

（1）启蒙型时期。

启蒙型时期是酒店使用计算机管理的摸索阶段,在国内大约始于 20 世纪 80 年代初期。这个阶段一个标志性事件是浙江省计算中心的软件课题组开始研制酒店信息管理软件,并于 1983 年成功应用于杭州酒店。

该阶段 HMIS 的软件特点是以 DOS 操作系统平台为主,主要是单用户或者终端型的应用系统。有些开发者最初使用 C 语言在 UNIX 多用户环境下开发酒店管理系统的原始版,到 20 世纪 80 年代后期,通过对小型机和局域网、C 语言和 Foxbase 数据库的充分比较,又转为在局域网上开发基于 Foxbase 数据库的酒店管理系统。

（2）事务型软件。

事务型软件是对酒店的手工操作的模仿,主要目的是为了提高酒店的工作效率。20 世纪 90 年代以来,国内开发者借鉴国外软件的设计思想,结合国内酒店的管理体制,软件系统的功能已基本覆盖了酒店前台、后台各部门的经营运作。在这个阶段,我国大多数酒店都已经意识到计算机对酒店经营管理的重要性,计算机应用已经成为评定星级酒店的标准内容。这个时期 HMIS 是进口和国产软件并存,而且国产软件已经有一部分趋于成熟。

（3）管理型软件。

从 90 年代中期到 21 世纪初，我国的 HMIS 开始着重发展管理型软件。这种软件能参与酒店的管理，并可提高酒店的管理质量。它能对数据进行及时、准确和完整的处理，能在网上直接传递，自动生成酒店所需的报表，并从管理的不同角度提供功能强大的系列报表，为酒店管理决策提供准确资料，使酒店的社会效益和经济效益同步增长。管理型软件无论其本身的成熟度、稳定性、可靠性和安全性，还是软件的灵活性、可移植性和集群性，甚至管理上的先进性和严密性都可达到很好的程度。

（4）决策型软件。

从 2001 年到现在，酒店信息管理软件开始向决策型软件发展。决策型软件是具有完备的预测分析能力，能科学地指导酒店领导来管理酒店的软件系统。这种软件是开放性的，它不仅能满足业务现场的数据管理，还必须能通过计算机的信息管理来提高酒店的经济效益，具有预测和决策的功能，具有知识推理、回归分析、预测判断等功能，能解决酒店经营中的管理决策性问题，比如经营价格的决策、市场客源的动态预测、未来投资决策、具有人工智能的客房收益管理等。

这类软件目前尚处于探索阶段，比如国内的杭州西湖科技公司、北京中软公司都已经投入了资金和人员来进行该类软件的开发，并已经有相关产品问世。

2.4.3 当前主流酒店管理信息系统简介

下面介绍国内外几种当前主流、用户使用较多的常用酒店管理信息系统。

1. 国外系统简介

（1）ECI（EECO）酒店系统。

ECI 系统是美国易可（ECI）电脑公司最早于 1969 年开始发展的酒店管理信息系统，被全世界公认为装置酒店电脑系统的翘首。ECI 公司是美国加州电子工程公司（Electronic Engineering CO.，EECO）属下的子公司，因此该软件也称 EECO 系统。1970 年，在美国夏威夷的喜来登酒店装设了全世界第一台 ECI 酒店电脑系统。经过 20 多年发展，到了其鼎盛时期，在全世界有 600 多家用户。东南亚第一家采用酒店管理系统的是香港美丽华大酒店，于 1977 年就采用了 ECI 系统。EECO 系统在鼎盛时期，在中国就有 60 余家用户，如杭州香格里拉、桂林文华、广州中国大酒店、北京天伦、青岛海天等。

ECI 系统采用的是集中式标准多用户系统，目前已被淘汰，目前还在使用的是其第三代产品 GEAC/UX 系统。

（2）HIS 酒店系统。

酒店业资讯系统有限公司（Hotel Information Systems，HIS）于 1977 年成立，总部位于美国旧金山市，在中国香港、新加坡及泰国等地设有分公司，多年来为全球酒店业提供了高质量的应用系统及售后服务。目前 HIS 是美国上市公司 MAI Systems Corporaion 的全资公司，全盛时期在全世界 80 多个国家拥有 4000 多家用户，如中国的北京王府、北京中国大酒店、北京长城、上海锦江、上海华亭、上海希尔顿、广州花园、浙江世贸中心等，而香港采用 HIS 系统的高星级酒店最多时占了 75%左右。目前该系统已有许多被更换。

HIS 系统原采用标准多用户系统，名称为 Paragon System，主机采用 IBM 公司的 AS400 小型机，数据库采用 DB2，一般用于高星级酒店。之后推出 Innovation System，采用 Novell 局域网络，数据库使用 Btrive/Oracle，一般用于中高星级酒店。后来推出的产品是 HIS 龙栈系统（Lodging Touch System），采用基于 Windows NT 的 C/S 体系结构，国内用户不多。

（3）Fidelio 酒店系统。

Fidelio 软件公司在中国一般用中文名称"富达软件"俗称，它于 1987 年 10 月在德国慕尼黑成立，成立 4 年即成为欧洲领先的酒店软件产品，成立 6 年跃居世界酒店管理供应商之首，后来该公司合并入美国 Micro 公司。

截至 2002 年 6 月底，Fidelio 已在全球 144 个国家和地区的 14000 家酒店安装了近 50000 套系统。用户覆盖了 99 家知名的国际性酒店连锁集团和近 6000 家独立酒店。

1995 年，在香港成立了 Fidelio Software（China）Limited，专门开发中国大陆市场。1996 年 8 月，在北京注册了办事处，随后又在上海成立了办事处。到目前为止，采用 Fidelio 系统的中国酒店企业超过了 220 家，其中五星级酒店超过 120 家，四星级酒店近 100 家，在中国的国际知名酒店管理集团大部分都使用 Fidelio 系统。Fidelio 抢占了国内四星级酒店约 60%、五星级酒店约 85%的市场，在用版本主要为 V6（Novell 平台）、V7（Windows 平台、全汉化）、Opera 两个版本和少量的 Xpress 版本。

除传统的前台与后台系统外，Fidelio 还拥有 Sales & Catering System、F&B Management System、Engineering Management System、FT-CRS、Leisure Management 等系统，以及丰富的界面功能，如 POS、电子门锁、电话、Inhouse Movies、Minibar、Credit Card、Voice Mail、Energy 等，并在管理系统与 POS 结合方面做出了重要创新。Micros POS 是目前 Fidelio 的一项主要产品，目前用户包括 60554 家餐厅、宾馆、主题乐园、豪华游轮、赌城和体育馆，平均每天诞生 38 家 Micro POS 新用户。

2. 国内系统简介

曾经在中国酒店管理软件市场中"分羹"的国内软件企业不下几十家，它们起步较早的在 20 世纪 80 年代初期，后来者则在 20 世纪 90 年代初期。其中有国有企业、合资企业、外资企业，也有民营企业；产品有多用户版、DOS 版、Windows 版（又可分成几个类别）；用户数量从十几家到一百多家不等。

经过几年激烈的市场竞争，到目前，大部分系统已经被淘汰或将被淘汰，剩下的有全国性影响的，占有较大市场份额和研发及维护能力较强的软件开发商不到 10 家，如杭州西软、北京华仪、北京中软好泰、北京中通、北京贵德、广州万讯、深圳天言五星、北京泰能等。他们中最少的系统用户已到 200 家，用户最多的杭州西软已经接近 700 家。另外，全国各省市中，尚有一些地方性的公司还在从事该方面的工作。

目前，国内三星级以上的酒店基本已经使用了计算机管理，在沿海经济发达地区也有许多一、二星级酒店在使用计算机。特别是国家旅游局出台的星级评定标准，规定三星级以上酒店必须采用计算机管理，进一步推动了酒店计算机管理系统的发展。到了 20 世纪 90 年代末和 21 世纪初，我国自主开发的酒店软件开始进入了五星级市场，目前挂牌的五星级酒店采用国内软件的已达 30 余家。但国产软件的主要用户还是四星级以下酒店，大规模进入五星级酒店特别是外资或外方管理集团的酒店还是有一定的难度。

下面简单介绍具有全国性影响的国内主要软件公司及系统。

（1）杭州西软 Foxhis 酒店管理系统。

杭州西湖软件（西软科技）有限公司，简称西软，成立于 1993 年 6 月，前身是浙江大学计算机系人工智能研究所下属的一个课题组，从业历史始于 1988 年。到目前，其推出的 FOXHIS

系列产品已成为国内用户数最多（近700家）、高星级用户最多（150家）、用户增长最快（月均14家）的酒店管理软件，连续多年被中国软件行业协会评定为"中国优秀软件产品"，通过了国家信息安全评测认证中心认证，被高等教育出版社、国家旅游局人教司选为全国旅游院校酒店管理专业教材，被列为国家级火炬计划项目。公司本身也成为中国最大规模的酒店软件供应商，其资产规模、综合实力在国内遥遥领先。

西软公司于1993年推出DOS版，1997年推出Windows版（采用C/S结构，操作系统用UNIX或Windows NT/2000，数据库用Sybase，开发工具用PowerBuilder），2000年底推出Windows五星版（专用于高星级酒店）。

（2）北京中软好泰CSHIS管理系统。

北京中软好泰酒店计算机系统工程公司是金士平等自然人与中软总公司合作所建的专业从事酒店计算机管理系统开发、推广及服务的专业化公司，自1990年开始推广中软酒店管理系统CSHIS V1.0以来，已拥有基于Windows与DOS平台的两大系列产品，在全国各地拥有400余家用户。

CSHIS V1.0及CSHIS V2.0为DOS版，建立在Novell环境之上，用C语言开发。CSHIS 96/97/2000系统采用C/S结构，用Delphi开发，采用Windows NT/2000平台，使用MS SQL Server数据库。

当前，其主要产品有中软酒店管理系统CSHIS 2000系列产品以及中软酒店办公自动化系统。目前该公司主要致力于研发电子商务时代需求的新版酒店管理软件以及旅游电子商务相关产品，并已经推出了英文版，力争将产品推向国际市场。

（3）北京华仪酒店管理系统。

北京华仪系统工程有限公司是国内第一家从事酒店计算机管理系统开发的专业性公司。其创始人金国芬教授于1979年，为北京前门酒店用BASIC语言，在单机上开发了一个具有查询功能的酒店管理软件，开创了国内酒店管理的先河；于1984年开发了国内首个基于微机局域网系统的酒店管理系统；于1987年正式成立华仪公司，是国内最早成立的专业公司。华仪公司目前为全国各地400余家用户先后提供了4个版本的软件：DOS版、Windows/Novell、Windows NT、C/S结构下的Windows NT（HY2000系统）。其中，最新的HY2000系统适应现代酒店管理的要求，充分利用最先进的技术，使用了SQL Server数据库，用VC/VB编程，客户端使用Windows 95/98/2000系统。

（4）广州万迅千里马酒店管理系统。

千里马酒店管理系统最初由广东劳业电脑系统开发公司于1993年推出DOS版，1998年推出Windows版（采用C/S结构，用VB开发，采用Windows NT/2000平台，使用SQL Server数据库），到目前有300家左右酒店用户，主要分布在广东、湖北、湖南、四川等省市。劳业公司于1998年被香港万达电脑系统有限公司收购，改名为广州万迅电脑软件有限公司。

（5）北京泰能公司酒店信息系统。

北京泰能计算机系统工程公司成立于1993年，在1994年推出了国内最早的Windows版酒店管理软件（采用Paradox数据库）。目前的Windows版软件采用C/S结构，用SQL Server数据库，用Delphi语言开发，目前有近300家用户。

（6）天言五星酒店信息系统。

天言五星酒店信息系统是天言电脑（深圳）有限公司于1995年推出的基于Windows系

统的产品。天言电脑（深圳）有限公司是香港罗兰德集团属下的香港丰润投资有限公司在内地独资经营的电脑软件公司，它是国内最早推出 Windows 版软件的开发商之一。该系统可分为两大系统，即 UFS 及 UNISTAR 系统，总共在国内拥有近 200 家用户。UFS 系统采用 Access 小型数据库，一般用于中档酒店；UNISTAR 系统采用 MS SQL Server 数据库，一般用于高档酒店。

我国的酒店管理系统，在技术上并不落后于国外产品，在产品功能、性能上也可与国外软件相媲美，在售后服务、本地特色化方面更优于国外系统，主要的差距在品牌上。

随着酒店业的日益发展，计算机在酒店中的应用日渐普及，对酒店信息管理系统的要求将越来越高，特别是系统集成化、决策支持系统、客户关系管理、办公自动化系统、网络中心实时订房等。随着 Internet 的发展普及，国产酒店软件性能将进一步发展和提高，国内软件替代进口软件，成为高星级酒店主流管理软件也将成为必然。

2.4.4 酒店管理信息系统的发展方向

目前，计算机在酒店管理中的应用方兴未艾，如火如荼。信息管理已成为现代酒店经营管理中的重要内容，特别是在信息化浪潮的影响下，从信息的角度去管理酒店已逐渐成为酒店管理人的共识。现代信息技术对酒店经营和管理已产生着越来越广泛的影响，改变着酒店企业的组织和经营管理模式。酒店业的发展对酒店信息管理的要求也越来越高，因而对信息管理软件的要求也越来越高。

今后，酒店信息管理软件将朝以下几个方向发展：

（1）单项软件向集成软件发展。

计算机在酒店中的应用是逐渐发展起来的，开始都是利用计算机处理一些简单的事务，因而相应的软件都是专门针对某一管理部门的具体事务而编写的，我一般称之为单项软件。随着计算机应用的逐步深入，信息化管理要求越来越高，这种单项软件就越来越不能适应酒店管理的要求。例如，现代酒店管理要求向"管理一体化"和"信息化"方向发展，即要从整个酒店经营的角度发挥计算机在管理中的作用，让计算机在各个部门既有数据管理，又有文本管理，也有控制作用。也就是说要把各种单项软件集成起来，组成一个综合应用的集成软件，达到信息综合处理的效果，为管理一体化提供技术手段。

集成化软件使酒店计算机应用构成了一个信息网，酒店中所有的数据处理、文件管理、安全监控等都集中由计算机统一控制，这是今后酒店管理信息化的一个重要标志。

（2）软件由管理型向决策型发展。

前面我们提过，酒店计算机管理信息系统的发展经历了启蒙型、事务型、管理型和管理决策型 4 个阶段。启蒙型软件是对酒店使用计算机管理的摸索，如我国 20 世纪 80 年代初期开发的酒店计算机管理信息系统软件；事务型软件是计算机管理对酒店手工操作的模仿，仅仅只是提高了工作效率，目前国内大约一半软件处于这一水平；管理型软件能参与酒店的经营管理，提高酒店的管理质量和管理精度，是目前酒店管理中较优秀的软件，它不仅提高管理工作的效率，也具有一定的管理效益。管理决策型软件则具有完备的预测和分析能力，能科学地指导酒店管理者作出经营管理决策，其主要目标是提高酒店管理效益，主要由酒店高层管理人员使用。目前国内少数酒店管理软件正向这一方面发展。

我国酒店业从 20 世纪 80 年代初开始应用计算机以来一直处于静态数据处理阶段，主要功能是处理酒店日常事务,也就是说计算机在酒店管理工作中仅发挥低级阶段的作用。目前所谓的 MIS 系统,功能上也只能完成一般的事务统计、汇总、制表、检索和打印等基本处理,这些事务处理虽然也是重要的,但对酒店获取更高效益的要求来说则远远不够。酒店管理信息系统应该是一个开放系统,能适应环境变化和竞争需要,但是传统的管理信息系统基本上是一个静态的保守系统,只能管理已有的静态存在的数据,而不能从管理人员的决策需要出发,处理动态的非结构数据。所以传统的 MIS 系统只能根据现行酒店的组织结构、制度和管理方法,完成基本的事务处理任务,也就是说只能模拟现行系统的运行状态,不具备管理人员所需的辅助决策功能。

随着酒店业的进一步发展,人们向 MIS 提出了更高的要求,这就是酒店管理的决策支持要求,即酒店决策支持系统。为了让计算机在酒店管理中发挥更大的作用,必须使计算机更直接地面向决策,能根据管理人员的需求提供各种有价值的信息和决策方案以辅助各级管理人员作出迅速正确的决策。因此,除了 HMIS 系统功能进一步完善以外,要根据酒店发展和竞争的需要逐步建立决策型系统,处理好管理信息系统与决策支持系统的关系,提高计算机在酒店各种管理应用中的使用效益。

(3) 软件由技术型向"信息资源管理"型发展。

以前的酒店管理信息系统大部分是技术型的,这种系统能有效地管理日常事务,但不能有效地促进管理决策。特别是 20 世纪 80 年代初提出的"信息资源管理"概念,原来的系统就显得无能为力,特别是对信息资源的综合运用。因此,酒店管理信息系统必须按信息资源管理要求进行更新或重新设计,要求酒店管理信息系统能把技术因素和人文因素结合起来解决管理问题,把信息管理的技术环境、数据环境、人文环境以及社会环境集成在一起以发挥信息资源的综合效益。这种酒店管理信息系统能重视信息资源在组织管理决策中的作用,可以更好地帮助酒店领导在经营过程中作出决策。

基于信息资源管理的新一代酒店管理信息系统,可以改变人们对信息资源作用的认识与理解,帮助酒店进一步提高管理的效率,增强对市场的反应能力,提高和强化市场的竞争优势。并且,这种新型管理信息系统可以解决信息孤岛现象,使信息得到高度集成和统一,真正使酒店的信息资源得到充分的共享和使用。

(4) 商品化软件与专用化软件并存。

商品化软件是指能适应大部分酒店需要的通用软件产品,专用化软件是指酒店适合自己需要的软件产品或自己开发的一些专用软件产品。酒店使用商品化软件,优点是引进速度快,可以借鉴成型的经验,而且系统比较稳定可靠,投资风险较小;缺点是商品化软件一般不可能百分之百地满足酒店管理的所有需要。专用化软件的优点是能与酒店的管理方式相适应,缺点是开发周期较长,稳定性需要时间来考验和完善,而且对系统开发人员的依赖性很强,因为开发专用软件的技术人员较少,一旦他离开酒店,今后软件升级和维护就成为问题。但随着计算机应用水平的提高,有条件的酒店组织人员开发适合自己需要的软件产品,作为对商品化软件的补充还是有必要的。商品化通用软件和专用软件还将在酒店信息管理系统中共存,共同成为酒店信息管理的得力帮手。

(5) 与酒店自动化设备相结合。

总的来说,国内的大多数 HMIS,大部分仅是应用在管理方面,与酒店其他的计算机应用系统没有相互整合,尤其在自动化控制方面与酒店管理信息系统没有联系或集成,与国外先进国家的 HMIS 还存在较大的差距，尚待进一步发展。HMIS 与酒店自动化设备的结合与集成将是未来管理信息系统的一种趋势。下面仅举几例。

1）宾客入住自动登记系统。宾客入住自动登记系统有一台刷卡的终端机，酒店宾客抵达酒店只需插入他的信用卡，操作自动登记系统就可完成对客人的入住登记手续。在酒店的所有消费也仅需信用卡，在酒店的一切消费信息均由酒店管理信息系统统一进行处理。

2）服务和监控集成化设备。目前酒店客房中有多种接口，如电话、电视、音响、空调等，今后的发展方向是以 HMIS 系统为中心的一个集成化系统：用电话实现客房状态修改、语音信箱、自动问询、客房账务查询，用电视查阅账单等，同时，通过管理信息系统还可以集成控制电子门锁，控制空调、灯光、热水等设备以达到节能的目的，通过自动化设备管理客房小酒吧，实现客人消费的自动记账和监控，便于服务员及时补充客房中的饮料和食品。

3）客房配备电脑或数字电视设备。客房配备电脑设备或数字设备可以实现宾客自己结账、查询各种信息、处理商务或公务等，这是未来商务客房发展的一种趋势。酒店管理信息系统与这些客房数字设备和电脑实现联网，可以控制这些设备的使用情况，客人不但可以利用这些设备了解酒店的服务信息，获取服务内容，还可以通过远程网络或因特网与自己公司的总部直接联系并处理商务。

另外，酒店管理信息系统软件正在向基于 Web 技术的方向发展，使酒店管理信息系统成为一个开放型的软件系统，既可以处理酒店内部的信息，也可以处理酒店外部的信息。

2.5 酒店管理信息系统的选购

总体来讲，一家酒店 HMIS 的获取主要有两种方法：开发或者选购。其中开发的具体方式又有自行开发、委托开发、合作开发 3 种；如果是连锁酒店，各个单体酒店使用的软件还有可能由酒店集团统一配置。关于 HMIS 的开发，将放到本书的后续章节进行介绍，本节主要介绍现代酒店在选购 HMIS 时的注意原则以及对 HMIS 进行评价的主要标准。

2.5.1 酒店软件系统供应商的选择

计算机酒店管理系统与一般产品不同，酒店投入大量的资金配置管理系统的软、硬件，有时却由于种种原因不能实现预期的投资收益率和服务效率。

那么酒店管理者在选择酒店管理系统时该如何决策，如何提高系统实施的成功率呢？一般认为，选择酒店管理系统的供应商是首要的，选择一个管理系统，实际上就是选择一个合作企业，酒店企业与软件供应商双方的交流配合是项目实施能够成功的关键。

一个管理系统，若要完全适合自己的企业是不太可能的，但通过用户与软件开发人员的充分交流与合作，有利于开发人员及时、准确地把握酒店管理的各类需求，从而尽可能地制定出适应用户的管理系统，最大限度地满足酒店实际管理的需要。

前面已经介绍过许多国内外著名的酒店软件供应商，它们各有特点，各有自己的适用对象，可以应用于不同类型的酒店。一家酒店在选择软件时，关键是选择适合自己的软件供应商。我们认为，酒店选择的一个合适供应商应具备如下条件：

（1）供应商必须是软件系统的开发者，并已有一定量的客户群，软件成熟、可靠，并且所提供的软件的功能必须符合自己酒店管理的需求。

（2）供应商最好是软、硬件系统整体方案的提供者，考虑到售后服务的方便，酒店应当选择产品齐全的，可对前、后台软件及硬件提供一体化解决方案的供应商。

（3）供应商必须具有稳定的技术队伍和二次开发能力，这支队伍应该非常熟悉软件、硬件系统及酒店的业务，以确保管理系统的日常维护及升级。

2.5.2 硬件系统的可靠性要求

由于酒店管理系统需要 24 小时连续、可靠地运行，所以硬件系统必须具有很高的可靠性。一般硬件系统的可靠性可从以下 3 个方面来保证：

（1）选用高质量、高性能的服务器和主机，减少故障的发生率，提高系统可靠性。

（2）采用双服务器镜像系统，确保系统不间断运行。质量再高的硬件产品也不能保证绝对不出故障，因此对于计算机网络，最好增加备份服务器，即采用双服务器镜像系统。对于小型机系统，也可采用双主机冗余保障。

（3）必须注意硬件环境的安全保障。酒店管理系统数据都是存放在服务器中，因此要特别注意服务器的安全性。如可以建立单独的主机房，使其与工作室分开，以防止无关人员有意无意地破坏服务器中的数据；此外，最好将两个服务器放在不同的房间或楼层，并要特别注意电源的安全性，防止火灾、水灾等意外灾难的发生。

2.5.3 酒店软件系统的评价标准

对于一款酒店管理软件，可以从以下几个方面综合评价其性能的优劣：

（1）功能齐全。软件系统的功能是否能满足酒店管理的需求是首先应考虑的因素。

（2）可靠性高。系统使用年限较长、用户众多是软件系统可靠性的保证。因为这种软件已经过多年的调试、修正与维护，经受了众多用户的使用与考验，一定相对比较成熟。一般来说，软件的第一版在可靠性和功能方面存在着较多的缺陷，需要在实际应用中不断完善和改进。

（3）安全性好。一个完善的酒店计算机管理系统涵盖了整个酒店的方方面面，计算机内存储的数据将是酒店管理的依据，其中有相当一部分必然是酒店的商业秘密。因此软件系统的安全保密性极其重要。一个优良的酒店软件系统应该具备以下主要安全功能：①标识和鉴别功能，保证只有合法的用户才能进入系统，具有合适的用户标识和权限级别；②监控功能，能监视和记录系统的操作过程，主要目标是检测和判定对系统的渗透攻击和识别误操作，在这方面很多系统都提供了自动日志功能。

（4）实时性强。酒店前台系统是一个实时系统，它一方面指的是要求响应时间极快，另一方面指的是整个运行环境是完全动态的。例如，账务处理系统，不仅同一模块，而且还有电话、预订、接待、餐饮、娱乐、房务中心等多个站点都有可能同时对同一客人的账务进行处理，因此需要解决资源的竞争、操作时序的同步、死锁的预防和恢复等问题。

（5）简单易用。一般酒店各部门的操作人员都是非计算机专业人员，因此要求软件系统的用户界面友好、操作简便、易学易用，使操作员不用太多的培训就能上岗。

（6）易于扩充。随着国家和各种职能机构的管理体制的变更，以及酒店经营项目的扩大或内部管理上的需求，可能会需要对酒店管理软件进行修改或功能的扩充，这就要求软件系统易于维护，并具有扩充、升级的能力。

本章小结

随着 HMIS 在酒店各个管理领域功能的不断发挥，加强 HMIS 在我国酒店管理中的深入应用，已经逐渐成为酒店经营管理人员的共识，成为酒店现代化中不可缺少的一个部分。

作为预备知识，本章首先介绍了管理信息和信息系统的基本知识。所谓管理信息，就是经过加工的、反映管理活动的数据，它具有 3 种不同的形态：数字形态、文字形态和图形形态。管理信息的基本属性包括信息来源分散、信息量大且形式多样、信息处理方法多样、信息的发生加工和使用在时空上不一致。

信息系统是一系列相互关联的可以输入、处理、输出数据和信息，并提供反馈、控制机制以实现某个目标的元素或组成部分的集合。一般来讲，信息系统都包括信息处理系统和信息传输系统两个方面，其功能是对信息进行采集、处理、存储、管理、检索和传输，并能向有关人员提供有用的信息。循着历史的发展轨迹，信息系统的发展已经经过了事务处理系统、管理信息系统、决策支持系统、经理信息系统几种类型。

其次，本章分析了 HMIS 的定义：HMIS 是由酒店管理人员、计算机硬件、计算机软件、网络通信设备、现代办公设备等组成的能进行酒店管理信息的收集、传递、存储、加工、维护和使用，并以人为主的对酒店各种信息进行综合控制和管理的系统。它能实测酒店经营的各种情况，预测酒店经营的未来，并可以控制酒店的经营行为，帮助酒店实现规划的经营目标。同时，本章还对 HMIS 的特征、功能和结构进行了说明。

最后，本章对国内外酒店管理系统的发展概况也作了较为详细的讲述。通过对 HMIS 发展过程的了解，可以知道酒店管理系统在过去和现在的硬件与软件配置，可以熟悉国内外常见的 HMIS 的基本情况和特点；同时，本章还对酒店管理系统的发展前景作了必要的分析；对于怎样选择酒店管理系统、怎样评价酒店管理系统，本章也给予了相应的建议。

通过本章的学习，读者应该掌握现代酒店计算机应用的作用、特点、领域、功能，知道现代酒店信息管理中的主要应用系统以及未来酒店计算机应用的发展趋势。

复习思考题

1. 什么是数据？什么是信息？二者之间有什么关系？
2. 信息具有哪些基本特征？
3. 什么是管理信息？它具有哪些特点？
4. 简单叙述信息管理的含义及其主要内容。
5. 什么是信息系统？说明其组成情况和基本功能。
6. 目前常有的信息系统主要有哪些类型？各有什么功能特性？
7. 什么是酒店管理信息系统？它有哪些功能？

8. 请自行调查，描绘一个完整的酒店管理信息系统的功能结构图。
9. 说明国内外酒店管理信息系统的发展和应用情况。
10. 请列举当前国内外的主要酒店管理软件供应商及其主要产品名称。
11. 如何选购酒店管理软件？如何评价一套酒店管理软件的性能？
12. 写一篇 2000 字左右的小论文，谈谈你对 HMIS 在酒店经营管理中重要性的认识。

第 3 章 酒店信息管理的技术基础

【内容导读】

现代酒店中,有很多现代化的信息技术都在发挥着各自的重要作用。为了以后很好地理解各种酒店计算机应用系统的原理和运用,本章将对酒店中用到的主要信息技术的基础知识进行简单介绍。

本章首先介绍信息技术的含义、内容以及在酒店业的应用;然后重点介绍酒店信息管理中的数据处理技术、计算机网络技术和多媒体技术,其中在数据处理中概括讲解数据库、数据仓库、数据挖掘、联机事务处理和联机分析处理,在网络和多媒体方面重点介绍其在酒店管理中的具体应用;最后介绍酒店管理中的其他信息技术手段,包括触摸屏、电子门锁、HVOD、语音信箱、迷你吧计算机控制以及电子通信和监控技术。

【学习目标】

- 知道信息技术的含义和主要内容
- 了解信息技术在酒店业中的主要应用
- 知道数据处理的含义和主要内容
- 了解数据库系统的组成情况
- 知道数据仓库和数据挖掘的功能
- 知道联机事务处理和联机分析处理的功能
- 熟悉计算机网络的功能和类型
- 熟悉酒店局域网知识及其在酒店中的应用
- 了解多媒体技术及其在酒店中的应用
- 知道电子门锁、触摸屏、HVOD、语音信箱等技术在酒店中的应用

3.1 信息技术及其在酒店业中的应用概述

随着现代酒店管理手段的发展,信息技术已经深刻地影响其供给和消费过程,更新了人们的消费观念,并在很大程度上改变了酒店企业的内部结构和酒店业的工作流程。

3.1.1 信息技术的含义与内容

信息技术(Information Techonlogy,IT)作为一个日常用语,早已家喻户晓、妇孺皆知。但是,作为一个科学术语,它目前尚没有一个统一的定义。

综合信息技术的本质和功能,我们可以认为:信息技术就是指能够扩展人的信息器官功能,完成信息的获取、处理、分析、存储、传递、利用等功能的一种技术,信息技术中的主要设备包括计算机、有线电视、电话、传真、互联网、内部网、外部网等。

从功能上分,信息技术主要包括信息的开发技术和信息的管理技术。

信息开发技术主要包括信息获取技术、信息处理技术和信息传递技术。其中,信息获取技术包括信息感测技术、模式识别技术、遥感技术和遥测技术;信息处理技术包括多媒体技术、人工智能技术、数据挖掘技术;信息传递技术包括信息存储技术、无线电通信技术、卫星通信、光纤通信、数据通信、计算机通信、综合业务数字网等。

信息管理技术随着计算机软、硬件技术的发展大致经历了3个发展阶段:20世纪50年代中期以前的人工管理阶段、20世纪50年代后期至60年代中期的文件系统阶段、20世纪60年代后期开始的数据库系统阶段。20世纪90年代以来,随着Internet的发展,又出现了WWW系统管理技术、数据仓库技术以及数据挖掘技术等。现代信息管理的核心技术主要包括文件组织技术、数据库技术、数据仓库技术、数据挖掘技术、联机数据处理与分析。

3.1.2 信息技术在酒店业中的应用

现代信息技术最早、最成功的应用领域就是旅游业。旅游业是向出门在外的旅游者提供吃、住、行、游、购、娱综合性便利服务的产业,在这一产业里从事经营活动的各类企业的根本宗旨就是为顾客提供各种服务,可以说优质的服务是旅行社、旅游酒店、旅游汽车公司等旅游企业的最基本目标,因此,以计算机和通信技术为基础的信息技术依靠其巨大的数据处理能力和快速的信息传递速度,从一开始就被应用于向旅行者提供优质服务。

酒店业作为现代旅游业中的一个重要组成部分,信息技术的应用非常普遍。例如:
- 应用于前台的业务管理,进行客人信息的记录、客房使用情况分析、客人消费信息的记录等,收集、汇总和使用各类与客人相关的信息来辅助管理决策。
- 应用于酒店通信系统中,可以随时记录和计算客人在房间内打出的全部电话费用,在客人需要或结账的时候,能够清晰地反映客人的电话消费情况。
- 应用于客房部进行房间状态的控制、客房消费的记录、低值易耗品的管理等;应用于餐饮和其他娱乐性营业部门的营业项目管理、客人消费记录、客人账务分析等。
- 应用于后台业务的财务数据记录与分析,人力资源的档案、培训、考核等管理,设备的运行管理和自动化监控等。
- 应用于向住店客人提供各种各样的信息查询等服务。

3.2 数据处理技术及其在酒店管理中的应用

随着人类社会向信息时代迈进,人们越来越清楚地认识到,信息是一种财富。对各种经营管理数据进行处理,得到需要的各种信息,在现代酒店中具有非常重要的意义。

3.2.1 数据处理及其目的

数据处理就是把来自科学研究、生产实践和社会经济活动等领域中的原始数据,应用一定的设备和手段,按照一定的使用要求,加工成另一种形式的数据。

在内容上,数据处理包括的项目主要有数据收集、数据转换、数据筛选、数据分组、数据排序、数据组织、数据运算、数据存储、数据检索以及数据输出。

数据处理是信息管理活动的最基本内容,也是管理信息系统的基本功能。数据处理一般不涉及复杂的数学计算，但处理的数据量很大。数据处理的目的可归纳为以下几点：

（1）把数据转换成便于观察分析、传送或进一步处理的形式。

（2）从大量的原始数据中抽取、推导出对人们有价值的信息，作为行动决策的依据。

（3）科学地保存和管理已经处理过的大量数据，以便人们利用这些宝贵的信息资源。

3.2.2 数据库系统及其组成

随着计算机硬件和软件技术的发展，数据处理的发展过程大致经历了简单应用、文件系统、数据库系统、数据仓库系统4个阶段。

目前数据管理的主要方式就是采用关系型的数据库系统。所谓数据库系统，就是由计算机系统、数据、数据库管理系统和有关人员组成的具有高度组织的总体。

数据库系统的主要组成部分包括计算机系统、数据库、数据库管理系统以及各类有关人员。其中，数据库系统涉及的人员包括以下几类：

（1）数据库管理员。为了保证数据库的完整性、明确性和安全性，必须有人来对数据库进行有效的控制。行使这种控制权的人叫数据库管理员，他负责建立和维护数据库模式，提供数据的保护措施和编写数据库文件。

（2）系统程序员。系统程序员是设计数据库管理系统的人员，他们主要关心硬件特性及存储设备的物理细节，实现数据组织与存取的各种功能。

（3）系统用户。包括3类：①应用程序员：负责编制和维护各种应用程序，如酒店网络实时预订系统、酒店财务核算系统等；②专门用户：指通过交互方式进行信息检索和补充信息的用户，如各种信息系统后台的数据维护员；③参数用户：指那些与数据库的交互作用是固定的、有规则的人，如订房中心的网络预订员。

3.2.3 数据仓库与数据挖掘技术

1. 数据仓库简介

在信息系统中，数据往往放在不同的数据库系统中，这样就使得数据难以收集。

为了收集这些来自于许多不同业务数据库的信息，以便用于支持企业的分析活动和决策任务，人们提出了数据仓库的概念。所谓数据仓库，就是面向主题的、集成的、不可更新的（稳定性）、随时间不断变化的数据集合，它用以支持经营管理中的决策制定过程。

通过对上述数据仓库概念的理解，我们可以发现数据仓库具有以下几个特征：

（1）主题性：数据仓库中的数据是面向主题的，与传统数据库中的面向应用相对应。

（2）集成性：集成性是指数据进入数据仓库之前，必须经过数据加工和集成。它能够统一原始数据中的矛盾之处，还能够将原始数据结构从面向应用向面向主题转变。

（3）稳定性：数据仓库的稳定性是指数据仓库反映的是历史数据的内容，而不是日常事务处理产生的数据，数据经加工和集成进入数据仓库后是极少或根本不修改的。

（4）随时间变化：数据仓库是不同时间的数据集合，它要求数据仓库中的数据保存时限能满足进行决策分析的需要，而且数据仓库中的数据都要标明该数据的时间属性。

需要指出的是，数据仓库中的数据并不是最新的、专有的，而是来源于其他数据库的。数据仓库的建立并不是要取代数据库，它要建立在一个较全面和完善的信息应用的基础上，用于支持高层决策分析,而原有的事务处理数据库在总体数据环境中承担的是日常基础业务的处理任务。数据仓库是数据库技术的一种新的应用，而且到目前为止，数据仓库大部分还是用关系数据库管理系统来管理其中的数据。

2. 数据挖掘简介

随着数据库和计算机网络的广泛应用，加上使用先进的自动数据生成和采集工具，目前有的企业数据容量规模已经达到 PB 级的水平（1PB=1024TB，1TB=1024GB，1GB=1024MB），过量的数据被人们称为信息爆炸，它带来的挑战是：一方面规模庞大、纷繁复杂的数据体系让使用者漫无头绪、无从下手；另一方面在这些大量数据的背后却隐藏着很多具有决策意义的有价值的信息。

那么，如何发现这些有用的知识，使之为管理决策和经营战略发展服务呢？

计算机科学给出的最新回答是：数据挖掘（Data Mining，DM）。一般来说，数据挖掘是一个利用各种分析方法和分析工具在大规模海量数据中建立模型和发现数据间关系，从而抽取出有效的、新颖的和潜在有用的知识，用来做出决策和预测的过程。

数据挖掘技术从一开始就是面向应用的。目前，从政府管理决策、商业经营、科学实验和工业企业决策等各个领域都可以找到数据挖掘技术的应用。例如，在大型酒店市场营销方面，数据挖掘技术的应用已经开始受到重视。这主要是由于 MIS 在旅游酒店中的普遍使用，使得酒店可以收集到大量的关于旅客住宿情况的数据，并且数据量在不断地增加。对酒店市场营销来说，通过数据分析可以了解旅客行为的一些特征，对于提高竞争力以及促进销售方面是很有帮助的。利用数据挖掘技术通过对酒店的客户数据进行分析，可以得到关于旅客的兴趣偏好，从而为酒店决策提供可靠的依据。

3.2.4 联机事务处理技术

联机事务处理（Online Transaction Processing，OLTP）是以数据库为基础，面对的是操作人员和基层管理人员，对基本数据进行查询和增、删、改等处理。它涉及对要输入的信息进行收集和处理；反过来，再对收集到的和经过处理的信息加以利用，去更新已有的信息。

以网络订房系统为例，它处理信息的过程是：将旅客的订房信息不断输入到系统中，然后再利用这些信息去更新客房信息数据库中的房态数据，另外，旅客还可以利用该系统对客房和房费标准情况进行查询操作。在信息处理的过程中，网络订房中心的客房预订系统将支持联机事务处理。

目前大多数旅游酒店都运用数据库和数据库管理系统对联机事务处理提供技术支持。

3.2.5 联机分析处理技术

一旦酒店企业获得并处理了信息之后，许多人还要对这些数据加以分析，以便从事各种决策任务。例如在酒店管理信息系统中，总经理可能希望知道类似这样的问题，如"本月哪类客房入住率最高"、"今天哪个服务员营业额最高"、"今后的进货策略如何调整"等。这就是联机分析处理（Online Analytical Processing，OLAP）的一种形式。联机分析处理是一种支持决策而进行的信息处理方式，它需要通过数据仓库技术来实现。与联机事务处理相比，联机分析处理具有快速性、可分析性、多维性、信息性等特征。

3.3 计算机网络技术及其在酒店管理中的应用

3.3.1 计算机网络概述

1. 计算机网络的定义与功能

计算机网络是将分布在不同地理位置上的具有独立功能的计算机、终端及其附属设备，利用通信介质和通信设备连接起来，实现数据传输和资源共享的系统。它具有如下功能：

（1）实现资源共享。指所有网内的用户均能享受网上计算机系统中的全部或部分资源，这些资源包括硬件、软件、数据、服务等。

（2）进行数据信息的集中和综合处理。将地理上分散的生产单位或业务部门通过计算机网络实现联网，把分散在各地的计算机系统中的数据资料适时集中，综合处理。

（3）提高计算机的可靠性。在单机情况下，计算机一旦有故障便引起停机，而当计算机联网后，各计算机可以通过网络互为后备，当网中某一计算机的负担过重时，可将其作业转给网中另一台计算机去处理，从而减少了用户的等待时间，均衡了各计算机的负担。

（4）对复杂问题进行分布处理。在计算机网络中，用户可以根据问题性质和要求选择网内最合适的资源来处理，以便能迅速而经济地处理问题。对于综合性的大型问题可以采用合适的算法，将任务分散到不同的计算机上进行分布处理。

（5）节省软、硬设备的开销。每一个用户都可以共享网中资源，所以网络设计者可以全面统一地考虑各工作站上的具体配置，从而达到用最低的开销获得最佳的效果。

2. 计算机网络的分类

计算机网络按照不同的分类标准，有多种分类方法，从而产生了多种网络类型。

（1）按照网络规模和覆盖范围分类。

按照网络规模和覆盖范围，可将计算机网络分为局域网、广域网和城域网。

局域网（Local Area Network，LAN），网络规模比较小，其覆盖范围在方圆几公里内，一般都用专用的网络传输介质连接而成。局域网速率高（一般在 10～100Mb/s 之间）、成本低、易组网、易管理，使用灵活方便。

广域网（Wide Area Network，WAN）的覆盖范围很大，一般从几十公里到几千公里，可能在一个城市、一个国家，也可能分布在全球范围。

城域网（Metropolitan Area Network，MAN），也叫都市网，覆盖范围介于前两者之间，一般从几公里到几十公里，其用户多为需要在市内进行高速通信的较大单位。

（2）按照网络的传输介质分类。

按照所使用的传输介质，网络可以分为有线网、光纤网和无线网 3 类。

有线网专指通过电缆线来连接计算机的网络，包括同轴电缆和双绞线，传输速率一般为 10Mb/s 或 100Mb/s，是局域网中普遍采用的联网方式。

光纤网是采用光导纤维作为传输介质，传输速度很快，一般用在大型骨干网络中。

无线网就是采用空气作为传输介质，用电磁波作为载体来传输数据的网络。无线网具有有线网没有的移动性优势。由于目前无线网传输速率远远比不上有线网，且联网费用较高，目前尚未完全普及，但各国都在大力推动无线网的发展。

（3）按照网络的服务方式分类。

按照网络的服务方式划分，计算机网络可以分为对等网（Peer-to-Peer）和客户机/服务器（Client/Server）网络。

对等网也称工作组，其中的各台计算机有相同的功能，没有主从之分，网上任何一台计算机既可以作为网络服务器，将其作为资源与其他计算机共享，也可以作为其他服务器的资源。它不需要专门的服务器来作网络支持，也不需要其他组件来提高网络的性能。

客户机/服务器网络由一台服务器和若干个客户机组成。服务器通常采用高性能计算机或专用服务器设备，它在网络操作系统的控制下，将与其相连的硬盘磁带、打印机、Modem 及昂贵的专用通讯设备提供给网络上的客户站点共享，也能为网络用户提供集中计算、数据库管理等服务。客户机是用户计算机，它通过向服务器发出请求来获得服务，多台客户机可以共享服务器的各种资源。

3. 计算机网络的拓扑结构

网络中各计算机连接的几何形状称为网络的拓扑结构，主要有如图 3-1 所示的几种。

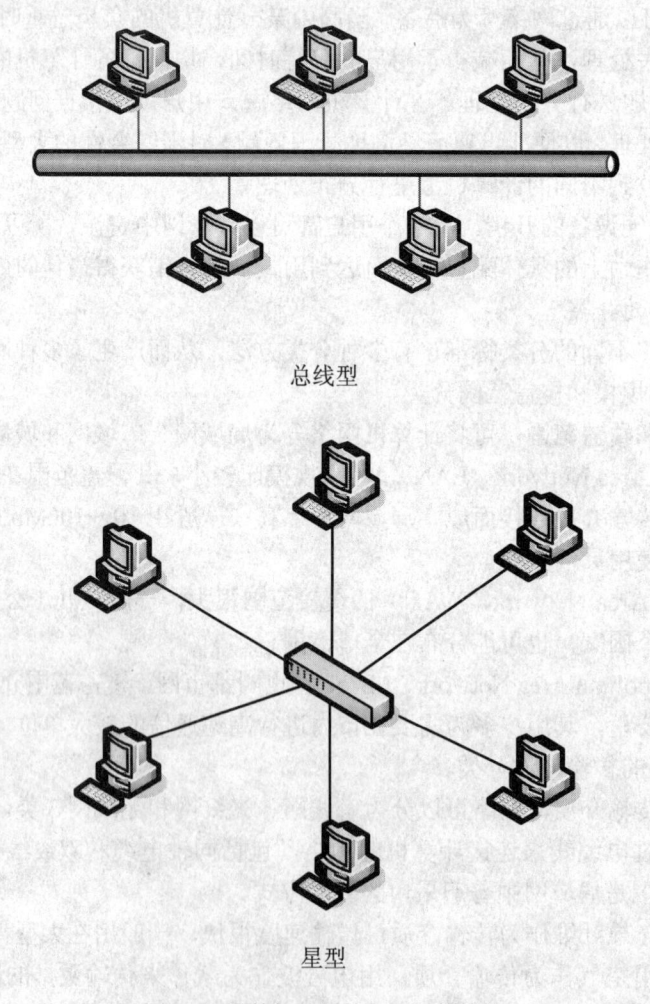

总线型

星型

图 3-1 计算机网络的主要拓扑结构

环型

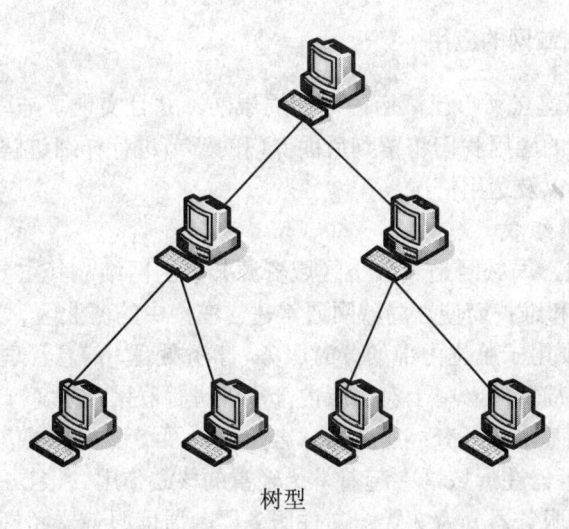

树型

图3-1 计算机网络的主要拓扑结构（续图）

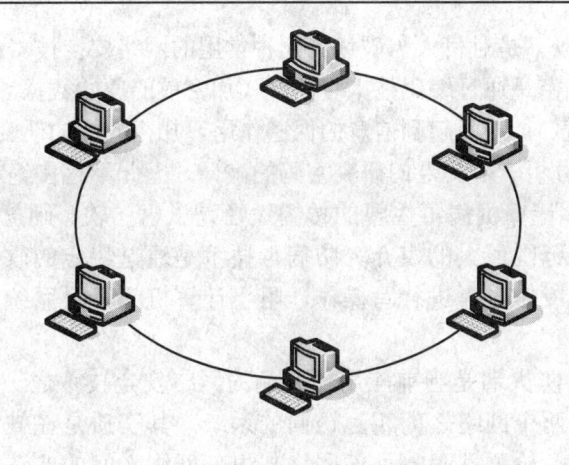

(1) 总线型。总线型拓扑通过一根传输线路（总线）将网络中的所有结点连接起来。网络中各结点都通过总线通信，结构简单、易实现、易维护、易扩充，但故障检测比较困难。

(2) 星型。星型拓扑中各结点都与中心结点连接。网络中任意两个结点的通信都要通过中心结点转接。单个结点故障不会影响到网络的其他部分，但中心结点的故障会导致整个网络瘫痪。

(3) 环型。环型拓扑中各结点首尾相连形成一个闭环，环中的数据沿着一个方向绕环逐站传输。环型拓扑的抗故障性能好，但网络中任意一个结点出现故障，都将导致整个网络故障。

(4) 树型。树型拓扑由总线型拓扑演变而来，其结构图看上去像一棵倒挂的树。树最上端的结点叫根结点，一个结点发送信息时，根结点接收该信息并向全树广播。

4. 计算机网络的安全

计算机网络的安全时时遭受着威胁，其具体表现有：不测的自然灾害、黑客的非法侵入、网络科技犯罪、强塞垃圾邮件、传播各种病毒等。网络的安全问题已成为计算机网络技术的一个重要分支。网络安全就是对这些不安全因素进行防御与打击，从而保护每个用户安全使用计算机网络的合法权益。以下是对付人为破坏的几种常用的网络安全技术：

（1）加密技术。加密是通过编码技术将明文（加密前的原始数据）改变成一般人无法理解的密文（加密后的信息），从而起到信息的保密作用。加密算法的研究和设计属编码学的范畴，与之对立的有编码分析学，其专门研究密码的破译，因此不存在绝对的保密。

（2）防病毒技术。计算机病毒主要的传播途径是磁盘（软、硬盘）和网络，而且网络是病毒传播最快、影响范围最大的媒介。防病毒技术是通过特定的软、硬件手段来防止计算机病毒进入系统内存或对磁盘进行写操作，阻止计算机病毒对系统的破坏及在系统中的扩散。

（3）防火墙技术。防火墙是当前应用最普遍的网络安全技术之一。所谓防火墙就是用来连接两个网络并控制两个网络之间相互访问的系统，其实质是在被保护网络与外部网络之间设置一组隔离设备，检测并限制外部网络与内部网络之间的非法访问，从而过滤外来的非法侵袭。

3.3.2 酒店内部局域网的应用

当前，很多酒店都建立了自己酒店内部的局域网，并且实现了与因特网的顺利接入。关于因特网及其在酒店中的应用我们将留到后面专门的章节进行详细讲解，本小节只是介绍一下酒店局域网的基本知识以及运用情况。

1. 酒店局域网及其组成

前面我们已经知道，局域网是一种小区域资源共享的网络，其主要特点是网络传输的速度快、性能可靠、安装和维护简便。局域网通常建立在集中的商业区、大学群、银行、政府部门及公司、企业中，主要用于单位内部的分时服务、事务处理、信息管理和分散的过程控制等。目前很多酒店都已建立局域网，用于对酒店内部事务进行联网处理。

构成酒店局域网的基本部分有：服务器、客户机、网络设备、通信介质及网络软件。

（1）服务器。服务器在局域网中起着举足轻重的核心作用。根据服务器在网络中所承担的任务和作用，又可将服务器分为3类：文件服务器、通信服务器和打印服务器。

文件服务器用于集中管理网络文件系统，接收客户机提出的文件存取请求，并提供本机中的磁盘空间为客户机共享。整个网络的运行主要由文件服务器控制，其可谓是局域网的神经中枢。一个网络必须至少有一个文件服务器。通信服务器负责管理网与网之间的连接和通信，提供多种与调制解调器连接的接口。打印服务器负责管理网络上的共享打印机，接收来自客户机的打印请求，并按要求完成打印任务。

（2）客户机。客户机又称工作站，是一台连接到网络上的普通微机。客户机通过网卡、通信介质、通信设备连接到网络服务器上，它是用户与网络的接口，网络用户通过客户机与网络交换信息，共享网络资源。客户机的配置数量视需要而定。

（3）网络设备。酒店局域网中，除了计算机设备外，还包括网卡、集线器、中继器、网桥、网关、路由器、交换机等网络互连设备。它们具有各自的功能，将结点计算机连接起来，使数据能够正确地传输。受本书篇幅所限，关于这些网络设备的功能和特点我们不再介绍，有兴趣的读者可以查看计算机网络方面的相关图书。

（4）通信介质。常用的通信介质有双绞线、同轴电缆、光纤及微波、红外线等。

（5）网络软件。网络软件包括网络操作系统、网络协议和通信软件等。

2. 酒店内部局域网的主要应用

在现代酒店中,局域网有着重要的用途。概括来讲,主要包括如下几项:

(1) 用于酒店前、后台的运营管理。酒店组建局域网的主要目的就是实现酒店信息管理的现代化。目前使用局域网进行酒店的运营管理有两种状况:一种是整个酒店的运作都已用计算机联网管理,即不但前台的预订、接待、餐饮、娱乐、客房、商务等运营已实现计算机联网管理,而且后台的财务、采购、仓储、人事等管理已完全实现计算机网络化。一般加入国际管理集团的酒店或比较高档的酒店都已达到了这一应用层次;另一种是酒店的部分重要的运作已用计算机联网管理,比如前台的餐饮等,而其他部分仍采用传统的手工管理模式。这种层次的应用一般是计算机管理刚刚起步或实力相对较差的酒店,其管理水平也相对较低。

(2) 用于对酒店管理层及普通员工的在岗培训。酒店可以在局域网上展示酒店的成长历程、荣获奖励、机构设置、部门职责以及经营业绩等,让新员工一进酒店就能了解酒店的基本情况,并为酒店的成就感到自豪。局域网还可将酒店的员工守则和各部门规章制度及岗位责任放在网上,让员工随时可在网上浏览学习。此外,可在网上放置国内外先进的管理资料、最新的旅游信息,刊登酒店业管理专家的论文,同时可设读后交流的留言板和交流论坛,供相关人员随时学习与交流。这样既可培养和提高中层以上管理人员的素质与管理水平,又可减少管理人员为专门培训付出的时间与精力,并在一定程度上节省培训费用,增强了员工终身学习的意识。

(3) 用于酒店的事务公开与民主决策。酒店的重要事务、决议及工程招标等都可在网上公布,员工可不记名地发表意见并监督管理层。还可在网上设立总经理、党委书记、工会主席等信箱,听取每一个员工真实的心声,加强管理层与员工之间的沟通。此外,可在网上设立管理论坛,对于酒店经营管理中存在的问题或难以解决的问题,员工们都可畅所欲言,提出自己的看法和主张,管理层可对员工提出的合理化建议或意见予以采纳,并给予一定的奖励,这样不但可使员工真正树立起主人翁责任感,发扬团队精神,主动为酒店的经营献计献策,而且还可缩短管理层与员工之间的距离,提高相互间的信任度,从而增强整个酒店集体的凝聚力。

(4) 用于实现酒店办公自动化。局域网使得办公自动化不再是一句空话。例如,对于酒店中的各类文件、公告、通知及各部门的管理信息与营业状况等的下达与公示,传统的做法是将原件复印给每个部门,由各部门轮流传阅或集体传达,酒店的工作性质使得人员的集中比较困难,因此个别的还要用电话进行传达,这样既浪费纸张、话费,又浪费时间。而局域网使得这些工作完全可以在网上轻松地完成:在网上设置公告栏,将上述信息直接上网,使每个员工都可随时看到有关信息。当然对有些文件要进行查阅权限的设定,只有有权查阅的人员才能打开文件并在上面进行阅后签字。而且,酒店经营运作的计算机管理,使得客人的预订和登记都实现了无纸化。此外,管理软件的各类经营报表的自动生成与浏览查看功能,可最大限度地缩减酒店种类繁多的报表的打印量。

3.4 多媒体技术及其在酒店管理中的应用

随着计算机外围设备的不断扩展和多媒体技术的不断普及,多媒体计算机应用系统越来越成熟,其使用范围越来越广。在现代酒店管理中,多媒体技术有着重要的使用价值。

3.4.1 多媒体技术概述

1. 多媒体技术简介

媒体（Medium）在计算机领域中主要有两种含义：一是指存储信息的实体，如磁盘、磁带、光盘等；二是指信息的载体，如数字、文字、声音、图形、图像、动画等。

多媒体（Multimedia）就是将文字、音频、视频、图像等多种媒体和计算机技术集成到同一数字环境中，并由此派生出许多应用领域。

多媒体技术是处理文字、图像、动画、声音和影像等的综合技术。它包括信号数字处理技术、音频和视频技术、信息压缩技术、光学存储技术、人工智能和模式识别技术、多媒体计算机系统技术、多媒体数据库技术、多媒体通信技术和多媒体人/机界面技术等。

2. 多媒体计算机系统及其组成

多媒体计算机是在通用计算机运算能力基础上，增加了音频、视频等多媒体处理能力的一种计算机系统。它由多媒体计算机硬件系统和多媒体计算机软件系统组成。

多媒体计算机硬件系统主要包括如下一些组成部分：

- 多媒体主机：一般是具有较高配置的电脑，特别是CPU、显示系统、内存容量、硬盘大小要求比较高。
- 多媒体输入设备：如数码摄像机、数码相机、麦克风、扫描仪、文字输入设备、指纹采集器、CD-ROM（目前最好是带有刻录功能的DVD-ROM）等。
- 多媒体输出设备：如打印机、绘图仪、音响、录像机等。
- 多媒体存储设备：如硬盘、光盘、磁带等。
- 多媒体功能卡：如显卡、声卡、压缩卡、电视卡等。
- 操控设备：如鼠标、键盘、操纵杆、遥控器、触摸屏等。

多媒体计算机软件系统以操作系统为基础，加上多媒体数据管理系统、多媒体压缩/解压软件、多媒体音频与视频播放软件、多媒体编辑转换软件和多媒体通信软件等组成。

3.4.2 多媒体技术在酒店管理中的主要应用

在进入21世纪后，多媒体的应用已进入千家万户，渗透到人类社会的各个领域。同样，在酒店中的各个部门、各个角落已经在广泛应用多媒体技术。

多媒体技术在酒店中的应用主要体现在以下几个方面：

（1）多媒体会议系统。多媒体计算机技术可以广泛地应用于酒店的会议厅中，如视频会议系统、会议录像现场电视转播、会议演讲与演示、会议多语种翻译、会议演讲与演示等。

（2）酒店安全与监控。多媒体技术可以用于酒店电梯、楼道、门锁、消防等方面的安全监控，能做到实时控制与自动预警，还能自动存储、分析各种监控信息，从而提高酒店的安全性。

（3）酒店信息咨询与广告宣传。在现代酒店中，利用多媒体系统可以提供无人咨询服务，也可提供酒店业务广告宣传。例如，在酒店大厅，利用LED大屏幕显示，可以提供各种公共服务信息和相关住宿广告、商品销售等信息；在餐厅，利用触摸屏点菜机，还可以实现多媒体触摸屏自主点菜。

3.5 酒店信息管理中其他相关技术的应用

在现代酒店中，除了上面介绍的相关技术外，酒店现代化信息管理还包括了很多其他的现代技术应用，如触摸屏、电子门锁、语音信箱、迷你吧计算机控制系统、视频点播系统、电子通信与控制技术等。本节将对这些相关技术的应用进行介绍。

3.5.1 电子门锁系统的应用

酒店客房门锁是控制客房准入，保护客人人身及财产安全的重要硬件。传统的客房门锁是功能单一的机械门锁，这样的门锁有其弊端：一是管理复杂；二是安全性低。电子门锁系统是一种全新的酒店客房准入的自动化管理系统。相对于传统的机械门锁，它不但具有使用方便、安全、可靠，保密性强的优点，而且还可实现电子锁匙的"一卡多用"。

1. 电子门锁系统简介

电子门锁系统起始于 20 世纪 70 年代初期，当时，美国和欧洲的制锁集团开发出了十多种电子锁匙系统，并开始在酒店业使用，经过 30 多年的发展，电子门锁系统已相当成熟。目前，电子门锁必须通过国家公安与警用电子产品质量检测，并获得公安厅技防办颁发的许可证，因此其性能优越，非常安全可靠。

电子门锁系统一般由发卡机、智能卡锁、计算机网络系统、门锁管理软件等组成。酒店电子门锁智能卡钥匙一般通过配有门锁管理软件的发卡机进行制作。电子门锁内部有时钟管理，如客人卡、清洁卡等都受时间的控制，只有在有效的时间内才能开启门锁，但一般可配应急系统开启卡，该卡在任何情况下，都能 100%地开启门锁。电子门锁内装有"黑匣子"，可记录的开锁信息多达 1000 条，并可随时用数据卡查询开门记录。门锁管理软件至少提供 5 种接口方式，供酒店管理系统挂接。目前，电子门锁大致有 5 种类型：指纹门锁、IC 卡门锁、TM 卡门锁、磁卡门锁和射频卡门锁。

（1）指纹门锁。指纹门锁是利用人体指纹的各异性和不变性，为用户提供安全可靠的加密手段，使用时只需将手指平放在指纹采集仪的采集窗口上，即可完成开锁任务，操作十分简便。它是目前世界上最先进的锁具。

（2）IC 卡门锁。IC 卡门锁是通过将存储密码的 IC 卡（包含集成电路芯片）制作在钥匙卡上，从而实现加密的一种电子门锁。使用时，将钥匙卡插入到门锁内的读卡槽中，密码合法才可开启门锁。因 IC 卡内设密码保护电路，解密错误超过一定的次数，该卡内的集成电路芯片立即自毁，故可有效地防止伪造。这是目前一种最经济实用的电子门锁。

（3）TM 门锁。TM 卡又称为信息纽扣，其外形与纽扣电池相仿，它实际上是一种专用 ROM 芯片。芯片中的密码是由光刻的 64 位序列号形成，每张卡上的序列号全球唯一，故安全性很好，可靠性极高。TM 卡门锁的使用方法与 IC 卡门锁相同，但成本比 IC 卡门锁高。另外它的不足之处还在于其外形不如其他卡美观，携带不方便。

（4）磁卡门锁。磁卡锁是将存储密码的磁卡制作在钥匙内，从而达到加密的目的。使用方法与 IC 卡和 TM 卡相同。磁卡门锁所用的磁卡具有成本低、便于修改等特点，因而价格低廉，比较适合于低星级酒店使用。

（5）射频卡门锁。射频卡是美国 TI 公司研制的一种感应卡。射频卡门锁就是利用这种感应卡制作开门钥匙。它与前3种卡不同的是：射频卡属于非接触卡，使用时只需在门锁信号屏前一晃，不用接触，即可开启门锁，因此使用非常方便。

2. 电子门锁系统的结构组成

智能卡门锁系统一般由三大部分组成：门锁、智能卡、智能卡门锁管理系统。

（1）门锁。

门锁安装于客房或办公室，可由智能卡钥匙开启、管理，也可在联网时通过网线直接由管理系统开启、管理，门锁主要有以下功能：

- 级别控制：客人卡可开指定房间，楼层卡可开指定楼层，总控卡可开所有房间。
- 时间控制：客人卡只有在住店期间才能开锁，过时后自动失效。
- 区域控制：清洁卡只能开指定清洁区域门锁，维修卡只能开指定维修区域门锁。
- 更改密码：通过管理系统及有关智能卡，可随时更换密码。
- 开锁记录：每次开锁都会记录开锁时间和卡号，始终保持最近200次开锁记录。
- 欠压指示：当电池电压不足时，欠压指示灯亮，此时仍可开锁50次以上。
- 联网功能：通过网线管理系统，可实时监控门锁状态。
- 通道功能：当门锁设置成通道状态时，可自由进出，无须插卡。

（2）智能卡。

智能卡是智能卡门锁系统的重要组成部分。具体来说，智能卡有如下作用和功能：

- 结算和付费功能。利用智能卡，在现代酒店中可以轻松实现客房住宿、餐饮消费、商务办公、娱乐消费以及服务性消费等的支付。随着社会的进步和人们消费观念的改变，酒店已经向集住宿、娱乐、办公、商务中心为一体的方向发展。如果所有的花销都是通过现金或支票交易来完成的话，会很不方便，尤其对于使用频率很高的项目。有了智能卡，客人就可以持智能卡在酒店的任何地方消费，酒店在每个需要交钱的地方设置智能卡记账收款机即可。
- 房门钥匙。智能卡同时还是客房钥匙，卡上预设住宿天数，超过预设住宿天数，门就无法打开。
- 节能钥匙牌。用智能卡还可以开启客房电源。
- 酒店广告载体。当旅客离去时，可以带走这张印有酒店广告的卡，留下永久的美好回忆。

（3）智能卡门锁管理系统。

智能卡门锁管理系统是对智能卡门锁进行管理和信息汇总分析的一个处理系统，智能卡门锁管理系统一般由电脑硬件、智能卡门锁管理软件组成。其主要功能是：

- 智能卡管理功能。可以随时了解发放智能卡的数量和具体客房位置；根据需要及授权随时制作不同层次的智能卡；可以随时了解智能卡的消费情况；可以随时打印智能卡管理报表；可以对智能卡消费情况进行统计和分析等。
- 客房管理功能。应用智能卡门锁管理软件应能直观、清楚、准确、有效地进行客房管理。例如可以随时了解以下情况：客房销售情况、空房、满房、当天到期房；住客姓名、身份证号码、收费比例（是否折扣）、预付房金数、是否长包；客房预订、保留、管制情况、是否维修房等。可以自动生成各类客房管理报表，可以对客房销售情况进行统计、分析和预测。

3. 电子门锁系统的特点

当前，电子门锁系统倍受各家酒店青睐，这主要是因为它具有普通机械门锁无可比拟的特点。其主要特点可以概括如下：

（1）性能上安全可靠。

电子门锁系统可以为每把门锁制出一万亿种不同密码的钥匙卡，密码是在客人入住时按预计的居住天数和确定的房号由发卡机自动生成的。在磁卡或IC卡有效的期限内，该卡只能打开其对应的客房，过了有效期，该卡就失效。并且在原卡尚未失效而又有一张新卡开门后，原卡即刻作废。因此，客人锁匙卡一旦被窃或不小心丢失时，只需重新制作一张钥匙卡开门后，丢失的钥匙卡就不起作用了，这同样也适用于客人提前退房离店的情况。

此外，电子门锁系统还具有报警功能，当将门锁组合斜舌别住，置门锁为防插时，门锁会连续发出报警声，以提醒客人和服务员注意关好门。而且，一般人无法对电子锁匙进行解密与复制，使不法分子无机可乘，从而大大提高了安全保密性。

（2）使用与管理方便。

电子门锁系统具有13种智能钥匙，分为5个级别管理，使得管理权限分明，使用操作简便。例如，当计算机硬件或软件系统出现故障而不能制卡时，可启用备用卡代替客人卡开启门锁，这样就避免了由服务员用楼层卡开启门锁而对客人带来的不便。而且特别方便的是，当客人将门反锁后，门外的"请勿打扰"指示灯会自动显示。此外，钥匙卡到期会自动失效，因此客人离店时无须归还钥匙卡，而可将其带走，作为纪念品收藏，这不但大大减少了收发、管理钥匙的工作量，而且还为酒店开辟了一种新的宣传、促销渠道。

（3）有助于破案。

电子门锁系统带有大量具有记忆功能的"黑匣子"，可记录上千条最近的开锁信息，并可随时用数据卡查询（包括机械钥匙的开门记录）。

如果有客人报失，只需用门锁资料接驳器连接到门锁上，就可立即查出何人在何时进入过该客房，从而为保安或公安人员提供线索。

（4）时钟控制和时钟自动修复。

如上所述，对于到期的钥匙卡将自动终止使用，这一方面保障了客房的安全，同时也避免了客人拖欠房租的现象，这一功能的实现是靠电子门锁系统的时钟控制。

当门锁时钟芯片因周围环境影响或门锁故障造成时钟丢失或产生错误时，电子门锁系统还可自动修复时钟芯片。若无法修复时钟芯片时，则通过门锁指示灯提示用户重新手动校准时钟，保证时钟准确无误。这样可避免因时钟丢失或错误而造成客人钥匙卡无法开门、开锁信息记录不准确、发生重大问题时无直接证据等安全漏洞，即避免出现因门锁失去时间控制而导致失去进出控制的安全问题。

4. 电子门锁系统的使用

目前，电子门锁的智能卡是根据国际现代化酒店管理模式的要求而设计的，一般分为5个不同级别的管理和13种智能卡钥匙，如表3-1所示。不同的类别对应不同的使用范围，并进行持卡人的权限设定。酒店可根据自己的实际情况进行不同级别的组合使用。

表 3-1　电子门锁智能卡的级别与种类

级别	种类	使用范围	持卡人
管理级	总裁卡	用于门锁的预处理，不能开锁	总经理
	管理卡	用于门锁的二级初始化，并控制总控卡的设置，不能开锁	系统负责人
总控级	总控卡	可以开启本系统所有门锁	部门经理、领班
	应急卡	可以开启系统中的所有房间，在没有其他操作时一直有效	部门经理
区域级	领班卡	多楼层管理，可打开规定区域的门锁	客房部经理
	楼层卡	可以开启某个楼层的所有门锁	楼层服务员
	会议卡	可使门锁处于长开状态，但不增加耗电	部门经理
	清洁卡	在有效时间内，可以开启指定清洁区域的房间门锁	清洁员
控制级	退房卡	用以清除退房客人的钥匙卡，停止客人卡的使用	楼层服务员
	数据卡	用于提取锁中的开锁记录	保安部或客房部
	时钟卡	可以设置门锁的时钟	系统负责人
	终止卡	客房发生意外或暂停使用时，终止对应房间门锁的开启	部门经理
客人级	客人卡	在有效住宿时间内可以开启某个房间的门锁	客人

在实际应用中，门锁管理软件还可以与酒店其他管理软件（如前厅、餐饮、财务等）系统集成，将各种智能系统的信息存储在智能卡上的不同区域，这样可通过计算机网络系统实现一卡多用，使客人持有的智能卡不但可以开门、取电、管理保险箱，而且还可以刷卡验证身份，取代传统的酒店内部的娱乐、餐饮等消费的签单，为客人和酒店工作人员提供极大的方便。此外，电子门锁智能卡还可用来作为员工的考勤、饭堂用餐的身份验证等。

3.5.2 触摸屏的应用

1. 触摸屏的特点

触摸屏是一种常见的多媒体界面，是随着多媒体技术发展而兴起的一种新型输入设备，它提供了一种人与计算机非常简单、直观的输入方式。目前触摸屏主要用于触摸式多媒体信息查询系统中。这些查询系统可根据具体的应用领域获取、编辑、存储多种文字、图形、图像、动画、声音、视频等信息。使用者用手指触摸屏幕上的图形图像、表格、提示标志就可以得到图、文、声、像并茂的信息，操作方便、快捷，内容直观、生动。

正是由于触摸屏比键盘、鼠标操作方便、直接，所以触摸式查询系统广泛应用于车站、商场、宾馆、金融机构等公共场所，以提供方便的信息服务。

2. 触摸屏的类型

根据所用的介质和工作原理，触摸屏可分为电阻式、电容式、红外线式和表面声波式 4 种，下面分述各种触摸屏的特点。

（1）电阻式触摸屏。电阻式触摸屏是利用压力感应，使触摸屏表面电阻薄膜屏的电阻发生变化，从而产生触摸信号。其主要特点是操作简单、性能可靠、抗干扰性能强、使用寿命长。它比较适用于高标准要求的场所。

（2）电容式触摸屏。电容式触摸屏是把透明的金属层涂在玻璃板上，当手指触摸在金属层上时，电容发生变化，从而产生触摸信号。电容式触摸屏具有防尘、防水、防油污等特点；但由于电容随温度、湿度或接地情况的不同而变化，故其稳定性差。它适用于系统开发的调试阶段。

（3）红外线式触摸屏。红外线式触摸屏是在屏幕周边成对地安装红外线发射器和红外线接收器，当手指触摸在屏幕上时，阻挡了红外线，从而产生触摸信号。它具有反应灵敏、触摸准确、清晰度高、使用寿命长，并可用笔式输入或带手套使用等特点，因此适用于高标准要求的场所。

（4）表面声波式触摸屏。表面声波式触摸屏的四角分别安装竖直或水平方向的超声波发射及接收转换器，当手指接触屏幕时，便会吸收一部分声波能量，控制器依据减弱的信号计算出触摸点的位置。表面声波式触摸屏的感应速度很快，非常耐用，但表面感应系统的感应转换器在长时间运作下，会因声能所产生的压力而受到损坏。

酒店是客流量较大的地方，一般游客（尤其是小孩）都喜欢在触摸屏上指指点点，因此酒店对触摸屏的要求是比较高的，一般采用电阻式触摸屏和红外线式触摸屏。

3. 触摸屏在现代酒店中的作用

在酒店中，触摸屏一般放置在大堂、前厅、餐厅等比较显眼的地方，供客人查询酒店内外的各种相关信息。一般来讲，它主要提供以下主要信息：

- 酒店业务信息：展示酒店的各项业务及服务特色，方便并吸引客人消费。
- 旅游知识信息：介绍本地的旅游常识，让客人对酒店有亲近感。
- 旅游景点信息：介绍本地主要的旅游景点，方便客人游玩。
- 气象服务信息：提供近段时期的气象服务信息，方便客人出行。
- 风土人情信息：介绍本地的民俗与民风，让客人感到不虚此行。
- 公共服务信息：提供飞机航班、火车时刻表及本地市内公交线路等信息。

总之，使用触摸屏有助于宾客迅速了解酒店的各个消费场所、经营项目等信息，树立酒店的特色形象，提高酒店的服务档次。

3.5.3 语音信箱的应用

语音信箱系统是计算机软、硬件技术和通信技术相结合的产物，它能自动处理语音留言。在酒店业，这种系统已得到较广泛的应用，它可为客人提供有效的语音通信服务。

在我国酒店业，全面推广、应用语音信箱系统是一种必然趋势。

1. 酒店应用语音信箱系统的意义

（1）它是酒店最容易实现的电讯增值业务。

语音信箱系统由酒店管理系统、语音信箱处理计算机、语音卡、电话交换机、电话机等软、硬件系统组成。因此，在原有通讯设备和计算机网络系统的基础上，酒店几乎不需要添加任何设备，只需安装一套语音信箱处理软件，即可增加语音信箱系统功能，使客人和员工充分体验到高科技带来的令人愉悦的生活方式和高效率、个性化的工作氛围。

（2）它是提高酒店服务水平的简捷途径。

语音信箱系统的应用可使员工从烦琐的工作中解放出来，把更多的精力和时间用于提高待客服务质量上。如果没有语音信箱系统，经常会出现以下尴尬的局面：

- 在员工正忙时，恰有客人留言，手工记录留言手忙脚乱、速度慢、易出错，且笔录的留言易丢失，以致引起客人投诉。
- 人工电话叫醒服务，因服务不准时或客人贪睡误事，员工易遭投诉。
- 在工作繁忙之中回答客人琐碎、简单、重复的问题时，易怠慢客人。

（3）利用它可以加强酒店的内务管理。

语音信箱系统也可加强酒店内部行政管理。在当今竞争激烈、追求绩效的企业环境中，酒店管理人员经常被下列情况困扰：
- 因不重要的电话而中断重要的工作和会议，疲于代接电话或写留言条。
- 经常需要回答不同来话者所询问的相同问题或需要电话重复通知同一个指示。
- 因对方不在或占线而必须再三拨叫，或对方因不易找到人或电话占线而抱怨。
- 为等一个重要电话而无法抽身去办其他重要的事。
- 必须同时应付数个电话而分身乏术。

最新研究表明：在所有电话来往中，平均只有30%的电话能在第一次找到想找的人；40%的电话只涉及单向信息传递，而不需要任何回话。因而借助语音信箱系统，酒店内部的管理将更省时、直接、准确。

2. 语音信箱在酒店中的功能

（1）自动总机。当客人住进某房间后，就可以立即使用语音留言系统。所有开设语音信箱功能的分机，均可实现呼叫遇忙、无人接电话时的自动留言功能；可不经过话务员而直接通过计算机语音信箱处理软件直接将电话转到所要的分机；可灵活地设置、变更和取消团队、散客的自动叫醒时间，避免人工叫醒的提前或延时。

（2）留言处理。当客人需要留言时，可通过语音信箱处理系统的语音提示完成留言。一般来说，当听到"嘟……"的提示音后即可留言，留言结束时按#号键确认。收听留言时，客人可通过系统的语音菜单进入自己的语音账号，根据语音提示收听留言。所有留言均标明留言时间，真实可靠，并不会丢失或延误。客人可以设置密码对留言进行保密，还可录入自己的问候语来使自己的语音信箱个性化。

（3）信息服务。语音信箱系统可让客人直接从电话中获取常用信息。酒店可以设计一个全天24小时服务信息热线，用于回答一些关于酒店各服务项目及营业地点与时间、餐饮特色、酒店阶段性优惠活动、电视节目安排、机场穿梭巴士、附近的旅游景点及到达方法等客人经常提出的问题。这样使得语音服务更加周到，更有价值。

（4）多语种提示。为满足外宾的需要，语音信箱系统可为每个房间提供多语种留言功能。客人就可以自主地选择所需的语种，从而排除了个人留言在文化上的障碍，为宾客提供多层次的服务。

（5）意见征询。通过语音处理系统可征询住店客人和离店客人在任何时候和任何地点对酒店提出的任何意见，有助于改善酒店的服务质量。

（6）自动通知。管理部门可通过语音信箱系统快速给酒店的所有职员传达通知，而不同班次的员工也可相互进行留言。语音处理系统流水线式的通讯方式，可让员工直接相互联系，取代了传统的书面备忘录或电话标签的习惯做法，提高了工作效率与工作质量。

3.5.4 迷你吧计算机控制系统的应用

迷你吧是指在酒店客房中设置的小冰箱或小酒柜内为客人提供的饮料、小吃和酒水。这种迷你吧服务是酒店统一服务向个性化服务转移的新型服务,它能真正让客人有宾至如归的感受。迷你吧是近几年来酒店客房配置中发展最快的一种设施。

1. 迷你吧手工操作中的问题

客房迷你吧在应用电脑以前,一直是由人工运作管理。其操作方法是:客人取用迷你吧中的饮料或食物之后,自己在饮食清单上打上记号,并注明取用数量,客人离店时,由客房服务员清点消费物品,并将其消耗量及应付金额通报给总台统一收银。

这种手工操作的迷你吧服务存在一定的问题:①无法及时了解所提供物品的消费情况,造成物品补充不及时;②不能及时反馈所提供物品的受欢迎程度,及时对所提供的物品进行品种调整;③这样的操作方式不够可靠,常会出现某些无法控制的问题:或与客人发生争执,或导致酒店的损失。

2. 迷你吧计算机控制系统的特点

为克服迷你吧手工操作的种种弊端,由计算机控制的迷你吧系统应运而生。迷你吧计算机控制系统主要有以下几个特点:

(1) 自动化。迷你吧计算机控制系统能自动探知迷你吧中物品的消费情况,并自动将消费计入客人的应付账中。此外,它还可以打印各种报表,如销售报表、存货补充报表等。

(2) 方便性。能及时了解所提供物品的消费情况,便于及时补充物品,并根据客人的爱好对所提供的物品进行调整。

(3) 易操作性。迷你吧计算机控制系统采用计算机联网操作,使用计算机软件技术,使得迷你吧的控制只需点击鼠标即可完成。

(4) 易集成性。该系统可与酒店语音信箱系统、视频点播系统等其他功能子系统集成,成为一个统一的管理系统。这样,客人可随时了解自己在酒店中包括迷你吧消费在内的总体消费情况。

3.5.5 视频点播系统的应用

酒店视频点播系统(Hotel Video On Demand,HVOD)出现于 20 世纪 90 年代中期。HVOD可根据客人的需求,在酒店的电视系统中增加更适合客人个性化需求的、精彩的娱乐节目,为客人提供更高档的服务。

1. 视频点播系统的构成

一般来讲,一套完整的酒店视频点播系统由以下几个部分组成:

(1) 服务端系统。服务端系统主要由视频服务器、档案管理服务器、内部通讯子系统和网络接口组成。其中,视频服务器主要由存储设备、高速缓存和控制管理单元组成,其目的是实现对媒体数据的压缩和存储,以及按请求进行媒体信息的检索和传输。视频服务器与传统的数据服务器有许多显著的不同,需要增加许多专用的软硬件功能设备,以支持该业务的特殊需求。例如,媒体数据检索、信息流的实时传输以及信息的加密和解密等。档案管理服务器主要承担用户信息管理、计费、影视材料的整理和安全保密等任务。内部通讯子系统主要完成服务器间信息的传递、后台影视材料和数据的交换。网络接口主要实现与外部网络的数据交换和提供用户访问的接口。

(2) 网络系统。网络系统包括主干网络和本地网络两部分。因为它负责视频信息流的实时传输,所以是影响网络服务系统性能极为关键的部分。同时,媒体服务系统的网络部分投资巨大，因而在设计时不仅要考虑当前的媒体应用对高带宽的需求，而且还要考虑将来发展的需要和向后的兼容性。当前，可用于建立这种服务系统的网络物理介质主要是：CATV（有线电视）的同轴电缆、光纤和双绞线。而采用的网络技术主要是快速以太网、FDDI 和 ATM 技术。

（3）客户端系统。只有使用相应的终端设备，用户才能与某种服务或服务提供者进行联系和交互操作。在 HVOD 系统中，需要电视机和机顶盒（Set-top Box）。在一些特殊系统中，可能还需要一台配有大容量硬盘的计算机，以存储来自视频服务器的影视文件。客户端系统中，除了涉及相应的硬件设备，还需要配备相关的软件。例如，为了满足用户的多媒体交互需求，必须对客户端系统的界面加以改造。此外，在进行连续媒体播放时，对媒体流的缓冲管理、声频与视频数据的同步、网络中断与演播中断的协调等问题都需要进行充分的考虑。

2. 视频点播系统的特点

酒店视频点播系统具有如下特点：

（1）技术先进性。视频点播是一种新兴的传媒方式，是计算机技术、网络通信技术、多媒体技术、电视技术和数字压缩技术等多学科、多领域交叉、融合的产物。它在交互式方面已处在广播电视系统的前沿，与普通电视相比，它可向客人提供更高档次、更广范围的服务。

（2）交互选择性。HVOD 的本质是信息的使用者根据自己的需求主动获得多媒体信息。一方面，酒店可根据需要进行自我完善和自我发展，增加节目；另一方面，客人可以根据自己的兴趣，在不借助录像机、影碟机、有线电视等的条件下，直接通过电脑或电视自由地点播节目库中的视频节目和有关信息。

（3）功能扩展性。通过对酒店电视系统的改造，可以增加信息服务、股票接收、提示服务，如果与计算机管理系统结合，还可以向客房传送客人的账务信息。

3. 视频点播系统的应用场合

酒店视频点播系统对内自成系统，实现数据共享，对外可与 Internet 连接。HVOD 这种"对内宽带共享、对外便捷通讯"的特征，恰好迎合了酒店服务宗旨的核心——舒适和便利。因此，视频点播系统在酒店业最早推行，也最受欢迎。目前，世界上已有几千家酒店正在应用视频点播系统，其目的是借助现代高科技带来的优质服务，使客人在酒店内得到更大的满足。这不仅直接带来了点播收入，而且更重要的是大大提高了该酒店的服务档次，增强了酒店的竞争力，从而提高了酒店的综合效益。

酒店依靠视频点播系统提供的服务，大致可分为三大类：影视歌曲点播、信息资讯和因特网访问。

（1）影视歌曲点播。

视频点播系统可提供精彩的电影、电视节目及音乐、歌曲，供客人有偿点播。HVOD 提供的影视、歌曲能够满足各类客人的需求，详尽的影片介绍和方便的检索界面使客人的挑选过程轻松愉快。客人只需按动遥控，选择菜单，系统完全自动运转，并可自动计费转入客人总账，由前台统一结算。

（2）服务信息提供。

住店客人一般都想了解酒店内部的服务项目，关心当地的旅游交通、风景名胜、商务机构、餐饮特色等信息，有些客人可能随时想订餐、购物、查询个人账务等。通过 HVOD，这些要求可以得到完全满足，它会随时随地给予翔实、准确的服务。

视频点播系统提供的信息一般包括如下项目：

- 酒店信息。HVOD 可向客人介绍酒店的各种服务设施和服务项目，如娱乐、健身、饮食、商务中心、购物中心、搬运、预订出租车、购买飞机票等，使客人入住房间后立即能了解整个酒店的服务体系，并根据自己的需求预订各种服务。而酒店则可以通过该项信息向客人显示自己的周到服务，促使客人增加在本店内的消费。
- 订餐服务。客人不出客房就能通过 HVOD 看到餐厅提供的菜肴、食品，并可根据电视屏幕上的菜单点菜，约定送餐时间，而且客人还可在送餐前随时更改订单内容。这样，既方便客人消费，又可使餐饮更有计划。
- 账目查询。客人可以通过 HVOD 随时查阅自己的账单，还可预约结账时间。这一服务使客人能及时了解自己的支出情况，在结账前就解决账务疑问，避免结账时可能发生的分歧，从而树立酒店的良好形象。
- 当地旅游、商务信息。HVOD 可以播放本地新闻，介绍当地的风土人情、名胜古迹、重大文化活动、酒店周围环境等信息。这种介绍由于图、文、声、像并茂，因此更加生动形象，并且客人可以随时查阅更详细的信息。由于客人初来乍到，往往是人生地不熟，这项服务就可以给客人带来很大的方便，同时，酒店服务人员也不必经常回答客人的各种提问。
- 客房信息。与酒店管理系统联网，客人和客房管理人员可以通过 HVOD，及时、方便地了解客房实时状态，满足客人的换房请求。
- 电视指南。通过 HVOD，便于客人查看本地电视台的节目预告。
- 语种选择。客人可根据自己的需要选择服务信息的语言，排除语言障碍，方便客人获取自己所需的信息。

（3）因特网访问。

随着 Internet 的飞速发展，酒店的客人越来越离不开 Internet，酒店为客人提供 Internet 服务已成必然趋势。酒店视频点播系统将电视机、机顶盒、计算机网络系统相集成，通过相应的计算机视频点播软件和机顶盒，在电视机上实现 Internet 访问，并且它具有以下特点：①在客房内完成，由于酒店提供的上网终端设在客房内，客人可以足不出户即可上网，进行 WWW 浏览和收发 E-mail 等；②无需客人自带设备，通常酒店只提供上网线路或 Internet 账号，客人需要自带终端设备，如笔记本电脑等。HVOD 使客房配备上网终端设备，这样无须客人自带任何设备，便可轻松地进行因特网访问；③非专业者易用，由于视频点播系统是借助机顶盒实现 Internet 功能，操作起来与遥控电视差不多，十分简单，无需计算机复杂的操作，即使是无计算机知识的人也可轻松上网。

3.5.6 电子通信与控制技术的应用

在酒店中，有很多方面都要用到电子通信和安全监控系统。下面进行简单介绍。

1. **客房控制系统**

现代酒店的客房控制系统一般使用计算机网络进行管理控制，这种控制系统的使用将大大提高酒店的管理水平，并能节约能源。由于应用客房控制系统，可使客房管理由原设楼层管理员改为设立服务中心，因此可缩减约 30%的服务员和节省 25%以上的能源。

（1）客房控制系统的组成。

客房控制系统一般由灯光系统、时钟系统、广播电视系统、电话系统、省电系统、节水系统、门锁系统、服务系统、空调系统、总电源系统、计算机网络等软、硬件组成。

（2）客房控制系统的功能。

基于计算机网络的客房控制系统能实现两大管理功能。第一是客房状态监控。客房状态监控可根据门锁系统、房间电器集控器以及其他灯光状态等综合判断客房中是否有人、是否已经休息、勿扰灯是否点亮，并能显示出当前客房中各个灯光状态及房间温度。客人的呼叫服务、房间清理的要求也能直接传送到服务中心，并按时间顺序记录在数据库中，由服务中心通知服务员。第二是客房远程控制。利用客房控制系统，可以远程开关门锁和指定灯光。客人外出时，可远程设定房间温度，使空调在低挡运行，从而节省能源。

2. 酒店其他监控系统

酒店监控系统是安防监控系统在旅游酒店行业中的应用。当前，安防监控系统的应用越来越普及，它在酒店安全管理中主要有以下几个方面的应用：

（1）停车场监控。利用全电脑自动监控管理系统，现代酒店可实现停车场的无人管理和经营。

具体运作时，在停车场的出入口均安装指纹采集器或智能卡及数码摄像机等高科技设备，系统能自动识别车主的身份和车子信息。停车时，系统自动完成记录；取车后，车子行至出口时，系统将再次确认人和车的合法性，即有效性。只有在合法情况下，系统才自动开启车挡，否则会自动报警。

（2）电梯监控。通过对电梯的实时监控，可保证电梯的安全，防止意外事故的发生。

（3）防盗报警系统。在酒店的重点部位，如财务室、票据室、仓库、领导办公室、客房等安装红外微波双鉴探头和灯光控制器，一旦有盗贼闯入，系统将立刻开启现场灯光，并向保安人员报警，必要时自动拨打110报警，能有效地威慑和捕获犯罪嫌疑人。

（4）周界防卫系统。在酒店的周围设置肉眼看不见的红外警戒线，监测任何人从任意方向的进入。它是酒店的第一道防线，投资低、保护面积大、可靠度高。

（5）闭路电视监视系统。利用闭路电视监视系统，一方面可以使安保人员足不出户就能明察大楼内外的一切；另一方面，可实现资源共享。如借助它可判断或观察火灾报警区域的报警真伪或火灾火情现场，为及时报警和疏散人员赢得宝贵的时间。大楼主管可借用它了解大楼内工作人员的工作情况和人员流动情况，以便加强管理。

本章小结

在现代酒店中，现代化的信息技术发挥着重要作用。所谓信息技术，就是指能够扩展人的信息器官功能，完成信息的获取、处理、分析、存储、传递、利用等功能的一种技术。从功能上分，它包括信息的开发技术和信息的管理技术。

在现代酒店中，每天都进行着大量的数据处理。所谓数据处理，就是把来自科学研究、生产实践和社会经济活动的原始数据，应用一定的设备和手段，按照一定的使用要求，加工成另一种形式的数据。在内容上，数据处理包括数据收集、数据转换、数据筛选、数据分组、数据排序、数据运算、数据存储、数据检索以及数据输出。数据处理技术包括数据库技术、数据仓库技术、数据挖掘技术、联机事务处理和联机分析处理等。

计算机局域网在现代酒店中目前已经发挥了巨大作用，构成酒店局域网的基本部分有服务器、客户机、网络设备、通信介质及网络软件。在现代酒店中，局域网有着重要的用途。概括来讲，主要包括：用于酒店前、后台的运营管理；用于对酒店员工的在岗培训；用于酒店的事务公开与民主决策；用于实现酒店办公自动化。

多媒体技术就是处理文字、图像、动画、声音和影像的综合技术，它在酒店中的多媒体会议系统、酒店安全与监控系统、酒店信息咨询与广告宣传等方面都具有重要作用。

在现代酒店的计算机信息管理中，还有很多其他的信息技术手段在发挥着重要的作用，它们包括触摸屏、电子门锁、视频点播系统、语音信箱、迷你吧计算机控制以及电子通信和监控技术等。

对于本章介绍的各种信息技术手段，要求每位读者要知道其工作原理，理解其基本功能，特别要掌握它们是如何在现代酒店中发挥各自作用的。

复习思考题

1. 什么是信息技术？它主要包括哪些内容？信息技术在现代酒店中有何作用？
2. 什么叫数据处理？主要包括哪些内容？其目的是什么？
3. 请解释以下词语各自的含义：
   数据库　　数据库系统　　数据仓库　　数据挖掘　　联机事务处理　　联机分析处理
4. 什么是计算机网络？它有什么主要功能？如何分类？
5. 什么是计算机局域网？请简要说明酒店中局域网的组成和主要功能。
6. 多媒体计算机系统由哪些部分组成？它在现代酒店中有何作用？
7. 智能卡门锁有哪几种？它们各有什么使用特点？
8. 说明电子门锁系统的组成和其主要功能特点。
9. 触摸屏、语音信箱、视频点播各有什么特点？它们在现代酒店管理中有何用途？
10. 迷你吧计算机控制系统在现代酒店中有什么功能？
11. 在现代酒店中，电子通信和安全监控系统主要应用到什么场所？

第 4 章　酒店管理业务的信息流程分析

【内容导读】

在现代酒店管理中，信息流起着举足轻重的作用。在介绍酒店管理信息系统的开发和应用之前，必须先熟悉酒店业务管理的信息流程，将酒店业务管理中的各种数据资料和文档资料集中起来，对酒店内部整体管理状况和信息处理过程进行分析。

本章侧重于从酒店业务处理的角度进行信息流程分析，如业务和数据流程是否畅通、是否合理，业务处理过程和管理功能之间的关系是否合适，信息处理与业务部门的关系如何等。通过对这些信息流程的分析，可以明确酒店的信息管理需求及其解决方案，并能使学生掌握酒店信息流程及其管理，也有助于酒店计算机信息管理系统的设计和实现。

【学习目标】

- 整体掌握酒店宾客管理的信息流程
- 熟悉酒店客房管理的信息流程
- 掌握酒店营业点管理的信息流程
- 熟悉酒店客账管理的信息流程
- 掌握酒店销售业务的信息流程
- 熟悉酒店财务管理的信息流程
- 知道酒店人事管理的信息流程
- 了解酒店物资管理的信息流程
- 了解酒店设备管理的信息流程

4.1　酒店宾客服务的信息流程

酒店经营管理中直接面向客人的服务部门统称为前台部门，其主要职责是为客人提供预订、接待、查询、住房、餐饮、娱乐等服务。为保证专业化的服务质量并利于管理，这些职责被分配在酒店的不同职能部门中。酒店前台各部门提供的服务是相互联系的，形成一个为客人提供综合服务的整体。为协调酒店这一有机体的工作，必须要求酒店组织内应具备畅通的信息流通渠道，保证酒店前台各营业部门提供的服务相互配合、协调统一。

在酒店前台业务管理中，很多业务活动都是围绕着宾客服务——也是酒店的主要任务功能来展开的。因此，本节首先专门介绍一下前台业务中酒店宾客服务中的信息流程。

4.1.1　酒店宾客管理的整体流程

对于一个住店客人来讲，从客人与酒店发生联系开始，一般要经历预订、登记、住店消费和结账离店 4 个环节，相应地，酒店前台部门要为客人提供预订、接待、消费记账/收银、结账离店服务。酒店针对客人的这个过程，必须建立一套面向客人的服务流程，以达到完善对客服务、严格内部管理的目的。通过对服务流程的详细分析，再利用计算机的快速工具和网络环境，实现对客服务的完全信息化和网络化。

尽管各家酒店对宾客服务的规范各不相同，内部管理方式可能也不尽一致，但其信息的流向和规程都基本一致，酒店宾客服务的整体流程如图 4-1 所示。

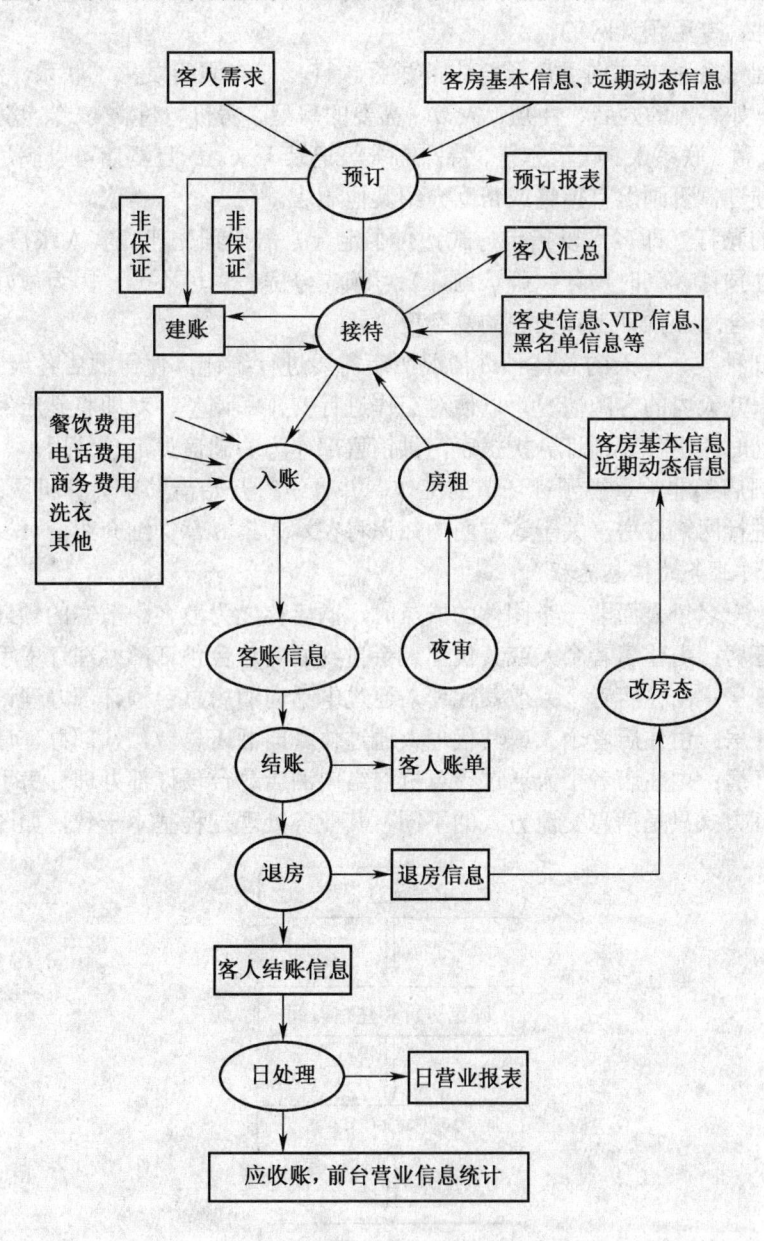

图 4-1 酒店宾客服务的整体流程图

4.1.2 预订阶段的宾客服务信息流程

1. 预订工作简介

预订是客人与酒店之间的首次接触，是酒店销售经营的一个重要环节，提供快速、准确的客房信息并尽可能全面地获取客人的消费需求信息是其基本的要求。

针对不同类型的客人，酒店可以提供不同的预订业务处理方式，例如信函、电话、传真、电传、电子邮件、专用预订网等。

预订客人通过各种方式向酒店预订中心进行预订，即与酒店发生了联系，酒店需要把客人的基本信息，如客人的姓名、性别、人数、需要的房型、房价、付款方式、房间数、抵达的时间、停留的天数、联系人、联系方式、特殊需求等记录下来。一旦酒店可以满足客人的需要，就接受客人的预订，否则婉言拒绝或帮助介绍其他酒店。

对保证类的预订（即客人以指定方式预付了定金）需要预先建立客人账户，同时进行预分房。非保证性预订（临时预订、确认预订）可预先分房，也可不分，因为做好了预分房时，一旦预订取消，会增加预订工作处理的复杂度。

对各种预订种类、每天的总体预订情况酒店需要进行统计，使得酒店各级管理人员可以了解当天或未来几天内的客源情况，以便对工作进行安排和调整，对即将到店的 VIP 客人进行重点准备。同时产生各类预订分析报表，供销售部作为基础信息汇总使用。

目前大型酒店都非常重视预订环节的工作，并且纷纷开始借助于计算机网络或者专业的全球预订系统进行网络订房。关于这方面的知识将在本书第 6 章详细介绍。

2. 散客预订业务的信息流程

当客人作为一名个人而非一个团体的成员时，酒店称之为散客。散客的预订方式有：
- 直接订房：由住店者个人或其代理人亲自到酒店总台预订部办理订房手续。
- 电话订房：由住店者个人或其代理人通过电话向酒店总台预订部办理订房手续。
- 传真订房：由住店者个人或其代理人通过传真向酒店总台预订部办理订房手续。
- 网络订房：由住店者个人通过计算机网络向酒店总台预订部办理订房手续。

不同的预订方式只是信息交流方式的不同，其业务处理过程基本一致，如图 4-2 所示。

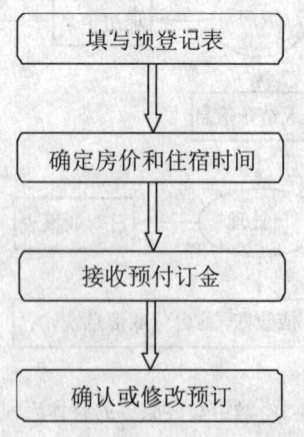

```
填写预登记表
     ↓
确定房价和住宿时间
     ↓
接收预付订金
     ↓
确认或修改预订
```

图 4-2 散客预订业务的信息流程

在这一过程中，需要说明的是：首先，要为客人的每一个预订要求建立记录文件，供以后修改和客人到达确认预订房时查阅；其次，在确定房价时还要明确客人是否已与酒店签订有协议，或该客人是否为酒店的协议单位的客人，如果有协议存在，应根据协议的约定确定房价；第三，并不是对所有的预订客人都要收取预订金，对于一些特殊情况的客人，如酒店的协议单位客人、酒店聘请的客人等是不收取预订金的。

3. 团队预订业务的信息流程

酒店接待的团体主要有 3 种：①旅游团队，一般指由旅行社组织的并由酒店按合同约定给予特价的团队；②会议团队，是指参加政府或某些商业机构举行的研讨会和展销订货会等的客人形成的团队；③特殊团队，是指一些进行国事访问、商务活动、专题考察的团队。团队客人的特点是：人数多、占用客房多、费用大，对增加酒店的收入很有帮助，一些特殊团队的个人平均消费也很大。许多大型的酒店都在争取接待团队客人。

团队预订同散客预订的方式一样，但服务过程稍有区别，其信息流程如图 4-3 所示。

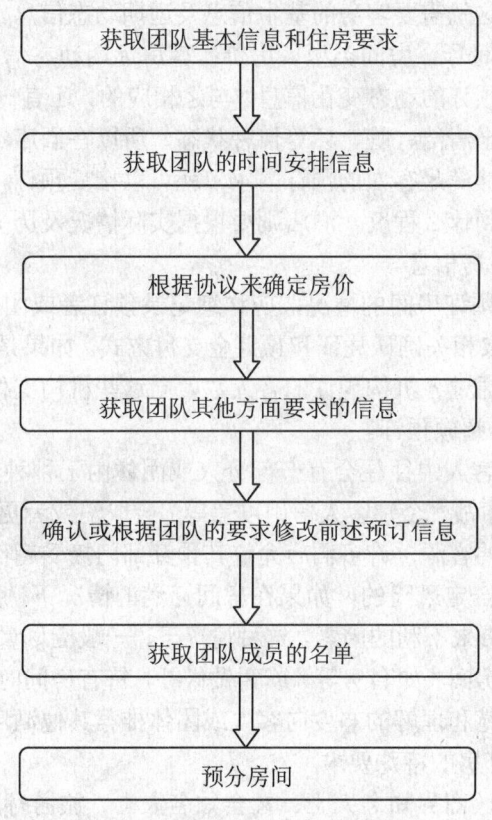

```
获取团队基本信息和住房要求
        ↓
获取团队的时间安排信息
        ↓
根据协议来确定房价
        ↓
获取团队其他方面要求的信息
        ↓
确认或根据团队的要求修改前述预订信息
        ↓
获取团队成员的名单
        ↓
预分房间
```

图 4-3　团队预订业务的信息流程

团队预订业务与散客预订业务的不同点主要在于：

（1）酒店在接受团体客人预订要求之前，往往预先与组团、接团单位或相应机构（如各旅行社企业、政府机关、大型企业等）签订有房价协议。因此，在接受团体预订时，一般只需查阅协议即可确定房价。

（2）酒店为向团体提供良好的服务，一般需要组团单位、接团单位或会议机构提交团体成员名单，在团体到达酒店时预先为团体全体成员安排好房间。

（3）酒店与有关单位的协议中一般规定了财务结算的要求，在接受团体客人时，酒店可以不收取预订金。

4. 预订阶段工作中的注意问题

预订阶段是酒店经营中信息收集的主要口子，必须注意以下几个方面的问题：

（1）预订需要全面的客人信息。

从国内各个酒店的预订单来看，相应的项目都比较少，只有前述客人基本信息的一部分，并且部分有时还不填写；相应地，境外的酒店则对预订信息予以充分的重视，不仅含有上述全部内容，还增加了 VIP 级别、抵离航班、是否需要酒店班车接送等，同时强调每一项内容必须填入。这就对预订员提出了更高的要求，在与客人的简洁交流中，要礼貌、迅速、准确地获得相关信息，为酒店经营获取客源信息提供更大的信息支持。

（2）预订需要准确的客房信息。

客人预订的目的是要预先订好酒店的客房，而酒店则要根据客人的预订需求检查特定时间是否存在相应的客房，这就需要客房的基本信息及远期动态信息。

客房基本信息包括房间号、房间类型、房价；客房远期动态信息指酒店所能接受预订的最大时间范围内客房各种预订的动态变化信息。与之相应的，还有一种近期动态信息，是代表当前客房的占用与否，处于清洁、脏、坏等何种状态，所以在酒店中也简称房态。

正常情况下，酒店能够满足客人的预订需求，就可以接受预订，如果发生预订已经饱和，接受超额预订与否，接受到什么程度，酒店则要根据实际情况及历史数据确定政策。

（3）妥善处理网络订房信息。

对于通过计算机网络预订房间的情况，应详细记录预订者或团体组织的情况，并注意及时给客人信息反馈，并索取相关确认凭证和预订金支付方式。如果是国际化的预订机构，酒店应按国际惯例，定期统计通过各机构预订的客人数，向这些机构支付订房佣金。

（4）合理设置和安排超额预订。

考虑到在众多的预订客人中往往会有一部分人或团体由于种种原因（如飞机起飞时间延误、在其他地方发生意外事故、个别客人信用度差等）会取消或者更改预订。为创造尽可能高的收入，保持竞争市场中的客源，许多酒店允许其预订部门接受超额预订。

但是，这样做是冒着一定风险的，如果在房间订满的情况下，所有的客人都按期到达酒店，可能会对酒店的管理带来不利的因素。这种情况下，一般应尽量避免拒绝客人，可以向客人或团体介绍其他种类的房间（如套房等）或暂做候补，待有房间时再确认给予对方，万不得已的情况下应用友好、遗憾和理解的态度向客人或团体推荐其他酒店。

（5）接受 VIP 客人订房的特殊要求。

酒店一般将政府要人、商界知名人士、社会知名人士、旅游行业和合作单位重要人员视为 VIP，在接待时提供较为特殊的服务，如特别安排的迎、送，高档次的房间，房内放置鲜花、水果、纪念品。在接受 VIP 客人的订房时也有一些特殊的安排：在预订单中注明是 VIP 客人、单独编制 VIP 客人报表、及时将 VIP 客人情况通报总经理。

（6）取消预订和没有到达情况的处理。

对于取消预订的客人或团体，应及时将名称和取消的原因通报财务部门，由财务部门根据合同向客人或团体组织单位收取损失费。对于已做预订但未按预订的时间到达酒店的客人和团体，其预订的房间视为取消预订房，应及时修正房间的状态。

4.1.3 接待阶段的宾客服务信息流程

接待业务是酒店通过总台向客人销售客房及其他综合服务的最重要的环节，能否向客人提供快速、准确、热情的服务决定着酒店潜在的客人能否成为实际的客人。因此，许多酒店都不惜任何代价设法提高总台接待工作的质量。其中，获取酒店营业信息的速度和准确程度是十分关键的。总台接待散客和团队的业务流程差别较大，下面分别介绍。

1. 散客接待业务的信息流程

散客接待业务的信息流程如图 4-4 所示。

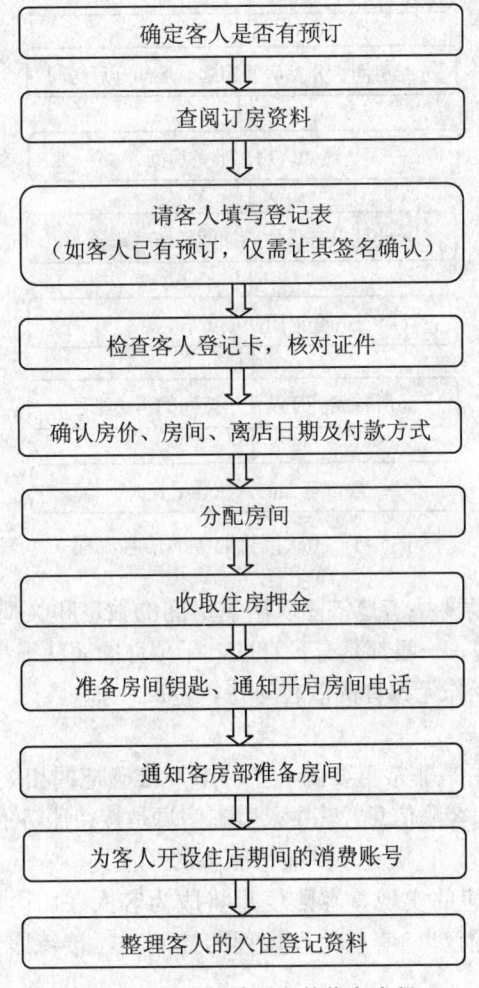

```
          确定客人是否有预订
                 ↓
            查阅订房资料
                 ↓
          请客人填写登记表
       （如客人已有预订，仅需让其签名确认）
                 ↓
         检查客人登记卡，核对证件
                 ↓
      确认房价、房间、离店日期及付款方式
                 ↓
              分配房间
                 ↓
             收取住房押金
                 ↓
       准备房间钥匙、通知开启房间电话
                 ↓
           通知客房部准备房间
                 ↓
        为客人开设住店期间的消费账号
                 ↓
           整理客人的入住登记资料
```

图 4-4 散客接待业务的信息流程

从信息处理角度看，接待客人的过程，主要是为了使酒店和客人获取以下 3 方面的信息：
（1）使酒店获取有关客人的基本信息。
（2）使客人和酒店获取房间分配信息和房间价格数据。
（3）确定客人预计离店的日期。

2. 团队接待业务的信息流程

团队接待业务的信息流程如图 4-5 所示。

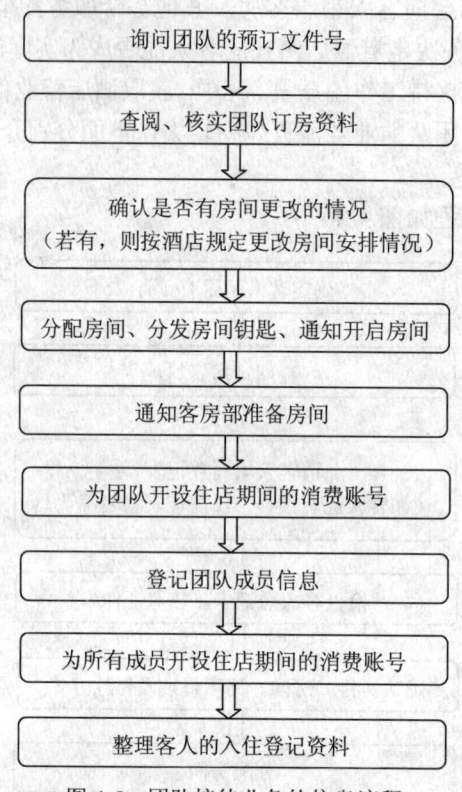

```
询问团队的预订文件号
        ↓
查阅、核实团队订房资料
        ↓
确认是否有房间更改的情况
（若有，则按酒店规定更改房间安排情况）
        ↓
分配房间、分发房间钥匙、通知开启房间
        ↓
通知客房部准备房间
        ↓
为团队开设住店期间的消费账号
        ↓
登记团队成员信息
        ↓
为所有成员开设住店期间的消费账号
        ↓
整理客人的入住登记资料
```

图 4-5　团队接待业务的信息流程

接待团队过程的关键是要搞清楚该团队所需房间的数量和类型、准确分配客房和明确团队离店日期。对于团队来说，一般都是有预订的，无预订的团队很少，而且，一般的酒店在接待无预订的团队时，往往当作无预订的散客对待。

3. 团队接待的注意问题

接待阶段在对客服务中是非常重要的一个环节，准确把握相关信息是做好工作的基本保证。这主要包括房态信息和客账信息。其中，房态信息是接待服务的基础，是提高接待水平的前提，房态信息的准确与否，直接关系到接待服务的质量。

另外，接待是客房销售的实现，客账信息将成为客人在店内所有消费点的核算收入基础，所以对于付款方式、消费点信息处理规程的控制上，接待服务要严格执行酒店的有关政策和规定。

4. 接待业务中特殊情况的处理

在接待业务中有一些特殊情况，需要做出相应的特殊处理。

（1）VIP 客人的接待。由于 VIP 客人往往具有较高的社会地位，对酒店的声誉和社会效益具有较大的影响，酒店一般会特别对待 VIP 客人。首先，在客人到达前预先分配同类房间中最好的房间，并根据酒店的标准布置好房间；其次，尽可能详细地记录客人的信息，以便提供准确的服务；第三，做好客史的存档，以便客人下次住店时提前登记并作为订房的参考资料。

（2）加床的处理。客人住店时为节省费用或同家人住在一起，可能会提出在正常的房间中增加床位。对于接待人员来说，应像对待正常客人一样要求加床客人填写登记表，并特别注明加床的价格，一般要低于正常床位价格，将加床信息及时通知客房部。

（3）调换房间的处理。酒店在处理客人要求调换房间问题时，一般应在条件允许的情况下尽量满足客人的要求。对于预订客人住店前提出的调换房间要求，由预订部通知接待部安排。对于长住客人住店期间的调房要求，接待人员应在收到销售部的书面通知后安排。对于其他客人住店期间的调房要求，应填好"转房通知单"，然后安排。在为客人安排调房之后，应分别通知客房部各楼层、总机和询问处，如房间的类型发生变化，还应及时修改房价。

（4）延期续住的处理。不论客人是续住、延迟退房还是提前到达，都要根据酒店当天的客房销售情况来定。如当天房间已满，应向客人解释清楚，介绍他们到相等级别的酒店。在可以安排续住的条件下，对于要求续住的客人，首先要与客人确定付款方式和房价；然后通知客房部的楼层台班。酒店规定的退房时间一般是在中午 12 点以前，若客人因事要求在中午 12 点后退房，即延迟退房，需经前台经理、大堂副理、销售经理等管理人员批准，并视情况决定是否收取费用，然后通知客房楼层。

（5）加入房间的处理。如果在接待客人住店时，一位客人先入住于某一房间，另有后来一位想加入此房，称为加入房间。此时应到询问处查询已住店客人是否已留言，若是，则在确认后到的客人身份后，为其办理登记手续，安排入住。其他情况，应先与原住客人取得联系，并征得原住客人同意后，才可以安排客人加入。

（6）逾期未走房的处理。酒店为了对占用房进行有效的控制、更准确地掌握房态和做好出租房的预计、防止客人走单，应每天与原定当天离店而又没有退房的客人确认其确切的离店日期。首先应列明当天预计离店的客人，然后与客房部楼层服务员联系确认该房的房间状态，在确定客人尚未离开后，应设法与客人联系上，询问客人确切离店日期和时间，根据情况决定是否要求客人补交住房押金。

（7）团体增加、减少房间的处理。旅游或会议团体的接待单位（旅行社、政府、企业等）可能会由于各种因素的变化，在团体到达酒店时提出增加或减少房间的要求，接待人员应首先查阅与团体接待单位签订的协议，或与销售部门联系，确定是否可以改变房间的数量以及房间数量变化时的房价，然后根据确认的情况为团体安排房间。

（8）订餐的安排处理。许多酒店为了吸引客人，常为住店客人提供免费的早餐，在客人登记住店时，以餐单的形式发给客人；为方便客人用餐，酒店接待程序规定一般在客人登记住店时，根据客人或团体的用餐要求，为客人开餐单。餐单的内容有：用餐日期、用餐种类、团体名称、客人名称、用餐地点、人数、用餐标准。餐单一般为一式多联的形式，一联交给客人、一联通知餐饮部、一联留底存档。

（9）团体陪同房的安排。为了方便旅行社照顾其客人并与旅行社保持良好的关系，酒店一般为旅行社的陪同人员安排优惠的住房。在旅行社团体到达酒店时，接待人员应按合同规定安排陪同床位，费用以床位计算。若出现有陪同加入房时，一定要预先通知前者以及向后者讲清情况。

（10）报坏房的处理。酒店客房内的各种设备、设施可能会因为客人住店时的操作不当或自然磨损发生故障，客人或客房部清洁员发现故障时应通知客房部报坏房。总台接待人员接到客房部报坏房时，应在坏房记录簿上做记录，内容包括日期、房号、坏房原因、预计复原日期、接待职员签名、客房部职员工号等，并检查此房间是否安排有客人或预分给当天的客人，如有则及时更改房号，同时通知预订部门不要将此房预订出去。

4.1.4 住店消费阶段的宾客服务信息流程

接待处建立好客人账户后，客人就可以在酒店中进行消费。消费项目除了客房及房内的服务设施，如付费电视、小酒吧、洗衣等以外，还有用餐（含房内用膳）、康体娱乐、通讯等。由于三星级以上的酒店要求为客人提供一次性结账服务，所以客人的所有消费在酒店中是通过结账单进行传递，汇总到总台结账处入账，由客人离店时一次性结账。

由于客人账户的信息处理涉及酒店的所有收银点，客人消费信息的传递就成了管理的关键。例如，客人在结账之前刚刚打过一个国际长途电话，如果话费单没有及时传递到总台，就会造成客人的漏账，类似的经济损失很难挽回。有关账户管理的具体知识，在本节后续部分还将进行详细介绍。

如果管理方法、管理工具跟不上，除了漏账，还会出现空关房、客人逃账等现象，为更好地控制客账，酒店每天都要对客账进行至少一次全面的审核，这种审核往往放在夜间进行，所以又称夜审。有关夜审的具体知识我们将在账务处理部分详细介绍。

4.1.5 结账离店阶段的宾客服务信息流程

客人结账退房阶段是对客服务的最后一个环节，这个阶段工作的好坏会直接影响到对客整体服务得是否完善，是否能给客人留下一个值得回忆的酒店形象。

客人结账后马上离店，客人的结账信息就会转入客人历史档案，同时传递信息给客房部更改房态；如果结账后的客人仍需留在房间里一段时间，在管理上必须能标志出客房处于一种特殊状况，服务员不能去打扫，也暂时不能销售，而且还要及时通知总机，关闭该房间的直拨电话，直到客人离店，才能把房态更改为走客房或者空脏房。

要做好结账工作，在各项入账准确的情况下，必须随时准备好客人的账单。如为了次日上午结账高峰期时能够迅速、准确地为客人结账，当日晚上应及时与第二天预计离店的客人取得联系，证实客人是否如期离店，如肯定则准备好客人至当时止的消费账单，到具体结账时只要加入上一账单至结账时的这部分新账单即可，大大缩短结账时间。

4.2 酒店前台其他业务的信息流程

除了上一节从宾客角度介绍的内容之外，在前台管理中，还包括客房管理业务、餐饮管理业务、娱乐消费业务、记账/收银业务、财务稽核业务以及销售业务等。本节介绍上述相关业务活动中的信息流程。需要注意的是，这里的很多业务都是与宾客管理相联系的。

4.2.1 酒店客房管理的信息流程

客房部的主要职责是为客人提供安全、舒适、清洁、便利的居住房间和配套设施服务，并协助总台各有关部门销售房间，有些高档酒店还根据需要为客人提供房间用餐服务，实际上是将酒店的餐饮服务扩展至客人房间内。

从信息处理的角度看，客房部的主要工作就是正确地维护房间状态，将反映实际情况的房间状态及时地通知总台部门，并接受来自总台接待部门的信息安排客人住宿。

客房部的工作较简单，但其结果直接影响着酒店客房的销售情况，如住店客人离店时，客房部应及时安排清洁员工检查客房的设备、设施状况和房内的酒水、饮料存货情况，并将结果通知总台结账部门，然后及时清扫客房。其中任何一个环节的拖延，都将影响总台为客人提供的结账服务速度，或影响总台接待部门尽可能多地销售酒店的客房。

客房管理业务的信息流程可以简单地描述为：

客房部文员→房间状态维护→房态表

客房部对房间状态的维护一般应指定专人负责，各清洁员及客房部领班在检查或清扫客房的过程中发现房间状态变化或房内设备、设施故障时，电话通知房间状态管理人员，由房间状态管理人员负责与总台有关部门或工程部取得联系。

有些酒店将洗衣服务的费用记录、客人在房间内消费饮料和酒水的费用记录、客人对房间设备设施的损失赔偿费用记录也归为客房部的业务，可以将客房部的这部分业务看做是向客人提供直接的销售服务，客人的洗衣/酒水饮料的消费、对房间设备设施的损失赔偿等费用作为客房部的营业收入。

4.2.2 酒店营业点管理的信息流程

现代酒店都向客人提供各种综合性的服务，在酒店经营的各种服务项目中，住房及其房间内的有关服务项目仅仅是酒店营业项目中的一部分，从一般酒店的营业总收入结构来看，有三分之一以上的收入来自于除客房营业以外的餐饮、娱乐、商品销售等业务，而其中的餐饮和各种娱乐项目的营业收入又占有很大的比例。

由于酒店的餐饮和娱乐等营业项目从信息处理角度看比较相似，都是在客人消费前选定需要的服务内容并确定各项目的消费价格，由服务人员记录客人的消费情况，待客人消费结束后结清本次消费金额，对于酒店来说，就构成了各服务项目的营业收入。

在这里我们将酒店除总台收银和客房消费记账以外的营业项目均看做是营业点。在酒店所有的各类营业点中，餐饮部门最为复杂，下面将就餐饮部门的业务作为营业点的主要模式展开讨论。

酒店餐饮部门生产餐饮产品与相关服务的过程大致可以描述如下：

（1）根据市场需求设计菜单。
（2）根据对市场消费规模的预测安排专人采购菜单所需的原材料。
（3）向客人推销菜单上的产品，获得客人的点菜单。
（4）根据客人点菜单要求制作菜肴。
（5）向客人提供用餐服务。
（6）向客人收取消费款。

在上述过程中，与信息处理有关的环节在于获取客人的点菜单和根据客人的消费内容收取消费款，也就是客人点菜和最后结账两个环节，而原材料的采购、餐饮产品的制作、向客人提供用餐服务都属于手工作业。

所以，以餐饮产品和服务销售为代表的酒店营业点业务的信息处理流程如图4-6所示。

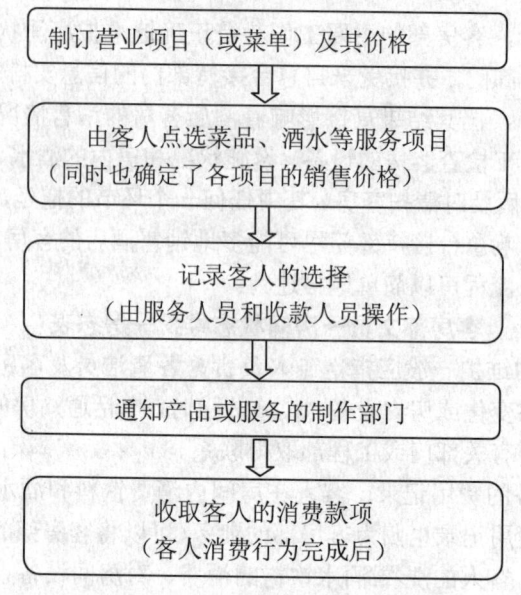

```
┌─────────────────────────────┐
│ 制订营业项目（或菜单）及其价格 │
└─────────────┬───────────────┘
              ▼
┌─────────────────────────────┐
│ 由客人点选菜品、酒水等服务项目 │
│ （同时也确定了各项目的销售价格）│
└─────────────┬───────────────┘
              ▼
┌─────────────────────────────┐
│       记录客人的选择          │
│ （由服务人员和收款人员操作）   │
└─────────────┬───────────────┘
              ▼
┌─────────────────────────────┐
│    通知产品或服务的制作部门    │
└─────────────┬───────────────┘
              ▼
┌─────────────────────────────┐
│       收取客人的消费款项      │
│     （客人消费行为完成后）    │
└─────────────────────────────┘
```

图 4-6　酒店营业点业务的信息处理流程

4.2.3　酒店客账管理的信息流程

酒店经营业务的收入实现和经营活动的有序循环必须通过严密的客账管理来实现，这主要在消费收银与结账离店业务上体现出来。在大多数酒店中，总台是涉及客人费用活动的中心和各种费用单据的存储中心，必须严密、系统、准确地为客人建立费用账目，在准确、系统地记录客人各项费用、保证酒店经营利润实现的同时，还要尽可能地简化记账、算账、结账的手续，方便客人。同时，在客账管理中，还需要认真做好夜间稽核工作。

1. 记账/收银

为了方便和鼓励住店客人在酒店内的消费，一般的酒店允许客人凭酒店房卡或房匙卡记账消费，或允许与酒店签有长期协议的单位在酒店记账消费，一经允许的客人在酒店附属营业设施消费后，可以不必马上付款，而是记在客人的费用账户中，待客人结账离店时或在住店的某一个时间到总台收银处一并付款。

客人要求签单时，各收款员应首先核对客人的姓名、房号，检查该客人是否列在酒店的黑名单之列，若是，则不允许记账。其次，对于有协议单位的客人，应由主管人员核对客人的协议，情况相符时，还需检查客人的本次消费是否在客人记录中所规定的费用信用限额之内。第三步是确认对该客人的优惠条件，如长住房、总经理签字打折等。最后，将经核对的客人消费账单请客人签名作为记录客人费用的原始依据。

若客人要付现金或该客人并非酒店允许的可以记账消费的客人，各收款员应在客人消费后根据消费金额收取消费款。首先要确认对该客人的优惠条件；然后，将经核对的客人消费账单请客人过目，并收取消费款。消费款的形式可以是现金、支票、信用卡和酒店代价券。对于现金，直接收款、找零。对于支票付款，应首先请主管人员确认其合法性，然后按买入价折算。对于信用卡付款，应首先向客人索要身份证和信用卡，若是国内卡，应查阅该客人是否在发卡银行的黑名单上，并检查消费额是否在信用限额以内，条件符合时，刷下信用卡，并请客人在银行对账单上签字；若本次消费超过信用限额，应通过授权机同发卡银行联系，获得授权后，再刷卡、请客人签名，将身份证和信用卡交还给客人；若是国际卡，应首先通过授权机与国际发卡机构的办事机构联系，经授权后，再刷卡、请客人签名，将身份证和信用卡交还给客人。

2. 结账离店

客人来总台结账，首先要问清楚客人是否退房，有些客人是来先结一部分账的，这时就不应按结账处理。如果是退房，则要问清楚客人的房号，请客人交回房间钥匙，取出该客人的登记卡、批条等，再询问客人是否用过房间的饮料、当天是否在酒店的其他营业点消费过、当天是否打过长途电话，并通知客房部的楼层服务员检查房间的设备、设施的状况和房间内的饮料数量，若客人报有房内消费，应将客人所报情况同楼层服务员所报情况相比较，无差错时，再问清客人用什么方式来结账。

在客人要求结账时了解客人结账的基本情况后，总台收银员还应做以下工作：检查时间是否超过酒店规定的正常结账时间，一般的酒店规定正常结账时间为中午12:00，超过该时间并在下午18:00以前，按半天房价加收，超过18:00按全天房价加收，经前厅经理、大堂副理或总台主管批准，可以免除加收的房费；检查客人记录是否有加床，若有，应将加床费用记入客人账户；检查客人记录是否开有保险箱，若有，则提醒客人退保险箱；检查客人记录是否有特殊的批条，对于一些特殊的客人，酒店的有关管理人员会在客人住店时按酒店的规定签发费用折扣的批条，若有批条，应按批条内容计算客人消费。在上述工作做完后，收取客人的消费款，过程见前述收银业务，对于要求挂账的客人，应由主管人员检查与该客人是否签有协议以及协议的内容，确定是否允许客人挂账。最后，应在总台房间状态表上做记录，将该房间做脏房处理，由客房部清洁员打扫。

团队结账的过程要稍微复杂一些，不但要涉及团队的消费，还涉及团队中每一位客人的消费，结账时应分开进行。团队在入住酒店时，会事先声明为所有成员承担的费用种类和费用额度，而且，一般的团队是事后付款的，在处理团队结账时，明确团队承担的费用后，其他的工作参见散客的结账过程。对于团队成员的结账，在扣除团队为其承担的费用后，其他的工作同散客的结账过程一样。

3. 酒店客账处理的信息流程

酒店一般客人消费的收费、结账业务的数据流程如图4-7所示。

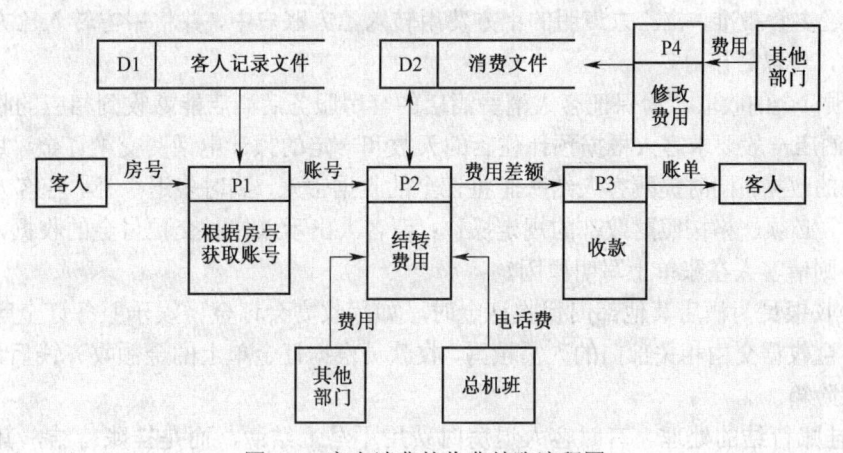

图4-7 客人消费的收费结账流程图

图中的业务流程分为两部分：一是各营业点收款：P4 用于酒店各营业部门的收款业务，客人消费后，如用餐、娱乐等，由各收款员根据客人情况查阅客人记录文件，将客人的消费项目及金额计入相应账户的消费文件中，或直接收取消费款，计入消费文件；二是总台结账业务：P1 首先根据客人的房号确定客人的合法性，在查阅到相应的账号后，以账号作为唯一的标志账；P2 统计该账号下的所有消费及付款情况，并通过电话或其他信息流通渠道将该账号最新的消费转入账户；由 P3 计算费用的差额、收取客人消费款项或将某一账号下的某些费用转入另一账号中，收款方式见收银业务的介绍。

D2 中以账号为索引，记录了客人所有的消费明细情况，包括账号、日期、费用项目、数量、单价、金额、转入账号、转出账号。D1 为客人记录文件，内容同散客接待业务。

4. 客账管理中其他情况的处理

（1）客人账目调整的处理。在酒店收款员为客人办理收银/结账等业务过程中，可能会由于受到不可预见因素的影响，使得计入客人账目中的费用发生错误，既可能导致酒店营业收入的减少，也可能多收客人的钱财，在客人中造成不良的影响。当需要调整已进入客人账户中的非当天记录的费用时，要凭批条或经主管、经理同意后方可改正，并要有所有当事人的签名。

（2）当日预计离店客人清单的整理。为保证酒店客房的正常销售和酒店营业收入的实现，总台每天的结账工作应有所准备，一般是在前一天列出第二日将要离店的客人清单，在当日通知客房部清洁工到客房核对客人的实际住店情况，把查出的内容及时记录好。

若发现某客房无人无行李，则应报前台部经理、客房部经理看客人是否已交押金、是否团队客人没有办理退房等具体情况处理。

（3）提前结账的处理。当客人要求第二日离店，并于当天晚上先来付清其费用时，应首先问清楚客人是否还需要打长途电话或其他消费，如果结账后再有消费，请客人明天再来付钱，同时，应将情况通知各营业部门。然后按账号上的费用金额加上一天的房租费用收钱，将房号写在提前退房表上，由早班收款员第二天中午以前作退房。

（4）费用转账的处理。当客人要求将甲账户的费用转入乙账户中时，应首先确认客人的房号、姓名，由甲、乙双方签名认可。若客人当时不在现场，应查阅甲账户记录中是否有"记录转入××房"字样以及乙账户记录中是否有"同意接受甲方转入费用"的字样和乙账客人的签名，然后经主管批准，将乙方声明的甲方费用转入乙方账户中，并将甲方转入乙方中的费用细目做标记，供以后核对。

（5）预付金的收取。为保证客人消费酒店的客房服务后酒店能够收到相应的收入，在客人入住时，酒店一般要求客人根据预计住店的天数和一定的预计电话费交纳订金，并为客人开具一式数联的收据，同时提醒客人结账时将订金的收据带来，到时多退少补。若客人没有住房要求退款时，必须严格按照财政部的规定操作：请客人出示入住时交预付金的收据，若客人遗失了收据，则请客人在账单上写明原因。

如总台收银员为酒店其他部门代收订金时，如代收宴会订金、娱乐服务订金等，应将一式数联的订金收据交由相关部门的人员填写，收款员根据订金单上的金额收齐钱后，在收据上签名投入保险箱。

（6）挂账待结的处理。有时客人退房时费用不马上结清，而是挂账待结，其先决条件是必须有可追索人的批条，注明结账的具体日期、联系地址、电话及姓名。一般对于旅行社、政府部门、企业单位等均要有协议、合同的才可挂账待结。具体操作上，应首先根据协议确认签单人员是否有签单权或是否有销售部的确认书，然后作转账处理，转账时应附齐有关的费用资料。

酒店长包房的客人一般是按月结账的，每到月末，收款员应预先统计各长包房客人的费用合计数和细目，若个别客人有特别的要求，则要按客人的要求制作明细账单。在合同规定的交款日期，将长包房客人的账单和收据报送客人。

（7）客户账款的催收。对于团队客人，应在团队将要离店的前一天计算出全体成员个人应承担的费用情况，并对这些客人发催收信，信上列明房号、日期、费用项目、金额，并同时给团队陪同发信，信上写明团队费用项目下日期、金额、团队成员应个人承担的费用情况。

对一般住客、商务客人，根据酒店各类房间的规定，分别按不同限额进行催收，内容同团队成员一样。VIP 客人原则上不作催收，对入住时已刷下信用卡并已获得足够信用的住客原则上也不作催收。

对旅行社或其他企业的催收，按欠款时间长短，采取不同的措施进行，包括通过电话、书信、传真、上门等形式进行追收，必要时通过法律途径追讨欠款。对一向信誉好、团量大、因一时资金周转不灵而欠款的国际旅行社可采取灵活变通的处理方法。对于走单客人，应每月整理一份黑名单，根据其入住时的登记资料进行追收，若有信用卡的，则通过发卡机构追收。应定期对已发出信件而没有回音的客人再追收，尽可能地收回欠款，减少坏账。财务上，每年年初，将时间长、经多方追收无效的账目报告给经理，建议作坏账处理。

在整个催收过程中，要及时将客人的消费情况报大堂副理及保安部，若客人经多次催收后仍不付款，征得总经理同意，由财务部通知有关部门，停止客人的一切签单权及关闭房间长途电话。

5. 稽核业务的信息流程

酒店是 24 小时昼夜向客人提供服务的，但为使酒店的经营管理业务得以正常进行，必须要有一个阶段点作为参照基点，对过去的业务进行总结，这就是酒店稽核业务的职能。而且，由于酒店的服务业务大多发生在白天，只有夜间才可能有空闲时间，大多数的酒店都将稽核工作安排在夜间进行，故称为夜间稽核。总台夜间稽核工作的目的主要有 3 个：一是确保准确地将所有客人和团队的费用过入相应的账户中；二是核对酒店当天发生的各项费用及其单据；三是总结当天发生的各项营业收入和更新数据。

夜间稽核的一般业务过程如下：

（1）过账。以账号为索引将当天发生的各项费用过入有关的账户中。

（2）核对。核对当天入住客人的房价情况，将客人登记表的每一条同所分配的房间号码、房价、折扣批条、协议签字、优惠卡、加床价等一一对比，保证正确地记入房价。

（3）做统计报告。统计各营业点实现的营业收入、各收款员的营业收入、酒店各部门的营业收入、各种收款方式的营业收入等，并更新系统数据。

夜间稽核业务过程的数据流程图如图 4-8 所示。

由于夜间稽核工作完全由总台夜间收款员独立完成，其业务过程相对封闭，故该流程图上未画出系统的外部实体。在图中，各个处理的功能可以描述如下：

（1）P1 分别以客人记录文件中的账号和团队记录文件中的账号为索引，将各账号所对应客人或团队的各项费用计入客人消费文件中。一般地，除电话费和房费外，其他费用在各营业点日常的工作中已分别记入各账户中,这里主要是将各房间的电话费过入各账户。

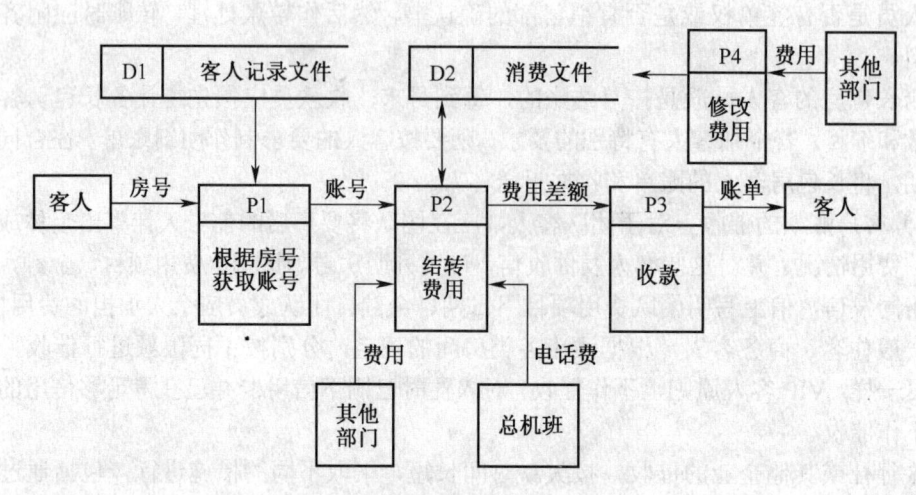

图 4-8 酒店夜间稽核业务数据流程图

(2) P2 是根据账号核对各房间的房价,计入客人消费文件中。客人住店时的房价一般是根据标准价或协议价计算的,但在某些情况下,酒店的一些管理人员可能会给客人一定的房价优惠,如政府要员、酒店联谊单位的管理人员等。酒店的制度应规定所有的房间折扣应有相应的批条,并且,不同级别的管理人员享有不同比例的折扣权限。为防止酒店员工的不正当操作,稽核人员应仔细核查折扣房是否有批条以及批条的合法性;夜间稽核还有一项很重要的工作就是核对团队资料,核对旅行社的订房资料与酒店的开房资料是否一致。订房的资料包括团名、房数、日期、加床、人数、订餐、结算方式、房号、成员名单、其他服务要求。开房资料除上述内容外,还包括房价、加床价、用餐标准、为团队成员承担的费用项目、其他服务收费标准。

(3) P3 是以住店客人的账号为依据,根据记录在客人消费文件中的各类消费数据和原始单据进行核对,确认当天收到的各类营业收入方式,如现金收入、信用卡收入、储蓄卡收入等,保证收款员手中的营业收入和记录在客人消费文件中的数据是一致的。

(4) P4 是统计各种报表和更新数据供管理决策用。其中的统计报表分为两类:一类是服务于财务的报表,另一类是客源市场分析报表。下面将会对这些统计报表的知识进行介绍。

P4 的另一项功能是更新数据,包括列明明日预计离店客人表、明日预计到达客人表、全部客人平均费用平衡表(如表 4-1 所示)、全部团队费用平衡表,以及将已结账客人记录到客人历史文件等。这里的平衡概念是指消费的费用累计额扣除已付款的累计额之间的差额,若为正数,说明客人或团队尚欠酒店的费用未付清;反之,说明客人或团队的消费较少,还未达到其已付款的额度。

6. 酒店的财务报表介绍

酒店的财务报表分为 4 个级别:酒店级、营业点级、班次级、收款员级。

其中,酒店级的财务报表又分为 3 种:

(1) 酒店营业日报表:反映按经营项目种类划分的营业收入情况,内容包括房租收入、房间附加费收入、餐费收入、服务费收入、电话费收入等,格式如表 4-2 所示。

表 4-1 ××酒店全部客人费用平衡表

2009 年×月×日

序号	姓名	房费	电话费	餐费	费用合计	付款合计	费用平衡
1021	张三	380	120		500	-600	-100
1022	李四	1480		220	1700	-2000	-300
1023	王五	1900	120	180	2200	-2000	200
⋮	⋮	⋮	⋮	⋮	⋮	⋮	⋮
合计		16800	2400	1600	20800	18000	2800

制表人：×××

表 4-2 ××酒店营业日报表

2009 年×月×日

序号	营业项目	今日	今日比例（%）	本月累计	本年累计	去年同期
1	房费收入					
2	房间附加费收入					
3	餐饮收入					
4	商务中心收入					
5	电话费收入					
6	洗衣费收入					
7	娱乐费收入					
8	其他收入					
9	合　计					

制表人：×××

（2）酒店营业收入日报表：反映酒店营业收入，按其实现方式的划分情况，内容包括现金收入、转账（支票）收入、各种信用卡收入、应收账款等，格式如表 4-3 所示。

表 4-3 ××酒店营业收入日报表

2009 年×月×日

序号	收入类型	今日数额	本月累计	本年累计	去年同期
1	现金收入				
2	支票收入				
3	信用卡收入				
4	应收账款				
5	合　计				

制表人：×××

（3）酒店部门营业收入日报表：反映按部门划分的营业收入情况，内容包括客房部营业收入、餐饮部营业收入、康乐部营业收入等，格式如表 4-4 所示。

表 4-4 ××酒店各部门营业收入日报表

2009 年×月×日

序号	所属部门	今日营业额	今日比例（%）	本月累计	本年累计	去年同期
1	客房部					
2	餐饮部					
3	康乐部					
4	购物商场					
5	电话总机					
6	商务中心					
7	会议厅					
8	合　计					

制表人：×××

其他级别的财务报表各分为两种形式。营业点级别的财务报表分为两种：第一种是营业点营业日报表，反映各营业点的营业收入情况，内容可能包括中餐厅营业收入、西餐厅营业收入等；第二种是营业点营业收入日报表，反映各营业点的营业收入实现情况，内容包括中餐厅现金收入、中餐厅信用卡收入、西餐厅现金收入、西餐厅信用卡收入等。

另外，班次级别的财务报表有营业点各班次营业日报表、营业点各班次营业收入日报表。收款员级别财务报表有各收款员营业日报表、各收款员营业收入日报表。

7. 酒店的客源市场报表介绍

酒店的客源市场报表主要有两种：第一种是按客源国划分的市场分析报表，其内容一般是根据当地接待的主要客源国安排。以青岛一家国际酒店为例，其内容包括大陆境内客人数量及客源比例、港澳台地区客人数量及客源比例、美国客人数量及客源比例、日本客人数量及客源比例、韩国客人数量及客源比例、德国客人数量及客源比例、法国客人数量及客源比例以及其他国家客人数量及客源比例等，格式如表 4-5 所示。

表 4-5 ××国际酒店客源市场分析统计表

2009 年×月×日

序号	客源国	人数	人数比例（%）	房间数	房间比例（%）
1	大陆境内客人				
2	港澳台客人				
3	美国客人				
4	日本客人				
5	韩国客人				
6	德国客人				
7	法国客人				
⋮	⋮				
14	其他国家客人				
15	合计				

制表人：×××

第二种报表是按住店类型划分的市场分析报表，内容包括团队客人数量及比例、商务客人数量及所占比例、长住客人数量及所占比例等，格式如表 4-6 所示。

表 4-6 ××酒店客人类型统计表

2009 年×月×日

序号	项目	人数	人数比例（%）	房间数	房间比例（%）
1	零散客人				
2	团队客人				
3	长住客人				
4	免费客人				
5	钟点房				
6	其他类型客人				
7	合计				

制表人：×××

4.2.4 酒店销售业务的信息流程

酒店的销售业务由销售部门完成，其主要的职责是对外促销酒店的产品、与原有的客户保持良好的关系，同时要设法争取新的客户；对内协调各营业部门接待团体客人或酒店的重要客人，其工作的质量直接影响到酒店的经济效益。因此，各酒店都十分重视销售部门的工作，赋予销售人员的权限较大。完善的酒店销售营运体系必须包括如下 3 个方面：

（1）确立一定时期的企业市场目标。一家酒店在其筹建期间就应确定自己的经营方向和经营目标，如建立一家什么档次、性质的酒店；接待的主要客人是哪些类型；期望实现的年营业收入和利润分别是多少等。正确地确立酒店的市场目标应由总经理组织，由副总经理、销售部经理、前厅部经理、客房部经理、餐饮部经理和财务部经理参加，不仅要考虑酒店的经济效益，还要考虑社会效益。

（2）从市场目标出发，制定酒店的销售策略。应在充分分析主要客源地区的消费倾向和消费需求，客观分析本地酒店市场的竞争状况和竞争形势的基础上，对本酒店经营的服务项目、财务状况和其他资源状况进行分析，瞄准市场中的机遇制定销售策略。

（3）推广并执行销售策略。根据不同地区的客人、不同年龄阶段的客人、不同类型的客人，采用不同的手段推销酒店，如信函、电视广告、Internet 网上广告、展示会等。

从信息处理角度看，酒店的销售业务主要是对外联系，为酒店建立和维护与客户的协议文件，其基本业务流程如图 4-9 所示。

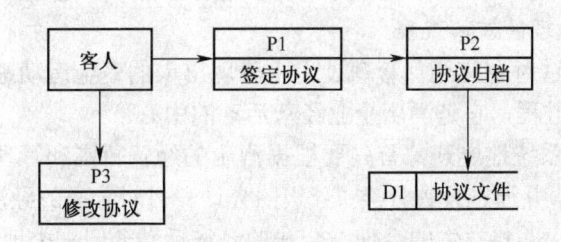

图 4-9 销售业务数据流程图

销售部门的业务相对独立,从信息处理角度看,其业务过程与其他部门的交流是通过各种协议实现的。图 4-9 中 P1 是根据客人单位的规模、性质等,在酒店规定的价格范围内,与客人单位共同确定酒店销售客房及餐饮服务的协议条款、价格折扣和协议的有效期限。P2 是根据不同的协议条款,将各协议归档保存,并提取其中的主要内容通知酒店各有关的营业部门,保证酒店各营业部门向协议单位提供恰当的服务和价格。在酒店的经营过程中,可能由于酒店档次提高、行业方向变化、社会消费水平提高等因素,调整各项服务的价格水平,因此,P3 是根据变化的环境条件,在协议到期时,修改协议的条款和价格。

4.3 酒店后台业务的信息流程

酒店中为前台各有关部门服务,一般不与客人直接打交道的部门统称为后台部门。这些部门的主要职责就是为保证前台各部门向客人提供满意的服务,实施人力、物力、财力、设备、设施的保障和协调各有关部门的工作。酒店后台各部门主要包括:负责人力资源管理的人力资源部、负责财力资源管理的财务部、负责物力资源管理的采购部和仓库,负责设备/设施管理的工程部、负责信息管理和信息系统维护的信息部以及其他部门。

酒店后台各部门的业务相对独立,但都与前台的某一部门或某几个部门的业务密切相关,如酒店各营业部门的收款员的工作都要受到财务部的控制;前台各营业部门的人员配备取决于人力资源部;同时,酒店内各种产品和服务能否实施,取决于采购部。因此,后台部门业务是否能够正常地开展,在很大程度上决定着前台为客人提供直接服务的各部门的业务开展。酒店后台业务管理必须是规范的,相应的信息交流渠道必须畅通、有效。

4.3.1 酒店财务管理的信息流程

酒店财务管理内容庞杂,具体涉及账务处理、财务预算、财务控制、财务分析等。按照西方财务理论,财务工作划分为财务、会计和审计,其中会计又分为管理会计、财务会计。其中,财务会计负责企业外部的会计报告,主管凭证、日记账、分类账,编制资产负债表、损益表及其他报表;管理会计负责内部的会计报告,主管预算和成本。我们国内不少酒店已经开始根据这样的原理进行财务分工,并规划出自己的酒店经营财务体系。

酒店的财务信息涉及酒店管理的全过程,目前很多酒店的后台管理都是以财务管理为核心的。但是,由于各家酒店财务机构的设置不同,人员组成、分工不同,每家酒店的财务管理都不尽相同,在此只能粗略地描述一下酒店财务管理的信息流程,如图 4-10 所示。

在财务信息的处理流程中,账户处理部分在上一节已经介绍。本节主要讨论财务会计信息流程、财务预算信息流程、财务控制信息流程以及财务管理其他相关的信息流程。

1. 财务会计业务处理的信息流程

酒店财务会计是通过对企业经营管理过程中表现出来的资金运动进行核算,全面反映和监督企业经营管理的全过程,它是酒店企业经营活动的中心。

为使会计工作能够系统地展开,首先要根据酒店的经营范围和管理活动范围,对企业所有的经济活动进行分类,并通过设置分类、分级的会计科目对分类的经济活动进行描述,然后在酒店的日常营运过程中,将发生的合理、合法的经济活动分门别类地记录到不同的账户中,在年底或其他需要的时间根据账户中记载的经济业务对酒店经营管理全过程进行总结。这是酒店财务会计的一般性工作过程。

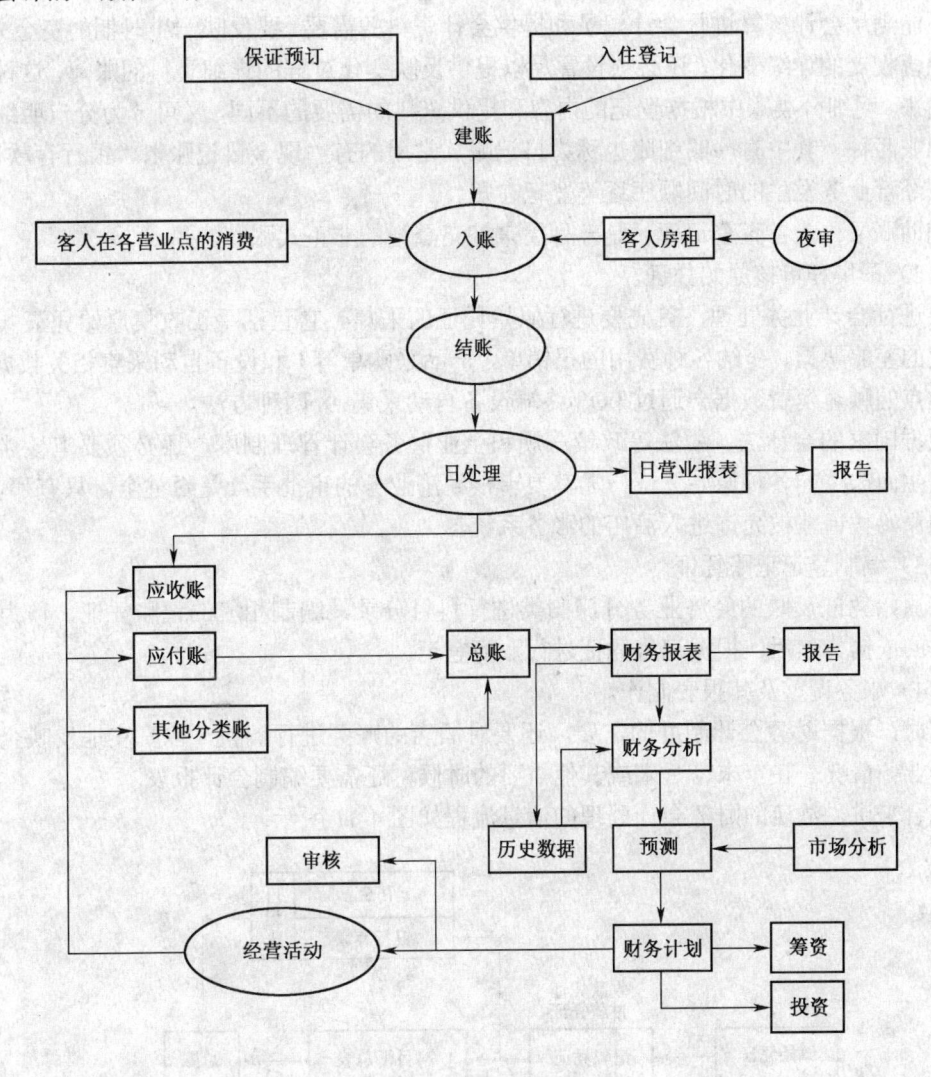

图 4-10 酒店财务信息流程图

具体地看，酒店财务会计管理的工作流程为：

（1）开设账户体系和建立相应账簿。

进行酒店财务会计处理，首先需要根据酒店的业务需要开设账户体系和建立账簿，开设的账户力求全面、系统，能够覆盖酒店所有的经济业务，既能够全面、综合地反映各类业务发生的情况，也能够明晰地反映每一笔业务的发生情况，对所有科目的编号要留有余地，便于在今后业务发生变化时容易增、删会计科目。

账户体系一经建立，在短时间内一般不会发生变化。一般来说，它应该包括 3 个部分：总账、明细账和辅助账。

总账是按照各个会计科目进行分类，以会计科目表的顺序开立账户，它是连续地记录酒店全部资金来源、资金占用和经营成果的总括情况的账簿。其一级会计科目由国家统一规定，各个酒店根据自己的情况可以建立二、三或更多级别的科目。

明细账是总账的具体化，是对总账的补充。由于总账只提供一定时期的总括指标，只设总账不能满足会计核算进行会计记录和提供会计资料的需要，要反映一个时期的资金来源、占用和经营收支的详细变化，还必须设置足以提供反映变化过程的详细资料的账簿，这种账簿就是明细账。明细分类账中根据登记的内容和提供资料的需要的不同，又可分为分户明细账和时序明细账两种。其中时序明细账也称为日记账，常用的有"现金日记账"、"银行存款日记账"等，按经营业务发生的时间顺序逐笔登记在账。

辅助账又称为备查登记簿，是一种用来补充登记的非正式账簿。

（2）采集和审核原始凭证。

要进行会计业务处理，首先要进行原始凭证的采集。它包括手工收集原始凭证（比如各种人员的差旅票据、交纳各种费用的报销单、产品采购单等）和设备自动采集相关数据（比如各营业点的顾客消费数据会通过 POS 终端设备自动采集）两种方法。

根据国家的会计法、税法等政策法规和企业财务会计管理制度，还必须要审核伴随经济业务发生而产生的各种原始凭证，尤其要审核经济业务的审批手续是否健全，只有那些合法、合理的原始凭证才被允许进入酒店的账务系统。

（3）编制登记记账凭证。

将原始凭证反映的经济业务分门归类进行科目分录，编制相应的记账凭证，作为进入账户体系的依据。然后，根据记账凭证进行账簿登记。

（4）账务调整及其报表制作。

有时，根据财务会计制度的需要，还要对酒店的账务进行调整，以真实地反映企业发生的经济业务情况。在年末、月末或其他需要的时候，还需要编制会计报表。

综合来讲，酒店的财务会计处理的信息流程如图 4-11 所示。

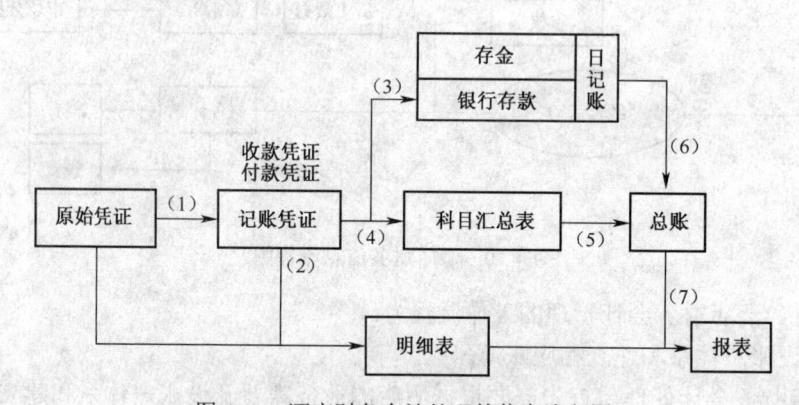

图 4-11 酒店财务会计处理的信息流程图

国内的一个会计周期，一般为一个月，一个月实现一个会计循环。一个完整的会计循环包括以下几个步骤：

- 根据原始凭证填制记账凭证。
- 根据原始凭证或记账凭证登记明细分类账。
- 根据收款凭证和付款凭证登记现金日记账和银行存款日记账。
- 根据记账凭证定期或月终编制科目汇总表。
- 根据科目汇总表登记总账。

- 月终，总账账户的余额同有关日记账、明细账的余额进行核对。
- 调账、制作报表。

2. 财务预算的信息流程

酒店要发展，要取得较好的经济效益，实现预定的经营目标，就必须重视经营管理中的财务预算工作。这和一个人的发展一样，没有明确的预定目标，就没办法控制自己的行动轨迹。财务预算以预测为前提，只有做出正确的预测，才有可能做出正确的预算。财务预测主要是估量未来一定时期内企业某些经济情况和经营活动将会发生什么变化，而财务预算则是在财务预测的基础上，为实现酒店目标而编制的用数字形式反映的正式经营计划，是酒店经营控制的依据和考核的标准。

（1）财务预算的制订。

- 财务预算编制的内容包括资金需要量及来源、使用计划、营业收入、税金、成本费用、利润等预算。财务预算要做到科学性，就必须重视科学的方法，具体编制步骤如下：
- 根据历史数据、本期数据及内外部条件变动分析，确定下期预测目标。
- 以部门为基础，编制部门预算草案。注意编写的草案中各种指标应该全面，要有弹性，要考虑季节波动性，财务部在这期间需要大力协助各部门做好这一工作。
- 进行综合平衡，对各部门的预算进行调整。
- 以均衡为原则，编制酒店财务预算。在此阶段中，一般先审定客房销售预算，然后考虑住店客人及社会客人流量及消费，编制餐饮及其他销售计划，在此基础上再编制劳动人员工资预算、成本预算和其他有关预算。
- 落实预算方案，下达各部门。
- 分解预算指标到各部门，实行经营责任制，发挥财务控制作用。

具体财务预算的信息流程如图 4-12 所示。

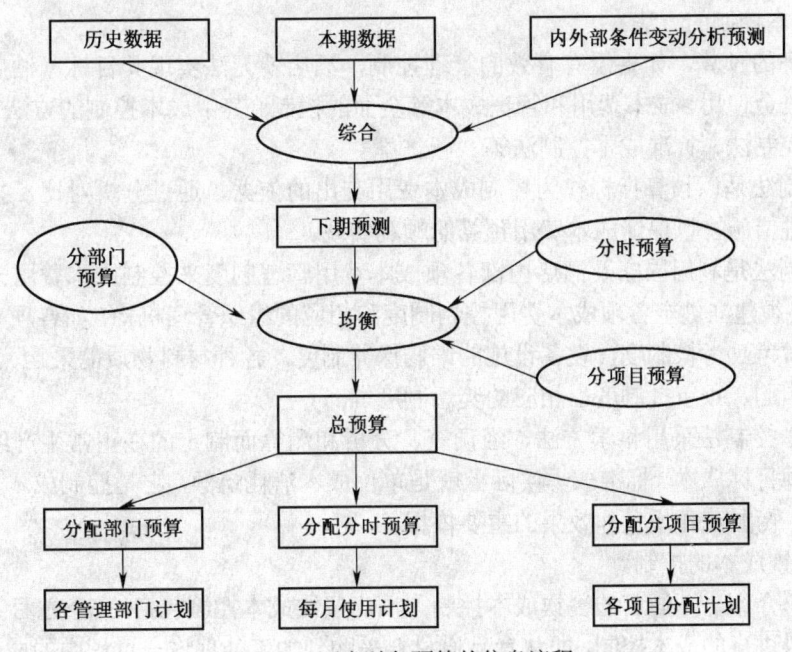

图 4-12　酒店财务预算的信息流程

（2）财务预算指标。

预算指标是酒店经营管理的参数，是用数字来表示酒店预算期内经营管理预期达到的水平或绩效。指标内容很多，主要指标如表 4-7 所示。

表 4-7　酒店财务预算的主要指标

	业务接待	销售收入	人员物资	成本效益
数量指标	床位定员 餐位定员 住客人数 接待人数	营业收入 客房收入 餐饮收入 其他收入 目标营业额	职工人数 工资总和 物资需求量 物资储备量	总体成本额 固定成本额 变动成本额 流动资金需求量 营业利润
质量指标	客房出租率 餐厅上座率 床位利用率 客房预订率 客房闲置率	客房人均消费 餐饮人均消费 营业毛利润 毛利率 边际保本营业额 收入结构比例 收入同比增长率	职工出勤率 劳动生产率 平均工资 单房能源消耗定额 设备利用率 设备完好率 资金平均占有率 单房物资消耗	成本率 利润率 资金利润率 流动资金利润率 变动费用率 流动资金周转率 投资利润率 成本费用降低率

3. 财务控制的信息流程

财务预算确定好以后，管理者的下一个职能就是控制。控制是管理中的一项基本职能。在酒店资金运动中，财务控制的目的是为了保证实现酒店的经营目标，是对各种经营活动进行的监督和调节，确保预算目标的实现。

（1）成本控制的方法。

一个很好的预算，如果没有有效的管理控制，酒店就无法实现其目标。酒店的财务控制包括对酒店资金使用、成本费用和管理成本等全面的控制。其中成本控制的方法包括：预算控制法、制度控制法、标准成本控制法等。

预算控制法是以预算指标作为控制成本费用支出的依据，通过分析对比，找出差异，采取相应的改进措施，以保证成本费用预算的顺利实现。

制度控制法是利用国家及酒店内部各项成本费用管理制度来控制成本费用开支。从酒店本身来讲，必须建立健全各项成本费用控制制度和相应的组织管理机构，如各项开支消耗的审批制度，日常考勤考核制度，设备设施的维修保养制度，各种材料物质的采购、验收、保管、领发制度及申购、报审批制度，相应的奖惩制度等。

标准成本控制法采用科学方法，经调查、分析和测算而制定的在正常生产经营条件下应该实现的一种目标成本。标准成本实际上就是单位成本消耗定额，它是控制成本开支、评价实际成本高低、衡量工作质量和效果的重要依据。

（2）餐饮成本的控制。

下面简单介绍一下酒店的餐饮成本控制。酒店餐饮成本控制包括 3 个方面：第一，食品原材料和饮料进货的成本控制，即从食品原材料采购到加工处理这一过程中的成本控制，其控制工作主要在采购部门来实现,必须对进货渠道严格把关;第二,饮食制品产生中的成本控制,即食品原材料购进后,大多要经初加工处理形成净料,才能烹饪饮食制品,这一过程包括库房领料、内部转用、加工处理和烹饪制作等环节,也是餐饮制品实际成本形成的过程;第三,属于成本范畴的费用控制,如营业费用、管理费用中的人员工资、水电气、折旧、低值易耗品摊销等。

实际工作中,饮食制品成本只计算食品原材料的价值,水电等能源消耗、人员消耗费等成本都计入营业费用。其成本构成有:主要原料成本,如米、面、鱼、肉、蛋等;配料成本,一般以蔬菜、瓜果为主;调味品成本,如油、盐、料酒等。

图 4-13 所示是餐饮成本控制流程示意图。

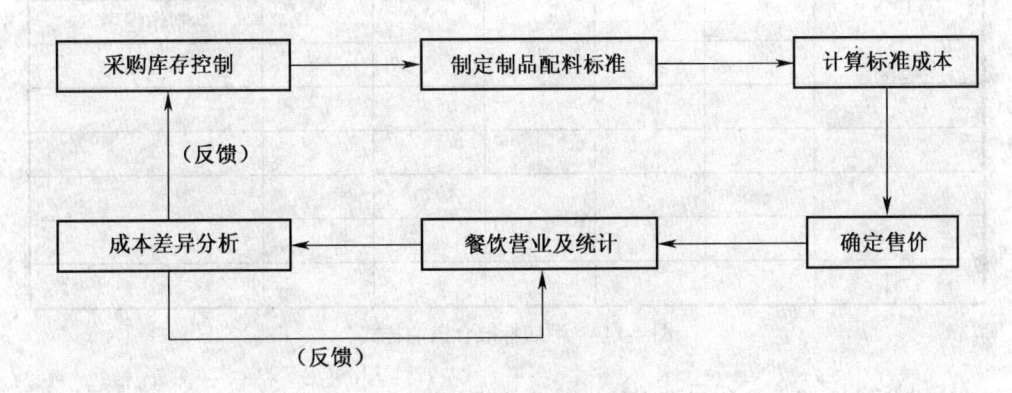

图 4-13 餐饮成本控制流程示意图

在餐饮的管理过程中,一方面我们大力推广标准食谱,对每一道菜,应该详细标明其用料、成本、售价;另一方面,定期对各种菜肴的销售情况进行统计,能够得出畅销菜、滞销菜的精确销量,以便对菜单的构成、菜肴的价格、原材料的库存量进行调整。在此基础上,对各种菜肴进行菜单成本分析,进行标准成本控制法的运用,进一步加强餐饮的成本控制。当然,这种控制贯穿于采购、库存、初加工、配料、服务的各个环节。

如图 4-14 所示就是一个标准的食谱样式效果图。

4. 财务分析的信息流程

财务分析的目的是分析原因、总结经验、挖掘潜力、改善管理,提高酒店的经济效益。财务分析的方法有很多,如比较分析法、因素分析法、差额分析法、动态分析法、保本点分析法等,在此仅简单介绍保本点分析法。

所谓保本点,是指酒店经营既无亏损又无盈利时,应取得的营业收入的数量界限。

在进行保本点分析时,首先需要将成本按照其与销售量的关系分为固定成本与变动成本。固定成本一般保持不变,变动成本总额却会随销售量的增减而变动。酒店所获得的营业收入扣去变动成本后的余额,要先用来补偿固定成本,余额与固定成本相等的点即为保本点;同时还要明确边际贡献的概念,边际贡献是指每增加一个单位销售量所得到的销售收入扣除单位变动成本后的余额。边际贡献首先要用来补偿固定成本,其余额才能为酒店提供利润。当边际贡献正好与固定成本相等时,酒店经营活动就处于保本状态。

编号：			日期：		
名称：					
类别_____			成本_____		
份量_____			成本_____		
盛器_____			毛利率_____		
质量标准					
用料标准	单位	数量	单价	金额	备注
					制作程序
合计					

图 4-14　酒店标准食谱的样式

保本点分析法中用来计算保本点的一般公式为：

$$\text{保本点销售量} = \frac{\text{固定成本}}{\text{边际贡献}} = \frac{\text{固定成本}}{\text{单位售价} - \text{单位变动成本}}$$

例如，某酒店每日的固定费用 20000 元，销售单位客房的变动费用为 50 元，客房销售价格为 300 元，该酒店共有客房 300 间，则盈亏临界状况如表 4-8 所示，可以看出其保本点为销售客房 80 间，如果超过这个数字将产生盈利。例如，如果销售达到 200 间，则可以实现盈利 30000 元，其实此时该酒店的入住率已经达到了 66.7%，扣除部分坏房、脏房、维修房、空订房、预留房，销售情况已经相当不错。

表 4-8　盈亏临界点计算表

单位：人民币元

客房销售数	变动费用	固定费用	总费用	收入	盈亏状况
20	1000	20000	21000	6000	亏损 15000
50	2500	20000	22500	15000	亏损 7500
80	4000	20000	24000	24000	盈亏临界点（保本点）
100	5000	20000	25000	30000	赢利 5000
200	10000	20000	30000	60000	赢利 30000

5. 财务管理其他活动的信息流程

酒店的财务管理中除了以上的业务外，还要处理其他与资金运动密切相关的业务：

（1）固定资产核算。固定资产是酒店企业对客人提供各种服务应具备的基本条件，由于固定资产使用时间长、占用资金量大，会计人员必须对固定资产实施特定的管理。从信息处理的角度对固定资产的核算主要应考虑如何确定各种固定资产的折旧率，也就是如何计算所有固定资产的折旧，同时要考虑对固定资产的档案管理；何时检修、检修的结果及零部件更换情况等。

（2）财产清查。为核实酒店财产物质的拥有情况，会计人员要定期对酒店的所有财产进行清查，并根据清查的实际情况，在主管人员批准下，调整账目中记载的资产拥有情况。财产清查工作也就是调整存货量，调整成本费用和资本盈余量的工作，其信息处理流程为：根据经批准的清查报告编制记账凭证→登录记账凭证→调整财产数量。

（3）成本核算。成本核算就是严格按照会计准则中的配比原则核算酒店的成本，即酒店创造的营业收入应当同创造这些收入的成本相配合，具体地讲就是设法将酒店日常的各种开销正确地分配到相应的营业部门、营业项目和管理业务中。为有利于酒店的管理决策，会计人员应当能够随时根据管理者的要求提供各种成本资料。

4.3.2 酒店人力资源管理的信息流程

随着现代生活水平和消费水平的提高，人们对提供高档次服务的酒店提出了更高的要求。由于服务产品的特殊性，使得酒店向客人提供高档次服务的质量在很大程度上取决于提供服务的员工的基本素质、工作态度、专业技能水平等。

为酒店前台各部门提供训练有素的、合格的服务人员和管理人员，成为经营酒店企业的重要职能之一，这也是酒店人力资源管理部门的主要职能。

没有一套好的人事管理政策、激励措施，酒店经营是无法留住人才的。当前人事变动在酒店中是比较普遍的，酒店竞争日益激烈，有的酒店一套班子全部跳槽，酒店业目前是仅次于IT业的一个人才流动非常频繁的行业。在市场竞争中要使酒店立于不败之地，必须建立一套合理的人事管理制度。当然，酒店每年进10%、出10%的人员是属于正常的。

1. 酒店人力资源管理的主要职能

酒店人力资源管理部门的主要职能有以下5个方面：

（1）人力资源的招聘、使用、管理、开发。在我国目前的酒店企业中，人员流动率较高是一个普遍的现象。为此，一般的酒店都会长期地向社会招聘各类服务人员，并根据酒店工作岗位的需要和新员工的专业技能，从发挥个人特长的角度为新员工安排适当的岗位。在新员工任职工作后，还要有各种工作制度和操作规程，约束员工的自由度，指导员工正确地操作各种工具，为客人提供优良的服务。为鼓励员工的工作积极性，酒店一般有各种奖惩制度。

（2）酒店组织结构和人员编制的设定以及人力资源成本的控制。作为一个正式的组织，酒店设有层次化的管理机构，并为各级机构制定了相应的职责和权限。为保证酒店组织机构的正常运作，还要为各级机构安排称职的管理人员和一般工作人员。酒店的职责是相对不变的，但应设置哪些机构、为各级机构配置多少员工，却是各酒店根据自身的情况可以调整的。各级机构的设置可以根据酒店的经营性质和经营规模在酒店筹建期间确定，以后的相当长时间内一般是不变的。人员数量的配备是根据酒店的经营效益和经营性质确定的，对于许多酒店来说，要受到经济景气度和旅游季节性等因素的影响，在一年时间的不同季节内，接待客人的数量差异可能很大，对员工的数量要求是变化的。各酒店确定人员配备的规模一般是从酒店的规模出发，本着节约人力资源成本的原则，即配备人数较少的、相对固定数量的员工，旺季到来时招聘临时工。

（3）制定员工的薪资、劳保和福利制度并监督执行。人力资源部必须要对各种人员制定相应的薪资、劳动保护和福利保险制度并监督执行。这一职责是从保护员工利益的角度出发的，同时，也是确保员工发挥其工作主动性的基本保障条件。

（4）负责对各级各类员工的培训、考核、奖惩、任免、调配。酒店各工作岗位对员工的专业技能有不同的要求，新任职的员工其工作背景和基本素质也是不同的，为使员工能够适应工作岗位的要求，并在工作中不断提高个人的技术水平，人力资源部的一项非常重要的工作就是负责安排对酒店各级、各类员工的任职培训、岗位培训、语言培训等。对酒店员工的日常管理一般由各职能部门负责，但人员的任何变动、奖惩等必须经过人力资源部的批准。对员工的考勤、定期工作考核、根据实际工作情况的奖惩和各种工作任免成为人力资源部日常的工作内容。

（5）对劳动合同、档案资料实施有效的管理。一般来讲，为保证所有的工作具有可追溯性，人力资源部的任何决定都要有文字记录，并妥善保管，酒店中所有员工的聘用由人力资源部安排，与员工签订的劳动合同和其他有关文档也由人力资源部保管。

根据以上的职能，酒店人力资源管理的业务流程可用图 4-15 表示。

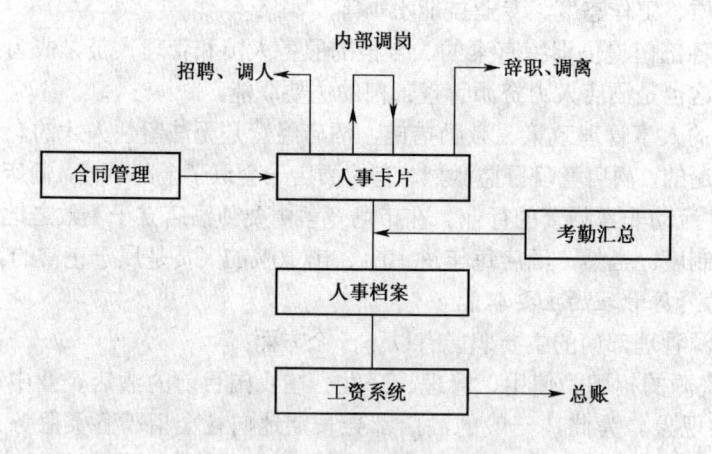

图 4-15 酒店人力资源管理的业务流程

2. 酒店人力资源管理的信息流程

酒店人力资源管理的具体数据流程图如图 4-16 所示。

在图 4-16 中，各个具体处理过程的功能简单叙述如下：

- P1、P2 用于处理员工招聘、解聘工作。P1 由新聘用的员工填写聘用表或由解聘的员工填写解聘表，经人力资源部主管批准后，进入 P2 记录并建立员工档案，员工在酒店期间基本情况的变动也要经 P1 和 P2 的处理。
- P3 和 P4 用于员工工作期间参加各种培训的事宜，P3 处理员工参加培训前的申报和批准事宜，以及培训后的结果考核事宜和资格认证事宜，经审核后的培训资料通过 P4 的确认记入员工培训记录文件，供以后的查询统计之用。

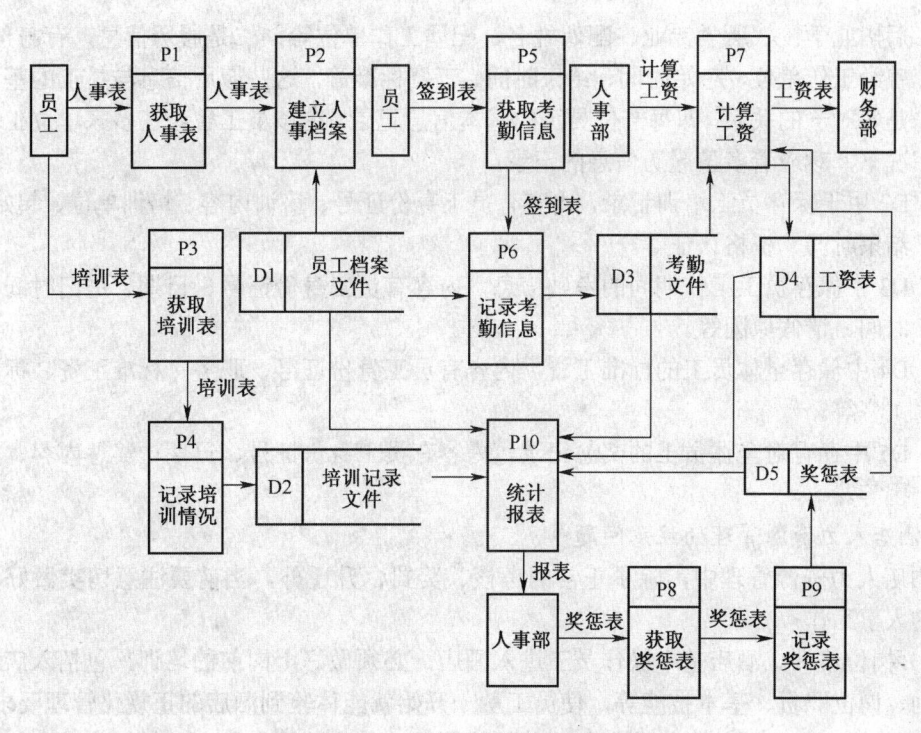

图 4-16 人力资源管理的数据流程图

- P5 和 P6 用于处理人力资源部日常工作期间对全体员工的考勤事宜，对于使用不联网的打卡钟等设备的酒店，每到月末由人力资源部派专人统计全体员工的打卡情况（工作出勤情况），然后经 P6 将全体员工的考勤情况记录在案。
- P7 在月底计算全体员工的工资，由人力资源部文员根据标准工资记录文件、考勤记录文件和奖惩记录文件的内容，计算应发放给员工的工资数，将计算结果的一份存档保存，另一份交财务部，由财务部根据人力资源部提交的工资表向员工发放工资。酒店的日常工作中，为奖勤罚懒，调动员工的工作积极性，要根据员工的工作表现决定是否对员工给予奖惩处分，奖惩情况应保存在人力资源部。
- P8 和 P9 的功能就是处理和记录酒店对员工的奖惩情况。人力资源部对员工的考核、晋升、调配等应是有根据进行的，最基本的资料来源于日常对所有工作过程和工作结果的记录，对这些资料按管理者的需要进行统计汇总，是 P10 的功能。
- P10 的统计报表一般具备两种功能：一是根据特定的条件检索员工情况，如酒店需要在本企业员工中提拔出能够胜任工作的餐饮部副经理，要求具有餐饮部各工作岗位工作的经历、经过专业技能和管理知识的培训、经多年考核具备一定的组织能力等条件，人力资源部就要根据这些特定的条件从全体员工中进行挑选；二是要能够根据需要对企业的员工队伍进行统计，便于管理者衡量本企业人力资源状况，如提供按专业统计的企业人员构成表、按学历水平统计的人员构成表等。

在图 4-16 的数据存储中：
- D1 保存员工的工作档案。工作档案由两部分信息组成：一是员工的基本信息，有工号、姓名、性别、出生年月、民族、身份证号、家庭住址、联系电话、最后学历、最后毕业学校、所学专业、配偶姓名、配偶工作单位等；二是履历信息，有身份证号、曾经工作单位、起始时间、结束时间、工资标准等，这些履历信息与员工的基本信息是多对一的关系，即每一位员工的基本信息记录，在该员工曾经在多家单位工作的情况下，对应着多条履历信息的记录。

- D2 用于保存员工培训记录，内容有员工身份证号、培训内容、培训单位、起始时间、结束时间、资格认证等。
- D3 中保存员工工作期间的考勤信息，内容有员工身份证号、日期、进门时间、出门时间、请假原因等。
- D4 中保存全体员工的标准工资，内容有员工身份证号、职务、标准工资、标准附加工资等。
- D5 中存有对全体员工的奖惩记录，内容有员工身份证号、日期、奖惩内容、奖惩原因等。

3. 酒店人力资源管理的注意问题

在酒店人力资源管理中，除了正常的考核、奖罚、升迁外，当前要注意切实做好以下几个方面的人事工作：

（1）岗位培训。酒店基本操作员工进入酒店，必须做好上岗前的培训，包括入店教育、员工守则、岗位职责、基本技能等，使员工从一开始就能体验到酒店的正规化管理要求。

（2）换岗工作。目前酒店业出现一种新的管理动向，就是在酒店内部打破过去从事一个岗位，就只能干一种活的观念，在员工中进行岗位轮换。这样一方面可以激发员工的积极性，使员工有一种新鲜感；另一方面可以使员工掌握多种技能，更多体会和适应不同岗位的需求。

（3）合同管理。合同是目前酒店聘用员工比较普遍的形式，合同管理也成为人事管理中的一个重要内容。如何有效地与员工签订工作合同、续签合同、终止合同、跟踪合同的执行情况及发生违约情况的处理等，显得越来越重要。

（4）工资管理。不同地区、不同星级、不同效益的酒店在人员工资分配上有很大的差别，做法上也不尽相同，但越来越趋于一致的是：人员工资与酒店效益相联系。

当前，越来越多的酒店开始采用岗位技能工资制度，即岗位与技能一并作为工资的考核依据。依此方法，工资组成将包括的项目有：岗位工资、绩效工资、专项技能津贴以及各种补贴与奖金，如加班补贴、特殊补贴和先进工作者奖金等。

通过工资管理，人事部门可以对酒店的人力成本进行分析，进而为人力成本的控制提供翔实的数据基础，同时这也是人力资源开发的基本管理工作，必须引起高度重视。

4.3.3 酒店设备管理的信息流程

酒店设备是指酒店拥有的各种机械、机器、装置、车辆、船舶等，这些设备由酒店工程部统一管理，负责对所有设备的档案、维修、维护、运行进行全面管理。

一个现代化的酒店，设施、设备投资已占总造价的三分之一还多，另外，酒店对设备的依赖程度也日益剧增，一旦设备出了故障，服务就要受到影响，几乎无法由人来代替。所以酒店设备管理的好坏，直接关系到酒店的经营效益，关系到对客服务的质量。

我们必须认识到，硬件不足，是无法用软件来补偿的，不能设想大热天酒店空调系统出了故障，靠服务人员的殷勤、笑容就能让客人满意。

1. 酒店设备的分类

酒店设备的分类，一般是根据国家统计局分类目录进行，包括机械设备和动力设备两大项，共十大类设备。具体来说，酒店工程部管理的酒店设施、设备包括如下内容：

（1）设施，即建筑、装潢和家产。如酒店建筑物的外墙、屋顶、花园、水池、道路；室内装饰、装潢（天花板、地毯、墙布、瓷砖、地砖、花岗石、大理石、门窗、隔断、窗帘轨）、室内家具等。

（2）设备，即酒店的所有机械、电气设备及各类系统。如输配电系统、上下水系统、空调系统、冷冻系统、通风系统、计算机系统、消防系统、音像系统、电话、电传、Internet等通信系统、电梯、自动扶梯及升降机、厨房设备、洗衣房设备、璇宫转台装置、各类清扫清洗设备、健身娱乐设备、管理设备、办公设备、防雷设备、工程施工设备等。

2. 酒店设备管理流程

酒店设备管理的流程如图 4-17 所示。

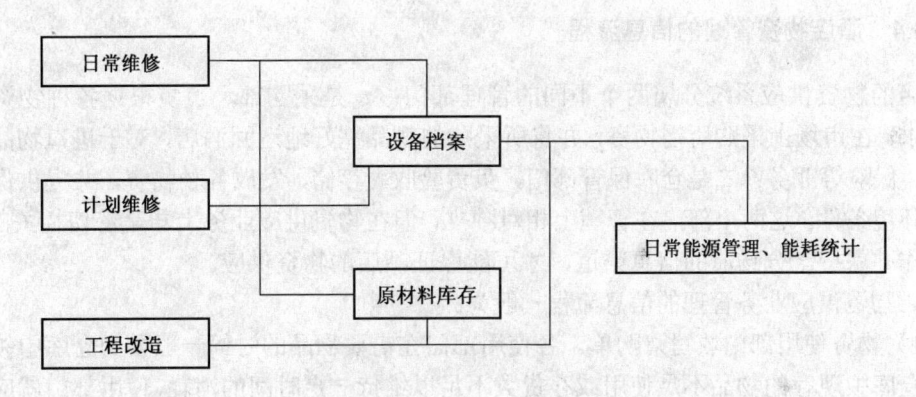

图 4-17 酒店设备管理流程图

3. 酒店设备管理内容

（1）建立健全设备管理制度。全套的管理制度应该从选购、使用、维护、维修、改造、更新到封存、报废的全过程来进行考虑，需要包括的内容有很多，如设备的维护保养、合理使用制度；设备的修理管理制度；设备的更新改造管理制度；设备的档案管理制度等。针对酒店设备管理的实际，在维修处理上，要区分日常维修和预防性计划维修并分别制定相应制度与管理程序。

（2）掌握酒店设备的管理方法。设备管理的方法是建立酒店设备的技术档案，做好分类编号工作。这是汇集和积累设备运行状态的最基本工作，可以提供分析、研究设备在使用期的改进措施，探索管理和检修的规律，增加对设备的认识和了解，提高维修和管理水平。设备档案不仅是酒店的史料，也是管理者的重要资产。

（3）做好设备档案登记和保管工作。设备档案需要含有以下内容：设备出厂合格证的检验单；设备安装质量检验单及试车记录；设备运行数据记录；事故报告及事故处理记录；设备维护、保养记录、修理内容、更换部件的名称；设备检查的记录表；设备拆装和修理的现场照片；设备改进和改装的记录；其他有关的技术资料。设备建档是一个长期的过程，因为资料在不断地更新和充实，需要按实际情况，不断清理、更新档案内容，以防止档案成为"老皇历"。

（4）合理使用酒店设施和设备。除了正常的维护保养之外，合理使用和适时修理设备也很重要，其核心就是管好、用好、修好，使设备发挥最佳效益。

4. 酒店设备运行管理

酒店设备的运行管理，一要抓安全，二要抓节能。

酒店设备种类繁多，有许多设备，如变压器、高低压配电，均属高压电设备，锅炉、分气缸、集水器，均属于高压容器设备，煤气系统属于可燃、可爆的设备系统。这些设备如管理不当，均会发生触电伤人、爆炸、燃烧等危险事故。另外，如电梯的维修，技工要上轿厢顶，属高空作业。因此，酒店工程设备管理，首先要抓安全，在使用管理中防止设备和人员的伤害。

这些设备的运行，如空调系统、冷热水系统、配变电系统，均消耗大量能源，怎样科学合理地运行这些设备，将直接影响酒店的能源消耗，影响酒店的营运成本。加强设备的运行管理，特别是通过管理降低能耗，定能提高酒店的经济效益。

4.3.4　酒店物资管理的信息流程

酒店的物资供应系统分属两个不同的管理部门：一是采购部，负责根据各种物资使用部门的要求，在市场上采购所需物资，并将所采购的物品完好地运回酒店，对于进口物品还应负责报关、保险等业务；二是仓库保管部门，负责验收、存储、发放各种物资，并提供保管不同物品的环境条件。这两个部门在管理上相对独立，但在物资供应业务上却是密切相关的，必须充分合作并保持十分畅通的信息渠道，才可能保证酒店的物资供应。

酒店物资供应业务管理的信息流程一般为：

（1）物资使用部门填写请购单。各使用部门在需要物品的时候一般要到仓库中领用，如果发现仓库中现存的物品不足使用或存货数不足以维持一定时间的消耗，使用部门就应向采购部门提交物品请购单，并注明对所需物品的具体要求。

（2）采购部门派人外出采购。由采购部门根据经批准的请购单派人外出采购，对数量较多或金额较大的采购业务，应同物品的供应单位签订购货合同，以保证所购物品的质和量能够满足使用部门的要求。

（3）仓库保管人员对物品验收入库。由仓库保管人员会同采购人员，必要的时候可以请使用部门的人员共同对所购物品进行验收，验收的依据是请购单和购货合同书中的条款规定。

（4）仓库保管人员确定物品的保存环境。由仓库保管人员根据不同物品的条件要求，提供不同条件的保存环境，确保物品在保管期间不会发生变质损耗。如对鲜活物品，在酒店往往提供冷冻保管这些物品。

（5）各物资使用部门进行物品领用。使用部门根据制作产品或工作的需要，由部门主管签发领料单，派专人到仓库领料。

物资供应业务的数据流程图如图 4-18 所示。

在图 4-18 中，各个处理过程的含义如下：

- P1 为验收货物，根据购货合同和请购单中的条款对所购物品的数量和质量进行检验，若达不到合同要求，仓库管理人员可拒绝接受该批物品；若达不到请购单的要求，则要追究采购员的责任。
- P2 是根据经验收通过的物品清单填制入库单，登记入库。

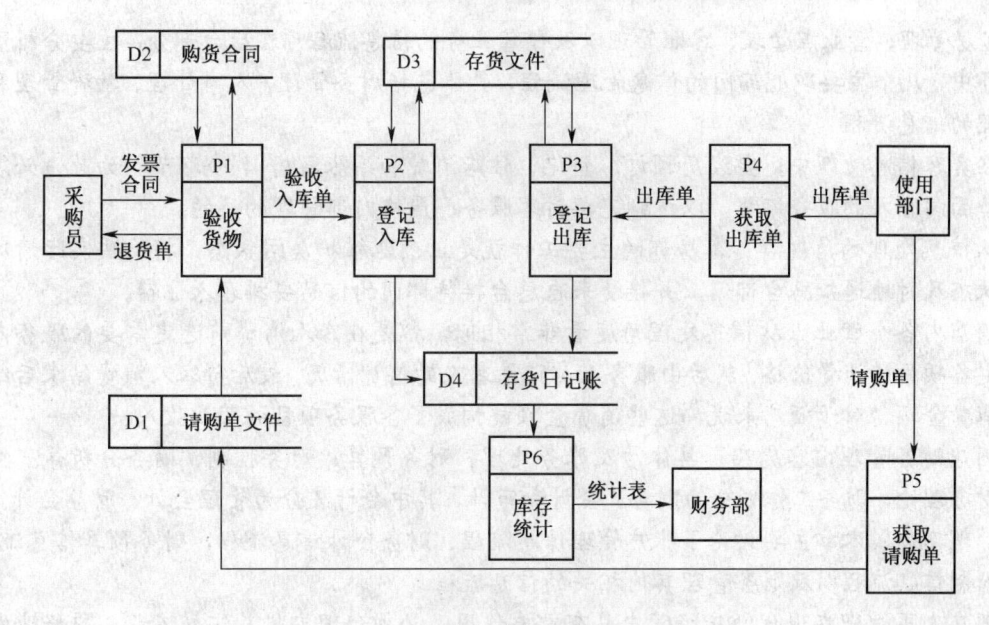

图 4-18 酒店物资供应数据流程图

- P3 是由仓库保管员发放物品并登记领料单,同时要检查该种物品的库存量是否达到安全存货量的下限,如果超过该下限,应及时通知领料部门填报物品请购单。
- P4 为获取使用部门的领料单。在正式发放物品前,仓库管理人员应仔细检查领料单的合法性,保证酒店的物品不因冒领受到损失。
- P5 是根据使用部门填报的请购单登记备案,并同时安排人员外出采购。
- P6 是用于满足管理需要的统计业务。酒店高层管理人员为制定有关决策,可能需要了解酒店各种物品的存货情况和保管情况;财务部门为安排企业的营运资金需要了解库存物品的动态、出入库情况和存货物品的资金占用情况等。这些都需要主管仓库资金运作的财务人员和仓库管理人员对仓库物品的动态情况和存量情况进行统计。

在图 4-18 中,各个数据存储的含义如下:
- D1 保存全部的请购单,主要内容包括物品名称、规格型号、请购数量、质量要求、建议生产单位、建议单价、其他要求、请购部门等。
- D2 为购货合同文件,内容有合同乙方(供应商)、物品名称、规格型号、数量、单价、交货日期、交货地点、质量要求、违约处罚等条款。
- D3 为存货文件,内容有物品编号、物品名称、规格型号、存货地点、存货数量、最高存货量、最低安全存货量等。
- D4 中反映物品的出入库动态情况,内容包括物品编号、入库数量、单价、出库数量、日期、经办人等。

本章小结

本章从酒店业务处理的角度出发,对酒店业务管理的信息流程进行了认真分析,在内容设计上,分成了前台和后台两个部分。在前台部分,主要分析了酒店前台业务管理中的宾客管理、客房管理、营业点管理、客账管理以及销售业务的信息流程；在后台部分，主要分析了后台业务中，几个主要职能部门的信息管理流程，具体包括财务管理、人事管理、物资管理和设备管理的信息流程。

在宾客信息管理中，要经历预订、登记、住店消费和结账离店 4 个环节。为此，必须建立一套面向客人的服务流程，以达到完善对客服务、严格内部管理的目的。

从信息处理的角度看，客房部的主要工作就是正确地维护房间状态，将反映实际情况的房间状态及时地通知总台部门，并接受来自总台接待部门的信息安排客人住宿。

酒店内各个营业点从信息处理角度看非常相似，都是在客人消费前选定需要的服务内容并确定各项目的消费价格，然后由服务人员记录客人的消费情况，最后待客人消费结束后结清本次消费金额，对于酒店来说，这些消费金额就构成了各服务项目的营业收入。

酒店财务管理内容庞杂，具体涉及账务处理、财务预算、财务控制、财务分析等。按照西方财务理论，财务工作划分为财务、会计和审计，其中会计又分为管理会计、财务会计。在财务管理部分，本章主要讨论了账户管理信息流程、财务会计信息流程、财务预算信息流程、财务控制信息流程以及财务管理其他相关的信息流程。

酒店人事管理在现代酒店经营中具有重要作用，必须合理安排其信息流程，更好地发挥其主要职能。除了正常的考核、奖罚、升迁外，当前酒店人事部门还要注意切实做好岗位培训、换岗调配、劳务合同管理以及工资奖金确定等几个方面的人事工作。

另外，在现代酒店中，还必须要认真加强设备管理和物资管理，它们对于一家酒店的正常运转都是至关重要的。必须认真研究其信息管理流程，切实保证酒店设备设施的高效、安全、节约、舒畅地运转，切实保障酒店各种物资保质保量地按时供应。

总之，通过本章内容的学习，读者应该对酒店内部的整体管理状况和信息处理流程有一个清醒的认识，为后续章节介绍 HMIS 的设计、实现和应用打下坚实的基础。

复习思考题

1. 请说明酒店中围绕宾客管理的主要业务活动及其信息管理流程。
2. 前台预订所需的客人信息主要有哪些？散客与团队有何不同？
3. 结账离店时，如果客人对账单提出异议，前台结账人员应该如何处理？
4. 什么叫夜间稽核？请说明其必要性及其采用的主要方法。
5. 请自行绘制酒店财务管理的信息流程图，并用文字描述其信息处理过程。
6. 酒店的财务预算指标主要有哪些，各有什么意义？
7. 请说明酒店财务分析中保本点分析的含义以及保本点的计算方法。
8. 酒店人事管理的主要职能是什么？请说明酒店人事管理业务的信息流程。
9. 请根据本章介绍的酒店餐饮业务的数据流程图绘制一个康乐部的业务流程图。
10. 试根据酒店物资管理的内容规划一个酒店物资管理的信息处理流程。

第 5 章　酒店管理信息系统的规划与开发

【内容导读】

酒店管理信息系统的建设是一项耗资大、历时长、技术复杂、牵涉部门多的复杂系统工程。为此，必须做好总体规划。同时，还要确保开发过程中各个阶段任务的顺利实现。

本章主要讲解了酒店管理信息系统的规划与开发方面的相关内容，包括信息系统总体规划的重要性、任务、内容、步骤，信息系统开发的方式、方法、主要阶段及其任务。

【学习目标】

- 知道酒店信息系统总体规划的作用
- 了解信息系统发展的诺兰阶段模型
- 掌握酒店信息系统总体规划的内容
- 知道酒店信息系统开发的任务与原则
- 熟悉酒店信息系统开发方式与各自特点
- 掌握酒店管理信息系统的整体开发流程

5.1　酒店信息系统的总体规划

酒店信息系统的开发是一项耗资大、历时长、技术复杂、牵涉部门多的复杂系统工程，无论从信息系统本身还是从其开发过程来看，都必须要做好一个总体的战略规划。只有这样，才能保证开发出来的系统具有良好的整体性、较高的适应性、较好的可靠性，同时可以缩短开发周期，节省开发费用，确保系统开发的顺利成功。

5.1.1　信息系统总体规划的基本知识

1. 信息系统总体规划的重要性

信息系统的总体规划，是对组织的信息系统目标、战略、信息资源开发工作的一种综合性计划。由于建设管理信息系统耗资大、历时长、技术复杂且涉及面广，在着手开发之前，必须认真地制订充分有效的信息系统总体规划，这是信息系统建设成败的关键。

如果没有进行 MIS 规划或规划不合理，不仅造成开发过程的直接损失，由此而引起的企业运行不好的间接损失更是难以估计。人们通常认为，假若一个操作错误可能损失几万元，那么一个设计错误就可能损失几十万元，一个计划错误就可能损失几百万元，而一个规划错误的损失则可能达到千万元，甚至上亿元。一个科学合理的系统规划是系统开发成功的前提，因此，要把信息系统的规划放到重要的战略位置上，引起足够的注意。

总体规划是对整个信息系统建设的外部环境及系统内部所产生的不确定性、风险性进行战略分析和研究，用一套规范化的科学方法来指导管理信息系统的建设，以免产生时间、资源和财力的浪费。它的战略重要性主要体现在以下4个方面：

（1）信息是组织的重要战略资源，应当被整个组织所共享，只有经过规划和开发的信息资源才能发挥其作用。由于企业或组织内外的信息资源很多，其内外之间都有大量的信息需要交换和共享，如何收集、存储、加工和利用这些信息以满足各种不同层次的需要，这显然不是分散的、局部的考虑所能解决的问题，必须有来自高层的、统一的、全局的规划，将这些信息提取并设计出来，才能实现信息的共享。

（2）各子系统除了完成相对独立的功能外，相互间还需要协调工作，总体规划的目的就是使管理信息系统的各个组成部分之间能够相互协调。由于信息子系统内部存在着大量的信息处理工作，它们之间有着大量的信息交换关系。在手工管理方式下，信息交换工作靠纸面、电话等方式来实现，而为了保证信息处理的正确性，由两组甚至三组人员从事着相同的信息处理工作的现象经常出现。这样势必带来人力资源的浪费和不同组人员对信息处理的不一致，进而影响决策的正确性。管理信息系统对公用的数据尽量做到由一个子系统产生，被多个子系统多次使用。这种子系统之间的协调必须有来自高层的总体规划。总体规划是站在总体的高度识别并规划出支持各项管理的数据、数据产生的地点、使用部门等，负责协调相互之间的关系，从而更有效地开发和管理组织的信息资源。

（3）总体规划使组织的信息系统资源建设工作能在统一目标、战略和有序的环境下进行，使人力、物力、财力和时间的安排合理、有序，以保证将来的子系统的开发顺利进行。由于管理信息系统的开发是一项长期而艰巨的任务，其内部各子系统的开发不能齐头并进地进行，往往是采用循序渐进的开发过程。因此，有关开发进度的安排、人员的调配、所需设备的配置等一系列问题都必须通过总体规划来解决。

（4）一个有效的战略规划可以使信息系统和用户有较好的关系，可以做到信息资源的合理分配和使用，从而可以节省信息系统的投资。一个有效的规划还可以促进信息系统应用的深化。如 ERP 的成功应用，可以为企业创造更多的利润。一个好的规划还可以作为一个标准，可以考核信息系统人员的工作，明确他们的方向，调动他们的积极性。进行一个规划的过程本身就迫使企业领导回顾过去的工作，发现可以改进的地方。

2. 信息系统总体规划的任务

除了具有一般战略性计划的属性外，信息系统总体规划还应该有以下任务：

（1）使信息系统的发展与组织的整体计划相协调，即支持组织战略计划的实施。

（2）为信息系统的开发提出方向，保证开发工作支持组织的目标。

（3）合理地分配资源，确定开发的优先次序。

（4）保证系统的一体化和开发工作的协调性，避免没有统一规划的"各自为战"、局部优先以及联合各自开发的应用系统时所引起的不必要的费用。

（5）为负责系统开发的人员，包括项目开发的负责人员和信息系统方面的高层管理人员的绩效考核提供质量标准和控制机制。

（6）为信息系统人才，如信息分析人员、系统分析人员的获得和人才开发提供一种基础，使组织明确对信息系统人员的数量和质量方面的需求是什么。

（7）保证信息系统能自动地进行调整，为组织提供有效的支持。

3. 信息系统总体规划的内容

概括起来，信息系统总体规划主要包括以下几个方面的内容：

(1) 组织的整体战略目标、政策和约束、计划和指标的分析。
(2) 管理信息系统的目标、约束、总体结构以及计划指标的分析。
(3) 单位现状的分析，包括业务流程的现状、目前使用的信息系统的现状等。
(4) 准备开发的应用系统的功能结构，信息系统的组织、人员、管理和运行。
(5) 信息系统的效益分析和实施计划（开发计划、培训计划、资金需求计划等）。
(6) 对影响规划的信息技术（硬件技术、网络技术和数据处理技术等）发展的预测。

4. 信息系统战略规划的步骤

管理信息系统的战略规划制定一般应包括以下基本步骤（如图5-1所示）。

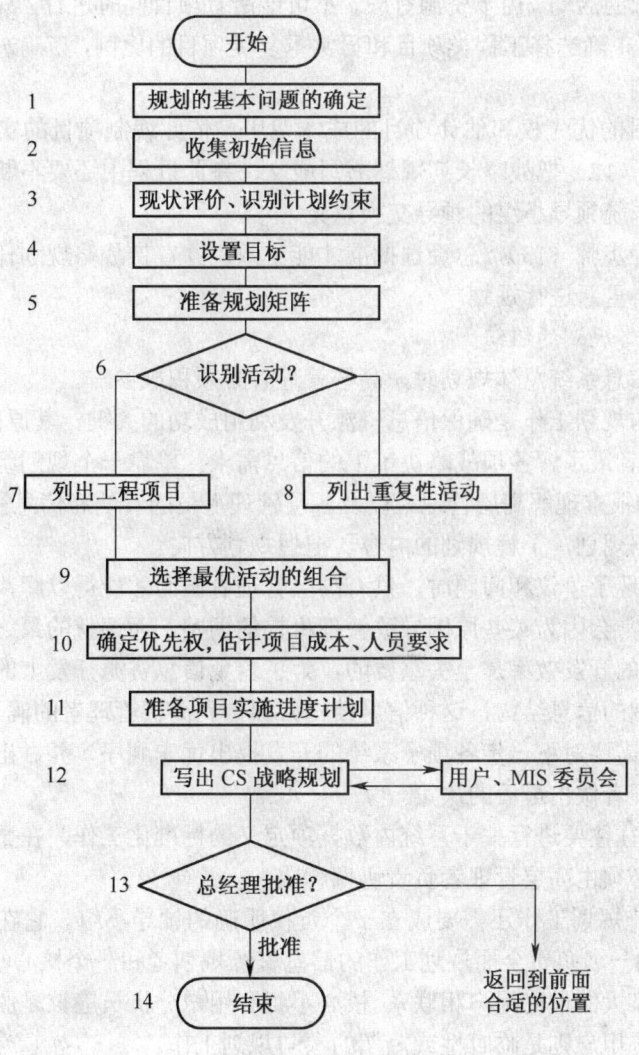

```
开始
 ↓
1  规划的基本问题的确定
2  收集初始信息
3  现状评价、识别计划约束
4  设置目标
5  准备规划矩阵
6  识别活动？
7  列出工程项目      8  列出重复性活动
9  选择最优活动的组合
10 确定优先权，估计项目成本、人员要求
11 准备项目实施进度计划
12 写出CS战略规划 → 用户、MIS委员会
13 总经理批准？ → 返回到前面合适的位置
     ↓ 批准
14 结束
```

图 5-1 MIS 战略规划的基本步骤

（1）确定规划的基本问题，如规划的年限、规划的方法，确定是集中式还是分散式，是进取还是保守的规划等。

（2）收集初始信息。包括从企业各级管理人员、外部相关企业、本企业内部各种信息系统、各种文件以及从书籍和杂志中收集信息。

（3）现存状态的评价和识别计划约束。包括目标、系统开发方法、计划活动、现存硬件及其质量、信息部门人员、运行和控制、资金、安全措施、人员经验、手续和标准、中期和长期优先顺序、外部和内部关系、现存的设备、现存软件及其质量等。

（4）设置目标。主要由总经理和计算机领导小组来设置，包括服务的质量和范围、政策、组织及人员等，它不仅包括信息系统的目标，而且应有整个企业的目标。

（5）准备规划矩阵。列出信息系统规划内容之间相互关系所组成的矩阵，确定各项内容以及它们实现的优先顺序。

（6）～（9）识别上面所列的各种活动，判断是一次性的工程项目性质的活动，还是一种重复性的经常进行的活动。由于资源有限，不可能所有项目同时进行，只有选择一些好处最大的项目先进行，要正确选择工程类项目和日常重复类项目的比例，正确选择风险大的项目和风险小的项目的比例。

（10）确定项目的优先权和估计项目的成本费用。依此编制项目的实施进度计划的步骤（11），然后在步骤（12）把战略长期规划书写成文，在此过程中还要不断与用户、信息系统工作人员以及信息系统领导小组的领导交换意见。

写出的规划要经步骤（13），总经理批准才能生效，并宣告战略规划任务的完成。如果总经理没批准，只好再重新进行规划。

5. 信息系统战略规划的组织

首先，在进行信息系统总体规划时，高层管理者必须积极参与。

高层管理者参与规划工作是确保信息资源开发利用成功的关键。其原因在于：

（1）高层管理者最了解各项战略决策中的信息需求，单靠一个规划组来规划这种来自高层的信息资源，他们很难理解高层管理者以及各层管理人员的看法和信息需求，所以作为高层管理者必须亲自参与规划，了解规划的内容，把握规划方向。

（2）规划中出现了争议和问题时，只有高层管理者出面才能得以解决。

（3）规划中经常会因为某些原因导致管理机构的调整，而调整的最终决策权在高层。

（4）信息系统的开发效率是至关重要的，为了避免信息资源开发上的浪费，必须有一个自顶向下的全局范围的信息结构，这种信息结构必须得到高层管理者的确认。

（5）总体规划需要对下一步各项子系统的开发提出优先顺序，并做出开发预算，这些内容也必须由高层管理者做出最后的决策。

（6）总体规划往往要进行关于系统内数据项定义的标准化工作，在数据项定义过程中经常会出现一些问题必须由高层管理者负责协调解决。

另外，信息系统规划工作还需要成立一个责权明确的领导小组。它在组织的最高层管理者的直接管理下，由一名负责全面规划工作的信息资源规划者和一个核心小组所组成，并通过一批用户分析员和广大的最终用户相联系。核心小组和用户分析员应该是脱产地从事总体规划工作，而广大的最终用户则是临时性或短期的参与规划工作。

全部规划工作应由强有力的核心小组来完成。核心小组成员由高层管理人员与数据处理人员（大约4～5人）组成，具体包括：组织内的各项业务负责人、数据处理负责人、系统分析负责人等。核心小组成员应由外聘顾问进行培训和指导，以便正确行使权力。

最终用户是指那些直接使用信息系统的各层管理人员，这些人员中要抽出一部分人在总体规划期间代表所在的部门参加工作，成为用户分析员。用户分析员的人数应该适合组织的规模,并能覆盖全部业务范围,他们要经过培训,能够具体负责本部门的规划工作。

5.1.2 信息系统发展的诺兰阶段模型

把计算机应用到一个单位(企业、部门)的管理中去,一般要经历从初级到成熟的一个发展过程。美国信息管理专家诺兰经过对美国 80 多家组织的跟踪调查,总结了这一发展规律,于 1973 年首次提出了信息系统发展的阶段理论,称为诺兰阶段模型。到 1980 年,诺兰进一步完善该模型,把信息系统的成长过程划分为如图 5-2 所示的 6 个不同阶段。

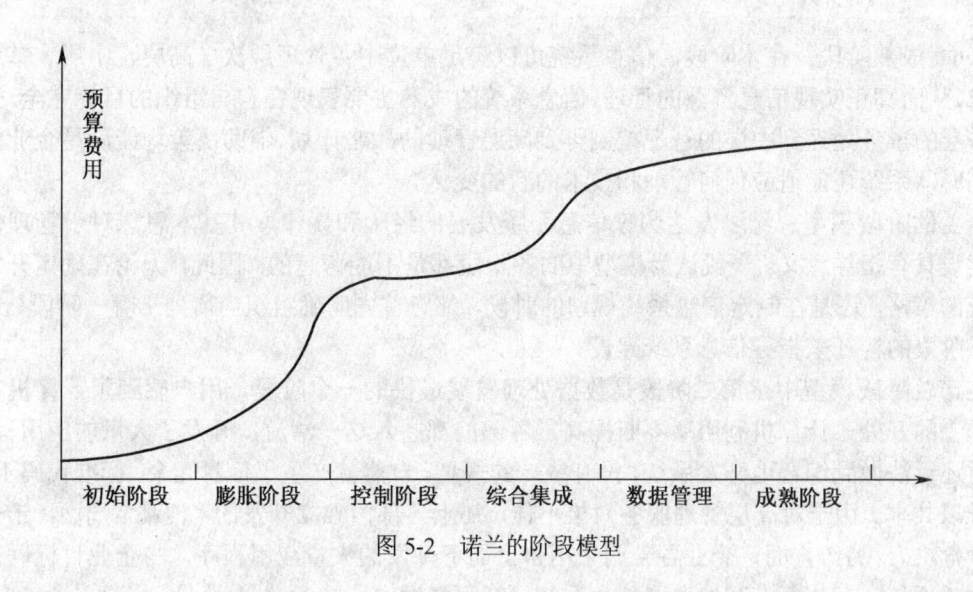

图 5-2 诺兰的阶段模型

(1)初始阶段。初始阶段指一个组织(企业、政府等单位)购置第一台计算机并初步开发管理应用程序,一般发生在单位的财务部门或统计部门。在该阶段,计算机的作用被初步认识到,个别人已经具有了使用和维护计算机的能力。

(2)膨胀阶段。随着计算机应用初见成效,信息系统从少数部门扩散到多数部门,并开发了大量的应用程序,单位的事务处理效率有了提高,这便是所谓的"膨胀"阶段。

在此阶段,凡是能用计算机处理事务的部门,大多从人工处理转向机器处理。为了管理和协调各部门的应用,数据管理部门从原先隶属于某一职能部门(例如财务处或计划处)独立出来,成为向高层管理者直接负责的职能部门。此时,一部分计算机的应用收到了实际的效益,但还是存在数据冗余量大、信息传递不一致、信息资源难以共享等问题。

(3)控制阶段。管理部门了解到计算机数量超出控制,计算机预算的高比例增长,而投资的回收却不理想。同时随着应用经验逐渐丰富,应用项目不断积累,客观上要求加强组织协调,于是就出现了由组织领导和职能部门负责人参加的领导小组,针对各项已开发的应用系统的不协调和数据冗余等问题,开始对整个组织的系统建设进行统筹规划,注重采用成本/效益分析去衡量应用系统的开发,特别是利用数据库技术解决数据共享问题。这时,严格的控制阶段便代替了蔓延阶段。这一个阶段是实现从计算机管理为主到以数据管理为主转换的关键,一般发展较慢。

(4)综合集成阶段。所谓集成,就是在控制的基础上,对子系统中的硬件进行重新连接,建立集中式的数据库及能够充分利用和管理各种信息的系统。

在经过第三阶段的全面分析、引入数据技术、建立数据通信网的条件下，在本阶段，数据处理系统又进入一个高速发展阶段。逐步地对原有系统进行改造、综合和一体化，建设一个更有效地为中、上层管理提供决策支持的系统，一个管理企业各种信息资源的系统。由于重新装备大量设备，此阶段预算费用又一次迅速增长。

（5）数据管理阶段。"集成"之后，信息系统将进入"数据管理"阶段。此时，由于数据库技术的引进，促使支持单个应用的传统文件系统向支持多种应用逻辑结构数据库的文件系统转变。

（6）成熟阶段。在本阶段，信息系统可以满足单位中各管理层次（高层、中层、基层）的要求，从而真正实现信息资源的管理。信息系统的成熟主要表现在它与组织的目标完全一致，从操作层的事务处理到中层的管理控制再到高层管理的战略计划、辅助决策均能满足企业的要求。同时，系统还能适应任何管理和技术的新的变化。

诺兰的阶段模型总结了发达国家信息系统发展的经验和规律，其基本思想对于管理信息系统建设具有指导意义。一般认为模型中的各阶段都是不能跨越的。因此，无论在确定开发信息系统的策略，还是在制定信息系统规划的时候，都应首先明确组织当前处于哪一阶段，进而根据该阶段的特征来指导信息系统建设。

在诺兰阶段模型中，第二阶段是数据处理发展最快的一个阶段，用户感到了计算机在事务处理上的好处，计算机利用率不断提高，各部门都卷入这一潮流，开发了大量的应用程序。但这时还无法做到综合地开发系统，没有统一的规划，自然就产生了信息冗余，标准代码不一，数据难以共享。由于对高层管理服务效果不佳，加上各部门独立开发的"混乱"局面，于是产生了"危机"。另一方面，企业各部门采用自上而下开发的大量应用程序，与企业目标联系不紧，效益不佳，互相争夺和浪费了信息系统的有限资源。

对于酒店业信息系统发展来讲，诺兰模型具有同样的重要指导作用。

5.1.3 酒店信息系统总体规划的步骤

酒店信息系统总体规划阶段的主要工作内容包括初步调查、可行性分析和实施计划确定3个主要阶段。下面简单介绍前两个阶段的主要内容。

1. 初步调查

信息系统初步调查的目的是明确系统目标，通过初步调查，收集相关信息，用以进行可行性分析。实际操作时，初步调查从酒店内部系统的实际需求出发，调查和研究酒店基础数据管理工作对于支持将要开发的信息系统的可能性，酒店管理现状和现代化管理的发展趋势，现有的物力、财力对新系统开发的承受能力，现有的技术条件以及开发新系统在技术上的可行性，管理人员对新系统的期望值以及对新系统运作模式的适应能力等。

酒店管理信息系统初步调查的基本内容包括如下几个方面：

（1）调查用户需求。从用户提出新系统开发的理由、用户对新系统的要求入手考察用户对新系统的需求，预期新系统要达到的目的。如用户对新系统开发的需求状况、对新系统的期望目标、是否愿意参加和配合系统开发；在新系统改革涉及用户业务范围和习惯做法时，用户是否能够根据系统分析和整体优化的需求来调整自己的职权范围和工作习惯；上一层管理者有无参与开发工作、协调下一级管理部门业务和职能关系的愿望等。

(2) 调查酒店目前的运行状况,包括酒店的目标和任务、酒店基本概况(包括酒店性质、人员、设备、资金、经营状况、组织机构、管理体制等)、酒店的外部环境等。

(3) 调查新系统的开发条件。初步调查不仅要为论证新系统的必要性收集材料,更要为论证新系统的可能性提供充分的依据。这方面的调查包括:

- 企业内各类人员对开发新系统的态度。
- 目前的管理基础工作、管理部门的机构是否健全,职责与分工是否明确和合理,规章制度是否齐全;各项主要管理业务是否科学合理,各种基础数据(如产品目录、材料目录、工时与材料消耗定额、设备档案等)是否完整和准确等。
- 可提供的资源,包括可投入系统开发的人力、物力和财力。
- 受到的约束条件。

初步调查的方法可以采用直接调查法,也可以采用间接调查法或者类比调查法等。

一般在进行初步调查时的工作过程为:首先,分部门调查,摸清各个部门的分工以及他们之间的信息联系和数据交换方式,并到各个部门了解各自的信息处理对象;然后,确认最重要的信息,包括基础信息内容、各个部门的信息需求(输出要求)、各种最终信息的来源和处理流程(输入要求与加工过程)、计算机处理的条件与要求等;最后,总结用户对即将开发的新信息系统的要求和愿望。

2. 可行性分析

可行性分析的任务是明确应用项目开发的必要性和可能性。其中,必要性来自对待开发系统的迫切性,而可能性则取决于实现应用系统的资源和条件是否具备。

可行性分析工作需要建立在初步调查的基础上。如果领导或管理人员对信息系统的需求很不迫切,或者条件尚不具备,就是不可行。具体来说,可行性分析的主要内容包括:

(1) 管理上的可行性。管理上的可行性指管理人员对开发应用项目的态度和管理方面的条件。主管领导不支持的项目肯定不行。如果高中层管理人员的抵触情绪很大,就有必要等一等,积极做工作,创造条件。管理方面的条件主要指管理方法是否科学、相应管理制度改革的时机是否成熟、规章制度是否齐全以及原始数据是否正确等。

(2) 技术上的可行性。技术上的可行性主要分析当前的软、硬件技术能否满足对系统提出的要求,例如对运行速度的要求、对存储能力的要求、对通信功能的要求等,都需要根据现有的技术水平进行认真的考虑。此外,还要考虑从事系统开发以及系统运行之后的维护管理人员的技术水平。在信息系统开发和运行维护的各个阶段,需要各类技术人员参与,比如系统分析人员、系统设计人员、程序员、数据录入人员、硬件维护人员、软件维护人员等。如果能够投入的上述人员数量不够,或者所投入的上述人员技术水平不高,或者缺乏系统中要用到的某些知识(如网络知识),那么可以认为此系统的开发在技术力量方面是不可行的。

(3) 经济上的可行性。经济上的可行性主要是预估费用支出和对项目的经济效益进行评价。在费用支出方面,不仅要考虑主机费用,而且要计算外围设备费用、软件开发费用、人员培训费用、管理咨询费用和将来系统投入运行后的经常费用(如管理和维护费用、人员工资费用)和备件费用、耗材费用。经济效益应从两方面综合考虑:一部分是可以用金钱直接衡量的效益,如加快流动资金周转、减少资金积压等;另一部分是难以用金钱直接表示的间接效益,例如提供更多的更高质量的信息、提高取得信息的速度、提高企业的形象和品牌等。

(4) 社会适应可行性。由于信息系统是在社会大环境中存在的,除了技术因素和经济因素之外，还有许多社会因素对于项目的开展起着制约作用。例如，与项目有直接关系的管理人员是否支持该项目，如果有各种误解甚至抱有抵触的态度，那应该说条件还不成熟，至少应该做好宣传解释工作，项目才能开展。又例如，有的企业的管理制度正处在变动之中，这时信息系统的改善工作就应该作为整个管理制度改革的一个部分，在系统的总目标和总的管理方法制定之后，项目才能有根本变化。如果这时考虑大范围地使用某些要求较高文化水平的新技术，显然不现实。所有这些社会因素、人的因素均必须考虑在内。

可行性分析结束后，要写出一个书面文档，这就是可行性分析报告。它是系统开发人员对现行系统进行初步调查和研究之后的结论，反映了系统开发人员对新系统开发的看法和设想。可行性报告一般要提交到有企业决策者、部门领导及主要业务骨干参加的正式会议上讨论，报告一旦正式通过，并且经过有关领导审核批准，可行性分析即宣告结束。

一般可行性分析报告应包括以下内容：

（1）系统概述。简单地说明与系统开发有关的各种情况和因素，主要包括以下内容：
- 引言。包含摘要、系统名称、功能、开发单位、系统服务对象、本系统和其他系统的关系、本报告的引用资料、本报告使用的专门术语及其定义和缩略语等。
- 系统的基本环境。如组织的地理位置及分布、发展历程、组织的机构、人员等。
- 系统开发的背景、必要性和意义。

（2）系统目标。介绍系统的目标以及初步需求，主要包括：
- 系统应达到的目标。
- 系统的边界。
- 系统的主要功能。
- 系统的软、硬件配置。
- 系统的大致投资。
- 系统开发进度的安排。

（3）系统开发方案介绍。一般要求提出一个主要方案和几个辅助方案，并对几种方案进行比较分析。

（4）可行性研究。系统从管理、技术、经济、社会以及其他方面进行的可行性分析。

（5）可行性分析的结论。在可行性研究中，对可行性分析要有一个明确的结论，可以是以下几种中的某一项：
- 可以立即开发。
- 没有必要开发新系统，可以继续使用或者改进原系统。
- 某些条件不具备，需要到这些条件具备以后再进行。

可行性分析报告要尽量取得有关管理人员的一致认可，并经过主管领导批准，如果结论是可以立即开发，才能付诸实施，进入后面系统分析阶段的详细调查步骤。

5.2 信息系统的开发知识综述

信息系统开发是信息系统建设中最重要、必不可少的工作。信息系统开发的成败，直接决定着信息系统的应用效果。本节介绍信息系统开发的任务、特点、原则和策略。

5.2.1 信息系统开发的任务和特点

信息系统开发的任务，就是开发一个能满足用户需要、功能完整、高效运转并有力支持管理决策目标的、具有先进技术的系统。信息系统的开发具有以下特点：

（1）信息系统的开发动力来自需求牵引。随着国内外市场竞争的加剧，信息必然成为组织的一种重要的战略资源，组织必须运用先进的手段和方法来获取和利用信息资源，提高组织的竞争力。组织的这种潜在需求必然推动和加速信息系统的开发。

（2）信息系统开发的前提是科学合理的管理。信息系统的开发有"三分技术，七分管理，十二分数据"之称，可见管理工作的重要性。只有在合理的管理体制、完善的规章制度、稳定的生产秩序、配套的科学管理方法和完整准确的原始数据的基础上，才能有效地开发 MIS。

（3）信息系统的开发策略要因地制宜地选取。信息系统的开发受到组织经营现状、管理基础、财力情况、管理模式、生产组织方式等多个因素的影响，不可能在短期内达到理想化水平，必须根据组织的实际情况制定符合组织要求的开发策略。

（4）组织的管理模式、组织形式和运行机制决定信息系统的结构和功能。不同的组织、不同的时期，其信息系统的具体形式、功能需求及运行机制是不同的。例如，生产企业的功能可分为生产计划管理、材料计划管理、生产能力、财务管理、人事劳资管理、销售及客户管理、市场预测与决策支持等；而娱乐休闲型酒店的功能分为接待登记、点单、餐饮、财务、查询、部门及人员管理等。开发人员就要深入组织调查分析，系统地了解用户的需求，才能开发出符合用户预期目标的系统。

（5）信息系统开发的需求投资巨大。开发一个 MIS 必须投入大量的资金。投入费用包括购买计算机、网络通信设备等硬件的费用，购买软件或开发系统的软件费用，以及人员费用、运行费用、维护费用和耗材费用等。所以，一个单位要开发大型的综合信息系统，动辄就是几十万、几百万，甚至上千万或者更高。对于这些资金的来源，企业必须预先作好认真的预算安排。

5.2.2 信息系统开发的原则和策略

1. 信息系统开发的原则

信息系统的开发，需要满足以下几个基本原则：

（1）实用性原则。系统必须满足用户管理上的要求，既保证系统功能的正确性又方便实用，需要友好的用户界面、灵活的功能调度、简便的操作和完善的系统维护措施。

（2）系统性原则。在信息系统的开发过程中，必须十分注重其功能和数据上的整体性、系统性。

（3）符合软件工程规范的原则。信息系统的开发是一项应用软件工程，应该按软件工程的方法和规范去组织与实施。

（4）逐步完善，逐步发展的原则。信息系统的建立不可能一开始就很完善，而要经历一个逐步完善、逐步发展的过程。

2. 开发信息系统的策略

信息系统开发有两种策略："自下而上"开发策略和"自上而下"开发策略。

（1）"自下而上"的开发策略。

"自下而上"的开发策略就是从现行系统的业务状况出发,先实现一个个具体的功能,逐步地由低级到高级建立信息系统,也就是先实现数据处理,再增加管理控制。一些组织在初装和蔓延阶段,常常采用这种开发策略。

这种策略可以避免大规模系统运行不协调、不周密的危险,但是由于缺乏从整个系统出发考虑问题,随着系统的进展,往往要作许多重大修改,甚至重新规划、设计。

(2)"自上而下"的开发策略。

"自上而下"的开发策略从整体上协调和规划,由全面到局部,由长远到近期,从探索合理的信息流出发来设计信息系统。这种开发策略要求很强的逻辑性,因而难度较大,但是它是一种重要的策略,是信息系统走向集成和成熟的要求。因为,整体性是系统的基本特性,虽然一个系统由许多子系统组成,但是它们又是一个不可分割的整体。

通常,"自下而上"的策略用于小型系统的设计,适用于对开发工作缺乏经验的情况。在开发实践中,对于大型系统往往把这两种方法结合起来使用,即先自上而下地作好信息系统的战略规划,再自下而上地逐步实现各系统的应用开发。

5.2.3 信息系统开发前的准备工作

1. 信息系统顺利开发应满足的条件

一个单位开发信息系统要想成功,需要满足以下基本条件:

(1)领导重视,业务人员积极性高。

(2)必须有建立信息系统的实际需求和迫切性。

(3)必须要有一定的科学管理基础。

(4)有必要的投资保证,并能提供系统维护人员的编制和维护费用。

(5)管理人员知识结构应满足系统建设需要。

(6)管理中需要的各种基础数据要齐全规范。

2. 管理信息系统开发前的准备工作

为了满足以上条件,单位在开发信息系统之前,首先需要做好以下准备工作:

(1)统一思想,达成共识。

在信息系统建设中,很多单位不同层次的人员都对其产生过各种各样的错误想法。比如,某些单位的高层领导,仅仅看到了信息系统带来的直接经济效益,而没有看到其带来的间接效益,就认为信息系统带来的经济效益不明显,结果就不太重视信息系统的开发;部分中层管理人员,担心信息系统应用后使得单位的组织机构进行调整,利益关系进行重新分配,甚至担心信息系统应用会触及自身的"既得利益",造成中层管理人员的"分流",结果他们就对信息系统开发产生抵触情绪,不支持信息系统建设;还有一些基层工作人员,已经长时间采用原来的管理方式和工作流程,现在如果让其利用计算机信息系统进行各项基础数据的处理,他们可能会担心自己技术水平不行或者系统出现错误,而不太愿意接受这些新事物,以至于对信息系统开发不积极,甚至漠不关心。

针对以上问题,在系统开发前,必须统一大家的思想,纠正各自的错误认识,做好系统开发前的动员工作,达成一定的共识。只有各有关人员对管理信息化有了正确的认识,信息系统的建设工作才能顺利健康地发展;只有企业的领导对信息系统的含义、必要性有了正确的认识,他们才会积极主动地支持和参与这项工作,正确地领导这项工作的开展。

(2) 做好管理的各项基础工作。

在系统开发前,要认真收集和整理各种管理的基础数据,对基础管理工作进行整顿,逐步做到管理工作程序化、管理业务标准化、数据完整代码化、报表文件统一化。

首先,信息系统处理生产、管理、销售业务是在预先编制好的程序的指挥下进行的,这就要求管理工作必须规范化、标准化。其次,系统能否输出正确的管理信息,不仅取决于处理程序的正确与否,还取决于计算机录入数据的正确与否,这就要求管理部门必须健全各种规章制度,保证数据的真实和准确。最后,如果系统不能取得其所需的录入数据,即录入数据不完整,则要么系统不能正常运行,要么不能提交正确的输出。

(3) 做好开发方式的准备。

根据系统特点和本单位实际情况,选择合适的开发方式和策略,确定系统目标、开发策略和投资金额,并借鉴同类系统的开发经验,做好开发前的各项准备。

关于各种开发方式及其各自的特点、适用情况和选取方法,下一小节将进行介绍。

(4) 做好组织机构和技术人员的准备。

为了顺利地进行系统开发,单位应设置系统开发领导小组,并建立有用户领导参加的组织开发队伍,在领导小组下应设置几个专业组。系统开发领导小组和各个专业小组的成立为系统的顺利开发做好组织保障。信息系统开发与应用所需的技术人员如表5-1所示。

表 5-1 信息系统建设中各类人员职责及其知识结构

职位	职责	知识结构
系统分析员	明确使用单位要求、确定可行方案、确定可行系统的需求及逻辑模型	企业管理系统知识、系统分析和设计技术、计算机基础、数据处理理论
系统设计员	设计系统逻辑模型	数据结构、数据库理论、系统开发、系统软件、计算机语言、企业管理
系统编程人员	为物理模型编制正确的程序	程序设计技术、数据结构、计算机知识、管理知识、系统开发及软件
硬件维护人员	计算机机房、计算机及其辅助设备等硬件的维护与管理工作	计算机原理、无线电基础、汇编语言操作系统
软件维护人员	应用软件的维护	企业管理知识、数据库技术、数据结构、系统开发与程序设计
操作员	系统日常运行、打印输出、简单故障排除、数据录入	汉字输入技术、计算机使用
数据录入员	录入数据	汉字输入技术、计算机使用
系统管理员	参与系统开发、系统运行管理	企业管理知识、系统开发、计算机知识、数据处理知识、项目管理

5.2.4 信息系统开发的几种常用方式

信息系统开发的方式很多,不同的单位应该根据自己的实际情况选择合适的方式。

1. 自行开发

自行开发就是由用户依靠自己的力量独立完成系统开发的各项任务。它比较适合那些有较强的规划、分析、设计、维护人员队伍的组织和单位,如高等院校、科研院所、计算机公司、高科技公司等单位。

这种方式的优点是：开发费用少，容易开发出适合本单位需要的系统，方便维护和扩展，有利于培养自己的系统开发人员。当然，这种方法也存在一些缺点，表现为：容易受业务工作的限制，系统整体优化不够，开发水平较低；系统开发时间长，开发人员调动后，系统维护工作没有保障。

采用这种方式时，需要大力加强领导，切实实行"一把手"原则；同时要向专业开发人士或公司进行必要的技术咨询，或聘请他们作为开发顾问。

2. 委托开发

委托开发就是由使用单位（甲方）委托通常是有丰富开发经验的机构或专业开发人员（乙方），按照用户的需求承担系统开发的任务。它适合那些使用单位（甲方）没有系统分析、系统设计及软件开发人员或开发队伍力量较弱但资金较为充足的单位。

这种方式的优点是：省时、省事，开发的系统技术水平较高。其缺点在于：费用高、系统维护与扩展需要开发单位的长期支持，不利于本单位的人才培养。

采用这种方式时，使用单位（甲方）的业务骨干必须参与系统的论证工作；开发过程中需要开发单位（乙方）和使用单位（甲方）双方及时沟通，进行协调和检查。

3. 合作开发

合作开发是由使用单位（甲方）和有丰富开发经验的机构或专业开发人员（乙方）共同完成开发任务。双方共享开发成果，实际上是一种半委托性质的开发工作。它比较适合使用单位（甲方）有一定的系统分析、设计及软件开发人员，但开发队伍力量较弱，希望通过信息系统的开发来建立、完善和提高自己的技术队伍，以便于系统维护工作的单位。

相对于委托开发方式，该方式比较节约资金，可以培养、增强使用单位的技术力量，便于系统维护工作，系统的技术水平较高。但是，双方在合作中沟通易出现问题，因此，需要双方及时达成共识，进行协调和检查。

4. 购买现成软件包

对于有些通用性的信息系统，可以购买现成的应用软件包或开发平台，如财务管理系统、小型企业 MIS、供销存 MIS 等。应用软件包是预先编制好的、能完成一定功能的、供出售或出租的成套软件系统。它可以小到只有一项单一的功能，比如打印邮签，也可以是有 50 万行代码、400 多个模块组成的复杂的运行在主机上的大系统。

这种方式对于功能单一的小系统的开发颇为有效，但不太适用于规模较大、功能复杂、需求量的不确定性程度比较高的系统的开发。其优点是能缩短开发时间，节省开发费用，技术水平比较高，系统可以得到较好的维护。但是，这种系统往往功能比较简单，通用软件的专用性比较差，难以满足特殊要求，需要有一定的技术力量根据使用者的要求做软件改善和编制必要的接口软件等二次开发的工作。

对于酒店信息系统来说，一般的中小型酒店大多数都是直接购买现成的软件，而对于大型酒店来说，有的会选择委托开发，以便得到更适合自身管理需要的信息系统；对于那些技术力量很强的酒店管理集团，他们甚至自行开发相关的信息系统，并在他们的成员酒店进行推广应用。

5.2.5 管理信息系统开发的生命周期

信息系统的开发方法很多,包括结构化方法、原型化方法、面向对象方法和 CASE 方法等。由于本书篇幅所限,下面仅简单介绍结构化系统方法的整体开发流程。

结构化系统开发方法的基本思想是运用系统的思想和系统工程的方法,按照用户至上的原则,结构化、模块化、自顶向下对系统进行分析与设计。

用结构化系统开发方法开发一个信息系统时,需要将整个开发过程划分为首尾相连的 5 个阶段,即一个生命周期,如图 5-3 所示。

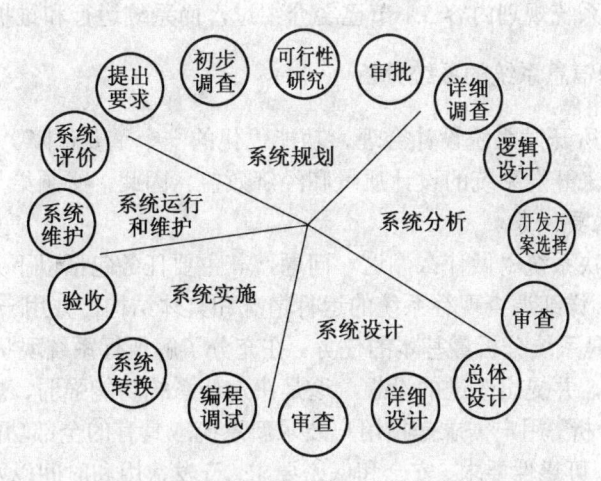

图 5-3 结构化系统开发方法的生命周期

各个阶段的主要任务描述如下:

(1) 系统规划。根据用户的系统开发请求,对用户单位的环境、目标、现行系统的状况进行初步调查,明确问题,确定系统目标和总体结构,对建设新系统的需求做出分析和预测,然后考虑建设新系统所受的各种约束,研究建设新系统的必要性和可能性,进行可行性论证,并最终生成可行性分析报告和系统设计任务书。

(2) 系统分析。系统分析阶段也叫逻辑设计阶段,主要根据系统任务书所确定的范围,对现行系统进行详细调查,描述现行系统的业务流程,指出现行系统的局限性和不足之处,确定新系统的基本目标和逻辑功能要求,即提出新系统的逻辑模型,最终生成系统分析说明书文档。

(3) 系统设计。系统设计阶段,主要是根据系统分析说明书中规定的功能要求考虑实际条件,具体设计实现逻辑模型的技术方案,即设计新系统的物理模型。包括总体设计和详细设计两个步骤,主要工作内容有总体结构设计、代码设计、数据库(文件)设计、输入/输出设计、模块结构与功能设计。另外,在该阶段还要根据总体设计配置与安装部分设备,进行试验,最终给出系统设计说明书。

(4) 系统实施。在本阶段,需要将设计的系统付诸实施。主要工作包括:购置、安装、调试计算机等设备,编写程序,调试程序,人员培训,数据文件转换,系统调试,系统转换,然后投入系统试运行。

(5) 系统运行与维护。在本阶段,需要进行系统的日常运行管理,并记录系统的运行情况；还要根据一定的规格对系统进行必要的修改，评价系统的工作质量和经济效益。评价、监理、审计、修改、维护、局部调整是本阶段的主要任务，如果出现不可调和的大问题时，进一步提出开发新系统的请求，旧系统生命周期结束，新系统诞生，构成系统的一个生命周期。

5.3 酒店管理信息系统的开发流程

本节以结构化开发方法为例，介绍 HMIS 的开发流程，主要讲解系统分析、系统设计与系统实施 3 个阶段，系统规划内容 5.1 节已经介绍过，而系统运行和维护将在第 6 章讲解。

5.3.1 酒店管理信息系统的系统分析

系统分析是保证所开发系统设计合理、功能优化的一个重要保障。这个阶段工作的深入与否，直接影响到将来开发系统的设计质量和经济效益。因此，必须给予高度重视。

1. 系统分析的主要任务

系统分析主要解决系统"做什么"这一问题，其主要任务包括以下几项：

（1）详细调查。详细调查现行系统的运行情况和具体结构，并用一定的工具对现行系统进行详尽的描述，这是系统分析最基本的任务。在充分了解现行系统现状的基础上，进一步发现其存在的薄弱环节，并提出改进的设想，这是决定新系统功能强弱、质量高低的关键所在。

（2）用户需求分析。用户需求是指用户要求新系统应具有的全部功能和特性，主要包括：功能要求、性能要求、可靠性要求、安全和保密要求、开发费用和时间以及资源方面的限制等。

在系统分析阶段，主要工作目标就是确定用户需求，解决系统"做什么"这一问题。

（3）提出新系统的逻辑模型。在详细调查和用户需求分析的基础上提出新系统的逻辑模型。逻辑模型是指在逻辑上确定的新系统模型，主要解决系统"做什么"，而不是"如何做"。逻辑模型由一组图表工具进行描述，用户可通过逻辑模型了解未来的新系统，并进行讨论和改进。

因为系统分析的内容很多，主要包括信息需求分析、组织机构分析、业务流程分析、数据流程分析等，为了方便分析人员和业务管理人员之间进行业务交流和分析问题，在系统分析阶段应该尽量使用各种形象、直观的图表工具。这些图表工具是构成相同逻辑模型的主要部件。表 5-2 列出了系统分析阶段常用的图表工具。

表 5-2 系统分析常用的图表工具

图表名称	图表用途
组织机构图	描述用户单位的组织机构设置情况及其隶属关系
管理功能图	采用层次结构方式介绍有关组织的具体管理功能
业务流程图	描述具体业务的处理流程（输入、处理和输出）
表格分配图	
数据流程图	描述相关业务的信息处理流程（来源、加工、存储、去向）
数据字典	描述业务流程中各种数据的详细信息

续表

图表名称	图表用途
判断数	
判断表	具体描述业务处理过程中的加工处理方法
结构化英语	

（4）编写系统分析说明书。对上述采用图表描述的逻辑模型进行适当的文字说明就组成了系统分析说明书，它是系统分析阶段的主要成果，也是指导下一阶段工作的主要依据。

2. 系统详细调查

系统分析的第一步就是做好详细调查，其主要目的是深入了解系统的处理流程，完整掌握现行系统的现状，发现问题和薄弱环节，收集资料，最终确定用户需求。

（1）详细调查的目的。

详细调查的对象是现行系统（包括手工系统和已采用计算机的管理信息系统）。详细调查的目的是深入了解企业管理工作中信息处理的具体情况和存在的问题，为提出新系统的逻辑模型提供可靠的依据，因此其细微程度要比初步调查高得多，工作量也要大得多。

（2）详细调查的原则。

详细调查是系统分析与设计的基础，它对整个开发工作的成败起着决定性的作用。详细调查中必须要求用户积极参与，整个调查过程由使用部门的业务人员、主管人员和设计部门的系统分析人员、系统设计人员共同进行，并遵循以下详细调查的基本原则：

- 自顶向下全面展开。系统调查应严格按照自顶向下的系统化观点全面展开。首先从组织的最顶层开始，然后再调查第二层，依此类推，直至摸清组织的全部工作。
- 弄清各项管理工作存在的必要性。组织内部的每一个管理部门和每一项管理工作都是根据组织的具体情况和管理需要而设置的。调查工作的目的正是要搞清这些管理工作存在的客观条件、环境条件和工作的详细过程，然后再通过系统分析讨论其在新的信息系统支持下有无优化的可行性。
- 采用工程化的工作方式。对于一个大型系统的调查，一般都由多个系统分析人员共同完成。所谓工程化的方法就是将每一步工作事先都计划好，对多个人的工作方法和调查所用的表格、图例都进行规范化处理，以使群体之间都能互相沟通、协调工作。另外所有规范化调查结果都应整理后归档，以便进一步工作时使用。
- 全面铺开与重点调查相结合。开发整个组织的综合性管理信息系统要开展全面的调查工作。但如果近期内只需开发组织内某一局部的信息系统，这就必须坚持全面铺开与重点调查相结合的方法，即自顶向下全面展开，但每次都只侧重与局部相关的分支。
- 主动沟通、亲和友善的工作方式。系统调查是一项涉及组织内部管理工作的各个方面、各种不同类型的人的工作，所以调查者主动地与被调查者在业务上的沟通是十分重要的。一个好的人际关系可能导致调查事半功倍，反之则有可能根本进行不下去。

（3）详细调查的方法。

详细调查的常见方法，除了搜集资料进行间接调查外，还有以下几种直接调查方法：
- 个别访问法。个别访问法是系统分析人员根据调查需要，有目的性地直接访问组织中的各类业务人员，其目的是要了解组织的业务流程、数据流程和数据处理方法等。
- 问卷调查法。问卷调查法就是系统分析人员将与系统开发有关的问题以问卷的形式发给组织中的有关人员，通过回答问题的方式了解系统现状和系统需求。设计问卷调查表时，要注意：问卷的信息量不要太大，问题要简单、明确、直接，突出主题和中心思想。切忌表述不清、容易产生二义性的问题出现。问卷方式最好采用选择式问卷。
- 召开调查会。召开调查会是系统调查中很有效的一种方式。其目的是尽可能使管理人员和系统开发人员在新系统的功能和与之联系的修改方案及措施方面取得一致。
- 参加业务实践。参加业务实践是系统分析人员深入、准确、完整地了解系统中的一些复杂环节的最佳方式。通过直接参加业务实践，分析人员可以更好地掌握系统的输入、处理、输出、传递、存储的具体过程和内容，并能体验和找出系统中的各种缺陷。

（4）详细调查的内容。

详细调查主要针对管理业务调查和数据流程调查两部分进行，具体内容包括：组织结构调查与分析、功能体系调查与分析、管理业务流程调查与分析、数据与数据流程调查与分析、薄弱环节以及其他相关内容的调查。它们的具体内容将在后面进行详细介绍。

（5）详细调查结果的表达工具。

在系统的详细调查中，为了便于分析人员和管理人员之间进行业务交流和分析问题，在调查过程中应尽可能使用各种形象、直观的图表工具。

系统详细调查中的图表工具很多，如表5-1所示，通常用组织结构图描述组织的机构及其相互之间的隶属关系；用管理功能图表示组织中各个管理机构的分层管理功能体系；用业务流程图或表格分配图描述业务流程状况；用数据流程图来描述业务过程中的数据流动与数据存储情况；用决策树、决策表或结构化英语等描述具体的处理功能步骤等。

3. 管理业务调查

开发和建设酒店管理信息系统的根本目的在于提高酒店的管理水平。严格地说，设计一个新的信息系统，应该首先进行业务流程重组和组织机构重构，应当把信息系统建设当成是对组织的一种有目的的改进和优化过程。因此，在开发管理信息系统时，对现行系统管理业务的调查就显得非常重要。

管理业务流程的调查主要包括组织机构调查、管理功能调查和业务流程调查。

（1）组织机构调查。

组织机构指的是一个组织的组成部分以及这些组成部分之间的隶属关系或者管理与被管理的关系。

通常用图5-4所示的组织结构图来表示。

（2）管理功能调查。

组织结构图只是表示了机构设置情况，而对于各级组织的职能以及有关人员的工作职责、决策内容、存在问题以及对新系统的要求，还要进行详细的调查。这就是管理功能调查。管理功能调查的任务就是，在掌握系统组织结构的基础上，以组织结构为线索，层层了解各个部门的工作职责和内部分工，掌握组织的功能体系，并用功能体系图来表示。

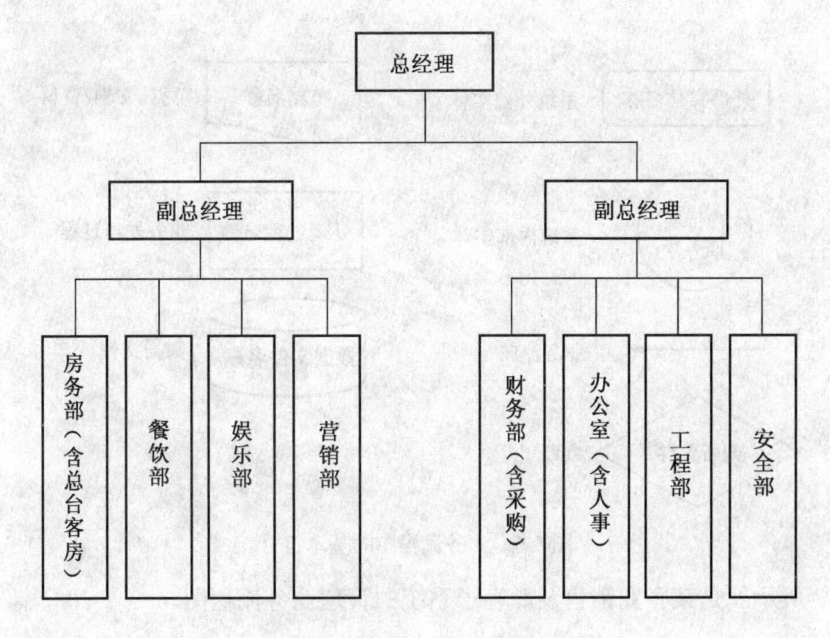

图 5-4 某中型酒店的组织结构图

功能体系图是一个完全以业务功能为主体的树形图，其目的在于描述组织内部各个组成部分的业务和功能。

系统功能体系图的一般形式如图 5-5 所示。

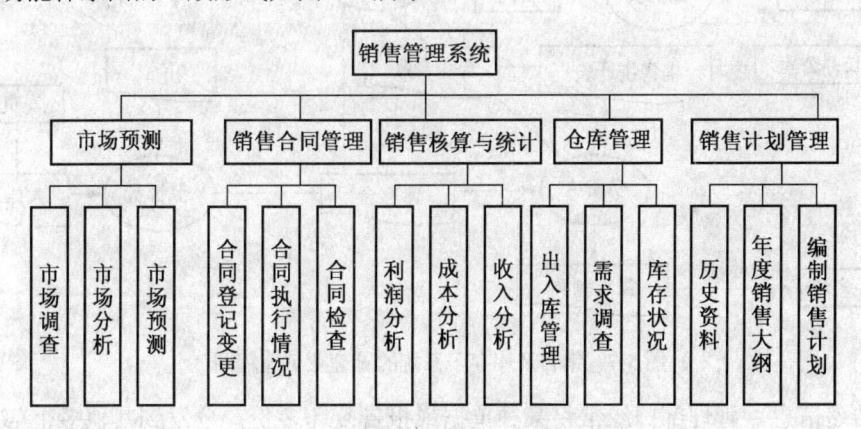

图 5-5 某企业销售部的功能体系图

（3）业务流程调查。

业务流程调查的主要目的是分析某项业务的具体处理过程，发现和处理系统调查工作中的错误和疏漏，修改和删除原系统的不合理部分，在新系统基础上优化业务处理流程。

描述管理业务流程的图表有两种：业务流程图和表格分配图。

业务流程图是一种描述系统内各单位、人员之间业务关系、作业顺序和管理信息流向的图表，利用它可以帮助分析人员找出业务流程中的不合理流向。

业务流程图易于阅读和理解，是分析业务流程的重要工具。它用一些尽可能少的规定的符号及连线来表示某个具体业务处理过程。业务流程图中常用的基本符号如图5-6所示。

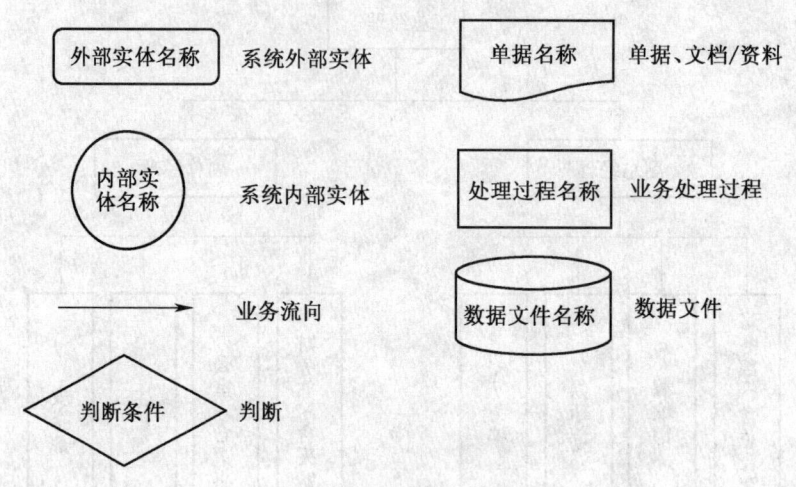

图 5-6 业务流程图的基本符号

如图5-7所示就是某企业销售及库存子系统的管理业务流程图。

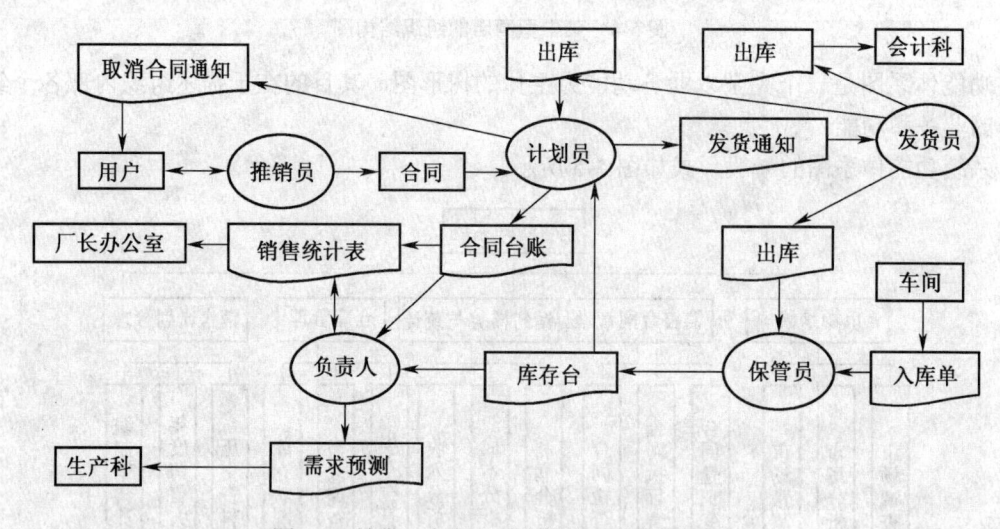

图 5-7 销售及库存子系统的管理业务流程图

为了传递信息，管理部门经常将某种单据或报告复印多份，分发到其他多个部门，在这种情况下，可以采用表格分配图来描述有关业务。这种图形可以帮助分析员表示出系统中各种单据和报告都与哪些部门发生业务关系。

如图5-8所示就是一张描述物资采购业务的表格分配图，其中每一列表示一个部门，箭头表示复制单据的流向，每章复制的单据上都标有号码，以便区别。

图中由采购部门准备采购单，采购单一式四份，第一张送供货部门；第二张送收货部门，用于登入待收货登记表；第三张交会计部门，作应付款处理，记入应付账；第四张留在采购部门备查。到货时，收货部门按照待收货清单核对货物后填写收货单四份，其中第一张送供货部门；第二张送收货部门，用于登入待收货登记表；第三张交会计部门，作应付款处理，记入应付账；第四张留在采购部门备查。

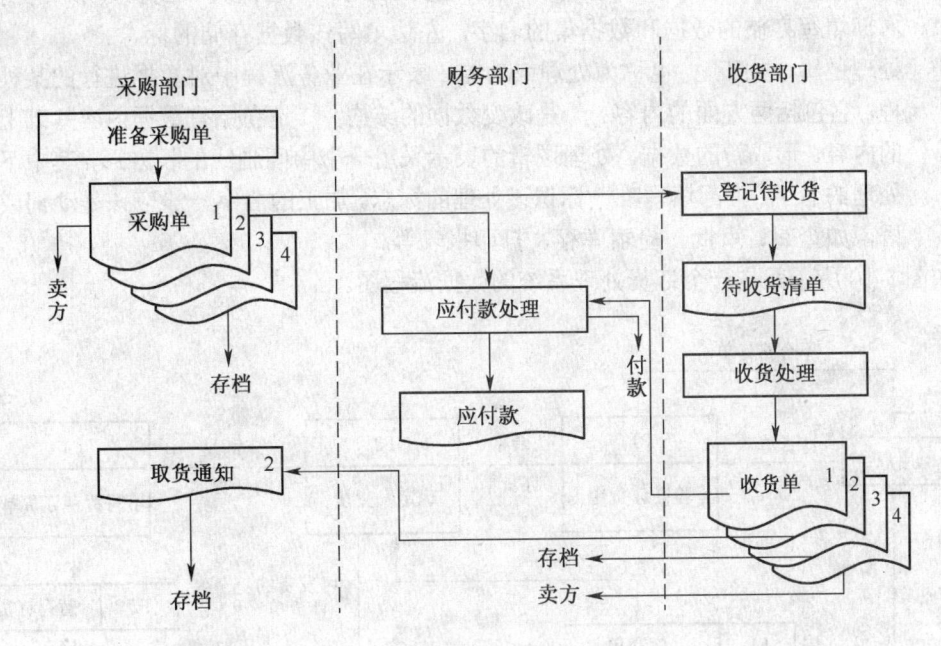

图 5-8 采购业务的表格分配图

4. 新系统逻辑模型的建立

经过管理业务流程调查后，要确定新系统的逻辑模型，该模型主要由一套分层的数据流图、一本数据字典以及若干个加工处理逻辑说明组成。

（1）数据流程图。

数据流程图从数据传递和加工的角度，以图形的方式刻画信息系统的工作情况。它用少数几种符号综合地反映出信息在系统中的流动、处理和存储情况。因此，采用数据流程图可以更好地描述信息系统的各项业务处理过程。

数据流程图只有 4 种基本成分，它们的符号表示如图 5-9 所示。

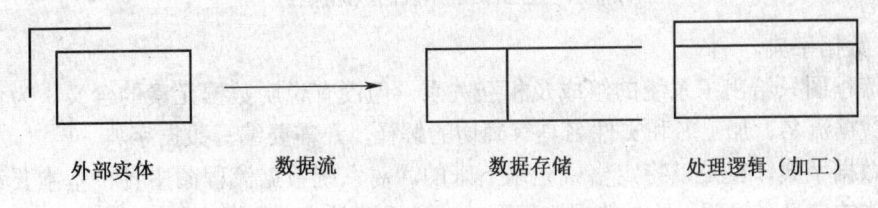

图 5-9 数据流程图的基本符号

- 外部实体：以方形框并在左上角加折线的方式表示图中出现数据的始发点或终止点，它表示与系统处理有关，同时又不属于系统内部的那些外围部分。在实际问题中它可能是人员、计算机外设、系统外部文件等，如库存管理系统中的"车间"。在方形框中用文字注明外部实体的编码属性和名称。
- 数据流：用箭头线表示数据流动的方向，由一组数据项组成。例如"发票"数据流由品名、规格、单位、单价、数量等数据组成。数据流一般为名词。
- 数据存储：逻辑意义上的数据存储环节，即系统信息处理功能需要的、不考虑存储的物理介质和技术手段的数据存储环节。它可以用一个右边开口的长方形来表示，图形右部填写存储的数据和数据集的名字，左边填写该数据存储的标志。
- 处理逻辑（加工）：也称为处理或功能，表示在业务流程中对数据进行的某种处理过程，它包括两方面的内容：一是改变数据的结构；二是在原有数据内容基础上增加新的内容，形成新的数据。处理逻辑的表示采用一个中间画线的长方形，其中下部填写处理的名字，上部填写唯一标识该处理的标志。加工的名字一般应该是动词或动宾短语，如查阅、审批、检索库存、打印报表等。

如图 5-10 所示就是一个订货处理系统的数据流程图。

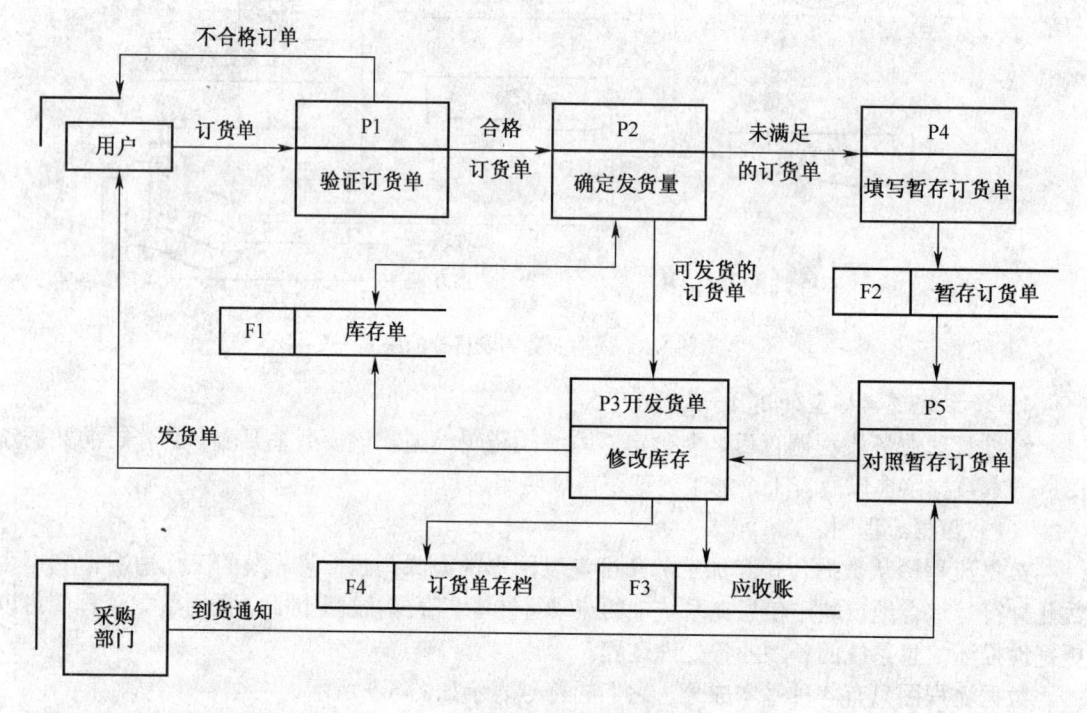

图 5-10 订货处理系统的数据流程图

（2）数据字典。

数据流程图只给出了系统的组成及相互关系，但没有说明数据元素的含义。为使数据流程图上的数据流名、加工名和文件名具有确切的解释，还需要编写数据字典。

所谓数据字典，就是以特定格式记录下来的，对系统数据流程图中各个基本要素的内容和特征所作的定义和说明，是对数据流程图的一种重要补充。数据流程图配以数据字典，就可以从图形和文字两个方面对系统的逻辑模型进行完整的描述。

编写数据字典是系统开发的一项重要的基础工作。一旦建立，并按编号排序之后，就是一本可供查阅的关于数据的字典，从系统分析一直到系统设计和实施都要使用它。在数据字典的建立、修正和补充过程中，始终要注意保证数据的一致性、完整性和可用性。

手工编制数据字典，就是将数据字典中的各个项目制作成专门的卡片，让专人管理，其工作量极大，并且也容易出错。为了管理的方便，可借助计算机工具，利用数据库管理系统来辅助建立和管理数据字典。

由于篇幅所限，本书对酒店管理信息系统开发中需要建立的数据字典不再进行实例介绍。

（3）处理逻辑说明。

数据流程图中比较简单的计算性的处理逻辑可以在数据字典中直接作出定义，但还有不少在逻辑上比较复杂的处理有必要运用一些描述处理逻辑的工具来加以说明。

例如，某公司的订货折扣政策如下：

> （1）年交易额在 500 万或 500 万以下，则不给予折扣。
> （2）对于年交易额在 500 万以上时：
> 如果无欠款，则给予 15%的折扣。
> 如果有欠款，而且与本公司的交易关系在 10 年以上，则折扣为 10%。
> 如果有欠款，而且与本公司的交易关系在 10 年及以下，则折扣为 5%。

问：对于这个文字表述复杂的逻辑处理实例，如何用简便的工具描述该政策？

下面介绍简洁地描述该逻辑判断功能的 3 种工具：判断树、判断表、结构化语言。

1）判断树。

判断树是用树型分叉图来表示处理逻辑的一种图形工具，它可以直观、清晰地表达加工中具有多个策略，而每个策略又和若干条件有关的逻辑功能。

判断树的组成形式为：左边结点为树根，称为决策结点；与决策结点相连的称为方案枝；最右方的方案枝端点表示决策结果，即所采用的策略；中间各结点为分段决策结点。

例如，上面的某公司订货折扣政策可以用判断树表示成如图 5-11 所示的效果。

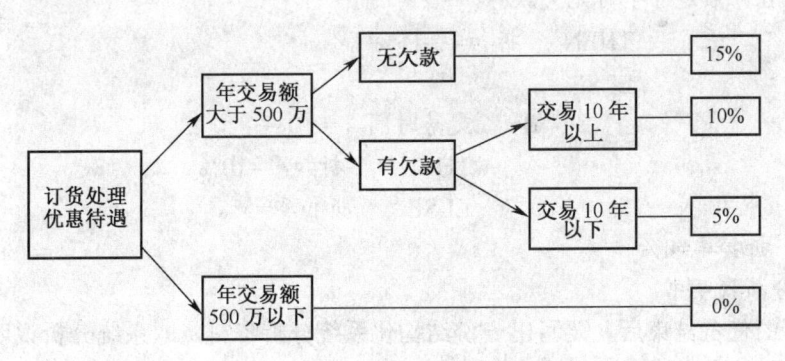

图 5-11 公司折扣政策的判断树

这一判断树与以上文字叙述相比，使人一目了然，清晰地表达了在什么情况下应采取什么策略，不易产生逻辑上的混乱。因而判断树是描述基本加工逻辑功能的有效工具。

2）判断表。

在基本逻辑处理中，如果判断的条件较多，各条件又相互结合，相应的决策方案较多的情形下用判断树来描述，树的结构会比较复杂，图中各项注释也会比较烦琐。这时用判断表就更为合适。如图 5-12 所示就是本节前面所述某公司订货折扣政策的判断表表示。

条件及行动		1	2	3	4	5	6	7	8
条件组合	C1: 交易额 500 万以上	Y	Y	Y	Y	N	N	N	N
	C2: 无欠款	Y	Y	N	N	Y	Y	N	N
	C3: 交换 10 年以上	Y	N	Y	N	Y	N	Y	N
行动	A1: 折扣率 15%	√	√						
	A2: 折扣率 10%				√				
	A3: 折扣率 5%				√				
	A4: 折扣率 0%					√	√	√	√

图 5-12 "订货折扣政策"判断表

判断表也是一种图形工具，呈表格形，由 4 个部分组成。在图 5-12 中，用粗虚线分割开了这 4 个部分。其中，左上部分表示条件，列出了所有可能的条件；左下部分表示行动，列出了所有可能的行动方案；右上部分是各种条件的不同组合；右下部分是各种条件组合下应该采用的相应行动。

3) 结构化语言。

结构化语言介于自然语言和计算机语言两者之间，虽然它没有严格的语法规定，使用的词汇也比形式化的计算机语言广泛，但使用的语句类型很少，结构规范，表达的内容清晰、准确，易理解，不易产生歧义，适于表达数据加工的处理功能和处理过程。

例如，上面描述的折扣政策处理可以用结构化语言描述如下：

```
IF      交易额 >= 500 万元
THEN    IF  最近 3 个月无欠款
            THEN    折扣率=15%
            ELSE
                IF  交易时间 >= 10 年
                    THEN    折扣率=10%
                    ELSE    折扣率=5%
ELSE    折扣率=0%
```

5. 系统分析说明书

系统分析的任务结束后，要写出一份结构化系统分析资料，即系统分析说明书，它反映了系统分析阶段的全部情况，是系统分析阶段的工作总结，也是系统分析阶段的重要文档。

用户可以通过系统分析说明书来验证和认可新系统的开发策略和开发方案，而系统设计人员可以用它来指导系统设计工作和以后的系统实施。此外，系统分析说明书还可以用来作为评价项目成功与否的标准。系统分析说明书主要包括以下内容：

（1）概述。简要说明新系统的名称、主要目标及功能、新系统开发的有关背景以及新系统与现行系统之间的主要差别。

（2）现行系统概况。用本章介绍的一些工具，如组织结构图、功能体系图、业务流程图、数据流程图、数据字典等，详细描述现行组织的目标、现行组织中信息系统的目标、系统的主要功能、组织结构、业务流程等。另外，各个主要环节对业务的处理量、总的数据存储量、处理速度要求、处理方式和现有的各种技术手段等，都应作一个扼要的说明。

（3）系统需求说明。在掌握了现行系统的真实情况基础上，针对系统存在的问题，全面了解组织中各层次的用户就新系统对信息的各种需求。

系统需求规定包括：对功能的规定、对性能（如精度、时间特性要求、灵活性等）的规定、输入输出要求、数据管理能力要求、故障处理要求以及其他专门要求。

系统需求说明中还要对系统运行环境（设备、支持软件、接口、控制等）作出规定。

（4）新系统的逻辑方案。根据原有系统存在的问题，明确提出更加具体的新系统目标。围绕新系统的目标，确定新系统的主要功能划分，并绘制系统的各个层次数据流程图、新系统的数据字典，以及加工说明等，确定数据的组织形式，同时还要确定输入和输出的要求。

（5）系统开发资源、开发费用与进度估计。在系统分析阶段审查中，为了使有关领导获得更多的关于开发费用、开发工作量以及所需开发资源的信息，同时也便于对系统开发工作进行管理，要在当前基础上对开发所需的费用、资源和时间作进一步的估算。

5.3.2 酒店管理信息系统的系统设计

系统设计是开发管理信息系统的第二阶段，主要解决系统"如何做"的问题。它通常可分为两个阶段进行，首先是总体设计，其任务是设计系统的总体框架结构；其次是详细设计，即对系统中的每一个具体模块进行详细的输出、输入、内部处理流程的设计。

1. 系统设计的任务与内容

系统设计是一项技术性强、涉及面广的工作活动，其主要内容如表 5-3 所示。

表 5-3 系统设计的主要内容

设计项目	主要内容
系统总体设计	将系统进行模块化分解，绘制系统的模块结构图
	决定每个模块的功能和模块间的调用关系及数据传递关系
	设计信息系统流程图，并决定主要模块的工作界面
系统详细设计	代码设计，数据库设计
	输出设计、输入设计和人机界面设计
	模块内部的处理过程设计
	系统可靠性、安全性和保密性设计
	制定系统设计规范
	编写系统设计说明书
物理配置方案设计	计算机软硬件设备的配置
	通信网络的选择和设计
	数据库管理系统的选择
	信息系统的总体布局设计
其他设计	系统断电应急措施，防火、防雷击等保护措施，系统与外部信息网络的连接

2. 系统设计的原则

系统设计中，应遵循以下基本原则：

（1）功能性。一个好的系统设计首先必须保证系统功能的完整，这包括系统是否解决了用户所希望解决的问题、是否能够进行所需要的各种运算、能否提供符合用户需要的信息输出等。

（2）合法性。合法性指的是系统设计应符合现行的企业管理制度和其他相关法规的规定。它包含两层含义：一是企业管理制度等微观法律、法规的要求；二是符合国家宏观管理的需求。

（3）系统性。在系统设计中，要从整个系统的角度考虑系统设计。系统的代码设计要合理，设计规范要标准，程序设计语言要一致，用户界面要统一，对系统的数据采集要做到数出一处、全局共享，使一次输入得到多次利用。

（4）适应性。信息系统要具有很强的环境适应性，系统要容易修改和更新。为此，系统应具有较好的开放性和结构的可变性。在结构设计中，应尽量采用模块化结构，提高各模块的独立性。另外，系统的软硬件平台和环境支持应选用开放的系统，便于不同机型、网络以及网络平台的互联，满足用户的开发和使用要求。

（5）可靠性。可靠性是指管理信息系统保证提供正确管理、决策和经营信息的能力。一个成功的管理信息系统必须具有较高的可靠性。

（6）安全性。系统的安全性指的是系统设置安全保护措施，防止信息的泄露和破坏。安全性和可靠性既有联系又有区别，联系是指它们都是系统中的一些设置，防止信息的泄露和破坏；区别是可靠性主要防止系统产生不准确的信息，而安全性防止已生成的信息被泄露和破坏。

（7）经济性。经济性指在满足系统需求的前提下，尽可能减少系统的开销。一方面，在硬件投资上不能盲目追求技术上的先进，而应以满足应用需要为前提；另一方面，系统设计中应尽量避免不必要的复杂化，各模块应尽量简洁，以便缩短处理流程、减少处理费用。

（8）高效性。高效性是指系统的运行效率，系统的运行效率包括：吞吐能力（单位时间内能处理的事务的个数）、处理速度（处理单个事务的平均时间）、响应时间（从发出处理请求到给出应答结果所需要的时间）。

3. 系统功能结构的设计

系统功能结构的设计，就是从系统整体功能出发，逐步进行功能分解的过程，其主要目的在于描述系统内各个组成部分的结构及其相互关系。

在酒店信息系统中，系统功能可分前台和后台两大部分，其中前台系统通常包括：预订接待子系统、财务审核子系统、客房中心子系统、餐饮娱乐管理子系统、商务中心管理子系统、程控电话管理子系统；后台系统包括：总经理查询子系统、财务管理子系统、人事工资管理子系统、工程设备管理子系统、仓库管理子系统、安全管理子系统。

系统功能结构设计的结果描述工具是功能结构图。所谓系统功能结构图，就是按照系统的功能从属关系描述系统各个组成部分功能的一种图表，图中每一个框表示一个功能，各层功能模块与数据流图中的加工相对应。

如图 5-13 所示就是一个典型的酒店管理信息系统的功能结构图。

4. 信息系统流程图的设计

系统功能结构图主要从功能的角度描述了系统的结构，但并没有表达各功能之间的数据传送关系。事实上，系统中许多业务或功能都是通过数据文件联系起来的。例如，某一功能模块向某一数据文件中存入数据，而另一个功能模块则从该数据文件中取出数据。

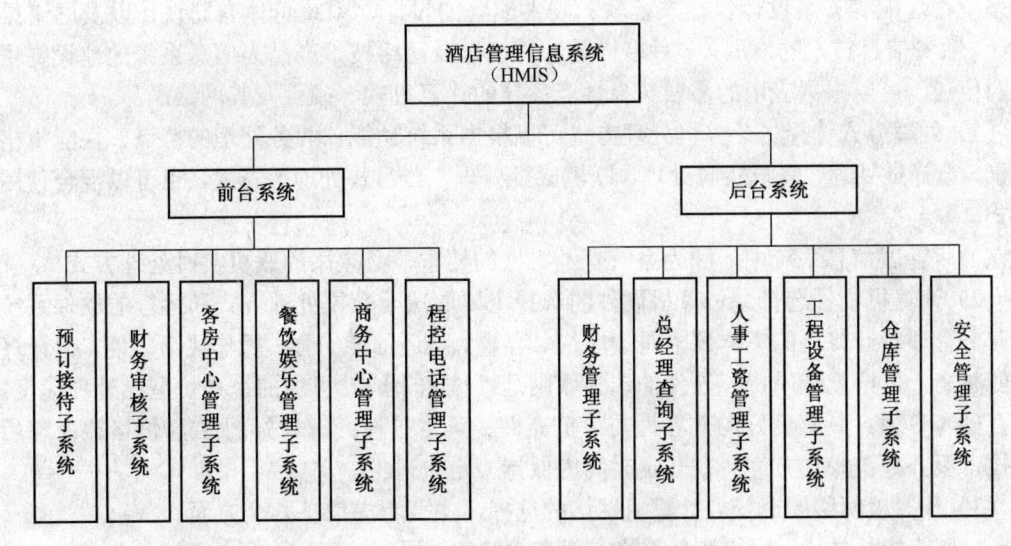

图 5-13 酒店管理信息系统 功能结构图

信息系统流程图是用来描述系统物理模型的一种传统工具。一个系统可以包含人员、硬件、软件等多个子系统。系统流程图的作用就是，抽象地描述系统内部的主要成分（如硬设备、程序、文字及各类人工过程等），表达信息在各个成分之间流动的情况。

图 5-14 所示就是一个库存管理系统的信息系统流程图，可以看出，该系统由基本信息、库存查询、库存报表处理、库存盘点、库存分析 5 个部分组成，各个部分之间的关联关系在图中得到了很好的说明。

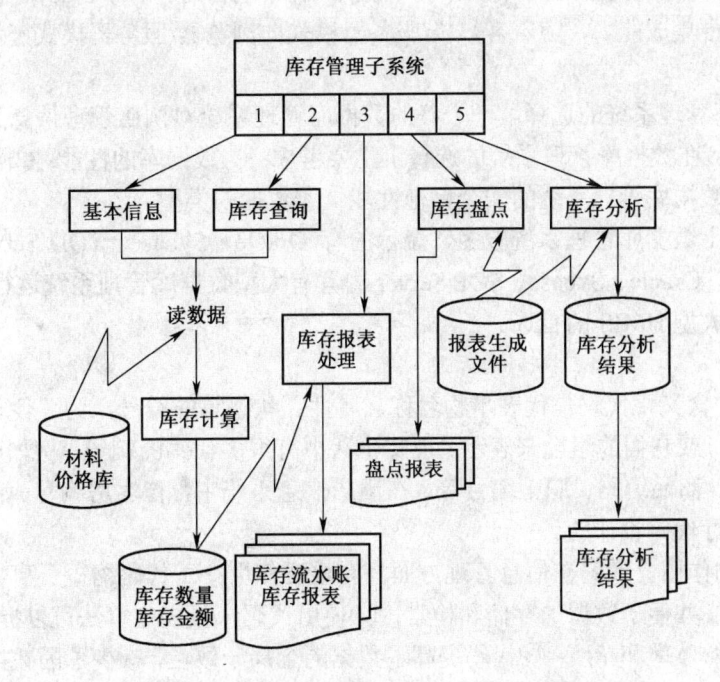

图 5-14 库存管理系统的信息系统流程图

5. 系统物理配置方案设计

系统物理配置方案设计包括系统软、硬件配置的设计、系统总体布局设计以及网络结构的设计。随着信息技术的发展，多种多样的计算机以及网络技术产品为信息系统的建设提供了极大的便利，可以根据应用的需要选择性能各异的计算机软、硬件及其网络产品。

（1）处理方式选择。计算机处理方式可以根据系统功能、业务处理的特点、性能价格比等因素，选择批处理、联机实时处理、联机成批处理、分布式处理等方式，也可以混合使用各种方式。

在酒店管理信息系统中，因为系统有及时性的要求，必须采用联机实时处理方式。

（2）计算机硬件选择。计算机硬件的选择主要取决于数据处理方式和运行的软件系统。酒店业务管理对计算机的基本要求是速度快、容量大、通信能力强、操作灵活方便，但计算机的性能越高，价格就越昂贵。硬件的选择原则是：技术上成熟可靠的系列机型；处理速度快；数据存储容量大；具有良好的兼容性与可扩充性、可维护性；有良好的性能/价格比；售后服务与技术服务好；操作方便；在一定时间内保持一定先进性。

（3）计算机网络的选择。计算机网络的选择，主要考虑以下几个方面：

- 网络拓扑结构。网络拓扑结构一般有总线型、星型、环型、混合型等。在网络选择上应根据应用系统的地域分布、信息流量进行综合考虑。
- 网络的逻辑设计。通常首先按软件将系统从逻辑上分为各个分系统或子系统，然后按需要配备设备，如主服务器、主交换机、分系统交换机、子系统集线器、通讯服务器、路由器和调制解调器等，并考虑各设备之间的连接结构。
- 网络操作系统。目前，流行的网络操作系统有 UNIX、Netware、Windows 等。UNIX 历史最早，是唯一能够适用于所有应用平台的网络操作系统；Netware 网络操作系统适用于文件服务器/工作站模式，具有较高的市场占有率；Windows 由于其有良好的软件平台集成能力，随着客户机/服务器模式向浏览器/服务器模式延伸，无疑是很有前途的。

（4）数据库管理系统的选择。一个好的数据库管理系统对酒店管理信息系统的应用有着举足轻重的影响。在数据库管理系统的选择上主要考虑：①数据库的性能；②数据库管理系统的系统平台；③数据库管理系统的安全保密性能；④数据的类型。

目前，市场上数据库管理系统较多，流行的有 Oracle、Sybase、SQL Server、Informix、Visual FoxPro 等，Oracle、Sybase、SQL Server 内置有大型数据库管理系统运行于客户/服务器等模式，是开发大型 HMIS 的首选。

6. 代码设计

（1）代码的含义。代码是代表事物名称、属性、状态等的符号，为了便于计算机处理，一般用数字、字母或它们的组合来表示。现实生活中有很多代码的例子，例如准考证号、学生学号、汽车牌照、商品编码、职工编号等。在酒店信息系统中，像客房编号、员工编码、菜肴编号都是需要进行代码设计的。

（2）代码的作用。代码在信息管理方面具有重要作用：①代码缩短了事物的名称，可以节省时间和空间，并便于数据的存储和检索；②使用代码，按规定算法可以提高排序、统计、汇总等信息处理的效率和精度；③代码提高了数据的全局一致性，减少了因数据不一致而造成的错误；④代码是人和计算机之间的共同语言，是两者交换信息的工具。

(3) 代码设计的原则。在代码设计时，应注意遵循以下一些原则：
- 适用性。设计的代码在逻辑上必须能满足用户的功能需要，在结构上应当与系统的处理方法相一致。
- 单义性。即每个代码应该唯一标志它所代表的某一种事物或属性，每一个实体只能有一个代码，不能重复。
- 可扩充性。代码设计时，要预留足够的位置，以适应不断变化的需要。
- 规范性。代码要系统化，代码的编制应尽量标准化，尽量使代码结构对事物的表示具有实际意义，以便于理解及交流。
- 明义性。要注意避免引起误解，不要使用易于混淆的字符，如 O、Z、I、S、V 与 0、2、1、5、U 易混；不要把空格作代码；要使用 24 小时制表示时间等。
- 合理性。要注意尽量采用不易出错的代码结构，例如"字母-字母-数字"的结构（WW2）比"字母-数字-字母"的结构（如 W2W）发生错误的机会要少一些；当代码长于 4 个字母或 5 个数字字符时，应分成小段。这样人们读写时不易发生错误。如 726-499-6135 比 7264996135 易于记忆，并能更精确地记录下来。

(4) 代码的类型。一般来说，代码可按文字种类或功能进行分类。按文字种类可分为数字代码、字母代码（英语字母或汉语拼音字母）和数字字母混合码，按功能则可以分成以下几类：

1）顺序码。

顺序码是一种用连续数字代表编码对象的代码。

例如，中国民族代码的表示：用 01 代表汉族，02 代表藏族，03 代表回族……

中国各大城市的编码：001 北京，002 上海，003 天津，004 重庆……

顺序码的优点是短而简单，记录的定位方法简单，易于管理。但这种码没有逻辑基础，不适宜分类，本身也不能说明任何信息的特征。此外，追加编码只能在连续号的最后添加一个号，删除则造成空码。所以，它一般只是作为其他代码中细分类的一种补充。

2）区间码。

区间码是把数据项分成若干组，每一区间代表一个组，码中数字的值和位置都代表一定意义。典型的区间码例子是我国的公民身份证号码。下面我们对其进行分析。

图 5-15 所示是我国公民身份证代码的编码规则。它共有 18 位，全部采用数字编码，各位数字的含义请参见图中说明，其中第 17 位数字是表示在前 16 位数字完全相同时，某个公民的顺序号，并且奇数用于男性，偶数用于女性。如果前 16 位数字均相同的同性别的公民超过 5 人，则可以"进位"到第 16 位。比如，有 6 位女性公民前 16 位数字均相同，并假设第 16 位数是 7，则这些女性公民的末两位编号分别为 72、74、76、78、80、82。另外，还特殊规定，最后三位数为 996、997、998、999 这 4 个号码为百岁老人的代码，这 4 个号码将不再分配给任何派出所。第 18 位数字为检验位，用来进行代码的正确性检验。

区间码的优点是：信息处理比较可靠，排序、分类、检索等操作易于进行。但这种码的长度与它分类属性的数量有关，有时可能产生很长的码。在许多情况下，码有多余的数。同时，这种码的修改也比较困难。

3）表意码。

表意码是把表示编码对象属性的文字、数字等作为编码。例如，国际民航系统中，用 3

个字母代码表示飞机场地点，如 PEK 表示北京，SHA 表示上海，SFO 表示旧金山等。

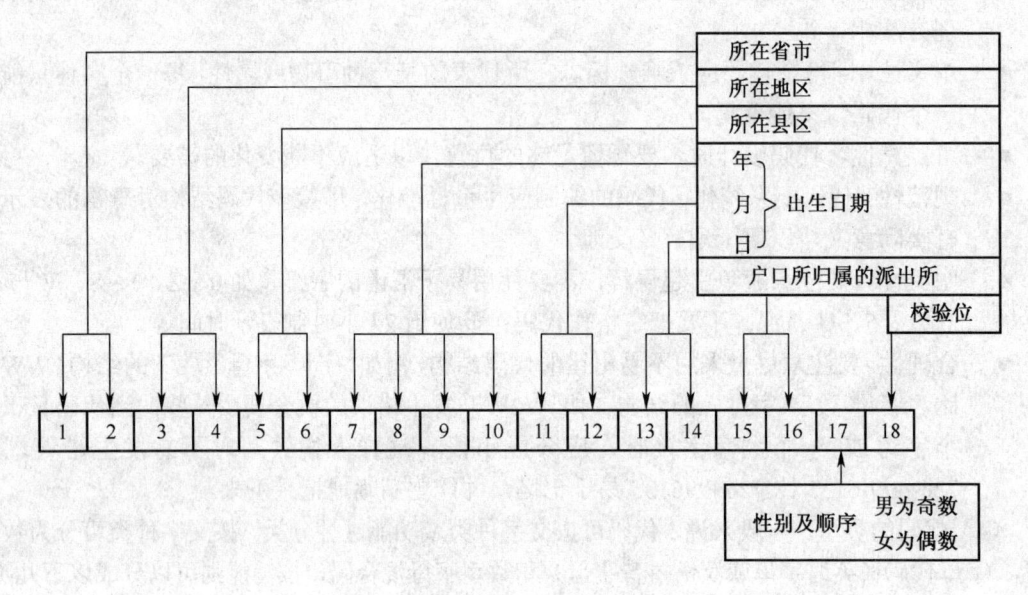

图 5-15 我国公民身份证代码的含义

在酒店管理信息系统中，经常使用一些缩写词作为表意码。例如，在客户信息登记表格中，性别输入时，用 M 表示男，F 表示女；用 VC 表示干净的空房（可卖房），用 VD 表示脏的空房（走房）；在无线点菜系统中，用菜肴名称汉语拼音首字母表示菜名，如 YXRS 表示鱼香肉丝，CPHS 表示醋泡花生等。

表意码可通过联想记忆，容易理解。但随着编码数量的增加，其位数也要增加，给处理带来不便。因此，表意码适用于数据项数目较少的情况，否则可能引起联想出错。

7. 用户界面设计

用户界面设计与下面要介绍的输出设计、输入设计 3 个方面构成了信息系统中的人机交互设计，它们都是通过屏幕、键盘等设备与计算机进行信息交换，控制系统的运行进程。其中用户界面设计的原则是为用户操作着想。因此，用户界面设计应注意以下几点：

（1）要首选图形用户界面，整体设置要清楚、简单，用词要符合用户习惯。

（2）用户界面要适应不同操作水平的用户，便于维护和修改。用户开始使用时，要让操作人员觉得系统在教他如何使用，鼓励他使用。随着用户对系统的熟悉，又会觉得太详细的说明、复杂的屏幕格式太罗嗦。为适应不同水平的用户，操作方式应可以选择。

（3）错误信息设计要有建设性。使用者判断用户界面是否友好，其第一印象往往来自当错误发生时，系统有什么样的反应。在一个好的错误信息设计中，用词应当友善、简洁清楚，并要有建设性，即尽可能告知使用者产生错误的可能原因。

（4）关键操作要有强调和警告。对某些要害操作，无论操作人员是否有误操作，系统应进一步确认，进行强制发问，甚至警告，而不能一接到命令立即处理，以致造成恶劣的后果。这种警告，由于能预防错误，更具有积极意义。

8. 输出设计

另外，在进行系统输出设计时，还要注意以下问题：

(1) 使用方便，符合用户的习惯。

(2) 规格标准化，文字和术语统一。

(3) 屏幕输出要合理安排数据项的显示位置，并注意适当的色彩搭配。

(4) 输出的表格要考虑系统未来发展的需要。

(5) 在设计纸质报表的格式和大小时，要先了解打印机的工作特性和相关指标。

(6) 为了便于编写输出程序，设计输出格式时最好先在方格纸上拟出草图。

9. 输入设计

输入设计要在保证向信息系统提供正确信息和满足需要的前提下，尽可能做到输入方法的简单、迅速、经济，并方便使用者操作，也就是要达到"使用方便，操作简单，便于录入，数据准确"的目标，并遵循如下原则：

(1) 控制输入量。输入量应保持在能满足处理要求的最低限度，避免不必要的重复与冗余。输入量越少，错误率越小，数据准备时间也越少。

(2) 减少输入延迟。输入数据的速度往往成为提高信息系统运行效率的瓶颈，为减少延迟，可采用周转文件、批量输入等方式。

(3) 减少输入错误。输入的准备及输入过程应尽量简易、方便，并有适当查错、防错、纠错措施，从而减少错误的发生。

(4) 避免额外步骤。在输入设计时，应尽量避免不必要的输入步骤，当步骤不能省略时，应仔细验证现有步骤是否完备、高效。

(5) 尽早保存。输入数据应尽早地用其处理所需的形式记录下来，以避免数据由一种介质转换到另一种介质时需要转录及可能发生错误。

(6) 及时检查。应尽早对输入数据进行检查，以便使错误及时得到改正。

5.3.3 酒店管理信息系统的系统实施

1. 系统实施的含义

开发一个管理信息系统就像建一栋大楼，系统分析、系统设计就是根据大楼的要求画出各种蓝图，系统实施是调集各类人员、设备、材料，在现场根据图纸按实施方案的要求把大楼建起来。完成了系统分析、系统设计之后，如何将原来纸面上的、类似于设计图的新系统方案转换成可执行的实际系统，这就是系统实施阶段的主要工作。

也就是说，系统实施就是将新系统的设计方案转换为能够实际运行的系统。在此期间，开发商和用户都将投入大量的人力、物力，占用很长时间，用户单位将发生组织机构、人员、设备、工作流程的重大变革，所以系统实施是系统开发的关键阶段。

2. 系统实施的内容

系统实施包括硬件的获取、软件的获得或开发、用户准备、聘用和培训人员、地点和数据的准备、安装、测试、试运行以及用户验收等。其主要内容可以概括如下：

- 建立硬、软件环境，选择开发环境和工具。
- 实现物理系统。
- 进行系统测试，排除错误并完善功能。

- 装载数据，系统试运行，做局部调整。
- 用户技术培训和操作培训。
- 进行系统交接。
- 制定系统管理和操作制度，正确运行系统。
- 维护系统，实现设计目标，发挥最大效益。

3. 系统实施的关键问题

系统实施是一项十分复杂的系统工程，许多因素都会影响到系统实施的进程和质量。这些因素可以大致概括为管理因素和技术因素两类。

在管理因素方面，因为系统实施要涉及开发人员、测试人员、各级管理人员，涉及大量物资、设备、资金和场地，涉及各个部门及应用环境，执行过程中情况十分复杂，如果没有强有力的管理措施，系统实施工作将无法进行。实施管理的第一步就是要建立一个企业主要领导挂帅的领导班子；另外，还要注意各部门人员之间的协同工作，包括行动上和思想上两个方面；同时，人员的培训也是系统实施中的一项重要工作，培训质量的好坏直接关系到系统未来的效益。

在技术因素方面，影响系统实施的技术问题主要包括以下3个方面：

（1）数据整理与规范化。信息系统的成功实施，依赖于企业准确、全面、规范化的基础数据。信息系统是一个数据加工厂，没有高质量的数据原材料是不可能有高质量的信息产品的。

（2）软硬件及网络环境的建设。建设信息系统的软件、硬件及网络环境是一项技术性高、工作量大的任务。它是信息系统运行的基础设施和平台，如其不能很好地工作，信息系统就不可能很好地工作，因此，软硬件及网络环境的建设是企业应用的前提和基石。

（3）开发技术选择和使用。要想快速高效地实现信息系统，一个根本途径就是使用合适的系统开发工具，它是直接影响 MIS 实施的最重要的技术因素。因为信息系统与其他软件系统存在以下不同之处：

- 它是一个开放的系统：信息系统要兼容大量不同类型的硬件和软件，并且要能支持未来计算机软硬件技术的发展，使原有系统能够轻松移植到新的软硬件环境中去。
- 信息系统是基于企业具体环境的应用系统：信息系统的功能设置、系统结构等均受制于企业的组织机构和运行方式。一个好的信息系统的设计和实现，应该在企业组织和业务过程发生改变后，能够充分利用原有系统资源，快速方便地重新构筑新的系统。
- 信息系统必须是一个人机交互系统：人机交互是信息系统设计的目标之一，要让不懂计算机的人也能方便地操作，完成自己的工作。因此人机接口或界面的设计和开发在信息系统中显得特别重要，成为衡量信息系统质量的重要指标。

4. 程序设计

程序设计是系统实施中的一项重要内容。随着计算机硬件价格越来越便宜，软件费用急剧上升，人们对程序设计的要求发生了变化。过去主要是强调程序的正确和效率，这对小型程序来说无疑是正确的。但对于大型程序来说，人们则倾向于首先强调程序的可维护性、可靠性和可理解性，然后才是效率。关于程序设计，本书将不深入介绍。

5. 系统测试

信息系统作为大型软件系统，不可能完美无缺，其中难免会存在错误。系统测试的意义就是发现系统内部的错误，并给予修正。系统测试是保证系统开发成功的重要一环。

测试，就是用精心设计的数据运行程序，从而发现程序中的错误。根据信息系统的开发周期，系统测试可以分为以下 5 个阶段：

（1）单元测试。以模块为单位进行测试，即测试已设计出的单个模块的正确性。

（2）组装测试。在每个模块完成单元测试后，按照系统结构图把它们连接起来，进行组装测试。

（3）确认测试。组装测试完成后，在各模块接口无误并满足软件设计要求的基础上，还需要进行确认测试。

（4）系统测试。在完成确认测试后，对它与其他相关的部分或全部软硬件组成的系统进行综合测试。

（5）验收测试。系统测试完成且试运行了一定的时间后，企业应进行验收测试。确认软件能否达到验收标准。此时应在软件投入运行后所处的实际工作环境下进行验收。

6. 系统转换

在完成系统测试后，即可将其交付使用。所谓交付使用，就是新旧系统的交替，旧系统停止使用，新系统投入运行。整个交付过程可以称为系统交换过程，也称为系统上线。

（1）系统转换前的准备工作。

在完成系统转换任务之前，需要做好许多准备工作。主要包括以下 3 个方面的工作：

1）数据准备。数据准备是从老系统中整理出新系统运行所需的基础数据和资料，即把老系统的文件、数据加工成符合新系统要求的数据，其中包括历史数据的整理、数据口径的调整、数据资料的格式化、分类、编码，数据的增、删、改等。

2）文档准备。在系统开发结束后，应有一套完整的开发文档资料，它记录了开发过程中的开发轨迹，是开发人员工作的依据，也是用户运行系统、维护系统的依据。文档资料要与开发方法相一致，且符合一定的规范，内容要完备、齐全，并形成正规的文件。

3）用户培训。系统转换必须切实重视人的因素。要加强对有关人员，包括基础操作人员、业务管理人员、系统管理人员，进行系统知识和技能培训，同时还要注意进行信息管理制度、规则和标准的培训。

（2）系统转换的方式。

系统转换有 3 种方式：直接转换、并行转换和分段转换。不同的企业，可以根据实际情况选择一种或者几种配合使用。

1）直接转换。所谓直接转换，是指在某一特定时刻，旧系统停止使用，同时新系统立即投入运行。这种方式简单，人员、设备费用很省，但是风险较大。例如，电话号码升位，采用的就是这种方式，它规定在某年某月某日的某一时刻，旧系统停止使用，新系统开始交割。对于信息系统来说，如果要采用这种方式，则预先要经过详细的测试和模拟运行，系统转换后，因为风险大，还应有一定的保护措施；否则一旦运行失败，旧的系统已被弃之不用，新系统又不能正常运转，将直接影响到这个组织或企业的日常工作秩序，严重的可能会导致企业或组织的瘫痪，所以这种方式通常是不值得选取的。

2）并行转换。所谓并行转换，是指在一段时间内新旧系统并存，各自完成相应的工作，并互相对比、审核。这样做，在一定时期内，需要双倍的人员、设备，其费用是比较大的，但是可保证系统的延续性，可进行新老系统的比较，能保证平稳可靠的过渡，风险小，系统转换成功率高。

3）分段转换。所谓分段转换，是指分阶段、按模块地完成新旧系统的交替过程，开发完一部分则在某一时间段就平行运行一部分。这样做，既可避免直接转换的风险，又可避免并行转换的双倍费用，但这种方式的不足之处是接口多，有时会出现接口问题。它适用于大型系统，可保证平稳、可靠地转换，是目前许多组织选择的转换方式。

系统转换成功之后，信息系统的使用权就已经全部交给了用户单位，下一步工作就是做好系统的日常运行和管理工作，并在必要的时候做好系统的维护以及升级换代，这些内容将在第6章进行详细介绍。

本章小结

酒店管理信息系统的建设是一项耗资大、历时长、技术复杂、牵涉部门多的复杂系统工程。为此，必须做好信息系统的总体规划，信息系统总体规划的内容很多，由企业的总目标到各职能部门的目标，以及他们的政策和计划，直到企业信息部门的活动与发展。

诺兰模型把信息系统的成长过程分为6个阶段，即初始阶段、膨胀阶段、控制阶段、综合集成、数据管理和成熟阶段，该模型很好地说明了组织进行HMIS总体规划的时机。

HMIS总体规划的主要内容包括初步调查、可行性分析和实施计划确定3个主要阶段。其中，初步调查的内容包括调查用户需求、调查酒店目前的运行状况、调查新系统的开发条件3个方面；可行性分析的内容包括管理上、技术上、经济上以及社会适应的可行性。

系统开发方式有4种：自行开发、委托开发、联合开发和购买现成软件包。

结构化信息系统方法的生命周期包括5个阶段：系统规划、系统分析、系统设计、系统实施、系统运行和维护。系统开发中，要确保各阶段任务的顺利实现。

通过本章内容的学习，读者应该掌握酒店管理信息系统总体规划的重要性、任务、内容和步骤，熟悉酒店管理信息系统开发的方式、方法、主要阶段及其各自的任务。

复习思考题

1．什么是信息系统总体规划？它有什么重要作用？
2．信息系统总体规划的任务是什么？它具体包括哪些内容？
3．请描述诺兰阶段模型的阶段划分及其各个阶段的特点。
4．什么是可行性分析？酒店信息系统开发的可行性分析从哪几个方面展开？
5．信息系统的开发具有什么特点？开发中应该遵循哪些基本原则？
6．一个单位开发信息系统想要成功，需要满足哪些基本条件？
7．管理信息系统开发前需要做好哪些准备工作？
8．信息系统开发有哪些方式？各有什么特点？
9．结构化系统开发方法的生命周期包括哪几个主要阶段？每个阶段的内容是什么？
10．酒店管理信息系统的系统分析阶段的任务是什么？
11．系统分析阶段常用的图表工具有哪些？各有什么用途？
12．新系统的逻辑模型主要由哪几部分内容组成？各个部分的作用是什么？
13．名词解释：

  组织机构图　　管理功能图　　业务流程图　　表格分配图　　数据流程图
  判断树　　　　判断表　　　　结构化英语　　功能结构图　　信息流程图
14. 请说明酒店管理信息系统开发中系统设计阶段的任务与内容。
15. 系统设计中，应遵循哪些基本原则？
16. 什么是系统实施？系统实施阶段包括哪些主要内容？
17. 情景分析题：海怡大酒店作为一家民营酒店，目前发展形势很好。为了长远打算，酒店高层领导认为必须加强信息技术应用，强化酒店内部业务管理。为此，酒店准备投入巨资，邀请专业公司开发一套大型的 HMIS 系统。如果你是该酒店的信息主管，总经理要求你主持召开一次由全体员工参加的专门会议，做好 HMIS 系统开发前的动员工作。

  请你写出该次会议的主题发言稿。

第 6 章　酒店管理信息系统的运行与管理

【内容导读】

酒店管理信息系统成功开发并顺利实施后，下一步工作就是酒店应用该系统。为了使得开发的信息系统能够发挥应有的作用，必须做好酒店管理信息系统的运行管理工作。

本章介绍酒店信息系统运行管理方面的相关知识，包括信息管理组织建设、系统日常运行管理、管理制度的制定、系统维护管理、系统安全管理、业务外包管理等。

【学习目标】

- 了解酒店信息管理的相关组织及其职责
- 熟悉酒店信息系统日常运行管理的内容
- 知道酒店信息系统应用的有关规章制度
- 熟悉酒店信息系统维护管理的内容、类型
- 知道酒店信息系统安全管理的主要技术对策
- 了解酒店管理信息系统的性能评价指标
- 知道酒店信息系统外包的含义及其优缺点

6.1　酒店管理信息系统的运行管理

酒店管理信息系统切换成功之后，就进入了用户运行阶段，在该阶段，酒店的各类用户必须做好系统的日常运行管理工作，并严格遵守制定的相关信息系统运行管理制度。

6.1.1　酒店计算机信息管理的组织建设

酒店信息系统运行管理的目的是使酒店信息系统在一个预期的时间内能正常地发挥其应有的作用，产生其应有的效益。为此，必须做好相应的人才队伍和组织机构建设。

1. 酒店信息系统管理中组织建设的必要性

计算机信息技术在酒店管理中的应用是一项十分复杂的系统工程。我们知道，酒店管理信息系统是一个人机系统，它首先应该满足酒店内部管理和社会上有关管理部门对经营管理信息的需要。因此系统应用首先要考虑企业外部有关因素的制约，同时又要考虑企业内部从最高管理层到一般管理人员、生产人员等不同管理层次的需要。其次，对酒店来说，酒店管理信息系统应用要从酒店的整体目标和要求出发，充分考虑酒店的客房、餐饮、采购、营销、娱乐、财务、库存、工程、技术、人事等部门及其信息子系统的联系和要求。第三，从酒店管理信息系统的物理构成来看，它是由计算机硬件、软件、数据、规程和人员等组成的。硬件、软件的选择与配置，既跟酒店外部因素有密切的联系，又跟酒店内部许多因素有十分密切的联系。合理地配置一个酒店管理信息系统的硬件、软件和人员等，是一个酒店管理信息系统高效运转，

满足管理需要的前提和保证。第四，从酒店管理信息系统的职能构成来看，它是由若干子系统组成的。因此，现代酒店在开展管理信息系统工作时，加强组织管理工作是十分必要的。

2. 酒店信息化建设领导小组及其职责

为了稳步推进酒店信息化建设工作，并保障建设完成的酒店信息系统得到很好的应用，现代酒店应该成立酒店信息化建设领导小组。

在酒店信息化建设领导小组中，应由酒店的"一把手"担任领导小组组长，以便体现"一把手工程"的原则，并体现出酒店领导对信息化工作的高度重视；各小组成员应该包括酒店决策层相关领导、酒店信息化领域知名专家、与酒店信息化有关的二级部门领导以及各主要职能部门的主要业务骨干。

酒店信息化建设领导小组应从全局上权衡、协调、审定、决策及组织酒店信息化实施，保障实施酒店信息化系统所需的人力和物力，为整个酒店实施酒店信息化创造良好的氛围。其主要职责包括：

（1）组织酒店信息化建设中、长期规划的审定。

（2）进行酒店信息化建设重大工程项目实施方案的决策。

（3）进行酒店信息化建设机构相关人员的考核、任免与奖惩等。

3. 酒店信息中心及其主要职责

信息系统的运行管理必须设置相应机构，这并不是指目前很多酒店设置的电脑室，而应该是命名为信息管理部或信息中心，其主要职责是负责信息资源与信息系统的管理。根据其所涉及的部门范围及信息的重要性，信息中心在酒店中的地位应高于其他职能部门。

信息中心除了负责系统的运行管理外，还要承担信息系统的长远发展建设、通过信息的开发与利用推动企业各方面的变革等工作。具体来讲，其主要职责应该包括：

（1）负责贯彻酒店信息化领导小组及 CIO 的相关决定。

（2）负责酒店信息系统的开发、维护与运行管理。

（3）负责为各业务部门提供信息技术服务，包括制订、安排和执行信息化培训计划。

（4）负责对酒店内部重大信息化项目的检查考核。

（5）负责制订和监督执行酒店自主知识产权的软件开发计划。

（6）负责对酒店信息化方面专家的聘任提名及业绩考核等。

4. 现代酒店 CIO 的设置

信息作为独特的资源在企业经营决策中的作用越来越大。网络信息时代的特点表现为一方面企业淹没在信息的海洋中，另一方面企业却难以找到有用的信息。如何在复杂的环境中发现机会，把握机会，利用机会，建立先发优势，是企业在激烈的竞争态势下获取竞争优势的关键。因此，越来越多的企业设立了信息主管（Chief Information Officer，CIO）一职。CIO 往往是由组织的高层决策人士来担任，其地位如同公司的副总经理，有的甚至更高。CIO 并不是传统的信息中心主任，CIO 并不负责服务性、辅助性部门的工作，而是分管信息资源部这一重要部门。

信息主管的任务是：在企业整体战略框架下负责企业信息管理战略规划的制定，积极参与单位的预测、决策、控制等管理活动，领导指挥信息管理部门，管理多种形式的企业运行信息、外部行业信息、国家性的经济政策，协助 CEO 有效利用信息技术所提供的信息确定企业战略目标和实施策略，当好领导的参谋，并且在实施当中及时获得反馈，迅速调整战略规划。

在现代酒店中，以 CIO 为首的信息系统部门有以下职责：

（1）制定系统规划。加强理论应用研究，负责管理信息系统规划、实施和更新换代，管理、运行和维护系统，制定资金需求计划、人员安排和培训等。

（2）负责信息的处理全过程。和企业领导和相关职能管理部门一起，确定合理、统一的信息流程，按照流程协调各个相关部门在信息处理方面的关系；制定各项管理信息系统制度，同时负责对各个部门每时每刻产生的信息进行收集、整理、加工和存储，确保信息的准确性和一致性。

（3）信息的综合开发。对各方面的信息进行综合处理和分析，得到对全局更为重要的信息，提供给各个管理部门，尤其是决策层，并由系统以适当的形式发布。

（4）搞好信息标准化等基础管理。和有关管理部门一起，共同搞好系统运行中的基础管理工作，主要是信息编码等标准化、规范化工作。

（5）负责系统的运行和维护。作为系统主要的日常技术性工作，包括系统硬件软件维护、数据库管理的检查数据录入情况、机房日常管理、用户服务等。其中软件维护是最主要的工作。

作为酒店企业的 CIO，一般应具有下述知识和能力：第一，有良好的管理素质，包括基本的管理能力、协调能力、人际沟通能力和酒店内部各个业务部门的信息分析和信息处理能力，了解现代酒店的运营规律；第二，有丰富的 IT 知识和能力，CIO 必须是信息技术和信息管理系统方面的行家，应具备最新信息技术的跟踪能力和有效运用能力；第三，有一定的商业知识和商业头脑。CIO 的工作必须围绕企业的战略目标来确定技术方案，利用一切可利用的信息重构企业的商业行为，支撑企业的商业决策，以使信息管理系统对企业发挥最大的作用。

各个企业的实际情况不同，机构设置不同，机构改革和整体的目标也不同，因此不能套用一种模式。设置信息管理机构是一个总的发展趋势，至于具体实现，可以在原有机构的基础上落实人员，抓好几项重点工作，然后逐步充实，不一定一步到位。

6.1.2 酒店信息系统日常运行的管理

酒店信息系统日常运行的管理，包括对信息系统的运行进行控制，记录其运行状态，进行必要的日常维护，并做好系统的安全保密工作，其目的是使信息系统真正符合管理决策的需要，为管理决策服务，使酒店信息系统在一个预期的时间内能正常地发挥其应有的作用，产生其应有的效益。

酒店信息系统日常运行管理的内容包括如下几点：

（1）系统运行情况的记录。

系统运行中，必须要对系统软、硬件及数据等的运作情况进行记录。运行情况有正常、不正常和无法运行等，后两种情况应将所见的现象、发生的时间及可能的原因作尽量详细的记录。运行情况的记录对系统问题的分析与解决有重要的参考价值。

严格地说，从每天工作站点计算机的打开、应用系统的进入、功能项的选择与执行，到下班前的数据备份、存档、关机等，按要求都要就系统软硬件及数据等的运作情况作记录。由于该项工作较烦琐，在实际中往往会流于形式，因此一般应在系统中设置上自动记录功能。但作为一种责任与制度，一些重要的运行情况及所遇到的问题，例如多人共用或涉及敏感信息的计算机及功能项的使用等仍应作书面记录。

系统运行情况的记录应事先制定尽可能详尽的规章制度，具体工作主要由使用人员完成。

系统运行情况无论是自动记录还是由人工记录,都应作为基本的系统文档作长期保管,以备系统维护时参考。

(2) 系统运行的日常维护。

在数据或信息方面,须日常加以维护的有备份、存档、整理及初始化等。

大部分的日常维护应该由专门的软件来处理,但处理功能的选择与控制一般还是由人员来完成。为安全考虑,每天操作完毕后,都要对更动过的或新增加的数据作备份。

一般来讲,工作站点上的或独享的数据由使用人员备份,服务器上的或多项功能共享的数据由专业人员备份。除正本数据外,至少要求有两个以上的备份,并以单双方式轮流制作,以防刚被损坏的正本数据冲掉上次的备份。数据正本与备份应分别存于不同的磁盘上或其他存储介质上。

数据存档或归档是当工作数据积累到一定数量或经过一定时间间隔后转入档案数据库的处理,作为档案存储的数据成为历史数据。为防止万一,档案数据也应有两份以上。

数据的整理是关于数据文件或数据表的索引、记录顺序的调整等,数据整理可使数据的查询与引用更为快捷、方便,对数据的完整性与正确性也很有好处。

在系统正常运行后数据的初始化主要是指以月度或年度为时间单位的数据文件或数据表的切换与结转数等的预置。

在硬件方面,日常维护主要有各种设备的保养与安全管理、简易故障的诊断与排除、易耗品的更换与安装等。硬件的维护应由专人负责。

(3) 对信息系统运行中一些突发事件的处理。

信息系统运行中的突发事件一般是由于操作不当、计算机病毒、突然停电等引起的。

发生突发事件时,轻则影响系统功能的运行,重则破坏数据,甚至导致系统的瘫痪。突发事件应由信息管理机构的专业人员处理,有时要原系统开发人员或软硬件供应商来解决。对发生的现象、造成的损失、引起的原因及解决的方法等必须作详细的记录。

6.1.3 酒店信息系统应用的规章制度

现代酒店使用各种计算机管理信息系统,并逐步实现管理信息化后,其业务流程、工作方法、各职能部门之间以及酒店与外部环境之间的相互关系都将发生一定的变化。因此需要制定一系列新的管理规章制度。这些规章制度应该包括:

(1) 中心机房安全运行管理制度。

设立中心机房主要有两个目的:一是给计算机设备创造一个良好的运行环境,保护计算机设备;二是防止各种非法人员进入机房,保护机房内的设备、机器内的程序和数据的安全。中心机房安全运行是通过制定与贯彻执行机房管理制度来实施的。

中心机房管理的主要内容包括:

- 有权进入机房人员的资格审查。一般说来,系统管理员、操作员、录入员、审核员以及其他系统管理员批准的有关人员可进入机房,系统维护员不能单独进入机房。
- 机房内的各种环境要求。比如机房的卫生要求、防水要求。
- 机房内的各种环境设备的管理要求。
- 机房中禁止的活动或行为,例如严禁吸烟、喝水等。
- 设备和材料进出机房的管理要求等。

(2) 信息系统的其他管理制度。

信息系统的运行制度，还表现为软件、数据、信息等其他要素必须处于监控之中。在现代酒店计算机信息管理的环境下，还需要制定一些其他的管理制度，包括如下项目：

- 必须有重要系统软件、应用软件的管理制度。
- 必须有数据管理制度，如重要输入数据的审核、输出数据备份保管等制度。
- 必须有权限管理制度，做到密码专管专用，定期更改并在失控后立即报告。
- 必须有网络通信安全管理制度。
- 必须有防病毒的管理制度，及时查杀病毒，并备有检测、清除的记录。
- 必须有人员调离的安全管理制度。人员调离的同时马上收回钥匙、移交工作、更换口令、取消账号，并向被调离的工作人员申明其保密义务，人员的录用调入必须经过人事组织技术部门的考核和接受相应的安全教育。
- 除了以上之外，还必须要有系统定期维护制度、系统运行操作规程、用户使用规程、系统信息的安全保密制度、系统修改规程以及系统运行日志及填写规定等。

6.2 酒店管理信息系统的维护管理

一般来讲，系统刚建成时所编制的程序很少能一字不改的沿用下去。系统工作人员应根据系统运行的外部环境的变更和业务量的改变，及时对酒店信息系统进行维护。

6.2.1 酒店信息系统维护的内容

酒店信息系统维护的内容主要包括如下几个方面：

（1）硬件的维护。硬件的维护是指对主机以及外设的维护和管理，主要包括突发性故障维护和定期预防性维护，前者对于突发性的故障集中人力集中检修或更换；后者按照一定的设备维护理论，定期对系统设备进行检查和保养，例如机器部件的清洗、润滑、易损部件的更换等。

（2）系统应用程序的维护。程序维护是指根据需求变化或硬件环境的变化对程序进行部分或全部的修改。系统业务处理过程是通过应用程序的运行实现的，一旦程序发生问题或者业务发生变化，就必然地引起程序的修改和调整。因此，系统维护的主要活动是对程序进行维护。

（3）数据文件的维护。数据文件的维护包括数据备份和存储空间整理，前者要求经常或定期对重要数据进行备份，对重要数据实时备份；后者要求对系统运行过程中产生的各种临时文件等进行清理，减少存储空间的无谓占用，提高系统运行效率。

（4）代码的维护。随着系统应用范围的扩大、应用环境的变化，系统中各种代码都需要进行一定程度的增加、修改、删除，以及编写新的代码。

6.2.2 酒店信息系统维护的类型

酒店信息系统维护的主要工作是系统的软件维护工作，可以划分为以下4种类型：

（1）正确性维护。由于在系统测试阶段往往不能暴露出系统中的所有错误，因此，在系统投入实际运行后，就有可能暴露出系统内隐藏的错误，用户会发现这些错误并将这些问题报告给维护人员。对这类问题的诊断和改正过程就是改正性维护。

（2）适应性维护。计算机技术发展迅速，操作系统的新版本不断推出，功能更加强大的硬件的出现，必然要求信息系统能够适应新的软硬件环境的变化，以提高系统的性能和运行效率。为了使系统适应环境（包括硬件环境和软件环境）的变化而进行的维护工作就是适应性维护。

（3）完善性维护。在系统的使用过程中，用户往往要求修改或增加原有系统的功能，提高其性能。为了满足这些要求而进行的系统维护工作就是完善性维护。完善性维护是系统维护工作最主要的部分。

（4）预防性维护。预防性维护是为了提高软件未来的可维护性、可靠性，或为将来的修改与调整奠定更好的基础而修改软件的过程。目前这类维护活动相对较少。

从多种维护工作的分布情况的统计结果来看，一般改正性维护占全部维护活动的17%~21%，适应性维护占18%~25%，完善性维护达到50%~66%，而预防性维护仅占4%左右。可见系统维护工作中，一半以上的工作是完善性维护。

6.2.3 酒店信息系统维护的管理

在酒店信息系统的维护过程中，无论是程序、文件还是代码的修改，都会影响系统的其他部分。因此，系统的维护工作一定要特别慎重，必须做好合理的组织与管理。通常，对于一些重大的修改项目还要填写变更申请表，由审批人正式批准后才能进行工作。

为了减少维护过程中的混乱，明确职责，非常有必要成立一个维护机构，该机构由维护管理员、系统管理员和修改负责人组成，他们的职责范围各不相同。在这种组织方式下，维护管理员负责接受维护申请，然后把维护申请交给某个系统管理员去评价。系统管理员是一名技术人员，他必须熟悉软件产品的某一部分。系统管理员对申请做出评价，然后与修改负责人确定如何进行修改。

综上所述，从维护申请的提出到维护工作的执行有如下步骤：

（1）提出要求。由系统操作的各类人员或业务领导提出对某项工作的修改要求，申请形式可以是书面报告或填写专门申请表。

（2）领导批准。维护管理员接受维护申请。系统管理员对申请做出评价，由系统维护小组的领导负责审批各项申请。审批工作也要进行一定的调查研究，在取得比较充分的第一手资料后，对各种申请表作不同的批示。

（3）分配任务。修改负责人根据维护的内容向程序员或软件人员进行任务分配，并制定出完成期限和其他有关要求。

（4）验收成果。当有关人员完成维护修改任务后，由维护小组和用户人员验收成果，并将新的成果正式投入使用。同时，也要验收有关的文档资料。

（5）登记维护情况。登记所作的修改，作为新的版本通报有关用户和操作人员，指明系统新的功能和修改的地方。

在进行系统维护时，对于某些重大的修改，可以看做是一个小型信息系统的开发项目。因此，要按照系统开发的步骤进行。

6.3 酒店管理信息系统的安全管理

现代酒店对信息系统的依赖程度越来越强,通过网络环境与外界的联系越来越紧密。正是由于酒店管理信息系统的日益重要和网络系统的对外开放性,使其很容易受到攻击和破坏。特别是近年来世界范围内的计算机犯罪、计算机病毒泛滥等问题,使信息系统安全上的脆弱性表现得越来越明显。因此,加强酒店管理信息系统的安全管理变得非常重要。

6.3.1 酒店信息系统安全的含义

信息系统安全是指运行在计算机系统中的信息系统正常运行在有保护的、能够防范危险的环境中,可以防止有意或无意地破坏信息系统软硬件及信息资源行为的发生。也可以理解为,信息系统安全就是指组成信息系统的硬件、软件和数据资源受到妥善的保护,不因自然和人为因素而遭到破坏、更改或者泄露系统中的信息资源机密,能够很好地避免企业遭受损失。信息系统的安全是一个系统的概念,它包括了信息系统设备的安全、软件的安全、数据的安全和运行的安全4个部分。

信息系统的设备安全是指保护计算机系统硬件、存储介质、通信设备和网络线路的安全,使它们不受自然和人为因素的影响破坏,它包括计算机机房的安全设计、计算机存储介质的安全保护、计算机网络通信系统的安全防护等多方面内容。信息系统的软件安全就是保护应用软件的程序代码及其相关数据、文档、权限在运行过程中不被任意篡改、失效和非法复制。信息系统的数据安全是保护信息系统内所存储的数据和资料不被非法使用和修改。信息系统运行安全的主要目的是保障保护信息系统连续正确地运行。

6.3.2 影响酒店信息系统安全的主要因素

影响信息系统安全的因素是多方面的,归纳起来,主要有以下三大类:

(1) 自然因素。自然因素是指各种由于自然界、外界环境等的影响造成的对信息系统的不利因素,如水灾、火灾、雷电、地震以及环境空间中存在着的电磁波等。

这一类因素的危害方向主要是针对系统设备、存储介质、通信线路等。

(2) 人为因素。人为因素是指系统运行中由人的行为造成的不利因素,主要有两类:一类是系统的合法使用者因工作失误造成的损失,如操作失误、管理不善、录入错误、应急措施不足等;另一类是非法用户故意破坏所造成的损失,即各种类型的计算机犯罪、计算机病毒制造和信息窃取、篡改等。需要说明的是,在信息系统的安全控制中,故意或者说是恶意的人为破坏,可能会造成极大的危害,甚至是危害国家利益,必须予以注意。此外,操作失误因素对信息系统的危害也是每时每刻都可能发生的,其损失同样不可低估。

(3) 技术因素。技术因素主要涉及3个方面:第一是物理方面,主要是指计算机系统及各种附加设备的管理与维护,包括主计算机系统的可靠与稳定、存储介质的保管措施、网络结构的合理应用以及电源电压变化所造成的故障处理等;第二是软件方面,主要是指软件设计是否有重大缺陷,软件在发生故障或者遭受破坏后是否具有自恢复能力等;第三是数据方面,主要指系统的数据保护能力,如能否限制、制止数据的恶意或无意的修改、窃取和非法使用,有无数据安全性、正确性、有效性、相容性的检查与控制等。

6.3.3 加强酒店信息系统安全的主要措施

为了确保信息系统的安全，可以在系统安全管理方面采取以下几类措施：

（1）严格制度管理。

加强管理可以从制度上对酒店信息系统的安全起保护作用，它是酒店信息系统安全最主要的一道防线。在实际业务中，可以考虑制定如下具体管理制度：

- 建立计算机管理的专门机构，制定系统安全目标和具体的管理制度。
- 对关键场所，如主机房、网络控制室、数据介质库房和终端室，应视不同情况进行安全保护，重要部位应安装电视监视设备，有的区域应设置报警系统。
- 计算机系统启用前进行安全性检查，重要部门的计算机在启用前要报请有关部门进行安全保密检查，如有无计算机病毒或逻辑炸弹等非法程序侵入等。
- 执行主要任务的机构应该做到专机、专盘、专用，重要数据应定时备份。
- 采用口令识别、分级授权、存取控制等成熟的安全技术。
- 进行安全审计，掌握非法用户访问或合法用户的非法操作，以便发现潜在的问题，及时制止非法活动或者对刚出现的问题采取补救措施。
- 禁止使用来历不明的磁盘，严禁玩游戏；慎重使用共享软件，尽量不从网上下载软件，来历不明的电子邮件不要随便查阅。
- 完整地制作系统软件和应用软件的备份，并结合系统的日常运行管理与系统维护，做好数据的备份及备份的保管工作。
- 敏感数据尽可能以隔离方式存放，由专人保管。

（2）加速法制建设。

建立完善的计算机信息系统安全法律体系是系统安全的法律基石，主要包括两个方面：一是由国家最高领导部门组织制定计算机安全方针、政策，颁布法令；二是建立计算机安全法律体系，加快信息系统法制化的进程。

从1985年底开始，我国开始了编制计算机安全技术标准的工作，进而制定、发布了一系列条例、规定和法规。1994年2月18日，国务院颁布了《中华人民共和国计算机信息系统安全保护条例》，这标志着我国信息安全工作进入了有法可依的阶段。该条例规定，由公安部主管全国计算机信息系统安全保护工作，其重点是维护国家事务、经济建设、国防建设、尖端科学技术等重要领域的计算机信息系统的安全。

1997年3月14日新修订的《刑法》中增加了3项关于计算机犯罪的罪名：非法侵入计算机信息系统罪、破坏计算机信息系统罪（包括破坏计算机信息系统功能罪、破坏计算机信息系统数据和应用程序罪、制作和传播计算机病毒罪）、利用计算机进行传统犯罪。

1997年12月11日，由国务院批准、公安部发布了《计算机信息网络国际联网安全保护管理办法》等一系列法规、条例，用来加强对互联网的管理。

（3）加强宣传教育。

开展计算机信息系统安全的宣传和教育工作，使社会全体人员了解计算机信息系统安全的重要性，提高个人修养，加强职业道德，是保障信息系统安全，杜绝隐患的重要工作内容。当人们对于计算机安全问题有了明确的了解，并加以警惕以后，一切针对系统的影响、干扰与破坏就会得到有力的控制。

（4）开展技术研究。

加强信息系统安全的技术研究工作，选择其中的关键性技术，有计划、分层次地研究防护措施，是确保系统安全的重要途径。这包括：进行信息系统有关风险分析，确定影响系统安全的各个要素；研究系统安全理论与有关政策，以建立完整有效的计算机安全体系；加强信息系统安全的具体技术研究；加强计算机安全产品的设计与应用。

严格管理、加速立法、宣传教育和技术研究是信息系统安全防护的必备措施，它们相互结合、相辅相成，共同在酒店信息系统的应用中发挥作用。

6.3.4 保证酒店信息系统安全的常用技术对策

保证信息系统安全的技术对策很多，并且新方法在不断研究中，常用的主要有：

（1）实体安全防范。一是对自然灾害加强防护：防火、防水、防雷击；二是采取必要的措施防止计算机设备被盗，例如添加锁、设置警铃、刻上标签、购置机柜等；三是尽量减少对硬件的损害。

（2）安全监视技术。安全监视技术是一种采用监视程序对用户登记及存取状况进行自动记录以保护系统安全的方法。用户登记包括对用户进入系统的时间、终端号、用户回答口令的时间与次数等情况的自动记录。为了防止非法者进入，监视系统将对口令出错达到规定次数的用户报警并拒绝其进入。对用户存取状况的监视系统将自动记录下用户操作运行的程序、所使用的数据文件名称、增删情况、越权行为和次数等，形成用户使用日志，还将记录对被保护的信息的维护状况，特别是违反保密规定的行为。

（3）"防火墙"技术。"防火墙"技术是运行特定安全软件的计算机系统，它在内部网与外部网之间构成一个保护层，使得只有被授权的通信才能通过保护层，从而阻止未经授权的访问、非法入侵和破坏行为。

（4）用户认证技术。用户认证技术是一种由计算机验证回答身份是否合法的技术。一般有以下几种：一是利用用户的专有信息，采用口令字、密码保密，其缺点是失窃后不留痕迹；二是将用户的专用物品，如钥匙、磁卡或IC卡插入计算机的识别器以验证身份；三是利用保密算法，用户采用某一过程或函数对某些数据进行计算，计算机根据其结果来验证身份；四是利用用户的生理特征测定，如采用指纹、声音、视网膜等由计算机识别以验证身份。

（5）计算机安全加权技术。计算机安全加权是通过对用户、设备和数据文件授予不同级别的权限，来防止非法应用。用户权限，是对具有进入系统资格的合法用户，根据不同情况划分不同类别，使其对不同的数据对象和设备所享有的操作被授予不同的使用权限。设备权限，用于对设备（特别是终端和输出设备）能否进入系统的某一层次、部分以及能否输出和拷贝系统程序、运行程序或数据的规定。数据的存取控制，包括对数据的只读、读/写、打开、运行、删除、查找、修改等不同级别操作权限的规定。

（6）计算机数据加密技术。计算机数据加密技术是一种为防止数据在传输过程或计算机存储系统中被非法获得或篡改而采用的技术。具体做法是将原始的数据（明文）按照某些特定的复杂规律（算法）转变成难以辨认的数据（密码）。这样即使第三者非法窃取到了数据，但因不能理解信息内容，也无法使用，而合法用户可按照规定方法将其译为明文。数据加密是针对机密性丧失和正确性丧失两种威胁的有效手段。

（7）计算机反病毒技术。计算机病毒是具有自我复制能力的计算机程序，它能够影响和破坏正常程序的执行和数据的安全。它具有传染性、寄生性、潜伏性、可触发性和可衍生性等特点，具有广泛的破坏性。它是一些恶作剧的自我表现者和故意破坏者的智力犯罪的产物。

目前的反病毒技术主要是杀毒软件和硬件防病毒产品两大类。其中，杀毒软件是由查毒和杀毒功能组成的软件。当用户使用其查毒时，它将计算机文档与已知病毒的特征值作比较，一旦相同便认定感染病毒并报告用户执行杀毒程序，清除被感染的文档使之恢复原样；硬件防病毒产品是以动态防御为主的反病毒模式，系统随时或在计算机和程序启动时自动激活监控和阻止病毒的传染与破坏。可防未知病毒，也可杀磁盘上的已知病毒。对于无法杀的未知病毒可准确得知其宿主文件，便于报给杀毒软件公司，以便升级杀毒软件。

（8）用户的自我保护。对于用户来说，要避免使用"脆弱的口令"，即很容易被入侵者破解的口令，可采取以下一些方法：使用数字或者加入特殊字符作为口令字，用很长的缩写名作口令字，比如一首歌或一个短语的首字母缩写，最好是个性化词语的缩写。

6.3.5 典型的酒店管理信息系统安全解决方案

各个酒店在制定自身系统的安全方案时，要根据自身经济状况以及安全的要求等级，处理好安全性、经济性和方便性之间的关系，要立足现有技术条件，根据系统实际需要，以数据加密为基础，采用防火墙、用户认证、数字签名、存取控制等不同手段，对信息系统中的敏感数据进行保护。

为保证信息系统的安全，一般的酒店采用的安全方案应该至少包括以下几个项目：

（1）加强系统安全制度建设，进行安全知识宣传，加强系统使用人员的安全意识。

（2）直接利用操作系统、数据库、电子邮件以及应用系统提供的安全控制机制，对用户的权限进行控制和管理。

（3）在网络内的桌面工作站上安装防病毒软件，加强病毒防范。

（4）在 Intranet 与 Internet 的连接处加装防火墙和隔离设备。

（5）对重要信息的传输采用加密技术和数字签名技术。

6.4 酒店管理信息系统的效果评价

酒店信息系统投入运行后，要在平时运行管理工作的基础上，定期对其运行情况进行集中评价。进行这项工作的目的是通过对新系统运行过程和绩效的审查，来检查新系统是否达到了预期目标、是否充分利用了系统内的各种资源、系统的管理工作是否完善，以及指出系统改进和扩展的方向是什么等。

6.4.1 酒店管理信息系统的评价内容

酒店管理信息系统的评价，主要是从技术与经济两方面进行。

1. 技术上的评价内容

技术上的评价内容主要是系统性能，具体包括：

（1）信息系统的总体水平，如系统的总体结构、网络的规模、采用技术的先进性等。

（2）系统功能的范围与层次，如功能的多少与难易程度或对应管理层次的高低等。

（3）信息资源利用情况，如酒店内外部信息比例、外部信息的利用率等。

（4）系统的质量，如系统的可使用性、正确性、可扩展性、可维护性、通用性等。

（5）系统安全与保密性、系统文档的完备性等。

2. 经济上的评价内容

经济上的评价内容主要是系统的效果和效益，包括直接的与间接的两个方面。

直接的评价内容有：系统的投资额、系统运行费用、系统运行所带来的新增效益。

间接的评价内容有：对酒店形象的改观、对员工素质的提高、对企业的管理体制与组织机构的改革、对业务管理流程的优化，对企业各部门间、人员间协作精神的加强。

6.4.2 酒店管理信息系统的评价体系

除了上面提到的从技术上和经济上进行系统评价外，还可以将系统评价体系分解为系统建设、系统性能、系统应用3个方面，这也是常用的一种系统评价体系。

1. 系统建设评价

系统建设评价包括以下几项：

（1）系统规划目标的科学性：分析管理信息系统规划目标的科学性，并考虑经济上、技术上、管理上和法律上的可行性。

（2）规划目标的实现程度：分析管理信息系统是否达到了规划阶段提出的规划目标。

（3）先进性：满足用户的需求，充分利用资源，融合先进管理知识、先进组织管理，设计的科学性、适应性。

（4）经济性：投资与所实现的功能相适应的程度。

（5）资源利用率：对计算机、外部设备、各种硬软件、系统资源的利用程度。

（6）规范性：系统建设遵循相关的国际标准、国家标准和行业标准，有关文档资料的全面性和规范程度。

2. 系统性能评价

系统性能评价包括以下几项：

（1）可靠性：系统所涉及的硬件系统和软件系统的可靠性。

（2）系统效率：系统完成各项功能所需要的资源，通常以时间衡量，包括：周转时间、响应时间、吞吐量等。

（3）可维护性：确定系统中的错误、修改错误所需做出努力的大小，通常以系统的模块化程度、简明性及一致性衡量。

（4）可扩充性：系统的处理能力和功能的可扩充程度。分为系统结构、硬件设备、软件功能的可扩充性等。

（5）可移植性：系统移至其他硬件环境下所需做出努力的程度。

（6）安全保密性：系统抵御硬件设备、软件系统和用户误操作、自然灾害及敌对者采取的窃取或破坏行为的能力，系统采取的安全保密措施。

3. 系统应用评价

系统应用评价包括以下几项：

（1）经济效益：系统所产生的经济效益，如降低成本、提高竞争力、改进服务质量、获得更多利润等。通常以货币形式衡量。

（2）社会效益：系统对国家、地区和民众的公共利益所做出的贡献，不能用货币指标衡量的效益。如思想观念的转变、技术水平的提高、促进经济社会协调发展、决策科学化、生产力水平的提高、公共信息服务、合理利用资源、改变工作方式等。

（3）用户满意程度：用户对系统的功能、性能、用户界面的满意程度。通常以人机界面友好、操作方便、容错性强、系统易用性、界面设计清晰合理、帮助系统完整等衡量。

（4）系统功能应用程度：系统的目标和功能实现了多少，用户应用到什么程度，是否达到预期的目标和技术指标。

6.4.3 酒店管理信息系统的评价指标

目前，信息系统的评价一般都采用多指标评价体系的方法，这种方法先提出信息系统的若干评价指标，然后对各指标评出表示系统优劣程度的值，最后用加权等方法将各指标组合成一个综合指标。信息系统的评价是一项难度较大的工作，它属于多目标评价问题，目前大部分的系统评价还处于非结构化的阶段，只能就部分评价内容列出可度量的指标，很多内容还只能用定性方法做出叙述性的评价。

1. 系统性能指标

系统性能指标主要包括以下几项内容：

（1）人机交互的灵活性与方便性。

（2）系统响应时间与信息处理速度满足管理办公业务需求的程度。

（3）输出信息的正确性与精确度。

（4）单位时间内的故障次数与故障时间在工作时间中的比例。

（5）系统结构与功能的调整、改进及扩展，与其他系统交互或集成的难易程度。

（6）系统故障诊断、排除、恢复的难易程度。

（7）系统安全保密措施的完整性、规范性与有效性。

（8）系统文档资料的规范、完备与正确程度。

2. 直接经济效益指标

系统直接经济效益指标主要是分析系统投资额、系统运行费用与系统运行新增加的效益之间的综合比较。

（1）系统投资额包括：系统硬件、系统软件的购置、安装费用；应用系统的开发或购置所投入的资金；企业内部投入的人力、材料费用；系统维护所投入的资金费用。

（2）系统运行费用包括：存储介质、纸张与打印油墨等耗料费用，系统投资折旧费（由于信息系统的技术成分较高，更新换代快，一般折旧年限取 5~8 年），硬件日常维护费，系统所耗用的电费，系统管理人员费用等。

（3）系统运行新增加的效益包括：成本的降低、库存积压的减少、流动资金周转的加快与占用额的减少、销售利润的增加及人力的减少等方面。

新增效益可采用总括性的在同等产出或服务水平下有无信息系统所致的年生产经营费用节约额来表示，也可分别计算上述各方面的效益，然后求和表示。由于引起企业效益增减的因素相互关联错综复杂，新增效益很难进行精确的计算。

3. 间接经济效益指标

间接经济效益是通过改进办公业务流程、组织结构、运作方式以及提高人员素质等途径，促使办公效率提高、审批手续精简而逐渐地间接获得的效益。由于成因关系复杂，计算困难，

只能作定性的分析,所以间接经济效益也称为定性效益,主要包括:

(1) 对组织为适应环境所作的结构、管理制度与管理模式等的变革会起巨大的推动作用,这种作用一般无法用其他方法实现。

(2) 能显著地改善单位形象,对外可提高客户对单位的信任程度;对内可提高全体员工的自信心和自豪感。

(3) 可使办公管理人员获得许多新知识、新技术与新方法,进而提高他们的技能素质,拓宽思路,进入学习与掌握新知识的良性循环。

(4) 系统信息的共享与交互使部门之间、管理人员之间的联系更紧密,这可以加强他们的协作精神,提高单位的凝聚力。

(5) 对单位的规章制度、工作规范、办事流程等的基础管理产生很大的促进作用,为其他管理工作提供有利的条件。

需要说明的是,信息系统在运行与维护过程中不断地发生变化,因此评价工作不是一项一次性的工作,系统评价应定期地进行或每当系统有较大改进后进行。信息系统的第一次评价一般安排在开发完成并投运一段时间,进入相对稳定状态后,通常第一次评价的结论将作为系统验收的最主要依据。

6.5 酒店信息系统的外包管理

随着社会发展对信息技术的依赖性日益增长,信息管理领域的外包倾向越来越得到重视。当前,"做你最擅长的(核心竞争力),其余的外包!"已经成为一种不可逆转的趋势。对于酒店业来讲,因为专业技术人员的缺乏,进行信息系统外包也是切实可行的。

6.5.1 酒店信息系统外包概述

1. 信息系统外包的含义

所谓信息系统外包,是指企业和个人将特定的信息化建设工作,按规定的期限、规定的成本和规定的服务水平委托给专业化的第三方服务公司来完成。信息系统外包的内容可以涉及多个不同的方面,例如信息化规划(咨询)、硬件设备和软件系统选型、网络系统和应用软件系统建设、整个系统网络的日常维护管理和升级等。

2. 信息系统外包的发展阶段

按照信息系统外包的发展过程,它可以分成以下 3 个阶段:

(1) 计算机设备和系统软件的外包阶段。

这个阶段是从计算机开始应用到商业领域开始,一直到 20 世纪 50 年代末。这个阶段的显著特征是组织的计算机设备和系统软件非常昂贵,企业无力购买软件和硬件,只能向其他组织(硬软件的开发商)租用,系统硬件和软件的维护也由其他服务公司提供。也就是说,当时财力不足的组织所需要的计算机设备和系统软件必须采用外包。

(2) 信息系统项目开发外包阶段。

20 世纪 60 年代初到 80 年代末,随着信息技术的发展,在组织内部越来越广泛地使用信息技术,建立了大量的应用系统,这些系统为组织提供业务处理、定期报表、帮助查询信息,并提供决策支持,信息系统成为组织业务的一部分。组织中的用户看到了其他用户成功使用了信息系统，他们也希望组织能为其开发信息系统。而此时，一方面很多组织有大量的信息系统开发需求，另一方面的现实又是，组织没有足够的信息系统开发人员来完成这些工作，信息系统的开发工作远远滞后于需求。

基于这种情况，越来越多的计算机外包公司提供了信息系统项目开发服务。由于专业的开发公司能够吸引好的信息系统开发人员，而且有大量的开发经验，他们开发系统的成本比组织内部开发要低，开发的周期短，而且开发的系统质量高。在这种情况下大部分组织都将所有或部分信息系统项目发包给专门的开发公司，而自己的信息系统开发人员则集中精力用来开发那些完成组织核心业务或者处理组织战略信息的信息系统。

（3）信息中心运行外包阶段。

从 20 世纪 80 年代末到现在，组织使用信息系统服务出现了一个新的趋势，那就是越来越多的组织将其原有的信息中心或者原来没有、将要建立的信息中心发包给其他提供外包服务的企业，由他们来完成信息中心的职责，包括购买安装软硬件、开发信息系统应用程序、运行和维护信息系统并且分发报表等。对组织中的信息处理活动，组织只负责信息的输入，其他交由外包服务提供商来完成。

3. 信息系统外包的类型

根据不同的标准，信息系统外包可以划分为不同类型。目前主要有以下 4 种划分方法：

（1）按照信息技术外包的程度划分。

按照信息技术外包的程度，可以将其划分为整体外包和选择性外包。

整体外包是指将 IT 职能的 80%或更多外包给外包商；选择性外包是指几个有选择的信息技术职能的外包，外包项目的数量少于整体的 80%。

（2）根据客户与外包商建立的外包关系划分。

根据客户与外包承包商建立的外包关系，可以将信息系统外包划分为：市场关系型外包、中间关系型外包和伙伴关系型外包。

在市场关系型外包情况下，组织可以在众多有能力完成任务的外包商中自由选择，合同期相对较短，而且合同期满后，能够在成本很低或不用成本、很少不便或没有不便的情况下，换用另一个外包商完成今后的同类任务。

如果外包任务需要花费一些时间来完成，环境的变化可能改变需求，任务完成后，维持与外包商的关系没有任何特殊优势，中间关系型外包就是适当的选择。

如果完成任务持续的时间较长，相关需求会随着不可预见的环境变化而变化；与外包商续签合同能够最好地满足需要，这时就应当考虑伙伴关系型外包。在伙伴关系型外包中，赢得另一方回报的信任和互利行为可以获得延续。

（3）根据组织外包的战略意图划分。

根据组织信息系统外包的战略意图，可以把信息系统外包划分为信息系统改进、业务提升和商业开发 3 种。

信息系统改进型外包是指组织通过外包提高其核心信息资源的绩效，从而达到其改进信息系统的战略目标。这些目标通常包括节约成本、改进服务质量以及获取新的技术和管理能力等。信息系统改进型外包可以划分为 4 个层次：①提高资源的生产能力；②实现技术和技能的升级；③引进新的 IT 资源；④实现 IT 资源和技能的转换。

业务提升型外包的主要目标是通过外包使 IT 资源的配置最有效地提升业务绩效的核心层

面。实现这个目标要求组织对其业务以及 IT 与业务流程之间的联系要有清晰的认识,同时要具有实施新的系统和应对业务变革的能力。这种形式的外包要求在引进新技术和能力时重点考虑业务因素而不是技术因素。这种形式外包的有效实施要求双方共同努力开发组织所需补充的技术和能力,而不是对外包厂商的单纯依赖。业务提升型外包可以划分为 4 个层次:①更好地整合 IT 资源;②开发基于 IT 的新的业务能力;③实施基于 IT 的业务变革;④实施基于 IT 的业务流程。

商业开发型外包是指通过外包为组织产生新的收入和利润或抵消组织的成本从而提高组织 IT 的投资收益。商业开发型外包可以划分为 4 个层面:①出售现有的 IT 资产;②开发新的 IT 产品和服务;③创建新的市场渠道;④建立基于 IT 的新业务。

(4) 按照外包后信息系统的价值中心进行划分。

按照价值中心的方法可以将信息系统外包划分为成本中心型、服务中心型、投资中心型和利润中心型 4 种。

成本中心型外包是指通过 IT 外包在强调运行效率的同时使风险最小化。

服务中心型外包是指通过外包,在使风险最小化的同时建立基于 IT 的业务能力以支持组织的现行战略。

投资中心型外包是指通过 IT 外包,使组织对创建新的基于 IT 的业务能力建立长期的目标并给予长期的关注。

利润中心型外包是指通过 IT 外包,向外部市场提供 IT 服务,并获得不断增长的收入,并为成为世界级的 IT 组织获得宝贵的经验。

6.5.2 酒店信息系统外包的主要优点

对于现代酒店来说,因为大多数都缺乏专业技术人才,所以进行酒店信息系统外包大有好处。下面将酒店信息系统外包的主要优点总结如下:

(1) 可以把力量集中到核心能力上。通过对支持非关键性业务职能的系统开发工作采用外包,酒店能够将力量集中在支持主要的、唯一的核心能力的系统开发上,酒店可以将精力集中到更具创新性的、能更好地提高酒店核心竞争力的核心业务中去。

(2) 可以利用另一个组织的智力资源。外包使得酒店可以通过购买形式或租用形式从另一个组织获得智力资本。

(3) 可以有效地降低成本。当酒店无论将系统开发还是某些其他的业务职能采用外包服务时都要知道精确的外包成本。外包对大部分酒店来说,常常被看成是一个资金节省器,而且降低成本确实是组织实施外包的重要原因之一。

(4) 可以最快地获得前沿技术。外包可使酒店在缺乏技术专长和不承担技术所带来的风险的情况下获得并使用前沿技术。

(5) 改进绩效责任。外包将工作按规定的服务水平委托给另一个组织。本酒店可用规定的服务水平作为杠杆,确保准确地从提供外包的服务商那里得到想要获得的服务。

6.5.3 酒店信息系统外包的缺点

任何事情都是一分为二的,信息系统外包对于许多酒店都是大有好处的,但是它本身也有一些缺点。为了全面认识它,下面再将信息系统外包的主要缺点总结如下:

（1）降低了对未来技术变革的了解程度。外包是一种利用组织以外的智力和技术的方式，意味着组织内部不再拥有相应专长。如果外包是因为今天组织不具有必需的技术专长，也许明天将会以同样的理由采用外包。

（2）外包降低了对组织职能的控制力。外包意味着放弃控制，无论什么原因选择外包服务，在某种程度上酒店正在放弃对组织职能的控制。例如，酒店网站制作和维护的外包，会造成网站栏目调整和内容编辑更新不能做到随心所欲地瞬时响应，而只能受制于网站制作公司。

（3）增加了战略信息的易受攻击性。系统开发、运行或管理采用外包，必须将酒店使用哪些信息以及如何使用这些信息告诉组织以外的人，在此过程中很可能将战略信息和组织秘密泄露出去。

（4）增加了对其他组织的依赖性。酒店信息系统一旦开始外包，就意味着开始依靠其他组织完成许多本酒店内的业务职能。这在一定程度上就造成了酒店对有关组织的业务依赖。

本章小结

酒店管理信息系统运行效果的好坏，直接决定了其应有作用的发挥。为了使酒店信息系统发挥更好的效益，必须做好酒店管理信息系统的运行管理工作。

为做好信息管理工作，现代酒店应该成立专门组织——信息中心，在必要时还可以设立CIO职位，同时还要做好相关规章制度的制定。

酒店信息系统日常运行的管理，包括对信息系统的运行进行控制，记录其运行状态，进行必要的日常维护，并做好系统的安全保密工作，对一些突发事件进行处理。

根据系统运行的外部环境的变更和业务量的改变，需要及时对酒店信息系统进行维护，包括硬件维护、程序维护、数据维护和代码维护。

由于酒店信息的重要性和网络系统的开放性，酒店信息系统很容易受到攻击。因此，加强酒店信息系统安全非常重要。各个酒店一定采取切实措施，保障酒店信息系统安全。

酒店信息系统运行一段后，要进行系统评价。系统评价主要目的是检查新系统是否达到了预期目标，评价内容包括系统性能指标评价、直接经济效益评价和间接效益评价。

信息系统外包方式日益普及，但必须一分为二地看待，正确对待其优缺点。

通过本章的学习，读者应该掌握酒店信息系统运行管理方面的相关知识，特别要掌握信息管理组织建设、信息管理规章制度制定、日常运行管理、系统安全管理等内容。

复习思考题

1. 为了加强酒店信息管理工作，应该成立什么样的组织机构？其主要职责是什么？
2. 酒店信息系统日常运行管理的主要内容包括哪些方面？
3. 酒店信息系统运行中应该制定哪些规章制度？请自行调查一家四星级以上的酒店，了解其信息管理方面都制定了哪些规章制度，执行情况如何。
4. 酒店管理信息系统为什么要加强维护管理？维护内容主要包括哪些方面？
5. 现代信息系统的安全隐患主要有哪些因素？如何保证信息系统的安全？

6．为了保障酒店信息系统的运行安全，可以采取哪些技术对策？
7．请调查一家大型酒店，了解其为保证信息系统安全主要采取了哪些安全措施。
8．请简要说明一下酒店管理信息系统的评价指标体系。
9．什么是信息系统外包？请说明酒店信息系统外包方式的优缺点。
10．请写一篇 2000 字左右的小论文，论述酒店应该采取什么措施，以便能更好地发挥酒店信息系统的重要作用，切实提高管理效率，稳步提高经济效益。

第 7 章　因特网在酒店信息管理中的应用

【内容导读】

在当今的网络时代，随着互联网技术的飞速发展，现代酒店也越来越依赖于因特网技术。因特网技术在酒店的经营和管理中将发挥越来越大的作用。

本章首先介绍因特网的基本知识及其在酒店业的应用，然后讲解酒店网站的建设、酒店网络营销、酒店电子商务，最后说明酒店网络预订系统的应用和作用。

【学习目标】

- 掌握因特网及其在酒店中应用的知识
- 了解酒店网站设计与制作的基本知识
- 知道酒店网络营销的含义和作用
- 熟悉酒店电子商务的功能和运行模式
- 了解电子商务在现代酒店中的应用
- 知道电子商务在现代酒店中的重要作用
- 知道酒店网络预订系统的含义与特点
- 熟悉酒店网络预订系统的应用模式
- 知道酒店网络预订系统的交易流程
- 了解酒店网络预订系统的发展趋势

7.1　Internet 的基本知识

7.1.1　Internet 的含义

Internet 源于美国国防部互联网 ARPANET，它始创于 1979 年，最初是美国国防部用来连接国防部军事项目的研究机构与大专院校的工具。目前，Internet 已经成为一个将全球的很多计算机网络连接而形成的计算机网络系统，它使得各网络之间可以交换信息或共享资源，其突出特点是信息量大，信息传递速度快，信息获取和发送不受时间、地点限制。

1994 年 4 月，我国正式加入互联网，目前已有中国教育和科研计算机网（CERNET）、中国科技网（CSTNET）、中国公用计算机互联网（CHINANET）等多个网络服务商。这些网络服务商为社会提供各种各样相关领域的信息服务，并以其快捷、方便、价格低廉和服务周到等优势进入了千家万户，在很多方面改变了人们的工作和生活方式。

7.1.2　Internet 中的几个常用术语

1. 网络通信协议

如上所述，Internet 是由无数不同类型的计算机及其网络组成的一个巨型网络。为了在不同的计算机之间进行正确的信息传输，就必须制定一个共同遵守的规则，这个规则就称为网络通信协议。Internet 使用中最基本的通信协议是 TCP/IP 协议。

2. IP 地址

因特网上的每个网络和每一台计算机都必须有一个唯一地址，这就是 IP 地址。利用 IP 地址，信息可以在因特网上正确地传送到目的地，从而保证因特网能够向全球开放互联。

IP 地址可表达为二进制格式和十进制格式。二进制的 IP 地址为 32 位，分为 4 个 8 位二进制数。例如 11001010 01100000 00110011 00000010，用十进制表示它为 202.96.51.2。用十进制表示 IP 地址便于用户、网管人员使用和掌握。

需要说明的是，上面的 IP 地址表示法属于 IPv4，其地址数目前已经远远不够。新的表示方法将采用 IPv6，它共有 128 位，表示的地址数量大大增加。

3. 域名

除了 IP 地址外，因特网还使用一种域名的方式来标识因特网上的每一台主机，这种命名方式称为域名系统。事实上，域名只是为便于记忆因特网中的主机而采用的名字代码，例如 www.chinabeijinghotel.com.cn 就是中国北京酒店的域名。其中，www 是为用户提供服务的主机类型，chinabeijinghotel 代表北京酒店，com 代表商业网站，cn 代表中国。这是按欧美国家地址书写的习惯，根据域的大小，从小到大排列。

表 7-1 列出了按机构分类的常用一级域名，表 7-2 列出了部分国家和地区的域名。

表 7-1 按机构分类的常用一级域名

域代码	服务类型	域代码	服务类型
.com	工、商、金融等企业	.biz	工商企业
.edu	教育机构	.int	国际组织
.gov	政府组织	.org	非盈利性的组织
.mil	军事部门	.info	信息相关机构
.net	网络相关机构	.name	个人网站
.coop	合作组织	.aero	航空运输
.pro	医生、律师、会计专用	.museum	博物馆

表 7-2 部分国家和地区的域名

国家和地区代码	国家和地区名	国家和地区代码	国家和地区名
au	澳大利亚	hk	香港
br	巴西	It	意大利
ca	加拿大	Jp	日本
cn	中国	kr	韩国
de	德国	sg	新加坡
fr	法国	tw	台湾
uk	英国	us	美国

7.1.3 Internet 的主要应用

Internet 的应用非常广泛，概括起来主要包括以下几类：

（1）信息浏览（WWW）。因特网的网络信息浏览服务是通过支持 WWW 网页技术的网络浏览器实现的，因特网用户使用网络浏览器能够轻松地访问浏览 WWW 上的信息。它使用超文本链接技术，将 Internet 中的资源互相联系起来。通过链接可以浏览 WWW 网页、FTP 服务器的文件目录。

（2）电子邮件（E-mail）。电子邮件是人们在因特网上广泛使用的信息传递工具，几乎每天都有很多人通过 Internet 收发电子邮件。它是目前世界上最有效的信息交换手段之一，因为它与其他通信方式相比具有费用低、速度快、准确性好、交互能力强的特点。

（3）新闻组（News Group）。新闻组是因特网提供的一项重要服务。因特网上有很多个新闻服务器，分布在世界各地。它能够随时更换消息，任何一条发送到新闻组服务器上的消息很快就能传遍全球，所以最新的资料及动态新闻往往都出自新闻组。参加了新闻组后，不仅可以阅读新闻，还可以选择感兴趣的话题进行发言，发表意见。新闻组提供的服务是交互性的，如果有技术问题需要解决，只要发送信息到新闻组，就会在最短的时间内得到网友的解答。

（4）文件传输（File Transfer Protocol，FTP）。文件传输协议是 Internet 上一种常用的网络应用工具，其基本功能是实现计算机间的文件传输。FTP 由支持文件传输的众多符合国际标准的规定所构成。Internet 用户可以通过 FTP 连接到远程计算机，并在该计算机中查看文件资源以及将所感兴趣的资源（如计算机应用软件、图像文件等）下载到用户计算机中。同时，用户也可将自己计算机中的资源上传到远程计算机中。

（5）远程登录（Telnet）。远程登录指一台计算机远程连接到另一台计算机上，并在远程计算机上运行自己系统中的程序，从而共享计算机网络系统的软件和硬件资源。远程登录使登录到远程计算机的用户在自己计算机上操作，而在远程计算机上响应，并且将结果返回到自己的计算机上。

（6）电子公告板（Bulletin Board System，BBS）。电子公告板（BBS）与一般街头和校园内的公告栏性质相同，只不过它是通过电脑来传播或取得消息而已。BBS 当前已经成为全世界计算机用户交流信息的园地。用户只要连接到因特网上，直接利用浏览器就可以使用 BBS 阅读其他用户的留言、发表自己的意见等。

（7）其他应用。其他应用还包括网络电话、网络视频会议、远程办公等。

7.2　Internet 在酒店经营中的主要作用

Internet 目前已成为当今世界上信息内容最丰富、信息更新最快速、信息获取最简便的信息源。将酒店的局域网连入 Internet，不仅可以从 Internet 中汲取丰富的信息，做各种各样的市场调查，让酒店的决策者耳聪目明，成为最后的赢家，而且也可以通过它向全球各个角落发布信息，把酒店的承诺和自我形象直接向全球展示，提高酒店的知名度，以吸引更多的游客下榻酒店。同时，利用 Internet 可实现酒店的网上直销，拓宽客源市场，更可以通过 Internet 增加酒店服务项目，更直接地与客人交流信息，提供更高档次的服务。

总体来讲，Internet 在酒店中的作用表现在如下几个主要应用方面：

（1）Internet 用于塑造酒店企业形象。

每个酒店企业都很重视自身企业形象的塑造，都尽力利用各种方式展示自己的独特品牌，宣传、推销自己的酒店产品。这中间，传统的广告媒介，如电视、电台、报刊、招牌等，由于受到时间、地点、篇幅的限制，其内容和对象的涉及面要受到一定的影响，更主要的是，这些媒体的广告费用过于昂贵，致使一般酒店望而却步。

而酒店在 Internet 上自建网站或在相关专业酒店资源网站上挂接自己的主页，则只需少量的投入，就可在自己的主页中随时向世界各地，用图、文、声、像等多媒体形式展示酒店形象。除了介绍酒店的地理位置、硬件设施、服务特色、优惠活动等之外，还可以在不同的节日推出相应的特色活动，如中秋节推出中秋赏月活动，情人节推出情人节优惠活动，这无疑对住店客人和市民有着不可低估的诱惑力。另外，根据酒店的服务项目，时时对网站版面与内容进行及时更新，是其他传统的广告媒体无可比拟的，其对酒店带来的经济效益也是可观的。

（2）Internet 用于拓宽销售渠道。

酒店产品的销售，是酒店管理中非常关键而又艰难的一个环节。在 Internet 普及以前，加入国内、外专线预订销售网络的仅仅是少数由国际管理集团管理的豪华酒店，这些酒店得益于集团内部连锁订房及高消费散客的网上直接预订，在销售方面颇具竞争力。如今，Internet 技术为更多的酒店开辟了一条前景广阔的销售渠道，酒店只要按成交量或定期地支付一定量的佣金，就可加入各种预订网络，共享著名预订网站所吸引的客源。此外，酒店也可自建预订网站或上挂主页，实现酒店产品（包括客房、餐饮、娱乐等）在网上的直接销售。

（3）Internet 用于满足商务旅客的需求。

商务旅客的住宿费用在现代酒店中是一大创收来源。在当今时代，商业旅行者非常繁忙，他们往往人在旅途，还要与公司保持联络。随着 Internet 的飞速发展，商务旅客的通讯方式在发生急剧的变化。传统的电话、传真、银行转账支票等都正在被手提电脑、Internet、网上银行所代替。一般商务旅客都自带笔记本电脑，当然酒店也可以经营电脑出租，这样带有高速上网服务的客房便成了商务客人理想的办公室，客人在客房内就可收发邮件、传真、查询资料、召开网上会议、进行账务往来等。正因为如此，酒店内各服务场所便成为他们商务洽谈及办公之余休闲的好去处。

商务客人的消费水平相对较高，如果酒店提供方便的上网服务，他们将成为酒店最佳的消费群体。对于酒店业而言，高速的 Internet 服务是一种新型创收渠道，也是衡量能否满足当今商业旅客需求的一个重要标志。

在 Internet 逐渐普及的今天，人们目前比较关注的是网络的传输速度，从最初的电话拨号上网到现在的 ADSL 宽带上网显然是一个飞跃。目前，一些高星级酒店已经开始采用相关的先进技术，实现免费的高速无线上网。使用者只要把掌上电脑或手提电脑对准酒店所提供的红外线传输装置，无须加装任何设备便可轻松地连上 Internet，使客人的上网活动更为方便、快捷。这样的客房对商务旅客无疑有着不可抗拒的吸引力。

（4）Internet 用于提供特色服务。

酒店服务的统一与规范固然重要，但独具特色的个性化服务将给客人留下难以忘怀的记忆。根据不同国家或地区的风情习俗，提供满足各类客人不同要求的服务，利用 Internet 是可以完全做到的。例如，用 E-mail 寄一份电子贺卡对过生日的客人表示祝贺，客人会有宾至如归的亲切感；对有特别爱好的客人或住宿时间有一定规律的客人可进行针对性服务。如某客人爱好汽车，每年都来参加汽车展览会，那么在每年车展前一个月发 E-mail 告诉他本地车展的情况，并欢迎他在参加车展期间入住本酒店。并且酒店也可与汽车参展商联系，将车展的广告放在这类客人的预订房间里，让客人一进房间就感到一种欣喜与满足。另外，利用 Internet，对客人的投诉除了进行传统的处理外，还可通过 E-mail 书面致歉，附上酒店的整改意见，并表示欢迎他下次再入住本酒店，承诺将一定保证服务质量并把他作为特殊客人对待等，以此对酒店的失误作出及时的弥补。

7.3 酒店企业的网站建设

酒店企业的网站建设是酒店网络应用效果得以顺利实现的前提保障。酒店网络应用中的对外宣传功能、信息检索功能、电子商务功能、企业服务功能和网络营销功能等都依靠网站实现。酒店企业的网站建设，应按照网站建设的基本流程和标准规范，根据酒店经营管理的特点、定位和要求，把其设计成一种企业传递信息、开展网络营销活动的有效手段。

7.3.1 酒店企业网站建设的必要性分析

目前，网站已经成为酒店在互联网上的门户，并且成为酒店扩大业务的主要工具。

1. 酒店网站的主要功能

网站运营是酒店经营的需要，是一种战略投资；它能以最小的投入换取最大的回报，提高工作效率、节约运营成本，它已经成为酒店发展的工具，最终使酒店从中获益。

一个完善的酒店网站应具备以下几个方面的基本功能：

（1）确立酒店的品牌和形象。

在因特网上，一家酒店的形象不再仅仅由其规模、实力、人数、业绩等来决定，而正在由一套新的规则替代，如规范、快捷、方便、亲切、美感、专家咨询、全球性比较、个性化选择、交互式使用等。

酒店网站的形象就代表着酒店的网上品牌形象，人们在网上了解一个酒店的主要方式就是访问该酒店的网站。酒店网站建设的专业化程度和个性化风格直接影响着酒店的网络品牌形象，同时也对网站的其他功能产生直接的影响。

（2）展示酒店的产品与服务。

顾客访问酒店网站的主要目的就是对该酒店的产品和服务进行深入的了解，酒店网站的主要价值也就在于灵活地向用户展示酒店的产品和服务信息。即使功能十分简单的网站，至少也相当于一份随时可更新的产品宣传资料。好的酒店网站应尽可能周全地展示酒店产品所有的周边信息，如酒店的客房价格信息、餐饮信息、目的地旅游信息等，并且这些信息可以用图片、声音、动画以及其他多媒体信息形式展示等。

（3）开展网上营销和信息发布。

电话、电报、传真是酒店用来和客户沟通，从而使其产品或服务卖出去的传统联络手段。而利用网站这种信息载体，在法律许可的范围内，可以更生动、直观及更廉价地向更广范围的人们发布一切有利于企业形象、顾客服务以及促进销售的企业新闻、产品信息、各种促销信息、招标信息、合作信息、人员招聘信息等，而且它是在 24 小时不间断地工作。因此，拥有一个网站就相当于拥有了一个强有力的宣传工具。

一家酒店在网上加入专业的酒店管理方面的协会、新闻组、论坛、邮件清单，还可以发现以前自己鲜为人知的产品或服务，现在成了许多人共同的热门话题，这样有助于酒店快速进入一些行业发展的最新领域。

（4）做好客户服务并建立良好的客户关系。

通过网站可以与客户建立最直接的交流机制，为顾客提供各种在线服务和帮助信息，如航班查询、常见问题解答、留言板等。

通过网站，可全天候地跨地区地服务客户；通过网站上的在线调查表，可以获得客户的反馈信息，与客户保持售后联系，倾听客户意见，回答客户的问题。同时，通过网络社区等方式可以吸引潜在住店客人的参与，不仅可开展顾客服务，而且可增进顾客关系。

（5）缩短推出新产品和打开新市场的周期。

通过酒店网站可以用多媒体方式展示新的酒店菜肴，毫无遗漏地尽述其优点和特色；可以极其便宜的价格在新的目标市场向更多的客户打广告、做宣传。然后，会发现人们对新产品的意见以及新市场的反馈纷至沓来，效果之好难以置信。

在产品与服务开发之前，通过网站可以先进行在线问卷调查，包括品牌形象调查、消费者行为调查、产品调查、服务满意度调查等，这是获得第一手市场资料的有效工具。

（6）开展网上销售并促进网上联盟的建立。

建立网站及开展一系列网络营销活动的目的是为了增加销售，一个功能完善的网站本身就可以完成订单确认、网上支付等电子商务功能，即网站本身就是一个销售渠道。

另外，为了获得更好的网站推广效果，酒店企业可与产品或服务互补的相关企业或目的地网站建立合作关系，从而建立战略合作联盟，取得"双赢"甚至"多赢"的效果。

2. 酒店网站的合理定位

酒店网站可大可小，大的酒店管理集团的网站可以有成千上万个页面，后台还有用来反映房态信息、销售信息、预订信息的大型数据库，其动态网页每天甚至每小时都在动态更新；小的低星级单体酒店网站可以只有几个宣传介绍性的页面。

酒店网站的功能也可简可繁，简单的信息发布网站只需设计网页、制作网页并在网上公布消息，而功能完备的酒店网站则集公司形象宣传、产品信息发布、沟通通信服务、洽谈交易服务于一体，是一个庞大的系统工程，需要花费大量的人力、物力和资金来建设。

酒店应该审慎地考虑自己网站的定位问题，也就是需要合理确定准备投入多少资金，建设什么类型、多大规模的网站。建设一个网站，不应该是为了赶时髦或者标榜酒店的实力，重要的是让其真正发挥作用，使其成为酒店传递信息、开展营销活动的有效手段。

进行酒店网站定位时要考虑以下3方面的问题：

（1）酒店网站的建设投入与酒店的实力相结合。一个功能完备的电子商务网站需要投资几十万至百万元，显然会给中小酒店企业造成较重的负担和风险。而对于大的酒店企业尤其是酒店管理集团，过于简单的网站往往与企业形象不符。

（2）网络内容与现有业务结合。一些酒店建设网站，花费大量力气将全国各地的酒店相关信息介绍搬上了网，而预订信息、房态信息、交通信息却非常少，这样的网站显然难以为酒店带来实际效益。

（3）网站建设与酒店整体发展战略结合。例如，定位于散客旅客服务的酒店，建设网站就是一种传递信息成本最低且有效的方式，它使酒店企业的销售渠道大大延伸，减少了运作成本，并可使酒店企业便捷地获得市场反馈。

3. 酒店网站运作的成功案例

下面通过著名的马里奥特酒店集团网站介绍酒店网站的成功应用。

马里奥特酒店集团是全球最大的旅游服务公司之一，年业务收入有 100 多亿美元。它的在线营销系统包括 10 个品牌的 1700 家酒店，在中国市场有 7 个酒店品牌 25 家酒店。

1996 年，马里奥特酒店开始建立自己的网站，由于开发较早，马里奥特酒店的网站（www.marriott.com）有一些高级性能。利用马里奥特酒店建立的如图 7-1 所示的互动式网站主页，顾客可以按地点、设施、房间设备和娱乐方式的任何组合找到一家马里奥特酒店。一旦顾客找到了合适的酒店，就可以了解到是否有空房、房价多少，并简单快捷地预订房间。它的第一个在线预订服务系统在建立后的年底就创造了 1 亿美元的收入。

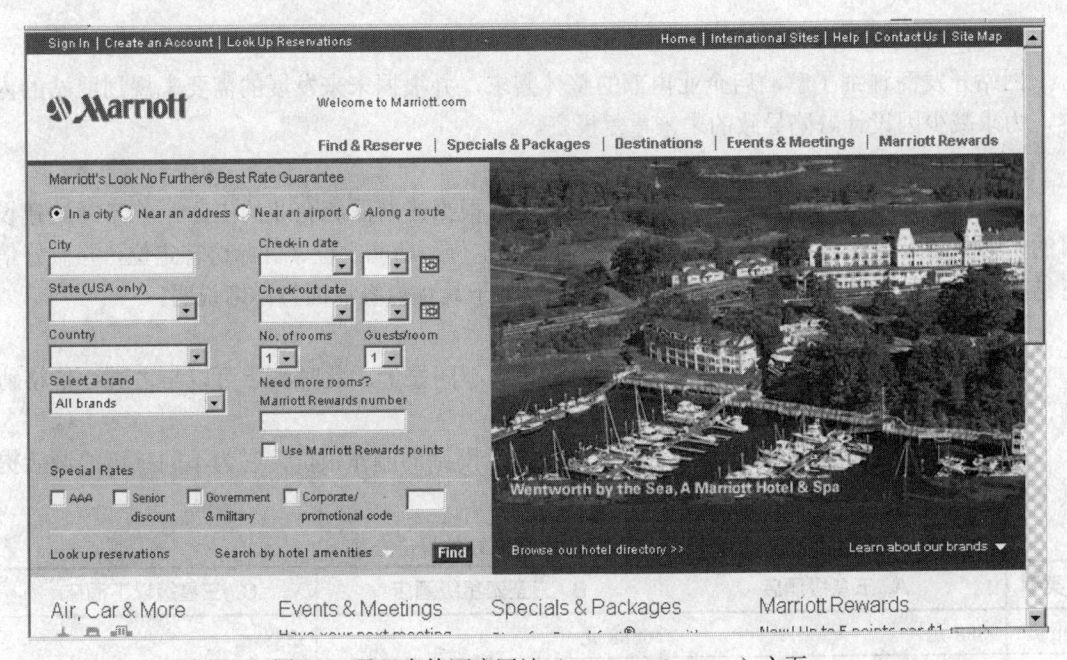

图 7-1　马里奥特酒店网站（www.marriott.com）主页

马里奥特酒店网站建设成功的案例可以为我国的酒店业提供很好的经验。在今后一定时期内，国内酒店业要发展，必须走网络化道路。据"8848"网站 CEO 王峻涛的预计，"在 2 至 3 年内，制约我国电子商务发展的瓶颈将解决"，届时，电子商务的运营要求会一下子摆在每一个酒店企业面前，如果企业没有准备，将无法适应骤然改变的商业运营模式。所以每一家酒店企业都应建立自己的单位网站，为即将普及的电子商务做好准备。

7.3.2　酒店企业网站的制作流程

由于技术人员的缺乏，一般酒店企业的网站建设大都采用委托专业网络服务商的方式。在这种方式下，实用性酒店网站的建设一般要遵循特定的制作流程，如图 7-2 所示。

1. 网站需求分析

酒店方作为客户提出网站建设基本要求，网站开发商根据其提出的基本需求大概了解酒店的一些基本信息，并根据这个情况来提出网站的概要设计思想。

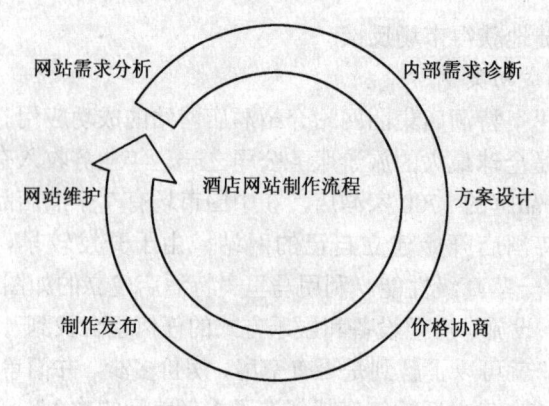

图 7-2 酒店网站的制作流程

2. 内部需求诊断

网站开发商详细了解酒店企业内部的整体需求，并根据未来发展的需要来规划网站的内容，力求减少因设计缺陷导致的未来重复投资。

3. 网站方案设计

在该阶段，专业网络服务商与酒店企业合作，根据建网酒店企业的主营业务与网站建设目的，结合酒店企业自身的特点，确定网站的形象定位、功能定位、目标访客定位，并做好信息结构设计、导航体系设计、栏目设置等工作，关于具体内容后面将详细说明。

4. 双方价格协商

对于专业网络服务商的不同方案，他们将提出不同报价，此时酒店可以与之进行价格协商，对于不同的网站报价，选择时要量力而行。

表 7-3 所示为 2004 年某网络服务提供商对酒店网站的制作报价，它为不同星级的酒店提供了量身定做的 3 种不同网站建设方案。

表 7-3 不同档次酒店网站的报价方案

类型	A. 五星级酒店	B. 三至四星级酒店	C. 三星级以下酒店
报价	9888 元	6888 元	3888 元
网站建设内容	1. 国际域名、国内域名各 1 个 2. 标准型网站空间 150MB 3. 50MB 独立 E-mail 空间，独立 Log 文件空间 50MB 4. 酒店形象首页 3 页，（含 Flash 制作，含 Java 程序，有伴音） 5. 次页制作 25~30 页（不超过 500 个汉字） 6. 每个次页均提供 gif 动画+Flash 标题 7. 公司相关图片的设计制作 30~35 幅 8. 专业现场摄影拍照 25~30 幅 9. 计数器两个 10. 留言簿一个	1. 国际域名、国内域名各 1 个 2. 标准型网站空间 150MB 3. 50MB 独立 E-mail 空间，独立 Log 文件空间 50MB 4. 酒店形象首页 1 页（含 Flash 制作，含 Java 程序，有伴音） 5. 次页制作 25~30 页（不超过 500 个汉字） 6. 每个次页均提供 gif 动画+Flash 标题 7. 公司相关图片的设计制作 25~30 幅 8. 计数器两个 9. 留言簿一个 10. 互动性 CGI 反馈单一个	1. 国际域名 1 个 2. 经济型网站空间 100MB 3. 50MB 独立 E-mail 空间 4. 酒店形象首页 1 页（含 Flash 制作，含 Java 程序） 5. 次页制作 15~20 页（不超过 500 个汉字） 6. 公司相关图片的设计制作 10~20 幅 7. 计数器两个 8. 留言簿一个 9. 互动性 CGI 反馈单一个 10. 首页弹出式公司广告 11. 加入 10~20 个国际知名的搜索引擎

续表

类型	A. 五星级酒店	B. 三至四星级酒店	C. 三星级以下酒店
网站建设内容	11. 互动性 CGI 反馈单一个 12. 首页弹出式公司广告 13. 加入 50~100 个国际知名的搜索引擎 14. 所有网页上传及服务器 15. 培训网站维护人员 1~2 人 16. 滚动字幕 3 个以上 17. 维护更新，技术支持（100 元/月，另外计费）	11. 首页弹出式公司广告 12. 加入 50 个国际知名的搜索引擎 13. 所有的网页上传及服务器调测 14. 培训公司的网站维护人员 1~2 人 15. 维护更新，技术支持（100 元/月，另外计费）	12. 所有的网页上传及服务器调测 13. 维护更新，技术支持（100 元/月，另外计费）
说明	以上内容中的 1~3 项只包括一年的服务费，一年后只需按 480 元/年缴纳 1~3 项的年费	以上内容中的 1~3 项只包括一年的服务费，一年后只需按 980 元/年缴纳 1~3 项的年费	以上内容中的 1~3 项只包括一年的服务费，一年后只需按 980 元/年缴纳 1~3 项的年费

5. 网站制作发布

双方达成开发意向后，就进入了酒店网站开发的制作和发布阶段。该阶段主要包括注册域名、建设 Web 服务器、设计网页结构以及多媒体素材制作、网站模块建设和网站信息上传发布、信息发布后的网站推广。

6. 网站运行与维护

酒店网站建成并经过正确性测试后，就可以开始投入运行。在运行过程中，对网站中的相关网页进行维护和更新工作十分重要。只有信息及时、时常更新、动态变化的酒店网站才能产生吸引力，为酒店带来效益。

7.3.3 酒店网站建设和运营中的主要工作

下面就酒店网站建设和运行中的主要工作进行介绍。由于篇幅所限，对部分内容需要详细了解的读者可参阅网站建设与管理方面的相关图书。

1. 总体设计

酒店网站建设之前，首先需要进行总体设计。总体设计应体现以下几个方面的特色：

（1）突出酒店的特点和风格。

酒店网站的设计首先要抓住酒店在全国同行业中特别是在本地同业中的突出特点，以增加浏览者的兴趣，挖掘潜在的客户；其次要突出酒店的性质和酒店的文化氛围。

为了突出酒店的性质和文化特色，Internet 网站的设计要突出酒店的服务宗旨，突出酒店的服务特色和产品特点。

（2）多语言版本。

酒店作为旅游的一个重要载体，要接待不同国家和不同地区的客人，因此酒店网站应当设计为多语言版本。这将大大提高酒店网站在国际上的影响力。

（3）运用更多的新技术。

目前 Internet 网站上的技术发展较快，主要体现在以下 5 个方面：

- 数据库技术的应用不仅可以方便用户管理和维护大量的信息，同时可以结合网页自动生成技术，迅速地更新各类网页信息，实现网站管理和网页制作的自动化。

- 网上音频技术的应用可以极大地丰富为客户服务的手段。酒店介绍、总经理致辞、客户导读、服务设施介绍等，都可以做到活灵活现。
- 网上视频技术的应用可以大大拉近客户与酒店之间的距离，是酒店各种服务设施的介绍，通过视频技术可以使客户一目了然。
- 网上虚拟现实技术的应用可使酒店在网站建立"三维模拟酒店"，让顾客在光临酒店之前就对酒店有一定的体验，更好地展示酒店的服务。
- 提供交互式访问方式可做到让每一个进入网站的访问者都能进行一次电子交谈，听取他们的意见，了解顾客的需求情况。

2. 网站策划

网站策划的主要目的是根据建网酒店企业的主营业务与网站建设目的，结合酒店自身的特点，确定网站形象定位、网站功能定位、目标访客定位、信息结构设计、导航体系设计、栏目设置、页面总量等内容，从而制定出一套完整的网站建设方案，具体内容包括：

- 网站的整体框架设计。
- 栏目设置。
- 网站结构设计。
- 网站功能设计。
- 首页面的创意设计。
- 主页面的设计。
- 其他次级页面的设计。
- 网站所需要的页面数量。
- 网站所涉及的程序设计及数据库。
- 网站域名的申请注册。
- 网站的后期维护及数据的日常更新。

3. 网页设计

网页设计就是根据网站建设方案说明书的要求进行网站整体风格与主页、栏目页、内容页的设计，包括：

- 网站整体风格设计：利用视觉元素充分反映酒店的特色与个性。
- 形象页设计：充分体现企业形象与网站风格的入口页，基本元素包括：中英文企业名称、LOGO、形象图片、网址、企业宣传语以及其他版本页面的链接。
- 首页设计。
- 栏目页设计。
- 内容页设计。
- gif 动画设计。
- 旗帜（Banner）设计。
- 图标（Button）设计。

4. 多媒体功能的设计

多媒体功能的应用，使网站能传递视频、音频信息，增强交互功能，提高信息展示的生动直观性和吸引力，例如对酒店各个主要建筑的介绍、对于客房的基本设施情况的介绍、对于各个菜肴的介绍，都可以设计成图片甚至视频效果。这中间的工作包括：

- Flash 片头动画、交互动画、三维演示动画的设计制作。
- 三维实景演示，包括360度水平视图、360度全景视图等。
- 音频编辑，采用 MIDI、WAV、MP3、MOD 等音频格式。
- 视频编辑，采用 MOV、AVI、MPEG、RM 等视频格式。
- 利用虚拟现实技术设计酒店的一些镜台或者动态效果图。

5. 网站功能模块的设计

网站功能模块需要后台程序的支持，提供网站与使用者的交互功能。

酒店网站常用的功能模块有：

- 站内全文检索：一般指大型酒店网站的站内检索，用户可通过关键字搜索到任何包含关键字的网页。
- 网站管理系统：可直接利用浏览器进行网站文件管理。支持新建目录、在线编辑、新建文件、文件上传、目录上传、分级权限管理等功能，达到简化网站维护工作的目的。
- 用户管理系统：包括用户注册、登录、资料修改功能，提供后台管理功能，可对用户进行删除、修改、暂停等操作。
- 计数器：用于监测和统计网站的访问流量。
- 网站访问日志报告：定期提供网站流量报告，包括访问人数、IP 流量等数据。
- 电子公告板（BBS）：支持多用户、多专题信息公告，可显示电子签名档；管理员可通过 Web 方式管理公告板。
- 留言板：供访问者留言，留言可出现在网页上，同时发至指定信箱。
- 反馈单：供访问者填写、提交，是用于采集信息的表单。
- 聊天室：有表情和动作，有密谈功能，可显示在线聊天者名单。
- 网上调查：是在网站设问并列出一些选择答案供访客发表观点的模块，支持同一 IP 限投 1 次、条形图百分比显示、Web 方式建立新调查等功能。
- 邮件列表：收集访客 E-mail，可随时发送电子杂志或紧急通知，支持在线申请或取消会员资格；设定最大列表会员数量；Web 方式发送邮件；记录发送历史。
- 公告栏：是以滚动新闻形式在网站首页或者是其他页面显示网站最新消息、网站公告等的多功能信息显示系统。
- 电子邮局：提供信箱空间，建网旅游企业可任意将此空间分割为多个信箱，设置基于企业网站域名的 E-mail 地址，分配给单位内部人员使用。

6. 网站的推广

网站建成后，酒店要有推广网站的意识。推广酒店网站的方式很多，包括：

- 在任何表现酒店信息的地方都应加上酒店的网址，如名片、办公用品、宣传材料、媒体广告等。
- 通过网络服务商将建成的酒店站点登记到全球知名的搜索引擎和目录服务网站中去，这样就会有更多的浏览者通过搜索引擎或目录服务站点来访问本酒店网址。
- 付费广告、新闻邮件、免费广告、免费咨询服务、友情链接、论坛宣传等也是提高酒店网站知名度，提高站点访问量的有效方式。
- 将本身酒店登记到专业酒店联盟、酒店协会、大型门户网站的旅游频道、旅游政府门户网站以及全球酒店预订系统中，利用他们的影响加大酒店网站的推广。

7. 网站的维护

网站建成后，还需要经常更新网站的内容，并不断地改进完善网站功能，保证网站具有持久的吸引力和生命力。这部分工作主要包括：

- 页面风格和模板的改动。
- 页面文字内容修改。
- FTP 维护：企业人员通过网站提供的 FTP 功能进行网站维护。
- 后台程序维护：客户根据编好的后台程序对网站内容进行更新和维护。

7.3.4 酒店网站规划建设实际案例

下面以××大酒店的网站制作规划方案为例，说明酒店网站制作的具体问题。

1. ××大酒店网站建设目标

（1）网页制作要大气、生动、活泼，网站功能要全面、完善、实用。

（2）要能很好地宣传酒店，建立××大酒店在公众心中的良好形象。

（3）要提供网上预订功能，方便服务网友，丰富销售渠道。

（4）加强信息互动，能够有效地沟通 VIP 等重要客户，加强酒店网上信息的传播。

（5）网站要能够进行有效的更新、维护服务，并有全文检索功能。

2. ××大酒店网站需求分析

为了达到上面的建设目标，对该网站进行了如下需求分析：

（1）大气的网站设计风格。为了更好地配合酒店的升级需要，结合××大酒店较好的品牌形象和地理位置，网站采用成熟大气的表现风格，辅以精美的页面设计及表现力极强的 Flash 动画和虚拟技术，烘托××大酒店良好的硬件及服务设施。

（2）方便的网站更新程序。在后台设计有"酒店新闻发布系统"和"酒店资源管理系统"。酒店最新的促销活动、招商、招聘等消息可及时地通过"酒店新闻发布系统"发布，酒店的各类设施情况如有变化，就能用"酒店资源管理系统"来修改更新，保证了酒店自己维护网站更新的需要。

（3）提高销售业绩的配套功能。酒店网站不仅具有酒店信息的宣传和介绍功能，更能在线为客户提供服务，如酒店 VIP 客户的在线查询积分、在线手机群发联系；客户在线客房预订，酒店即时回复预订情况等。这些都可以很好地提高酒店的企业实力和服务水准。另外，设置 BBS 论坛、在线调查也是酒店联系沟通客户的补充手段。

（4）能有能够快速宣传网站的网络平台。酒店网站完工后，随之而来的问题便是如何让网友好找，向全世界发名片可不是个好办法。解决此问题的办法是要分析网友的查询习惯，一般网友查找某地酒店信息有 3 种方法：一是用著名网站的搜索引擎（如 Google、百度等）以关键字查；二是到当地的门户网站（如新浪、网易、商都网等商业门户网站或者首都之窗、中国上海等政府门户网站）来找；三是到对口的专业网站（如携程网、中国酒店网、中国旅游网等）来找。在网站设计时，要在以上 3 类入口上都设置路标，方便网友与酒店的沟通。

（5）能提供完善而配套的网络服务提供商。做一个网站容易，做一个好网站实际上并不容易。而要维护好一个网站，让它产生出理想的效果则更是难。它涉及网络服务提供商对酒店及时而有效的支持，包括程序设计方面、活动配合方面、售后服务方面等。而这一切又要求服务提供商对酒店行业的熟悉，售后人员及技术力量配置，从而能规划好酒店现在及将来的需求，设计出符合酒店需要的专业程序，同时对将来的需求作出预留，避免低效益、重复性投资。

3. ××大酒店网站栏目规划

根据该酒店的实际情况，参考了其他酒店网站建设的现状，××大酒店网站栏目的规划包括：12个主要栏目、30个静态页面、4套后台程序、1个Flash片头、若干个辅助动画，具体如表7-4所示。该规划方案动静结合，表现力强，技术先进，功能完善。

表7-4 ××大酒店网站栏目规划

序号	栏目名称		栏目内容	技术实现手段	页数
1	首页封		企业VI形象展示	Flash动画	1
2	首页		发布酒店要闻、各类促销、人才招聘、招商招标等信息	新闻在线更新系统	1
3	酒店简介	酒店沿革	简要介绍××大酒店的各方面情况，如发展历史、创办人及酒店的荣誉、酒店独特的企业文化等	静态网页制作	5
		酒店荣誉			
		企业文化			
		论证介绍			
4	酒店电子报	行业快讯	及时发布××大酒店内部管理方面涉及的相关资料和信息，如行业动态、管理信息等；表扬好人好事，发布员工作品和呼声	电子报发布系统	自动生成
		服务明星			
		管理论坛			
		员工园地			
5	客房介绍	标准间	详细介绍××大酒店各类客房资源情况，包括房间的特色、配套的服务及设施等	部分特色房可应用虚拟现实技术表现客房的三维场景	2
		商务间			
		高级套间			
		商务套间			
		凡尔赛套			
6	会议中心	会议中心	介绍××大酒店良好的会议环境及优良的服务、各种会议厅的风格、容纳人数、基本价位	静态网页制作（可配合动画表现）	1
		座谈室			
		培训教室			
		圆桌会议			
		环型厅			
7	餐饮服务	中餐介绍	介绍餐饮服务方面的相关内容及特色和各类活动	特色包房或设施可应用虚拟现实技术表现客房三维场景	3
		西餐介绍			
		旋转餐厅			
		宴席精选			
8	休闲娱乐	健身中心	介绍××大酒店休闲娱乐方面的设施和服务等	静态页面（可配合各种动画表现）	2
		桑拿保健			
		KTV设施			
		购物中心			
		游泳馆			

续表

序号	栏目名称		栏目内容	技术实现手段	页数
9	商务中心	上网传真	介绍××大酒店商务服务方面配备的设施和服务等	静态页面（可配合各种动画表现）	1
		打字复印			
		车票订购			
		车辆接送			
10	VIP 管理系统		配合××大酒店 VIP 贵宾俱乐部，实现客户在线注册成为××大酒店的会员，也保证网上订房的安全	VIP 客户在线登记管理系统	1
11	上帝之声		给网民及客户一个可以留言提意见的天地	BBS 留言板系统	1
12	客房预订系统		配合××大酒店 VIP 贵宾俱乐部实现客户在线预订客房，充分体会高科技带来的便利	在线酒店客房预订系统	1
13	友情链接		连接到各网站，是推广网站的一种有效手段	静态网页制作	1
14	与我联系		表明联系方式，方便联系	静态网页制作	1

4. 网站动态更新与交互性功能设置

为了让××大酒店的网站真正动起来，实现酒店与客户之间的双向互动，本网站在动态更新方面以及交互性功能设计方面，主要作了如下工作：

（1）专业动态信息发布系统。

新闻发布系统是酒店发布最新消息的后台管理界面，具体发布的内容项目应该包括：

- 酒店要闻：又可为标题新闻（前台滚动显示）、图片新闻、文字新闻。
- 促销信息：分普通类、专业类（客房促销、餐饮促销、娱乐设施促销）、专题类（中秋月饼、圣诞节、春节）。专题类促销和专业类促销是指信息发布和网页显示格式更加符合酒店客人的审美习惯和心理，吸收了酒店的宣传册页的排版格式，做到网上网下都美丽，达到特定的促销效果。
- 人才招聘：酒店可在该网页发布自己的人事招聘信息，如果有应聘信息，可在此直接查询应聘人的相关资料，资料可进行下载打印、保存等操作。
- 菜品促销：包括招牌菜介绍、新菜推荐、精选宴席，发布及显示格式要专业。
- 招标招商：酒店对外发布项目合作和商品招标信息，在更大的范围内实现资源整合和理顺供应渠道，减少采购成本。

（2）酒店资源管理系统。

一般酒店所包含的设施不外乎是客房、会议室、餐饮设施、娱乐健身设备、商务中心和购物设施等，这些设施统称为"酒店资源"，显然酒店就是资源的经营者。

随着酒店业竞争的日趋激烈和各种促销活动的频繁推出，设施的更新周期和涉及这些资源的图片、价位、面积、配备、服务时间等参数随时就会发生变化，要做到真正的"信息更新"必须考虑到这一点。为此，开发的"酒店资源管理系统"能通过酒店网站的后台对酒店的上述资源进行适时的修改，保证网站信息全方位地与酒店经营的实际情况同步。

(3) 反馈信息管理系统。

一般酒店的网站都会涉及"网上留言"、"招标招商"、"诚聘英才"等实用性、交互性极强的互动栏目。快速回复及处理这些信息是栏目实用和酒店形象的体现。

"反馈信息管理系统"就是统一管理这类信息的一个模块,酒店可以在网站的管理后台非常方便及时地处理这类信息,从而让网站真正地动起来。

(4) 酒店客房预订系统。

客户预订是对现有资源的预订。在"酒店资源管理系统"的支持下,酒店的各类资源信息就能准确无误地予以更新,从而从根本上保证了预订的严肃性。配合"酒店会员管理系统"和"手机群发系统",还保证了预订客人相关信息的及时处理及快速的预订回馈。

(5) 会员信息管理系统。

会员信息管理系统是酒店沟通和联系 VIP 会员的通道,结合邮件管理系统和手机群发系统,可以适时发布手机短信和邮件。其主要功能包括:

- 会员查询:可查询网上注册 VIP 会员的基本信息,包括姓名、电话、邮箱等。
- 积分录入:可录入会员的消费金额和积分,此积分可供会员网上查询。
- 数据导入:可导入客户机上的 VIP 数据,及时更新网上数据库的数据。
- 权限设置:酒店在管理员权限下,可分配二级管理员,负责局部信息(数据)的发布和更新。

(6) 短信群发系统。

短信群发系统是现代网络技术和通讯技术的结合,它费用省(0.1 元/条或者更低)、效率高(每次发送 1500 条或者更多),能完成点对点、点对多的手机联系。具体包括:

- 添加组:酒店可根据情况对自己的各类资源进行分组,例如按 VIP 客户、供应商、职能部门领导、内部各部门等进行分组。
- 添加联系人:分组完成后,对应录入各组所包含会员的相关信息和手机号。
- 多(单)条发送:可以对某些需要手机联系的客户群或个人进行快速回复。

5. 网站建设资金预算

根据网站制作公司的业务报价,制定了网站建设的资金预算,分为以下 5 个方面:

(1) 域名及邮箱服务报价。

建立网站必须先申请域名,并注册专有邮箱服务。这方面的预算情况如下:

- 国际域名注册:150 元/年。
- 中文域名注册:.cn 形式 300 元/年。
- 网络实名申请:500 元/年,900 元/2 年。
- 虚拟主机服务:静态空间 100MB=500 元/年。
- ASP 动态服务:100MB=1200 元/年(支持大型数据库论坛)。
- 专用收费邮箱:50 元/个年。

(2) 网页设计部分预算。

网页设计部分整体预算如表 7-5 所示。

表 7-5　网页设计部分整体预算

项目	备注	预算
形象页设计	形象页是指一个网站的欢迎页面，内部元素有：企业名称、LOGO、形象图片、网址、宣传语、首页链接、其他语种页面链接等。将客户选定的元素创造性地布局后进行整体化设计，建立亲和、亮丽的视觉效果，达到提高企业形象、宣传企业理念的功效	1000 元/页
首页	首页是指一个网站的主索引页，是令访客了解网站概貌并引导其调阅重点内容的向导。首页设计要求在保障整体感的前提下，根据大多数人的阅读习惯以色彩、线条、图片等要素将导航条、各功能区以及内容区进行分隔。首页设计采用客户的既定标准色，注重协调各区域的主次关系，以营造高易用性与视觉舒适性的人机交互界面为终极目标。本项服务未包含制作费用	600 元/页
栏目页设计	根据网站结构及信息类别的分类，确定需要独立设计的栏目页和内容页模板文件的总数。设计中兼顾并继承首页的设计风格，保障模板在各具体页面套用过程中的适用性和灵活性	300 元/页
网页制作	包括局部效果、简单按钮及 CSS 样式表的设计制作。首页、栏目页、内容页的制作价格相同	100 元/页

（3）多媒体制作预算。

多媒体设计制作部分的整体预算如表 7-6 所示。

表 7-6　多媒体设计部分的整体预算

项目名称	内容说明	价格
Flash 首页动画	具备交互功能的演示动画	500 元/个
Flash 广告条动画	一般用在酒店网站的内页	300 元/个
Flash 小型动画	极具震撼效果的网站入口动画	100 元/个
全景演示（虚拟现实）	全景多方位的三维效果展示	1000 元/场景（以 10 秒为 1 单位）

（4）网站功能模块预算。

网站功能模块部分的整体预算如表 7-7 所示。

表 7-7　网站功能模块的资金预算

项目名称	内容说明	价格
计数器	50 种风格的计数器任选	50 元/个
留言板	接受委托制作，风格与网站完全统一	200 元/个
电子公告板（BBS）	委托制作，风格和整个网站统一；支持多用户、多专题模式；可显示电子签名档；Web 方式的管理员管理系统	500 元/个
会员（VIP）管理系统	企业沟通和联系 VIP 会员的通道，结合邮件管理系统和手机群发系统，可以适时发布手机短信和邮件；具体的功能有：VIP 积分查询、积分在线添加、VIP 数据导入	3000 元/个
酒店专业信息发布系统	可直接利用浏览器进行网站文件管理。支持新建目录、在线编辑、新建文件、文件上传、目录上传、分级权限管理等功能，达到简化网站维护工作的目的	2000 元/个

续表

项目名称	内容说明	价格
网上预订系统	建立网上预订页面,并有后台预订数据库系统,支持客户以 Web 方式的酒店预订,并可以与客房管理系统集成管理	3000 元/个
手机短信群发系统	供其他网站在线加注的搜索引擎模块,支持:①网站在线注册,立即生效;②关键字搜索功能;③点击计数功能,同一 IP 点击多次无效;④排名功能,可以查看各站的人气指数;⑤在线维护,随时增删类别与网站	4000 元/个
电子报管理系统	可实现以 Web 方式更新页面指定区域的模块,主要用于网站新闻的更新。操作简便,降低对日常维护人员的技术要求	1000 元/个
反馈信息管理系统	访客进入本系统后可选择一位在线的管理员进行文本方式的业务咨询或技术答疑,实现实时的客户交流功能,提高网站的亲和力	1000 元/个

(5) 网站托管及售后服务。

网站建好后,为了维持酒店网站的正常使用,网站开发商还需要提供技术支持和培训服务,并负责客户各类信息的及时发布,更新、增减客户数据库的相关数据,优惠提供客户网站功能的升级和特定的专项委托服务。这方面的网站维护费约占网站建设费的 20%。

7.4 酒店业网络营销

网络营销是指利用互联网开展的营销活动。网站建设是网络营销的一个组成部分,但建设一个网站不等于已经开始了网络营销。酒店网站建成之后,其网络营销方式才刚刚开始,还有很多后续工作。本节将介绍酒店业网络营销的相关知识。

7.4.1 网络营销的形式及其特点

1. 网络营销的主要形式

网络营销作为一种新的营销方式,它内容丰富、形式多样。下面列举其主要形式。

(1) 网上市场调查。网上市场调查主要利用互联网交互式的信息沟通渠道来实施调查活动。它包括直接在网上通过问卷进行调查,还包括通过网络来收集市场调查中需要的一些二手资料。利用网上调查工具,可以提高调查效率。在利用互联网进行市场调查时,重点是如何利用有效工具和手段实施调查和收集整理资料。

(2) 网上消费者行为分析。互联网用户作为一个特殊群体,它有着与传统市场群体不同的特性,因此要开展有效的网络营销活动必须深入了解网上用户群体的需求特征、购买动机和购买行为模式。Internet 作为信息沟通工具,目前正在成为许多兴趣、爱好趋同的群体聚集交流的地方,并且形成许多特征鲜明的网上虚拟社区,了解这些虚拟社区的群体特征和偏好是网上消费者行为分析的关键。

(3) 网络营销策略制定。不同企业在市场中处在不同地位,在采取网络营销实现企业营销目标时,必须采取与企业相适应的营销策略,因为网络营销虽然是非常有效的营销工具,但企业实施网络营销时是需要进行投入的和有风险的。同时企业在制定网络营销策略时，还应该考虑到产品周期对网络营销策略制定的影响。

（4）网上产品和服务营销。网络作为信息有效的沟通渠道，改变了传统产品的营销策略，特别是渠道的选择。作为网上产品和服务营销，必须结合网络特点重新考虑产品的设计、开发、包装和品牌策略，如传统的优势品牌在网上市场并不一定是优势品牌。

（5）网上价格营销。在网络上销售产品和服务究竟应该制定什么样的价格，这是很多企业都提出过的问题。互联网络具有信息透明和消费者容易比价的特点，同时企业发布的产品价格也易被其竞争对手方便地了解，这使上网企业需要审慎地考虑网站上的产品定价。还需要考虑的是同种产品的网站定价与其他渠道价格的对比关系。

（6）网上渠道选择与直销。借助互联网的直接特性，企业建立的网上直销模式降低了渠道中的营销费用。但建设自己的网上直销渠道必须进行一定投入，同时还要改变传统的整个营销管理模式，增强营销信息管理能力。

（7）网上促销与网络广告。Internet 作为一种双向沟通渠道，最大的优势是可以实现沟通双方突破时空限制直接进行交流，而且简单、高效和费用低廉。因此，在网上开展促销活动是最有效的沟通渠道。企业可以通过电子邮件向潜在顾客发送产品、服务信息和其他促销信息。网络广告作为最重要的促销工具，具有传统的报纸杂志、无线广播和电视等传统媒体发布广告无法比拟的特性，即具有交互性和直接性。

2. 网络营销的特点

与传统营销方式相比，网络营销主要有以下特点：

（1）跨时空。企业能有更多时间和更大的空间进行营销，可每周 7 天，每天 24 小时随时随地提供全球性营销服务。

（2）多媒体。互联网被设计成可以传输多种媒体的信息，使得为达成交易进行的信息交换可以以多种形式存在和交换，可以充分发挥营销人员的创造性和能动性。

（3）交互式。互联网可以展示商品目录，连接数据库提供有关商品信息的查询，还可以和顾客做双向互动沟通，可以收集市场情报，进行产品测试与消费者满意度调查等。所以，它是产品设计、商品和信息提供的最佳工具。

（4）拟人化。互联网络的促销是一对一的、理性的、消费者主导的、循序渐进式的，而且是一种低成本与人性化的促销，避免推销员强势推销的干扰，通过信息提供与交互式交谈，与消费者建立长期良好的关系。

（5）成长性。互联网络使用者数量快速成长并遍及全球，使用者多属年轻、中产阶级、高教育水准。由于这部分群体的购买力很强，而且具有很强的市场影响力，因此是一项极具开发潜力的市场渠道。

（6）整合性。网络营销可由商品信息至收款、售后服务一气呵成，因此也是一种全程的营销渠道。另一方面，企业可以借助互联网络将不同的传播营销活动进行统一设计规划和协调实施，以统一的传播资讯向消费者传达信息，避免不同传播中不一致性产生的消极影响。

（7）超前性。互联网络是一种功能强大的营销工具，它同时兼具渠道、促销、电子交易、顾客互动服务以及市场信息分析与提供的多种功能。它所具备的一对一营销能力，正是符合定制营销与直复营销的未来趋势。

（8）高效性。电脑可存储大量的信息供消费者查询，可传送的信息数量与精确度远远超过其他媒体，并能应市场需求及时更新产品或调整价格，及时有效地了解并满足顾客的需求。

（9）经济性。通过互联网络进行信息交换代替以前的实物交换，一方面可以减少印刷与邮递成本，可以实现无店面销售，免交租金，节约水电与人工成本；另一方面可以减少由于迂回多次交换带来的损耗。

（10）技术性。网络营销是建立在高技术作为支撑的互联网络的基础上的，企业实施网络营销必须有一定的技术投入和技术支持。

7.4.2 酒店业开展网络营销势在必行

1. 酒店业传统营销方式的缺陷

酒店业是我国最早对外开放的行业，中国的第一家合资企业就诞生在这个行业。但目前中国酒店业面临着观念陈旧、管理落后、效益不佳等诸多困境，还存在着传统的营销模式和销售方式：只有接待部，没有销售部，坐等客人上门，销售意识淡薄；虽有营销部，但过分依赖销售人员，依靠旅行社、订房公司、航空公司等传统中介；销售方式使用人海战术，强调人际关系，如折扣、礼品赠送、情感促销等。而酒店业面临的局势又相当严峻，如酒店业竞争激烈，酒店过剩，市场供需失衡，酒店效益低下；市场完全开放，国际酒店集团加速扩张，瓜分国际商务散客；陈旧的营销模式与需求发展相矛盾，国内外商务散客的发展带来新的市场机会，但酒店普遍仍以团队接待为主，对散客重视不足，批发式销售方式已不适合细分的市场需求。

在市场保护逐步遭受外来冲击的情况下，我国的酒店业越来越感受到国际竞争的压力。在尚无实力走出国门参与国际竞争的同时，国际上一些大的酒店管理集团却已进入了中国市场。以北京为例，2004年北京已经有涉外酒店近500家，其中有大部分外资酒店和一部分内资酒店，都是聘请外国的酒店管理集团来进行管理。我国酒店业唯一的出路就是迅速加强自身素质建设，与国际接轨，赶超世界潮流。中国的酒店业在网络营销应用方面还只是处于起步阶段，有许多的酒店在信息传输、企业管理等方面还一直保持着传统的经营方式。因此，我们再也不能忽视利用计算机网络促进酒店业发展的作用，否则将痛失时机，导致"一步赶不上，步步赶不上"的局面。

2. 酒店业网络营销的必然要求

酒店业网络营销是指酒店企业利用互联网等电子手段进行的营销活动，包括网上消费市场分析、策略制定和实施的全过程，它与传统营销方式相比具有跨时空、交互性和高效性的特点，是传统酒店营销手段的发展和补充。

网络营销成为旅游业发展的新动力，造就了酒店业进行网络营销的大环境。我国旅游业发展20年成绩喜人，其对信息资源及信息手段的高度依赖也决定了与高科技没有相斥性。相反，科技进步为旅游业提供了前所未有的信息管理和服务交易手段。高科技的有效应用无疑是大势所趋。作为旅游业的先锋行业，酒店业发展网络营销尤显重要。

在市场经济中，消费者的心理特征是从业者必须研究的课题。掌握消费者的消费心态，才能采取相应的营销策略，开创新的局面。在网络营销中有 B to C 的运作模式，即商家直接面对消费者营销。在电子商务发展初期，消费者出于安全性的考虑，通过网络购买的产品主要是小商品（如鲜花、书籍）和服务产品。旅游产品作为一种特殊的服务产品，具有生产消费同步、远距离异地消费、消费者无法对产品预先感知等特性，成为在电子商务中最适于消费者网上查询、浏览、购买的产品类之一。另外，酒店业网络营销是一种以消费者为导向、强调个性化的营销方式,其最大特点在于以消费者为先导,消费者有更大的选择自由。顾客完全可以自己选择进入感兴趣的酒店网址,从而获得更多自己需要的信息。为了适应消费者的这种心理倾向,也非常有必要发展酒店业网络营销。

3. 酒店业网络营销的主要作用

Internet 正在改变酒店的营销方式,网络营销可以给酒店带来如下重要变化:

(1) 宣传方式的改变。酒店与顾客相距千万里,顾客必须在酒店消费之后才能真正了解其服务水准,因此无论酒店怎么运用广告、宣传等促销手段,都无法让客户事先了解其具体情况,而利用网络营销手段,可以很好地展示出酒店的各种服务设施、设备,使顾客远在千里之外就能了解酒店,这无形中就加快了酒店的对外宣传效果。

(2) 服务方式的改变。服务在酒店产品中有着重要的地位,无形的服务难以让顾客了解清楚,如何使无形的服务变得有形,一直是决定营销效果的重要因素。在网络营销中,利用多媒体手段使得酒店可以将内部的环境气氛、礼貌周到的服务等不易表现的成分在网站上播放,让浏览网站的潜在顾客对本酒店进行"虚拟现实旅游与消费",这种生动的促销方式使他们在做出购买决策前就感受到了酒店的优质服务。

(3) 服务效果的改变。通过 Internet 与顾客的互动,顾客预先就感受到了酒店的优质服务,打消了顾客的猜测与疑虑,形成了对酒店服务的美好期望。在顾客光临酒店后,如果这种美好期望与服务实际相符合,就会提高顾客对服务的满意度,增加酒店的回头客。

(4) 产品形式的改变。通过 Internet,酒店可以与每一位上网的客人建立直接的关系,通过双方互动,客人了解酒店,同时酒店也了解每一位客人的真实需求。这样,酒店可预先设计和准备对客人的个性化服务,提高客人的满意程度。不仅如此,酒店还可根据客人以往的需求信息,不断为其提供经过精心挑选的可能令他感兴趣的产品和服务信息,吸引其再次光临。

可见,Internet 改变了酒店的传统营销策略,可以大大改善营销效果,这正是 Internet 在酒店经营中逐步成为热点的原因。

7.4.3 酒店业开展网络营销的应对策略

根据以上分析,我国酒店开展网络营销已经成了必然趋势,而且,从根本上说,网络营销应当是酒店营销的重要组成部分。在实践运用中,酒店网络营销应注意以下事项:

(1) 选择适当的网络服务商。网络服务商的选择依赖于企业营销策略的定位。酒店要认真研究经营战略,找到经营战略与网络营销的结合点,确定网络营销的定位,在网络营销定位准确的基础上,选择能为企业提供最佳服务的网络服务商。目前,国内网络服务商很多,业务范围各不相同,对此,不可盲目乱投医,要对网络服务商的技术条件、业务范围和服务质量进行认真调查,选择适合本酒店经营战略要求的服务商。

(2) 重视酒店域名的注册。域名是服务器或局域网络系统在互联网上的名称,且呈唯一性。域名一旦被注册,其他机构就不能再注册同样的域名。对企业而言,域名与企业的标志物有类似的定义,被称为企业的"网上商标"。域名是互联网时代最珍贵的资源之一,"好"的域名可以吸引网民的注意力,提高访问量。域名是企业的品牌,是一种无形资产,对企业的生存和发展具有重要意义。各家酒店一定要积极注册域名,保护自己的牌子。

(3) 努力宣传酒店的网站。酒店注册域名后并非万事大吉,还要建立网站并努力推广网站。域名的价值在于使用,如果一家酒店注册了域名而不建立网站,或者网站建立草率了事,其域名则无增值潜力。酒店网站的宣传推广，除了通过报纸、杂志、广播、电视外，还可以借助网络自身的传播工具。

1) 发布网络广告。网络广告速度快、成本低、时效性强，深得网络用户的青睐。酒店可通过网络广告作自我宣传，提高企业知名度。

2) 注册搜索引擎。搜索引擎可以向网民推出有关网站，扩大网站影响力。搜索引擎的注册，可以分别向专业网站注册，也可以通过专业网站做多个搜索引擎的一次性注册。

3) 实行网站链接。所谓网站链接，指将网站以图像或图标的形式反映到另一网站的网页上，当用户访问另一网站时，发现前者的图像或图标，点击后即可引导到该网站。网站链接形式有多种，包括友情链接、广告链接，加入行业联盟、行业协会网站等。

（4）构建网络营销管理系统。网络营销管理系统，包括开展网络营销的组织机构及相关的管理制度。企业上网是实现网络营销的途径，但并不意味着一触网就能自然而然地实现网络营销，这里还必须有一套为之服务的组织机构及管理制度。目前，我国一些酒店的营销管理系统还是传统营销方式的产物，还不能与网络营销立即实现无缝链接，需要对其进行调整，其中重点要搞好技术管理部门和物流管理部门的建设。技术管理部门主要负责网络营销的前序工作，包括发布网络广告、更新网页内容、回答用户咨询、接受电子订单、处理电子支付等事务。物流管理部门主要负责网络营销的后序工作，即在与客户达成购销约定后，能及时、迅速、安全地将商品或服务传递给客户。

（5）建立新型的营销人才队伍。新型的酒店营销人才，包括适合网络营销运作体制的营销管理人才、营销策划人才和网络操作人才。新型营销人才队伍的建立，一是通过人才市场、报刊广告、网络发布等渠道吸引人才；二是为酒店已有的人才创造良好的工作和生活环境，以留住人才；三是眼睛向内，注重在本酒店内部挖掘人才、培养人才，把合适的人选送出去进修、培训，以投资于人才的未来。"三管齐下"方法的运用，有助于建立一支营销观念前卫、营销策略超凡、营销业务精湛的新型营销团队。

7.4.4 我国酒店业开展网络营销的具体措施

目前，中国许多酒店已经开始在互联网上进行营销，如北京、广州、深圳的一些酒店。同时互联网上出现的酒店专业预订网也不少，如中国酒店预订热线、中国酒店预订网等。但总的来说中国酒店业的互联网营销还只是处于起步阶段，有许多地方需要完善和改进。如页面链接慢、网业设计粗糙、单调等。下面，我们就从传统营销中的 4PS 理论着手，以酒店的客房为例来谈一下中国的酒店业应如何进行互联网营销。

1. 产品策略

在酒店的产品互联网营销中，顾客只能通过酒店的网页来了解酒店的客房，从而作出预订决策。因此搞好网页设计和"虚拟客房"建设将是酒店产品策略的关键。

（1）网页设计。

酒店的网页设计所追求的效果简单地说，一是精致，二是方便。具体地应注意以下几点：①酒店的主页应能够给顾客比较强烈和突出的印象；②网页结构设计合理、层次清楚，顾客应该可以从主页的目录中得知自己应查得的方向；③网页的内容应全面，尽量涵盖顾客普遍所需的信息；④网页的链接应方便浏览，传输速度和图片的下载速度快，应注意避免死链接、调不出图形等情况的存在。面对网上如此众多的网页，酒店节省顾客的时间从而吸引顾客就是在给酒店互联网营销创造机会。

(2) 虚拟客房。

顾客在购买产品前对他将要购买的产品都要有一个了解，而在传统营销中酒店的顾客在预订客房前却不可能像别的顾客购买商品一样，先到自己将要预订的客房里参观一下再作决定。而互联网营销却可以满足顾客的这种需求。酒店利用电脑和互联网这种高科技手段营造一间"虚拟客房"，让顾客不仅能够对他将预订的客房有一个全方位的了解，更重要的是可以在"虚拟客房"内设计出自己喜爱的客房，从而真正使酒店客房的有形产品、无形产品和无形服务达到最佳结合。

下面我们描绘一下"虚拟客房"的使用情况。

顾客首先登录酒店主页，在主页的醒目位置用鼠标点击按钮，屏幕会立刻从平面进入一个立体空间，进入"虚拟客房"。顾客就可以在"虚拟客房"中进行参观和设计了。

首先屏幕上为顾客开门的是穿着考究、面带微笑的服务员，她领你进入客房，为你开窗、沏茶、开音乐，并在一旁用她悦耳的声音为顾客作客房介绍。屏幕也会随着她的介绍依次为顾客显示客房全景、家具设备、房顶装饰、地板花纹等。

展示完毕以后（当然你也可有选择地进行参观浏览），还可以移动鼠标查看新的服务项目，了解客房按钮使用方法，甚至还可远眺窗外景色。如果顾客对所"参观"客房很满意则可以进行确认预订。

如果觉得有些地方还不太令自己满意，如窗帘的颜色、屏风的摆放、楼层的高低等，顾客只要把自己的要求输入计算机，稍等片刻后酒店就会答复。

如果你的要求酒店可以满足的话，酒店将会再一次邀请顾客进入"虚拟客房"，不过这一次顾客所看到的将是自己设计的客房，客房内的一切都是按照顾客的意愿设计的。顾客也就有了一间真正属于自己的客房。

2. 价格策略

价格是酒店经营特别是营销过程中最为敏感的问题。而互联网营销使酒店客房的价格展现在顾客面前的同时也暴露在竞争对手面前。

具体来说酒店客房互联网营销的价格策略应做到以下几点：

(1) 科学定价。由于互联网营销使企业的产品开发和促销等成本降低，酒店可以进一步降低客房的价格。并且由于网上价格具有公开化的特点，顾客很容易全面掌握其他同类客房的价格。因此应增加客房定价的"透明度"，建立合理的价格解释体系，向顾客提供客房相关产品的定价，并开诚布公地在价格目录上介绍客房价格的制定程序，从而消除顾客对酒店客房价格产生的疑虑。

(2) 灵活变价。由于在互联网上客房价格随时都可能受到同行业酒店的冲击，所以应在网上建立客房价格自动调节系统，按照旅游的淡旺季、市场供需情况、其他酒店的价格变动等情况，在计算最大盈利的基础上自动地进行实际的价格调整，并且定期提供优惠、折扣等形式以吸引顾客。后面章节将介绍的收益管理系统就是体现该思想的主要方法。

(3) 弹性议价。需要说明的是，此处的弹性议价绝非酒店与顾客在互联网上进行"讨价还价"，而是指酒店充分利用互联网具有的交互式特点，和顾客一起"商议"合理的价格。酒店让顾客在预订时输入他可以接受的价格范围，以及所需客房的楼层、朝向等资料，然后酒店根据这些资料为顾客确定令顾客满意的客房。如果顾客需要预订的是一个价格不超过250美元位于四楼的标准间，但酒店只能提供给顾客一间位于四楼可价格是 260 美元的标准间，此时酒店便可以和顾客进行协商，让其作出选择，并向顾客作出承诺，如果下次他再住本酒店的话酒店会给他更优惠的价格。这样，顾客就会比较主动地作出购买决策。这比传统的服务员报价法要省去许多麻烦，也比顾客在互联网上根据价格一样一样地挑选商品要省时，要知道影响"网上漫游"的顾客是否做出购买决策的最重要因素就是时间和耐心。

3. 渠道策略

如果仅从销售渠道层次角度来看，互联网营销的渠道就退化为互联网这个单一的层次，因此，对于酒店来说其重点应放在不断完善这种渠道以吸引顾客上。可以采取的方式有很多，如建立会员网络，提供免费的服务或产品。

下面以组建会员网络为例来说明酒店的具体做法。

会员网络是企业在建立虚拟组织的基础上形成的网络团体。酒店可以把曾经住过本酒店的顾客和酒店的常客组成一个会员网络，促进他们之间的联系和交流，培养顾客对酒店的忠诚度，并且把顾客融入到整个营销过程中，让每一个会员都互惠互利，共同发展。

比如在客人离店后，酒店通过互联网上的 E-mail 询问他对酒店客房的意见，以示对客人的尊重和关心；再如，酒店为那些具有相同经历的顾客，如都从事某一职业、都处于社会同一阶层、都来自于同一个城市，提供彼此的 E-mail 地址以及其他联系方法，从而促进他们的交流；还比如在节假日，酒店可通过 E-mail 向会员发送精致的贺卡，在酒店推出新的服务项目以及将对客房进行重新设计前，也可通过 E-mail 这种方式通知会员，并征求他的意见，这样，顾客就会有一种被尊重、被重视的感觉，从而就会对本酒店有一持续良好的印象。

4. 促销网络

酒店网站只有大量的网友访问，才有可能实现互联网销售上的根本性突破。因此在互联网上酒店客房的促销更演变为对酒店网站的促销，提高其点击率和浏览率。当然，前面产品策略中网站内容的建设是一个重要方面，但仅有极富吸引力的网页是远远不够的，还必须有相应的促销手段相配合，下面就介绍几种常用的网站促销的方法。

（1）电子邮件营销。电子邮件是互联网传送的个人信件，酒店可以把本酒店的广告通过 E-mail 直接发给顾客，它具有成本低、信息发布反馈速度快等优点。酒店虽然可以通过多种渠道获得大量的个人 E-mail 地址，但酒店所投寄的信息顾客不一定需要，这样就容易导致顾客对本酒店产生不良的印象。这就要求酒店互联网营销人员认真分析和严格的审查，根据其资料进行取舍，同时提高所投电子邮件的质量，包括措辞、文字设计、背景图案等各方面的内容。当然在前面提到的会员网络中使用电子邮件这种形式还是较为常用的一种方法。

（2）加入专业销售网。这是在互联网上专门从事某一类产品直接销售的方式，其主要优点在于方便顾客查询。一般访问酒店销售网的顾客都带有较为明确的目的——预订客房，而且往往专业销售网是他们查询的首选目标。在该专业销售网上，顾客只要输入旅游地名称、所需酒店的等级信息后，屏幕上便会列出一系列与此信息有关的酒店的网址，顾客便可以迅速查询访问了。不过对于酒店来说这种广告方式最大的弊病就是：酒店的网址很容易被淹没在其他酒店的网址之中，除非有人刻意地寻找，否则很难保证顾客一定会访问本酒店的网址。

（3）登记公共黄页。将酒店网站登记到著名的搜索引擎中，也是一种非常好的促销手段。如著名的 Yahoo、Infoseek、Sohu 等网站专门为公众提供网站查询检索服务，往往顾客在输入关键字后便可找到自己所需的信息。同专业销售网一样，这类广告也存在酒店的网址被淹没的

（4）交换旗帜广告。相比之下旗帜交换广告这种形式更适合于酒店。旗帜广告交换网络的运行机制简单地说就是酒店制作一个宣传自己的旗帜广告并将自己归到酒店这一行业类型中，然后根据酒店网页中交换服务网络图标被看到的次数，按照酒店所选择的类别等量地送到别的站点中展示。这种广告形式具有免费、接触面广和即时统计等诸多优点。但同时酒店也应加大自己的网站促销力度以提高访问率，因为只有提高本酒店的主页访问率，自己的旗帜交换广告才可能更多地被别人看到。

酒店在互联网上的网站促销除了以上几种方法之外，也不能忽视非网上的网站促销，如酒店的宣传册，以及报纸、杂志、电视等传统促销媒介，其宣传作用也不容忽视。

以上只是中国酒店业进行互联网营销的一些具体方法，其实中国酒店业的互联网营销要想在 21 世纪的激烈竞争中赢得一席之地，还有很长的一段路要走，特别是互联网营销的初期投入和维护需要大量资金，以及信息技术的迅速发展更会使这段越加坎坷，但我们坚信随着中国信息技术的发展和中国旅游业的飞速发展，中国的酒店业一定能够把握住机遇，接受挑战，迎来新世纪的发展。

7.4.5 酒店业网络营销的实例分析

下面我们通过"华联全国酒店营销网"的应用来说明华联酒店集团作为一家大型酒店企业是如何开展电子商务和网络营销的，该实例是作者根据华联酒店集团副理事长王琪在 2003 年"全国酒店业市场分析与营销策略研讨会"上的发言资料整理的。

1. 华联酒店集团简介

华联酒店集团成立于 1991 年，是具有一定资产关系的全国酒店经营联合体，目前集团已经发展联网营销酒店百余家，分布于全国各主要城市。华联酒店集团参照国际酒店业的通行做法，实现网络化、规范化、集团化经营。集团目前已经建立了以计算机及互联网技术为主要手段的销售网络，突破认识上、配套措施上的难点，适时推出了"华联全国酒店营销网"，集团形成对外开放的宣传、咨询、联销、订房、互惠体系，努力向连锁经营、品牌经营方向发展。

2. "华联全国酒店营销网"介绍

"华联全国酒店营销网"是华联酒店集团面向广大旅游客源市场的形象与销售窗口，也是网络集团内部各成员资源共享、协同运作的重要连接纽带。"华联全国酒店营销网"具体由互联网站、华联卡、订房中心、集团组织、华联品牌等若干要素构成。

（1）互联网站。互联网站是"华联网"的网络载体，由集团所属华联酒店联合发展有限公司于 1997 年开始投资建设。之后，曾经先后两次在风格、制作技术上做出较大调整。目前网站开有 15 个专用栏目，在功能上可以实现集团成员单位、联网单位的查询、介绍；可以实现网上订房；可以实现华联通惠卡的上网管理和网上售卡；可以连接旅游、餐饮、国内外酒店经营、项目招商、商品推广等信息资料，推广华联品牌。为配合网站建设，集团于 1997 年向成员单位配发了计算机，并做了必要的培训；1998 年又免费为成员单位统一开设了 E-mail 专用订房信箱；1999 年，集团又协议约定了 100 家联网酒店免费上网，充实网站资源，扩大网络规模。目前，集团不断扩大投资，继续进行网站的建设和维护。

（2）华联通惠卡。为了发展和稳定华联网中的客源，华联酒店集团于 1998 年开始着手开发 IC 卡及其管理系统。经过一年时间的研究规划，1998 年冬，华联酒店集团首先在集团内推出了99华联卡。发卡的基本目的是面向持卡人，在客房折扣价基础上再给予各项优惠。随后，又相继推出了有130家联网酒店签约加盟的新华联卡，并印制了相应的消费手册和宣传资料，及时在全国分区域建立了华联卡销售管理办事处，培训销售人员，延伸售卡网络。为了突出网络特色，华联酒店集团还根据二、三星级酒店网持卡人职业、身份相近的特点，在网上建立"华联信箱"为华联网持卡人提供相互交流的媒介，并计划不定期举办华联卡有奖促销活动。下一步，华联酒店集团将系统推出团体卡及IC卡。

（3）订房中心。订房中心实际上是华联网的日常管理中心。目前主要承担的任务有：互联网站维护、数据信息更新、网页制作；华联通惠卡的发行管理；华联卡持卡人资料数据库的建立与管理；网上 E-mail 订房管理；联网酒店间联络沟通与信息传递；持卡人投诉处理；开通语音订房服务；协议发展新的联网酒店。

（4）集团组织。华联酒店集团是华联网的运作主体。华联酒店集团在组织形式上是全国性的。以"华联品牌"为特征的酒店经营联合体，集团组织关系上隶属于中国酒店协会。集团建立和运作华联网正是适应了当前酒店业市场的变化，充分发挥集团的现有优势，为集团成员的网络化经营打下基础。从集团组织角度来看，运作中的华联网属于集团与成员单位共有。

（5）华联品牌。华联网选用华联酒店集团的服务商标作为网站的LOGO，使华联网成为华联酒店品牌的有效载体，华联服务商标图形正在国家工商总局商标局完成注册。

华联网是华联酒店集团酒店经营资源的载体和品牌形象，网络中提供在线订房服务、华联通惠卡服务、订房中心服务及网上宣传、资源共享。华联网的建设为发展中的全国华联酒店资源通过电子商务实现实时服务、网上结算打下了必要的基础。华联网的经营发展战略是，建立一个以二、三星级为主的、覆盖全国大中城市和旅游地区的酒店营销网；通过发行华联通惠卡，分区域设点管理和运作订房销售系统，逐步推广华联酒店品牌。

3. 今后进一步的发展思路

实践证明，"华联全国酒店营销网"的做法取得了良好的效益，也得到各成员单位、联网酒店的充分肯定。面向未来，为更好地发挥电子商务在酒店集团中的作用，华联酒店集团确立了以下3个今后的工作重点：

（1）创信誉。华联网公众性很强，信誉就是网站的生命。华联酒店集团要多从酒店和客源方面思考问题，对于网上订房、持卡消费和中心预订的客源要给予充分关注，确保优惠条件的兑现。同时订房中心对各联网酒店要及时充分兑现协议承诺，保证投诉、交流渠道的畅通和服务到位，保证网站的正常运转，这些都是创信誉的保证。

（2）上规模。华联网必须达到一定规模，在此基础上才能扩大知名度，达到投入产出的平衡。华联酒店集团要继续发展协议加盟的联网酒店，近期的目标是达到全国地级城市 300 家左右的规模，同时发展一些区域管理机构。全国商业系统、餐饮系统的企业将重点发展。

（3）求发展。开发建设华联网是华联酒店集团的一项长线投资，重点是打基础、做概念，同时培植无形资产。华联网的发展方向是电子商务网络化，组合相关的服务业态。在华联网的未来发展中要注入大企业资本或合作外资，通过资本运作求得更大的发展。

7.5 酒店业电子商务

20世纪末在全世界掀起的电子商务热潮，随着21世纪的来临进入了稳步发展期。电子商务对人类社会的经济活动、市场交易方式、消费习惯、思维方式乃至生活方式的深刻影响日益显现。酒店业作为一个对信息具有高度依赖性的行业,发展电子商务也迫在眉睫。

7.5.1 电子商务概述

1. 电子商务的概念

简单地说,电子商务就是利用先进的电子技术所进行的商务活动的总称。

从企业角度出发,电子商务是基于计算机的软硬件、网络通信等基础上的经济活动。它以各种计算机网络作为载体,帮助企业有效地完成自身的各项经营管理活动,完善企业之间的商业贸易和合作关系,并发展和密切个体消费者与企业之间的联系,最终降低产、供、销的成本,增加企业利润,开辟新的市场。

对个人而言,电子商务正在逐渐渗透到每个人的生存空间中,其应用范围涉及人们的生活、工作、学习及消费等各个领域。网上购物、远程医疗、远程教学、网上炒股等新的消费和生活方式已融入到人们的日常生活当中。

2. 电子商务的特点

与传统的商务活动相比较,电子商务有以下几个特点:

(1) 交易市场庞大。电子商务打破了区域和国界的概念,开辟了巨大的网上商业市场,拓展了企业的发展空间和贸易机会,形成了庞大的消费群体。

(2) 交易速度快捷。电子商务精简了中间环节,压缩了辅助设施,可以在世界范围内迅速完成商业信息的传递,且不受人为因素干预,加快了交易的速度。

(3) 交易过程虚拟。电子商务的一切交易程序都是在网上进行的,包括商务洽谈、签约、到货、支付等均无须当面进行,所以整个交易过程实现了虚拟化。

(4) 交易成本低廉。电子商务省去了许多不必要的中间环节,减少了人、财、物等资源的浪费,从而大大降低了交易成本(包括采购成本、营销成本、生产成本等),提高了经营效率。

(5) 交易环节透明化。由于电子商务交易的各个环节都是在电子屏幕上显示的,因此显得比较透明,可以堵塞交易过程中的一些漏洞,有助于造就高度自由的市场环境。

3. 电子商务的类型

按照交易双方的不同对象,可以将电子商务大致分为以下几种类型:

(1) 企业间的电子商务(B to B)。

B to B(Business to Business)电子商务,指的是电子商务交易的双方都是企业。

就有形商品的交易而言,B to B 的商务活动主要包括两类:一是制造业企业通过网络采购原材料、原器件,并通过网络接受订单,提供产品的售前、售中、售后服务;二是大型零售连锁机构、批发商等通过网络采购、销售商品等。美国学者按照 B to B 电子商务创新程度的高低和整合能力的强弱,将其分成如表 7-8 所示的几种类型。

表 7-8 B to B 电子商务的类型

B to B 的类型	主要功能
电子采购	降低成本,寻找货源或新的供应商
电子拍卖	通过拍卖撮合交易,共享信息,降低成本
电子商城	电子商店的集合

续表

B to B 的类型	主要功能
第三方市场	对多种业务提供的交易服务和营销支持
虚拟社区	社区成员之间相互交流，增进价值
价值链服务	支持部分价值链，如物流、支付体系
价值链整合	通过集成价值链的众多环节增进价值
联合平台	商业过程的合作，如联合设计、虚拟组织
信息中介	商业信息查阅，提供可信的第三方服务

（2）企业对消费者的电子商务（B to C）。

B to C（Business to Consumer）电子商务，是指在企业与消费者之间进行的电子商务活动，它实际上是一种电子化零售，是借助于 Internet 信息技术手段开展在线销售活动。

按消费者提供服务的内容，B to C 电子商务可以分为如表 7-9 所示的几种类型。

表 7-9　B to C 电子商务的类型

B to C 的类型	主要功能
电子经济	为供应商和消费者提供一个购物平台
电子直销	生产企业直接向消费者提供产品和服务，降低销售成本
电子零售	商品零售企业通过网络进行销售
远程教育	教育机构在网上提供注册、选课、授课、作业和考试
网上预订	消费者通过网络预订酒店客房、旅游服务、车船票、飞机票
电子报刊	报刊发行者通过网络发布信息、论文、研究成果等
电子金融	金融机构通过网络为消费者提供金融服务

（3）企业与政府之间的电子商务（B to G）。

B to G（Business to Government）电子商务，是指在企业与政府机构之间进行的各种网上信息交流、管理和服务。政府与企业之间的各项商务和事务活动都可以涵盖其中，包括政府采购、税收、工商行政管理、政策咨询和监督等。例如，1998 年 10 月，我国外经贸部实施的"纺织品配额电子招标"、2000 年美国联邦政府实施的"电子化公共采购"计划等都属于 B to G 电子商务的范畴。政府在电子商务方面具有双重角色，它既是电子商务的使用者，可以进行购买活动；又是电子商务的宏观管理者，对电子商务起着扶持和规范作用。因此，通过政府推进电子商务的发展，一方面可以借此树立政府形象，并通过政府的示范作用切实促进电子商务的发展；另一方面，政府还可以通过电子商务实施对企业的行政事务管理，如用电子商务方式发放进出口许可证，开展统计工作，要求企业通过网络申报营业税和所得税，并用电子资金转账方式完成税款收缴等。

（4）消费者与政府之间的电子商务（C to G）。

C to G（Consumer to Government）电子商务，也称为"电子政务"，是指个人与政府之间开展的电子商务活动。在我国，这类电子商务活动目前还尚未真正形成，但其应用前景却十分广阔。居民的登记、统计、户籍管理、征收个人所得税和其他契税、发放养老金、失业救济和其他社会福利均为 C to G 电子商务的内容。开展 C to G 电子商务,一方面可以有效地提高政府部门的办事效率;另一方面则可以增加政府执法过程的透明度,以便接受公众监督,提高公众的参政议政意识,从而树立良好的政府形象。

(5) 消费者与消费者之间的电子商务(C to C)。

C to C(Consumer to Consumer)电子商务,指的是消费者在第三方交易市场上进行的相互间的交易活动。C to C 电子商务以网上拍卖为主,拍卖物品多为二手货或收藏品,其功能类似于旧货市场。C to C 电子商务中最成功、最具影响力的当属"伊贝"(eBay)。

目前 e Bay 是 Internet 上最热门的网站之一,每周约接待 5000 万人次的访问,卖主和买主遍及美国、加拿大、墨西哥、日本、澳大利亚、欧洲以及南美等国,交易商品从古董、邮票、宝石、首饰,到玩具、书刊、电脑、电器等达几百种、几十万件商品,全年交易上十亿美元,毫不逊色于任何一家特大型百货商场。

4. 电子商务的功能

电子商务可提供网上营销、服务、交易和管理等全过程的服务,因此它具有业务组织与运作、信息发布、网上采购和分销、网上销售、网上支付、网上金融服务等各项功能。

(1) 业务组织与运作。

电子商务是一种基于信息引导的商业过程。在这一过程中,企业内外的大量业务被重组而得以有效运作。企业对外通过 Internet 加强了与合作伙伴之间的联系,对内则通过 Intranet 提高了业务管理的集成化和自动化水平,在业务活动的运作上真正做到了快速、高效和方便;而客户直接同企业发生联系,则根本改变了企业传统的封闭式生产经营模式,使产品的开发和生产可根据客户需求而动态变化。

(2) 信息平台。

在电子商务中,新型的在线发布手段使得信息查询非常方便和实用,各种多媒体的信息全方位展现了以往各种媒体无法传递的信息并获得了奇效。网络宣传广告、用户在线查询和浏览、网络会议等具体发布形式更是令人眼花缭乱、目不暇接。

电子商务允许用户借助非实时的电子邮件、新闻组和实时的讨论组来了解市场和商品信息、洽谈交易事务。网上的咨询和洽谈能超越人们面对面洽谈的限制,提供方便的异地交谈。在形式上,它也不仅仅局限在一对一的个人对话上,用户还能够通过视频头来谈话和交换图像。如有进一步的需求,各个成员还可用网络视频会议来共同交流信息。

(3) 网上采购和分销。

Internet 所具有的高效、及时、双向互动的沟通功能,使其成为企业、供应商以及分销商联系的操作平台,网上采购与分销已成为 B to B 电子商务的主要功能。对于生产商而言,企业借助 Internet 及电子商务软件实现与供应及分销渠道的内部网的有效连接,及时了解供应及分销过程中的商品流程和最终状况,为企业及时调整生产过程、控制库存、分析市场特征、实时调整市场策略等提供帮助,为企业实现零库存、采用实时生产方式创造条件。对于供应商和分销商而言,网上采购及分销开辟了及时获取销售商品信息的有效途径,大大减少了信息的失真和扭曲,从而加速了商品周转。

(4) 网上销售。

对个人而言,也许电子商务最为直观和方便的功能就是网上购物。生活在商品经济的社会中,任何人都避免不了到市场上去购买自己的生活必需品和喜好的东西。对那些厌烦走进商场的人来说，网上购物无须看到成千上万熙熙攘攘的人群而能够买到所需要的商品。对于那些喜欢逛商场的朋友来说，网上购物也可以让他们坐在家中悠然自得地尽情挑选各式各样的商品。

（5）网上支付。

电子商务要成为一个完整的过程，网上支付是重要环节，这势必会带动新型付款方式的形成。数字货币、数字支票、信用卡系统等综合的网上支付手段较传统的货币方式更具方便性，在网上直接采用电子支付手段也可节省交易中很多的人员开销。

网上支付需要可靠的信息传输安全性控制，以防止欺骗、窃听、冒用等非法行为，而这必须有电子金融的支持，即银行、信用卡公司及保险公司等金融单位要提供网上操作的服务，并配以必要的技术措施来保证，以提供电子支付过程的安全性保障。

（6）网上调查。

企业用 Internet 调查市场信息，从中发现消费者的需求动向，从而为企业细分市场提供依据，是目前电子商务的重要功能。Internet 是一个理想的信息交换平台，具有效率高、成本低、信息量大的优势，这就无疑为企业开展网上调查提供了便捷的环境。

（7）网上金融服务。

电子商务的发展，为金融业提供了新的服务领域和服务方式；同时，网上金融服务的整体化发展水平将直接关系到电子商务的健康成长。电子商务的兴起将金融服务业推向信息化的最前沿，金融业务不仅在内容上迅速扩大范围，而且在手段上也正面临新的变革。网上金融服务的特点就是通过数字货币进行及时的电子支付与结算。具体地讲，电子商务带动的金融服务主要包括：银行业的网上银行、网上货币和网上外汇交易；保险业的网上报价、代理服务和理赔管理；证券业的投资理财、账务管理、财产管理、委托投资和网上证券交易；各种金融信息的发布、统计、评估、论证以及咨询服务；网络金融安全服务。

7.5.2　电子商务在现代酒店中的主要应用

根据目前现代酒店的实际情况和电子商务的发展趋势，我们认为电子商务在现代酒店中的应用主要包括以下几项：

（1）酒店网上宣传。

Internet 的广泛应用为国民经济的各行各业提供了一个全新的商务环境，开设了一条新的市场营销渠道。酒店开展网上宣传应该说是电子商务在酒店业应用的必然内容。

酒店网上宣传的开展是以酒店网站建设为开端的。前面已经介绍过关于酒店网站建设的基本知识。就我国目前情况来看，酒店要建设自己的网站，首先应当向电信部门或者域名提供商申请一个 IP 地址或域名，用于在 Internet 上标识自己的形象。然后将自己的具体情况、主要经营业务（包括客房、餐饮、娱乐、商务等项目）、经营特色及经营理念，通过网页制作软件制作成符合网络传输协议的、能够全面表现自己特色的网页，并连接到 IP 地址指定的计算机存储空间中，完成酒店网站的建立。

建立了网站之后，酒店还需要通过各类媒体（如电视、广播、杂志、商业网站等）公布酒店网站的域名或 IP 地址，尽量使自身的潜在目标客户都能够知道此网址，扩大酒店的知名度。到这个时候，才能说真正建立起了酒店的网站。

（2）酒店网上采购。

酒店为了满足顾客的需要，为顾客提供各方面的优质服务，在日常经营管理当中，需要消耗大量的原材料、食品、饮料、纺织物等，这些物品往往来自于不同地方的供应商。酒店企业的服务质量和服务水平同购进物品的质量和物品入库时间有着非常密切的关系，而且物品质量基本上决定着物品的价格。所以说，酒店的采购工作非常重要。

电子商务的出现，为这一难题的解决提供了可能。酒店可以通过Internet实现网上采购，主要有两种形式：一是求购，二是招标。求购即酒店企业通过Internet向各供应商发布采购信息，并要求供应商根据酒店企业发布的物品需求和数量、时间等要求提供供货信息；根据各供应商的反馈信息，酒店可以对同样的物品在不同的供应商中间选择物美价廉的物品。招标是指酒店企业在自己的网站上公布本酒店企业所需的各种物品、数量和时间等要求，由各供应商向酒店企业报价报质，以便酒店企业进行选择。两者的区别在于：求购是酒店主动向各供应商发出购买信息，而且是利用Internet各种联系工具；招标主要是通过酒店企业的网站来发布信息，各供应商主动提供供货信息。

无论是通过求购方式还是招标方式，酒店企业都实现了网上采购。但是随着电子商务的迅速发展，招标方式将成为网上采购的主要方式。在这种方式下，为了保证采购的质量和交货期，酒店企业可以选定那些经常给本酒店供货的供应商作为候选者，并在发布采购信息的网页上设置一些安全口令。只有那些作为候选者的供应商才有可能通过网络向酒店企业提供供货信息，供酒店企业选择。当然，如果酒店企业对现有的供应商群体都不是非常满意，也可以不设置密码，让所有的潜在供应商都可以自由登录，这样无疑为酒店企业拓宽进货渠道、扩大可选择范围提供了便利条件。在招标方式下，企业提供采购信息的页面应当包括以下主要内容：采购信息、采购要求、电子投标、网上评标、确定供应商等栏目；如果是采用安全口令的，还需要有候选供应商资格认定栏目。

（3）酒店网上销售。

对于酒店来说，实现网上销售在信息时代已经成为必然趋势，这也是现代酒店的重要特征之一。其主要方法就是在酒店企业网站上设定网上预订页面，并同酒店管理信息系统中的网上预订系统链接起来，实现酒店内部网络和Internet的互联。

在酒店网上预订页面上需要提供酒店目前现有的各档次房间及其服务标准、价格情况和剩余状况，供目标客户进行选择预订。客户的预订信息可以自动地发往酒店管理信息系统中的网上预订系统中，并经过系统的处理提供给酒店相关部门，经相关部门处理后完成预订工作。这样就使顾客能够在到达酒店所在城市之前确定下榻的地方，便于其日程的安排、工作的开展以及外出活动的资金预算；而对于酒店来说，则打开了销售渠道，提高了知名度。应该说这是一件双方受益的事情，也是信息时代社会的必然要求。

当然，不是有了酒店网站和管理信息系统就算是实现了网上销售，这里还存在着一个电子支付的问题。也就是说，酒店网上销售的实现还需要以社会其他部门信息系统的完善作为前提。目前，在一些经济发达国家，诚信社会建设比较完备，也存在不需要预付定金的情况，但是大多数国家还不具备这样的条件。就我国来说，金融系统的信息化还是信息化酒店实现网上销售的必要条件之一。

酒店网上预订主要包括远程预订、实时预订、网上特殊服务要求预订、用餐预订、宴会预订等内容。目前，我国的酒店基本上都实现了远程预订，但是还没有哪一家能达到实时预订的程度，所以应当进一步健全酒店网上预订系统，将未出售的产品（客房、包间等）在酒店网站上及时显示，实现顾客的自主预订及确认。网上预订系统的完善，全面改变了酒店的营销、服务和管理模式，可轻易地实现房价与顾客入住率互动的实时浮动价格战略。它为实现个性化营销提供了可能性和便利性，同时也使酒店的科学管理更为可靠，是酒店社会化服务的必由之路。

可以说，网上销售的实现才是电子商务在酒店最为重要的应用。关于网络预订的详细知识，我们将在下一节进行详细讲解。

7.5.3 电子商务在现代酒店管理中的作用

电子商务极大地提高了传统商务活动的效率和效益，在现代酒店中的应用也很好地促进了酒店业信息化的快速发展，使酒店业更具生命力和活力。它与传统酒店商务活动相比，对酒店业的发展发挥着重大作用。这主要表现在以下几个方面：

（1）拓宽了酒店的销售渠道。Internet 提供的全球性的、面向大众的服务，增强了开展电子商务的酒店的服务能力，顾客不再会受某个酒店地理位置或者其他条件的限制。酒店电子商务可以通过 Internet 向全球的潜在目标顾客提供网上信息查询服务，进行酒店网上宣传活动，并通过网上预订系统，让潜在顾客在任何时间、任何 Internet 的网点上进行酒店预订，快速地完成酒店预订活动，为顾客提供了极大的便利，拓宽了酒店的市场销售渠道。

（2）降低了酒店的管理成本。虽然酒店电子商务的开展，要求酒店构建内部管理信息系统和网站，在建设时期也需要投入较多的资金，但是从长远角度看，酒店电子商务的开展还是会大大降低酒店运行开支和管理成本的。例如，酒店电子商务利用电子数据交换、电子邮件等工具大大减少了各种交易、订货过程和营销过程中的资金花费，从而大幅度地降低了运行开支和管理成本。很明显，利用 Internet 上的酒店网站发布产品的销售信息和所需物品的采购信息，不仅速度快、覆盖面广，而且还可以减少纸制印刷品及其发行的费用。另外，在 Internet 上进行企业宣传活动和在传统媒体（如电视广告等）上相比，费用也更加低廉。

（3）加快了酒店的销售速度。酒店电子商务使酒店不需要到处去散发酒店说明和宣传单等印刷品，也不再完全依赖于在电视、报纸上登广告等宣传手段，这样就节省了信息传递的时间，可以大幅度减少销售环节。在一般情况下，电视和报纸广告这些环节不仅费用高，而且需要较多的时间。但是，通过酒店网站或者在一些商业门户网站上进行宣传则非常快速，而且酒店能够以一种富有吸引力的、高度可视化的方式展示本酒店的特色或提供相关服务信息，从而能够鼓励潜在顾客加快购买决策，迅速进行网上预订；酒店网上预订系统也可以帮助顾客完成预订过程中所有的各个环节，提高酒店的销售速度。

顾客的增多，自然也就提高了酒店的入住率，实现了经济效益。

（4）保障了酒店个性化营销的实现。实现电子商务的最大潜在价值在于它可以将高度专业化的市场进行细分，进一步促使商家和企业对自己顾客的需求有更为广泛和具体的了解，从而向广大顾客提供他们所需要的信息、产品及服务。通过电子商务，商家和企业可以获得关于顾客的想法、兴趣、爱好以及特殊需求等更具体的信息。这一点对于酒店企业来说，显得更为重要。目前，酒店业的竞争越来越激烈，顾客的个性化要求也越来越高，实现个性化营销将是现代酒店生存、发展的必要条件，是现代酒店的一个重要特征。顾客通过访问信息化酒店网站发送的购买信息，可以使酒店企业进行更为准确的市场预测，以便采取更有力的促销措施有针对性地对顾客进行广泛的宣传。此外，酒店还可以通过创立"网站会员"等手段建立新的、更坚实和长久的顾客关系，以便进行跟踪服务，实现个性化营销。

（5）提高了酒店的服务质量。在 Internet 上开展商务活动的最重要原因之一是：电子商务系统可以提供大量的、丰富的有关数据，使得酒店企业可以迅速、统一、全面地提供最新的产品和价格等信息。此外，顾客也能够利用计算机网络与各种计算机信息系统很快地获得酒店的迅速、准确和最新的答复。顾客不再需要依赖昂贵的、提供可能已经过时信息的印刷材料，也不再需要采用电话、电视等自动服务或受工作时间限制的咨询服务。而对于酒店来说，则节省了大量的宣传开支。电子商务系统可以利用方便灵活的电子邮件、网站来确认订货、回答问题和解决顾客的投诉，从而高质量地满足顾客对服务的需求。

（6）拓宽了酒店的采购渠道。酒店利用电子商务，可以极大地拓宽采购渠道，进而可以精简供货环节，大幅度减少占用巨大空间的库存，降低了存储费用和库存损耗，同时也保证了酒店所使用原料的新鲜、优质。有些酒店的电子商务系统中，有高效和精确的网上采购的记录、预测和分析工具，从而能大幅度提高了库存的周转率，并根据季节进行合理的调整，降低了原材料成本，提高了酒店企业的经济效益。

7.5.4 电子商务在酒店管理中的应用实例

下面我们通过南京驿园宾馆电子商务的应用说明电子商务在酒店管理中的具体作用。

南京驿园宾馆是直属南京邮电学院的三星级涉外酒店，定位在会议商务酒店。在设计上，它采用智能化综合布线系统，每间客房都拥有信息终端接口。为实现高速接入因特网，利用学院校园网工程，将光缆引入酒店，使酒店以千兆速率接到中国教育网，并同时有直达公网的路由，可以非常方便、廉价地使用因特网。该酒店利用校园网网管中心的强大硬件支持和运行人力及管理资源，大大节约开支，减小风险。

在网页建设上，将酒店的宣传主页加入到南京邮电学院主页的链接中，用其在中国教育网上的宣传优势，抓住特殊消费人群。在费用上，与网管中心核算采用包月制，对于住客，网络房的房价比普通客房价略有上浮。

采用电子商务，除了经济利益，南京驿园宾馆还获得了以下好处：

（1）提升了企业形象，塑造了独特品牌。良好的企业形象是每个企业家的渴求，然而商誉和品牌等无形资产在过去常常需要经历几十年才能拥有，而现在我们可以建立网站，把我们的承诺和自我形象展现在众人面前。另外，通过网络收集各种信息做各种调查，又可以让我们耳聪目明，成为最后的赢家。

（2）能从一种快捷、灵活的信息沟通渠道来完成酒店产品的销售。加入 WTO 以后，更多的境外旅游者涌入中国，多数人可以通过网络进行客房预订。加入专业预订网，组成联合舰队不失为一条销售捷径。游客通过在线预订或 WAP 手机预订等方式能方便、快捷地查看到酒店的精美网页，将自己的预订条件（如朝向、层次、价位）输入后，预订到满意的房间。这比传统的服务员报价法要省去许多麻烦。

（3）将顾客融入到整个营销网络中。组建会员网站；提供免费的服务或产品跟踪售后服务；为在同一城市、同一层次、同一职业的人提供联系方法，促进交流；节假日发送精致贺卡；在酒店推出新服务项目前通知会员并征求意见等人性化、个性化服务项目只需通过互联网的 E-mail，就可以轻松完成。

（4）从酒店内部管理来看，电子商务更可以降低采购成本，简化流通环节，加大透明度，使酒店管理上一个档次。

（5）通过互联网对员工进行培训。为提高酒店整体经营管理水平，迎接加入 WTO 的挑战，必须加大对员工的培训力度。采用网上远程教育方法，在线员工可以足不出户接受业务培训，既省时又省钱且不耽误工作。

总之，南京驿园宾馆经过改造已经找到了一条生存途径，但酒店产品作为一种商品，在面向个人消费者时，只有提供多样化的比传统企业更具个性化的服务，才能在激烈的市场竞争中立于不败之地。

7.6 酒店网络预订系统

随着 Internet 应用的深入和普及，网络订房将成为酒店经营的主要商务形式。酒店网络预订具有方便、快捷、高效的优越性。对于酒店业而言，谁拥有强大的酒店网络预订系统，谁就可以在未来的市场竞争中占据有利地位。本节介绍酒店网络预订系统的相关知识，包括其概述、模式、运行方式、发展趋势等。

7.6.1 酒店网络预订系统概述

1. 酒店预订的含义与流程

在现代社会中，随着工作与生活节奏的加快，越来越多的旅行者，尤其是商务、公务旅行者，为了有效地计划和安排自己的旅程，保证旅行的质量与效率，会预先向旅行目的地的酒店提出使用酒店产品的要求，以便到达目的地后能按时入住，保证自己旅行活动的顺利开展。从酒店的角度来讲，提供这类服务，形成了更为完整的对客服务，有利于酒店预测未来客源情况，提高酒店的管理水平和服务质量。

客人在未到达前向酒店提出用房的具体要求，称为预订。客人预先要求酒店为其在某一段时间内保留客房所履行的手续叫客房预订，也叫订房。酒店预订是指有意在将来某一时间使用酒店产品的客人对酒店提出需求的整个过程，其对象除客房外，还包括餐饮、会议、娱乐等在内的酒店可以提供的酒店产品。

酒店预订的渠道可以分为直接渠道和间接渠道。传统酒店预订的流程大致是：

（1）通讯联系。
（2）明确订房要求。
（3）接受或婉拒预订。
（4）确认预订。
（5）记录、存储订房资料。
（6）预订的变更、取消及客人抵店前的准备工作。

2. 酒店网络预订系统及其特点

酒店网络预订系统就是指通过 Internet 接收用户对酒店所提供服务的预订网络系统。该系统向客户提供酒店的各种信息与服务，用户则通过该系统输入自己的有关信息和预订要求，同时，该系统还向客户提供相互沟通的方式，而全球和地区网络系统还提供了酒店信息的搜索引擎。与传统的电话预订、传真预订相比，酒店网络预订系统具有以下特点：

（1）方便。电子商务的一大优点就是其方便性，酒店的网上预订系统通过其自身的信息传递机制,将所有预订操作集成于网上,展示在个人面前,其实它提供了 B to C 的直接预订渠道。用户足不出户就能查到许多酒店信息,办妥相关手续,消除了因地域和语言造成的障碍,不需要到酒店去填写表格、交纳订金。

(2)快速。高效网络时代信息的传播是以电子信息的形式进行的,Internet 缩短了人与人之间的距离,人们在网上点击鼠标后数秒之内预订信息便可到达目的地,如果订不到,预订系统会再次提供大量候选信息,网络的高效率由此体现。

(3)可靠。网上酒店预订系统是与酒店的计算机管理系统紧密结合在一起的,二者之间有着安全、稳定和实时的信息交流,加上 Internet 本身对信息的良好保护,用户无须担心自己会得到过时的资料,无须担心私人资料泄漏。

(4)扩大消费群体。Internet 不断地将酒店产品信息传递到世界各地,并将对酒店产品有需求的客人与酒店相连接,使酒店产品信息在空间上得到了前所未有的拓展,进而扩大了预订消费群体。

(5)使酒店产品有形化。网络预订可以使酒店产品有形化,增强预订群体对酒店产品的信任度。酒店产品具有无形性的特点,客人在预订、购买这一产品之前,是无法亲自了解到所需产品的信息的。Internet 可以提供虚拟酒店和大量的酒店产品信息。通过 Internet 网络,客人可以随心所欲地了解酒店产品,对酒店产品产生预先的体验。这样酒店网络预订不仅培养和扩大了消费群体,而且使无形的酒店产品"有形化",增强预订群体对酒店产品的信任度。

3. 酒店网络预订系统的结构

酒店网络预订系统在结构上一般由以下几个部分组成:

(1)硬件部分。酒店网络预订系统的硬件构成包括服务器端和客户端。服务器端又包括 Web 服务器、数据库服务器、打印服务器、通信服务器等,这些服务器提供网站的发布与维护、收集与处理酒店信息、接收用户的输入信息、执行用户输入的命令并将执行的结果反馈给用户等。服务器通常要求较高的稳定性和配置以及高速的网络传输速度。目前,Web 服务器一般采用宽带上网、光纤或同轴电缆接入等,并使用高速的网络转输设备、交换机或集线器等。客户端则只需要一台能上网的计算机。

(2)软件部分。软件部分主要包括操作系统和数据库系统。前者如 Windows、UNIX 或 Linux,支持 ASP 或 PHP,支持 Internet 信息服务;后者如 Sybase、SQL Server、MySQL、Access 等,提供信息的处理能力。

酒店网上预订系统一般都与 HMIS 结合在一起,其好处在于能够实时动态地更新酒店相关信息,呈现在酒店管理人员和用户面前的都是最新资料,便于酒店的管理与运营。

(3)相关人员。与酒店网络预订系统相关的人员包括 HMIS 的维护与操作人员、网站建设与维护人员、数据库管理与维护人员,以及与网上预订客户之间的交流与服务的人员等。

4. 酒店网络预订系统的功能

网络预订系统对一个国际性的酒店管理集团来说,毋庸置疑地扮演着"市场拓展"与"保持市场份额"的重要角色。谁拥有了全球预订网络,谁就在激烈的竞争中占据优势。在 1995 年国际酒店协会主持编撰的《关于世界酒店业的白皮书》中,曾预测影响酒店业未来的"五大要素",而全球订房网络系统就名列榜首。

以全球订房系统为例,计算机预订系统的功能优势主要表现为:

(1)方便客人订房。如果一位旅客要到外地或外国旅游,他通常会选择旅行社或者找亲戚朋友帮助预订酒店。国外商务客房一般是通过本公司在当地的办事处代为预订的。如果该酒店已进入全球预订网络系统，那么只需拨打一个电话或者通过电脑"链接"订房网络就可以完成客房预订。这种方式有多种选择，不仅方便，而且可以保持私密性。

当然，对于开展网络预订的酒店来说，在网上接受团队、散客等客户的订单，开展实时动态的网络销售，扩大销售范围，增加客源渠道，对其工作来说也是非常方便的。

（2）赢得客人信赖。旅客在预订客房时，不仅要作价格、设施、服务、口碑等方面的比较，更关注该酒店的预订销售网络。因为销售网络的规模反映了连锁酒店的经营规模和整体实力。网络是效率最高的信息传递系统，可以极大地弥补酒店产品的难以展示性。通过网络可以逐步提高顾客对酒店的知晓度、认可度、信任度和忠诚度。凡拥有全球订房网络的酒店，其市场营销更容易获得客人的信任感，也增强了其市场营销的核心竞争力。

（3）即时获取信息。一般的媒介系统，例如电视、电台、报纸、户外广告，传递和反馈信息都有滞后期和局限性，并存在即时性的技术障碍。有的难以更新，有的更新周期较长，有的只能在局部范围里传播。而网络是全球性的，是一种人机交互系统，可以及时变更信息，并得到瞬时反馈。一般来讲，酒店网络预订系统都应该与 HMIS 相联，可实时动态地查询酒店的类型、位置、设施、服务等各类信息。利用全球预订网络的统计功能，还可以随时对客人的入住进行积分奖励，进一步增加了酒店运用全球预订网络、参与市场竞争的优势和魅力。

其实，酒店在 Internet 上开展的电子商务活动，中心工作就是利用网络预订客房，这是目前酒店开展 B2C 电子商务的主要形式。

总之，利用 Internet 上的网络预订系统，必然会扩大酒店客人的来源渠道，减少了各种中介佣金，降低了成本，增加了利润。对客人来讲，不必通过旅行社的介绍，直接选择酒店，减少了中间环节，并可享受网上预订的折扣，获得了经济上的实惠。而对于专业的酒店网络中介公司来说，网络预订系统的使用又为其开辟了一个新的赢利渠道。

由此可见，酒店网络预订系统的成功使用是一个能够达到"三赢"的运作模式。

5. 建立酒店网络预订系统需要考虑的问题

建立酒店网络预订系统时，必须要考虑好如下一些主要问题：

（1）有效性。网上酒店预订是在 Internet 开放的网络环境下，基于浏览器/服务器应用方式，实现顾客的网上预订和在线电子支付的一种新型的商业运营模式。整个预订活动都在网上进行，系统必须能保障所有预订活动能在高效、无错的情况下进行。

有效性的实现取决于操作系统和硬件的稳定性。

（2）性能。酒店网络预订系统性能的好坏取决于系统所有组件的性能，例如服务器软硬件、系统网络、软件运行环境等。所以在构建预订系统之前要对系统使用的组件的性能进行评估，包括 CPU 的速度、磁盘速度、Web 服务器软件性能等。数据库的性能也是影响系统性能的最常见的因素，目前知名的数据库产品如 Oracle、Microsoft SQL Server、Sybase 等性能方面接近，各有特色，选择数据库时，应多收集一些资料，综合考虑。

（3）安全性。如果预订中使用了电子货币，安全问题就显得格外突出，而在出现问题后再进行补救往往是无济于事的，因此在构建系统时必须对安全问题着重考虑。

在安全性方面，首先要保证硬件能够独立正常工作，禁止无关人员接触；防火墙和代理服务器应该配置为杜绝一切未授权的访问，关闭所有不必打开的端口；网络配置和密码设置应该能进行有效的监测和管理；系统的日志应妥善保管等。安全问题不是一朝一夕的事情，它需要不断地关注,时时地防范,因为软件可能会在任意时间暴露其新的安全漏洞,每天会出现新的病毒,黑客们也每天在研究新的方法来攻击你的站点。

（4）完整性。网上预订系统简化了预订过程,减少了人为干预,同时也带来了信息完整、统一的问题。在建立酒店数据库时,要考虑数据的完整性和一致性,各类数据库的关系要清晰。在预订过程中会出现数据输入错误,数据传输过程中信息丢失、重复,或是信息传递的次序出现错乱等问题,这会造成预订系统与客人的实际信息不符,影响正常的预订,所以构建系统时要考虑系统运行时会出现的这些问题,采取相应的策略进行解决。

7.6.2 酒店网络预订系统的应用模式

在 Internet 上开展酒店预订活动具有相当灵活的方式。酒店的规模、实力、技术力量的差异决定了酒店开展网络订房应采取不同的模式,应该选择适合自身发展的正确道路。

按照酒店网络预订系统适用范围的大小,可以将当前的酒店网络预订系统分为 3 种不同模式：全球酒店预订系统、地区酒店预订系统和单体酒店预订系统。

1. 全球网络预订系统

全球网络预订系统面向的目标群体是全球客户,它具有客人层次高、客源丰富、网络分布广、订房渠道畅通等特点,加入这样网络的成员酒店一般层次较高,并且数量众多。目前,加入全球酒店网络预订系统的大多是国际酒店管理集团的成员酒店,这些豪华酒店除了共享全球网络客源外,还往往得益于集团内部的网络连锁订房。

全球预订系统起源于 20 世纪 60 年代美国航空公司为航班预订建立的电脑预订系统（Computer Reserve System，CRS）。为了强化 CRS 的功能,航空公司致力于这一系统的横向发展,使得该系统包容了酒店、汽车出租、豪华游轮、剧场甚至观光旅游团队等的预订。正是基于这种发展及整个系统在世界各地的应用扩展,诞生了现在的全球预订系统,其中主要用来进行酒店客房的全球预订系统也逐渐分化,数量也越来越多。

大型酒店集团的中央预订系统（Center Reservation System，CRS）已有 30 多年历史。最早的中央预订系统是由假日酒店集团于 1965 年 7 月建立的假日电信网（Holidex -I）。目前,假日电信网经过几次升级,已发展为 Holidex 2000,并拥有自己的专用卫星。Holidex 2000 是目前全球最先进的大型私人计算机订房系统。它的庞大网络系统能够联系遍布全球 90 多个国家、地区的 2800 多家假日酒店、共 45 万间客房,以及 24 个国际订房办事处,并与世界上 50 多家旅行社有着广泛联系,提供 24 小时远程订房服务。据资料统计,在假日酒店集团,每日约有 8 万间客房是利用该系统完成预订的。Holidex 每天要传送约 300 万条信息和 30%～33%的环球订房服务,每年有超过 3 亿美元的收入来自预订中心。设在新加坡的亚太预订中心现代化设施连接着假日酒店集团的中央数据库,不分区域时差,来电话预订者可以都得到 14 种语言或方言的个人服务,包括英语、汉语、广东话、马来语、印尼语、日语、泰国语等。目前,全球大约有 60 部 Holidex 系统安装在大型私人机构里。在亚太地区有 10 部提供给具有批发商、经销商功能的旅行社使用。

美国喜来登集团 1967 年花费 400 万美元投资建立了 Reservation 中央预订系统；1970 年,喜来登集团首家向全美提供"一个号码"的电话客房预订系统,让客人直接预订世界各地的喜来登集团客房；1976 年该系统完成了它的第 1000 万次预订；1983 年在中东设立了它的第一家计算机预订中心办事处。目前,喜来登的 CRS 办事处已遍布全球。此外,美国希尔顿集团的

Hilton 计算机预订系统每月要办理 15 万名客人的预订服务，英国福特酒店集团的 Forte－Ⅱ中央预订系统可以方便地办理福特集团在全球 60 多个国家 937 家酒店不同档次客房的预订服务。另外，法国雅高的 Prologin、华美达的 Roomfiner、顺领的 Steoling Hotel & Resorts、环球的 World Hotel & Resorts 等也都是控制酒店集团客源市场的有力工具。我国香港地区的香格里拉酒店集团已引入 Merlin 作为自己的中央预订系统。由于建立中央预订系统需要耗费大量资金并采用专业人员管理，中国大陆的酒店集团还缺乏自己的中央预订系统。

2. 地区网络预订系统

地区网络预订系统是本国或本地区用于酒店产品分销的计算机预订系统。近几年来，随着 Internet 技术的急速兴起，我国国内预订网络系统的发展速度较快，当前比较出名的有携程网、e 龙网、中国酒店之窗、金色世纪旅游网等。下面简单介绍携程网的基本情况。

携程网，全称"携程旅行网"，由携程计算机技术（上海）有限公司于 1999 年 10 月正式开通。该公司是一家吸纳海内外创业投资成立的高科技旅行服务公司，在北京、上海、广州、深圳和香港均设有分公司。在短短的一年时间内，携程旅行网迅速壮大。2000 年 10 月，该公司并购了国内规模较大的订房中心——北京现代运通商务旅游服务有限公司。而现代运通商务旅游服务有限公司成立于 1997 年，是国内最早也是最大的电话订房中心，也是首家利用 800 部免费电话为客房提供酒店预订服务的企业。现代运通的创办成功引导了一个行业的发展，在业内被称为"现代运通模式"。作为中国银行、中国国际航空公司、中国人寿保险公司等国内几大知名机构的战略合作伙伴，现代运通同时与全国 700 余家酒店有着深厚、密切的合作关系。

由于并购了现代运通，携程脱去了网络公司的外衣，一跃成为一家大型的商旅服务企业和宾馆分销商，并一心想做"中国最大的订房中心"，而且其确实相当成功。目前除了酒店预订外，其业务范围涵盖了机票、旅行线路的预订及商旅实用信息的查询检索等。携程旅行网的酒店预订系统是当前国内用户量大、预订成功率高的一个著名的地区分销系统。在每年"十一"黄金周期间，携程的业务量都非常火爆，订房量每天都达 5000 左右。

携程旅行网（www.ctrip.com）的主页如图 7-3 所示。目前，携程网上的可查询酒店已超过 6000 家，在国内及海外主要商旅城市有 2000 多家各种星级的签约会员酒店，覆盖城市近 300 个。客户凭借公司发放的 VIP 卡在会员单位住宿和用餐可享受一定的折扣优惠，并且可以保证客户在节假日能订到优惠价的房间。

携程网的合作者极为广泛，公司与国内主要商旅城市的星级酒店、各大旅行社结盟，与国内外著名网络预订系统合作；与国内外知名航空公司联手推出常客特别服务；与无线网络开发商合作开发 WAP 手机网上旅游电子商务；与国内主要门户网站联合推广旅游服务；与国内银行支付平台合作推出网上结算系统等。

携程旅行网提供的商务服务非常全面，其中包括：

（1）在线机票预订。公司与多家机票代理点签约，可以确保游客在国内主要城市享受订票、送票服务。

（2）酒店预订。公司在中国大陆及港澳地区已有 2000 多家各种星级、档次的签约酒店；会员酒店的优惠价格最高可达门市价的 2 折。有逾 6000 家酒店信息可供查询，为客户商务旅行或周游世界提供全面的资讯服务。

（3）旅行线路预订。各地排名前 10 位的旅行社为携程的用户提供了精选的旅游路线，并可提供完善的旅游地安排及导游等服务。用户还可以根据自己的需要，选择自助旅游和休闲旅游。为方便用户出行，携程旅行网上提供了各种可选的支付方式，可以是信用卡支付、银行转账，也可以是现金支付。

图 7-3 "携程旅行网"主页

（4）旅游社区服务。携程社区为旅行者提供了交流和获取信息的场所，这里有许多融趣味性和实用性于一体的栏目，如"结伴同游"、"有问必答"和"游记发表"等。携程俱乐部已经在一些主要城市与当地一些著名的体育俱乐部合作，开展各种特色旅游活动。

（5）电话预订服务。携程公司除了开展网上预订服务以外，还保留了传统的电话预订业务，为旅游者提供更贴近的个性化服务。

全球或地区网络预订系统是架构买卖双方之间的桥梁，这类系统收费比较合理，只按实际预订次数即交易量收取一定的佣金。加入这类预订网络，可共享无时不有、无处不在的网络客源，对销售渠道的拓宽有非常积极的意义。

3．单体酒店网络预订系统

单体酒店网络预订系统是在 Internet 上，将酒店本身的预订系统直接附加在酒店的 Web 站点上，成为一个直接面向客人的预订销售渠道。它与全球预订系统、地区预订系统的主要区别在于，可越过任何中介商，实现客人直接在网上向酒店订房。

酒店自主开展网络预订必须要依靠自己的技术力量形成一个网络订房系统，网站的设计、信息的展示、订单的确认、系统的维护、网络客户的管理都是由酒店自己的技术人员操作。所以这种订房模式适合于技术力量较强的大型酒店企业。

如图 7-4 所示就是某家酒店的一个典型的网上预订网页。

当前，我国许多高星级酒店都建立了自己的 HMIS，由于它本身内部就具有非常完善的客房预订的功能，建立网站之后，推出的网络预订功能实际上就是将原来运行在传统应用系统上的客房预订业务向 Internet 上的延伸和扩展，与传统的信息系统实现数据共享，此时的网上预

第 7 章 因特网在酒店信息管理中的应用　　191

订是对传统信息系统的补充，利用 Web 网页的表现形式提供服务。

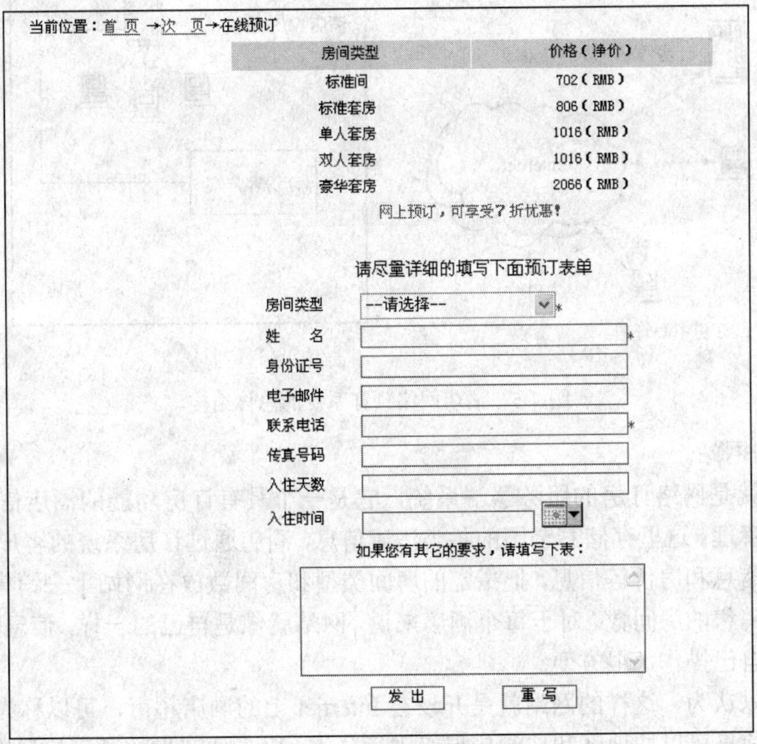

图 7-4　某酒店的网上预订网页

使用单体酒店网络预订系统，可以使自己酒店在 Internet 上的宣传自由度更大些，并且可将系统的界面做得更具个性化。目前，我国很多酒店都在自己的网站上设计了专门的预订页面，并使其与 HMIS 的客房管理后台数据库进行实时连接和动态更新，并可根据确认的网络订单直接进行排房操作与管理。

不过，尽管单体酒店网络预订系统目前已成为旅游业比较引人注目的预订渠道，但由于它的知名度不如全球或地区分销系统高，因此被访问率相对要低，从而也就缺乏竞争力。可贵的是，目前在酒店内部还存在着与网上预订并行的多种预订系统，如电话预订、传真预订等。特别是在现阶段我国很多的酒店中，电话预订还占有相当大的比重。

7.6.3　网络预订系统的运作方法

1．网络预订系统的总体框架

图 7-5 所示是网络预订系统的总体框架结构图。可以看出，该系统主要分成两部分：一个是网络订房的服务器端系统（即网站），这是网络订房的平台，由网络公司管理；另一个是网络订房的客户端，安装在酒店的订房管理部门，并和酒店管理信息系统的客房资源和客房状态结合起来，主要用于订单的管理和确认。

在这种框架下，酒店在本地操作可直接进行网络的信息处理，如订单确认和管理、网络订房信息的更改、与客户确认联系、排房等管理操作。网络订房系统的服务器端系统就感觉是酒店自己的一样，管理和操作都十分方便，随时可以把酒店的客房放在网上去销售。

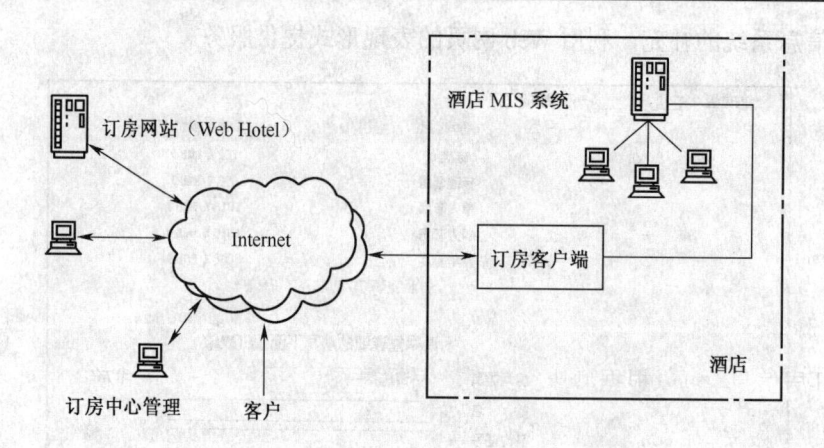

图 7-5 酒店网络预订系统的总体结构

（1）订房网站。

订房网站就是网络订房的服务器端系统，它是一个具有订房功能的酒店信息集中地，由网络公司具体管理。这里存储着全国的各类酒店信息，酒店通过订房系统的客户端修改自己在网站上的基本信息和房价等信息，把指定的房间类型和房间数放在网站上去销售，也可以随时清除在网站上销售的房间数。对于每个酒店来说，网站就像是自己的一样，信息的管理、发布、商务洽谈都由自己操作，很方便。

因此，可以认为，这样的网站就是开设在 Internet 上的酒店超市，可以称为 Web Hotel。该网站的酒店信息可以按地区和按酒店星级进行分类，以方便客户的酒店信息检索。同时，该网站还具有社区的功能，让客户和酒店进行信息交流和商务交流。

（2）订房客户端。

订房客户端的主要功能是从订房网站上收取网络订单、确认网络订单、管理网络订单和本地订单，并与酒店管理信息系统进行连接，实现有效订单的计算机排房等后续处理。

客户端与订房网站采用 XML 数据交换技术，以保证网站数据的安全。

客户端与酒店管理信息系统采用 ODBC 互连技术，实现数据的传递。通过订房客户端，酒店可以随时对网站信息进行维护，如发布酒店信息、公布网上销售的房间类型和房间数量、掌握网上销售的情况，同时了解网络客户的需求情况，并通过订房客户端与酒店管理信息系统的连接使酒店管理信息系统可以实现异地订房和管理，为以后酒店开展更深入的电子商务打下良好的基础。

（3）订房中心。

订房中心主要负责订房网站的正常运行，管理订房网站上的一切信息，特别是需要管理网站上几千家酒店的基本信息、商务信息和全部的网络订单。

订房中心可以是一个中介机构，例如网络公司。订房中心为酒店的网络订房提供技术支持和技术保障。订房中心管理靠酒店产生网络预订后所给的佣金来维持。

2. 网络预订的操作流程

目前，网上预订的操作流程基本上都是一致的，为了确保预订信息的准确性，一般都采用会员制。首先，客户在网上预订之前需要在网站上注册，输入个人的一些基本信息，包括本人的真实身份、姓名、性别、年龄、国别、有效证件（护照或身份证）和证件号码、联系电话、地址等信息，有的还要求提供信用卡号码。注册成功之后，即成为本网站的用户，系统会自动分配一个 ID 号。

客户注册成功之后，就可以通过访问网站浏览酒店信息，寻找自己满意的目的地酒店。找到目的地酒店，在进行预订时，系统要求用户输入本人的用户名和 ID 号，经确认后才能进行预订操作，这样做的目的是对预订用户进行鉴别，防止恶意用户预订，维护企业的权益。系统确认了客户的用户名和 ID 号后，就可以接受用户的预订要求。

当预订单按要求"提交"后，酒店订房中心就接收到该客户的预订信息，并自动给客户发送一条收到订单的确认信息，客户收到订房中心的确认单后需要回复确认。这时酒店就认为是一条有效订房信息，可以根据酒店客房的情况通过订房客户端给予正式确认，并把订房单转入酒店管理信息系统的预订接待子系统为网络预订客人排房。

这种方式由于是用订房系统的客户端确认和管理订单信息，可以降低网络上的无效订单和减少订单信息的丢失率，尽可能地提高网络订房的实时处理效率，使网络订房的管理工作纳入本地计算机系统的统一管理。

如果用户直接在酒店自己的网站上预订，预订信息可通过客户端程序直接进入酒店的数据库系统，或经预订部人员审核处理后加入数据库。

当通过预订中心预订客房，预订中心的工作人员发现有预订记录出现时，可以通过电话或传真通知酒店的预订部，进行预订确认。

我们希望在不久的将来，采用 Extranet 技术，预订中心将酒店的信息系统连接起来，使得酒店的信息能够更加及时、准确地与预订中心同步，从而减少大量的人工处理，实现预订自动化。

3. 网络预订的付款方式

当前，国内大多数酒店网站都不具备网络支付的功能，为酒店带来了追缴客人预订未住的违约金上的困难，也为预订中心与酒店结算带来种种不便。

客人通过预订中心成功预订客房后，并没有直接向预订中心支付费用，酒店收取客人房费后，需要定期（如一个月一次）同预订中心结算，即支付网络预订的中介费。

如能采用网络支付方式，预订中心就可以直接从客人的预订金中扣除中介费，减少了结算的中间环节。

客人直接通过酒店的预订网页预订，多数采取入住后缴费的付款方式，其支付过程与传统方式预订没有很大的差异，在入住和退房时，可以使用现金和信用卡支付。

在实际运作中，也有酒店在预订时要求客人提供安全证书，这不仅说明该网站具有数字认证的功能，客人提供的个人资料可以安全地通过 Internet 传输，还可以使用信用卡进行网络支付，信用卡的账户安全性得到保证。

7.6.4　我国网络预订系统的现状和发展趋势

1. 国内酒店网络预订系统现状

Internet 的飞速发展为我国建立酒店预订系统提供了极佳的机遇，它描述了一个全新的营销方式，也提供了众多的商机。当前，我们国内已经有许多酒店开展了网上订房业务，其中，既有酒店自己投入技术力量开展的，也有利用网络中介公司开展的。

不过，目前提供该项服务的酒店还多限于高星级酒店、外资和合资酒店，三星级以下酒店开展网络订房的还较少。

随着技术和环境的日新月异，我们将越来越依赖于全球分销系统、地区分销系统和个人分销系统去进行旅游和酒店营销。今后，国内酒店将纷纷加入各种网络预订系统，建立酒店代理营销站点，在Internet上去培育、开拓酒店预订市场。

2. 目前我国酒店网络预订系统中的主要问题

据不完全统计，目前全国基于Internet或电话网的酒店查询预订系统已经有几十个，部分大城市还在火车站、飞机场、码头、主要旅游景区（点）等处建立了客房预订中心，但基本上是散兵作战，规模较小，覆盖面窄，信息不全，而且目标市场大多为四五星级酒店和商务客人，不适合大众游客，造成系统利用率低，实用性较差，投入的回报率并不理想。尤其是大多数中小型酒店，由于技术上的原因，对开展网络营销和实施网络订房无能为力。因此，酒店开展网络订房目前还存在问题，原因主要有以下几点：

（1）单个酒店网址很难形成大的访问量。一个酒店自己制作的主页其网址难以被广大客户知悉，产生的访问量不大，难以形成商机。如何使客户以一种简易快捷的方式获得酒店网址成为网络营销上的一个重点和难点，必须加大投入、多处网络链接、采用广告等手段扩大网址在网民中的影响。但独立酒店的影响力和广告投入都是有限的，因此客户在网上订房时，一般都需要在网上搜索才能获得适当的网址，这个过程不但很难找到合适的酒店，而且使客户对网上订房失去兴趣。良好的订房业务量必须是建立在庞大的访问量基础上的，单独的酒店网站很难形成一个访问量很大的电子商务型网站。

（2）酒店没有足够的技术支持力量。一个网站正常运行需要技术人员不断的维护和更新，需要网络技术的支持、酒店计算机信息管理技术的支持、创新意识的支持以及计算机技术的支持。而网络技术力量薄弱正是大多数酒店的共同点，特别是前期的技术投入，使中小型酒店通常难以承受，往往出现信息更新不及时、对订房申请反应缓慢、客户咨询和留言不及时回复、系统故障不及时排除等。这些问题都将导致网站有效订房的减少和实际运行情况的不佳。有些酒店开始建立了网站，由于某些酒店总经理在网站的培育过程中忽视了IT人员的作用，致使IT人员流失，使网站订房系统进入不良循环。

（3）酒店的网络意识不强、价格设定不合理。酒店建立了网站以后，对网络营销的意识不强，没有引起足够的重视，特别是网络订房的价格，大部分酒店设置不合理。大家都知道，网络营销能降低销售成本，减少中间环节，可以让利于客户，所以网上的订房价格必须低于传统销售价。

设计一个合理的网上价格，以引导和培育网络散客的消费群体，逐步使网络订房纳入电子商务的正常轨道，这是网络营销的一个基本理念。

（4）网络订单难以管理。酒店反映最大的是网络订单不好管理，无效预订太多，究竟哪些是真实订房无法知道。因此从某些方面无效订单扰乱了酒店的经营管理，挫伤了酒店上网的积极性。从目前网络订房的发展情况看，网络订单的有效确认将是网络订房健康发展的瓶颈。

3. 国内预订系统的发展趋势

根据分析，我们认为今后我国的酒店网络预订系统将呈现如下发展趋势：

（1）加强行业联盟，实行联合促销。

世界经济一体化与网络全球化，使酒店业成为发展电子商务的最佳行业之一。因此众多的个体酒店或酒店集团纷纷上网，建起各自的网站或网页，推出自己酒店的预订系统，即个人分销系统。尽管个人分销系统有一定的优势，但由于它强调个体竞争，忽略行业合作，属于散兵作战式销售，因此其销售力度远不如全球或地区分销系统。而且各自为战的结果将导致众多网站的重复建设，这也背离了通过网络实现资源共享的目的。

例如，有 4000 多家酒店加盟的法国雅高酒店集团，在 2005 年，通过网上实时客房预订服务达到了 200 万以上的房夜数，平均每 10 秒就实现一个房夜的网上预订。

由此可见，中国酒店业的网络化发展趋势应该从酒店内部的局域网向国内外的广域网扩展，从数量与速度导向逐步向质量与规模导向过渡。当前，联合促销已成为国际商界行之有效的方法，其目的只有一个：减少成本，保证质量，增加业务，共创品牌。

中国酒店业在集团化方面已经落后了一步，但在网络联盟方面绝不能再与先进国家拉大距离。具体操作方法上，可在全国各大中城市分别建立酒店查询预订城域网络系统和网络信息中心，利用有线电视网、邮电网、电话网作为酒店查询预订系统的互联平台，实现各城域网络系统的互联，各个城市的信息中心与本地的酒店、预订中心互联，对市内外客户提供多种形式的酒店资源动态查询预订服务。

（2）加强横向联盟，实现全程服务。

国内酒店除了酒店内部的经营管理应用局域网以外，还应不失时机地借助互联网这一先进科技手段，既注重同行业的联盟，也不能忽视跨行业的合作。应该兴建影响大、知名度高的酒店网站，其成员覆盖全国，乃至全球，经营业务应涵盖酒店预订、机票预订、旅游线路预订、异地包车包船等，形成强大的"一条龙"综合全程服务体系，从而使得加盟的每一家成员酒店和每一位客人都能从中获益。

（3）使用电子商务技术，实现网上实时预订。

目前，多数酒店的网络应用尚处于初级阶段，即大部分已上网的酒店或集团仍限于通过网页进行广告宣传及辅助销售预订，还没有真正实现网上实时预订、网上交易、网上结账等电子商务的基本功能。这就使得很多预订系统只是成为客人查询酒店资料的途径，或是客人在网上做一下模拟试验，很难真正成交。

被誉为首家"电脑化精品酒店"的香港珀丽酒店的网络预订系统值得借鉴。该酒店将自己定格为"智能酒店"，整个酒店从客房到各个公共场所都应用最前卫的先进设备，保证现有的设施对下一代的商务客也不会落伍。珀丽酒店加盟于全球排名第六的"最佳西方"特许连锁系统，除了该系统为其提供了相当可观的客源外，其酒店本身的塞雷纳塔网络预订系统也是亚洲之最。客人登录珀丽酒店网站，只要点击"预订"按钮，系统就立即查询酒店内部的 Fidelio 资料库，实时地提供最新的客房状况及报价。如果客人要求预订，就可打开酒店内部局域网信箱通过系统提供的由星东网和中国银行构建的网上支付界面，客人可直接向酒店提供自己信用卡的详细资料及预付款。一旦确定预订，预订结果就马上用电子邮件通过塞雷纳塔邮箱通知客人。如此轻松、快捷、可靠的预订实在让人耳目一新。

（4）建立适合我国特色的 Web Hotel 预订系统商务模式。

根据我国酒店的实际情况，可以考虑将订房网站设计成一个 Web Hotel 形式，也就是把订房网站作为客户和酒店之间的代理机构，酒店自己不必建立用于网络订房的网站，酒店可通过订房系统的客户端直接管理网上的信息和客户资源。

客户要出门旅游可直接到 Web Hotel 上找酒店，并与酒店联系，产生一系列的确认过程。管理 Web Hotel 的中间机构只是监控整个订房过程，并管理所有产生的订单。因此 Web Hotel

是 Internet 上的酒店销售中心，它通过订房系统的服务器端和客户端开展订房和管理工作，服务器端由中间代理机构统一管理，酒店在开展订房管理时感觉就像自己的订房服务器一样。将酒店的网上销售技术工作委托给网络公司，网络公司根据客户的实际订房向酒店收取佣金。事实可以证明，这种代理公司的网上营销可以有效地实现资源优化，是符合我国国情的一种预订系统商务形式。

实际运行的 Web Hotel 结构如图 7-6 所示。图中首先是订房客户向 Web Hotel 服务器端查询，根据客户的目的地城市、酒店类型、星级、价格等要求，Web Hotel 提供合适的待选酒店，如酒店 1、酒店 2 等。当客户选择某一酒店查看时，就进入该酒店的主页，可以看到该酒店的设施概况、特色服务、地理位置、价格等详细信息，并提供订房预订表。客户一旦决定订房，就可以按表格要求填写该酒店的预订表并发送至 Web Hotel 服务器。

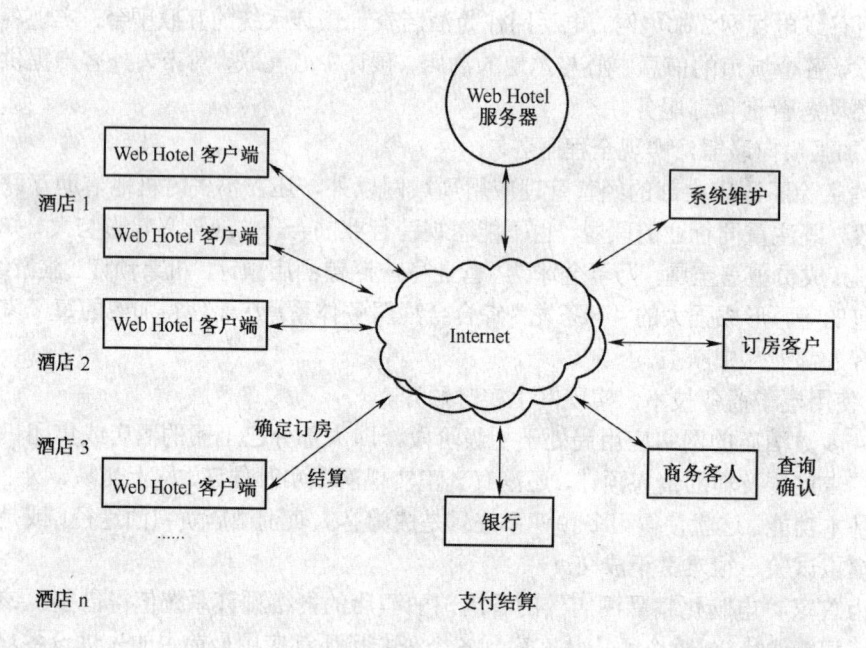

图 7-6 Web Hotel 运行结构图

酒店的 Web Hotel 客户端可以从服务器端收取客户预订单，并对客户预订进行确认，将确认单发送给客户。银行在整个运行过程中负责订房交易的支付结算（开通网上支付的情况），客户的预订金和酒店支付给 Web Hotel 中间商的佣金都可以通过银行的介入直接在网上进行结算。

由于 Web Hotel 是一个庞大的网络系统，管理着成千上万家酒店信息，每日处理大量的客户预订单，在系统运行上和业务管理上都需要网络和信息系统的支持，一般的酒店无法胜任，必须依赖于技术含量较高的中间代理商，通常称其为 Web Hotel 中间代理商。

对于大多数的中小型酒店来说，加入国内自己的 Web Hotel 中间商主要有以下好处：
- 从技术上来说，这种方式对酒店的技术支持要求降到最低，酒店只需最基本的上网设备和使用 Web Hotel 客户端软件与 Web Hotel 服务器保持联系。酒店可以自己更新在 Web Hotel 服务器上的网页信息，使酒店信息更新及时、准确。
- 从费用上来说，酒店不但可以省下一大笔技术支持费用，而且网上订房采用成交后支付佣金的形式，酒店的费用要在客人实际入住后才发生，所以较易控制收益和费用情况；另外，成功的网上营销，广告必不可少，加入 Web Hotel 网络以后，相当部分的广告由中间商承担，酒店还可以节省部分广告费用。

- 从效果上来说。由于 Web Hotel 集中管理全国几千家酒店的信息及主页，当客人试图网上订房时，这样的 Web Hotel 网站成为客人搜索的首选，即使是一般的酒店主页，客人访问到达的机会也比独立酒店主页被访问的机会要大得多。

总之，中国的酒店业一定要抓住现代网络技术与电子商务为行业带来的商机，首先进行纵向延伸，即与其他酒店或管理公司组建同盟集团，加强整体的规模优势；继而进行横向扩展，即与航空公司、旅行社、旅游景点、车船公司等相关行业组成战略联盟，加强整体的范围优势；同时还必须与银行的支付系统结合，组建可靠的电子商务平台，并选择好适合中国酒店管理特点的 Web Hotel 预订系统商务模式，最终使中国酒店业的网络化发展进程能与国际发展水平保持同步，甚至领先一步。

7.6.5 网络预订系统典型应用实例

下面简单介绍酒店预订系统的应用步骤，并通过实际案例说明其具体使用方法。

1. 酒店网络预订系统的应用步骤

对于单体酒店的网络预订，一般比较简单，只要登录相应酒店的网站，链接到网络预订页面，在线填写相关预订信息（客户个人信息、入店离店日期、预订的客房类型与数量等），最后单击"提交"按钮即可将一条预订信息传到酒店的网络预订部门，该部门将此信息再与客房部联系或者直接查询房态图，看能否满足预订要求，如果可以即可将预订信息结果反馈给预订客人，并生成一个有效的预订单。至此，一次预订工作就完成了。

而对于地区性和全球性网络预订系统来说，一般预订过程包括 4 个主要步骤：

（1）填写酒店查询条件。
（2）选择酒店。
（3）填写酒店预订单。
（4）确认预订。

后面我们将通过 e 龙网预订系统的实际预订过程介绍这些步骤包含的相关内容。

2. e 龙旅行网基本情况介绍

下面将以 e 龙旅行网为例介绍网络预订系统的使用，所以我们先来看一下其基本情况。

e 龙是目前中国最大的城市消费、商务旅行与网络服务公司，于 1999 年 5 月成立于美国德拉华州，同年 7 月在北京成立中国总部，之后相继在上海、广州、深圳、南京、杭州、成都、武汉、西安等城市成立分公司。公司的创业者与管理层毕业于哈佛大学、斯坦福大学等世界一流的学府，同时在中美两国的投资银行、消费服务以及信息技术等行业拥有广泛的经验。e 龙从成立初就致力服务于中国主要城市的消费者与企业，通过其独特的经营模式，为消费者提供优质的本地化的消费、旅行与网络服务，为企业提供一个从互联网到传统经营的跨平台的互动营销策略与平台。

e 龙的使命是"使每一个人随时、随地，乐享完美旅程"。

e 龙旅行网是中国在线旅行服务行业的领导者，依靠 www.elong.com（中文）和 www.elong.net（英文）两个网站和呼叫中心为会员提供旅游资讯及预订等一站式服务。目前 e

龙可以提供国内 230 个主要城市的近 2800 家酒店和海外 40000 多家酒店优惠的预订服务，国内 50 多个主要商务、旅游城市的出、送机票服务，以及度假、集团差旅、租车等旅游服务。e 龙 1999 年成立，总部设在北京，目前公司有员工 2000 多名。

2004 年 10 月 e 龙在美国 NASDAQ 上市，目前全球最大的在线旅行服务公司 Expedia 拥有 e 龙 52%的股权。Expedia 是全球著名的旅游服务品牌，国际领先的在线旅游产品分销公司。目前，e 龙已经成为 Expedia 亚洲地区的核心部分，与其在英国、加拿大、德国、法国等国家的公司，共同致力于为消费者提供新鲜而满意的旅行体验。今天，e 龙与 Expedia 紧密携手，通过多资源、多渠道的市场整合，将自身已有的国内旅游服务网络与 Expedia 丰富的海外旅游资源、先进的服务理念及服务技术紧密结合，为会员提供高品质的出行服务。

2005 年 e 龙与雅虎、搜狐、新浪缔结战略联盟，为其用户提供全方位的在线旅行服务，并且 e 龙同年还宣布将收购国内领先的酒店分销公司——新浪财富之旅。

3．利用 e 龙网进行酒店网络预订的操作实例

假设"五一"期间，新婚夫妇周雄飞和李佳惠想到上海进行短期旅游。下面具体介绍他们应该如何利用 e 龙旅行网进行旅游酒店的网上预订。

（1）登录 e 龙旅行网。

在 IE 浏览器的地址栏中输入 e 龙旅行网的网址：www.elong.com，然后按回车键，进入 e 龙旅行网中文网站主页，其主页形状如图 7-7 所示。

图 7-7　e 龙旅行网中文网站主页

在网站主页的导航条上单击"酒店"标签，进入酒店预订页面，如图 7-8 所示。

图 7-8 e 龙旅行网酒店预订页面

（2）填写酒店查询条件。

进入酒店预订页面后，需要填写酒店查询条件，一般包括的内容有：
- 选择城市，并选择酒店所处的位置。
- 填写入住和离店日期。
- 填写预订房间数和入住人数。
- 选择酒店（如有指定酒店，可输入酒店中文名或酒店名称汉语拼音的首字母）。
- 选择价格范围、酒店星级和酒店类型。

因为此处所举的例子是到上海进行旅游，所以酒店查询条件设置成如图 7-9 所示。

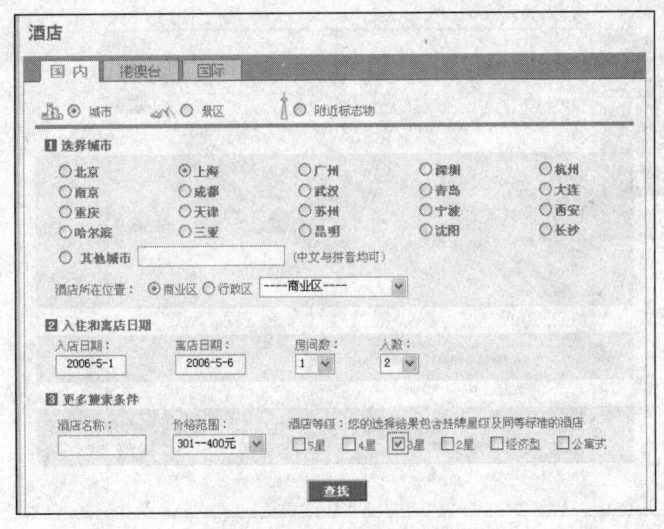

图 7-9 输入酒店查询条件

以上所有内容填写或者选择完毕后，单击"查找"按钮，即可进入"酒店查询结果"界面，如图 7-10 所示。该屏幕的左侧列出的就是前面输入的查询条件显示，右面列出了查询到的酒店及其基本情况介绍，其中右面的上部还列出了查询结果共 11 页，并确定排列顺序为默认的"e 龙推荐"，根据需要，客户也可以按照"价格"或"酒店等级"排列。

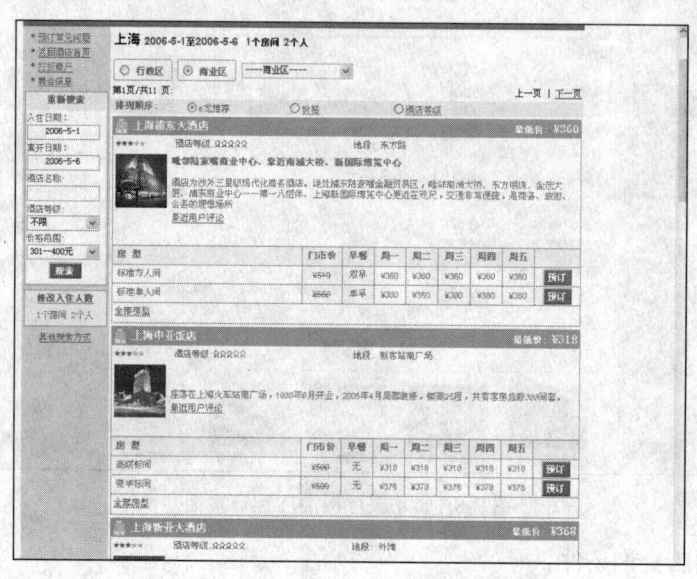

图 7-10　酒店查询的结果显示

（3）选择酒店。

在图 7-10 所示，假设想选择"上海中亚酒店"，在屏幕上就可以看到其推荐的房型及其价格标准。确定选好某房型后，单击"预订"按钮，就能进入后续介绍的预订单界面。

需要说明的是，此处"酒店查询结果"显示的酒店房型并不是所有房型，如要了解所有房型，可以单击"全部房型"进行查询，如图 7-11 所示就是"全部房型/价格"结果的显示。

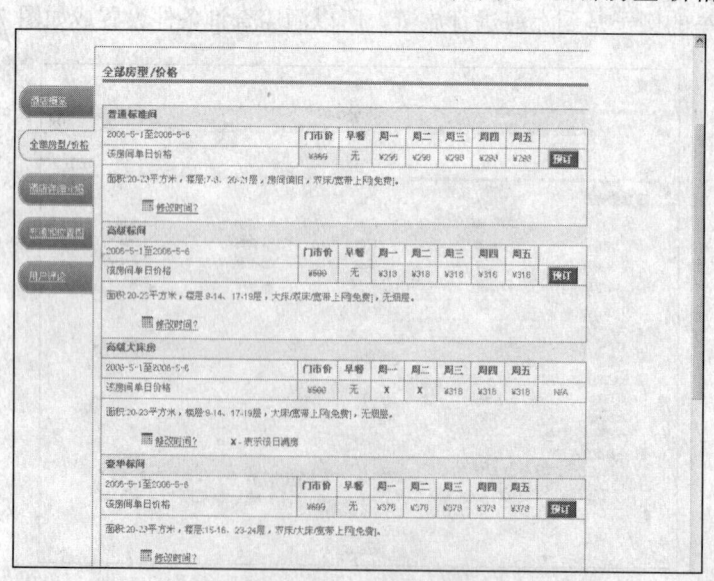

图 7-11　选定酒店的全部房型后显示的结果

第 7 章 因特网在酒店信息管理中的应用　　201

在图 7-11 的左侧，单击相关按钮，还可以查看所选酒店的详细介绍以及用户的评论，如图 7-12 所示就是查看到的以往客户对上海中亚酒店的评论。

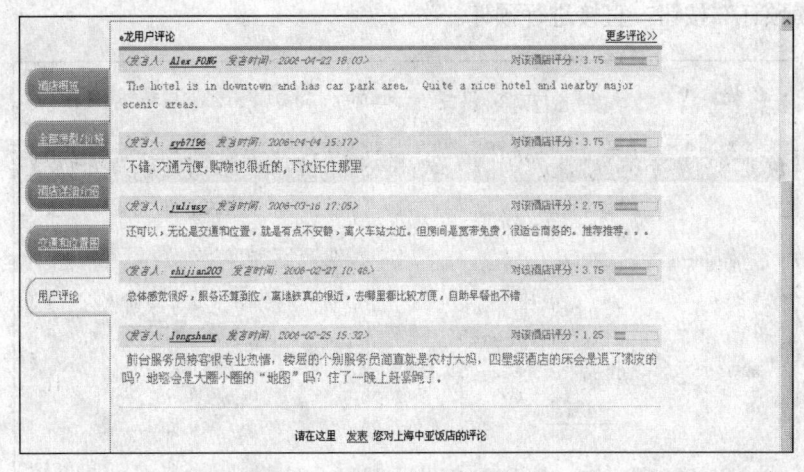

图 7-12　酒店查询的结果显示

选择需要的房型后，单击"预订"按钮即可进入"预订信息确认"界面，如图 7-13 所示。

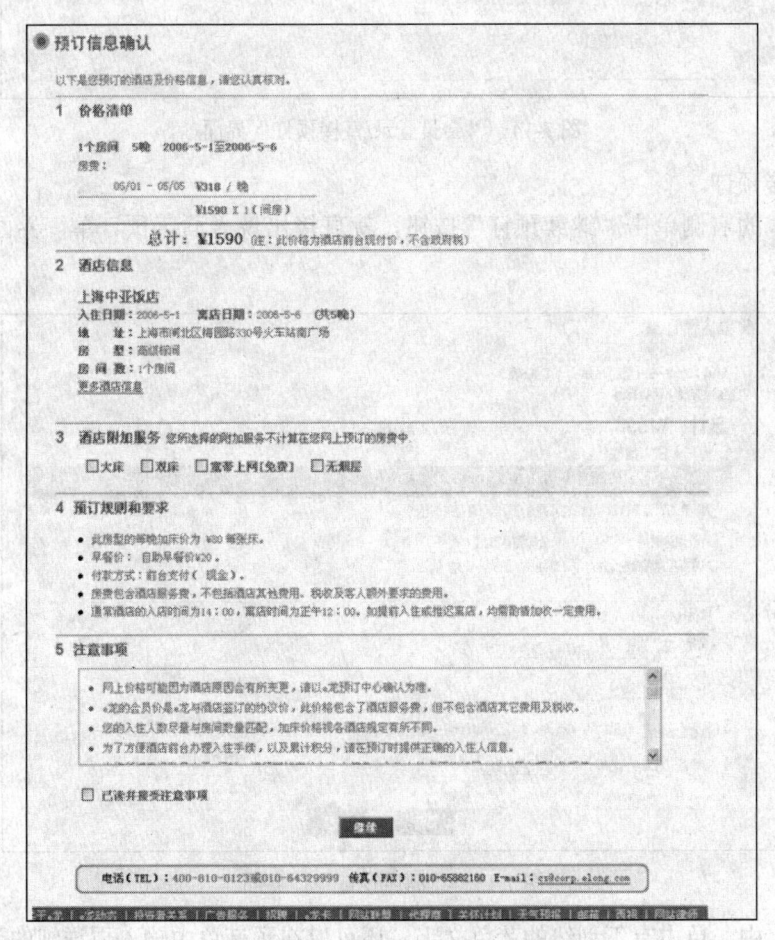

图 7-13　"预订信息确认"界面

如果预订信息确认无误，单击"继续"按钮就会进入如图 7-14 所示的界面。此时，用户可以选择两种方式：如果是会员用户，可以以用户名身份登录预订；如果不是会员，可以在右侧单击"继续预订"按钮，直接进行预订。

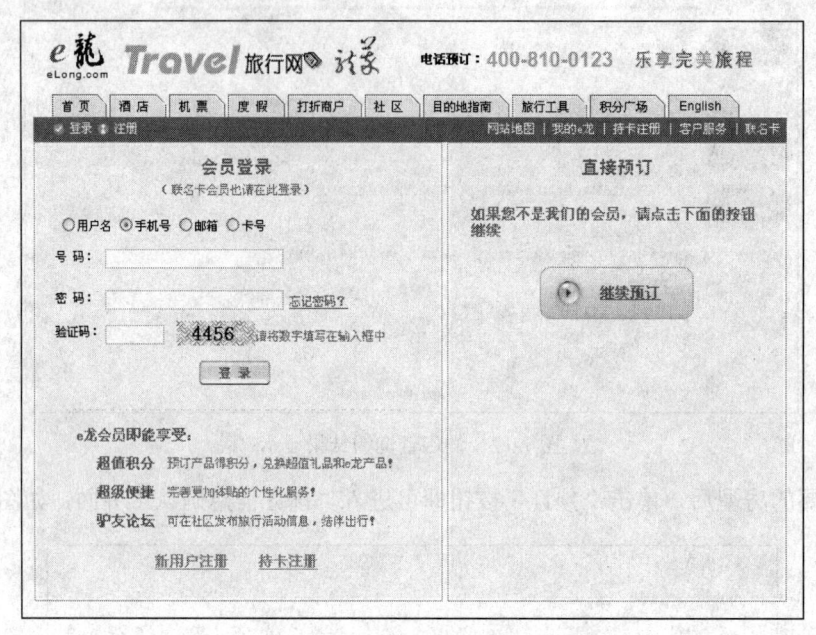

图 7-14 "会员登录/直接预订"界面

（4）直接预订。

在图 7-14 的右侧单击"继续预订"按钮，就直接出现"酒店预订单"界面，如图 7-15 所示。

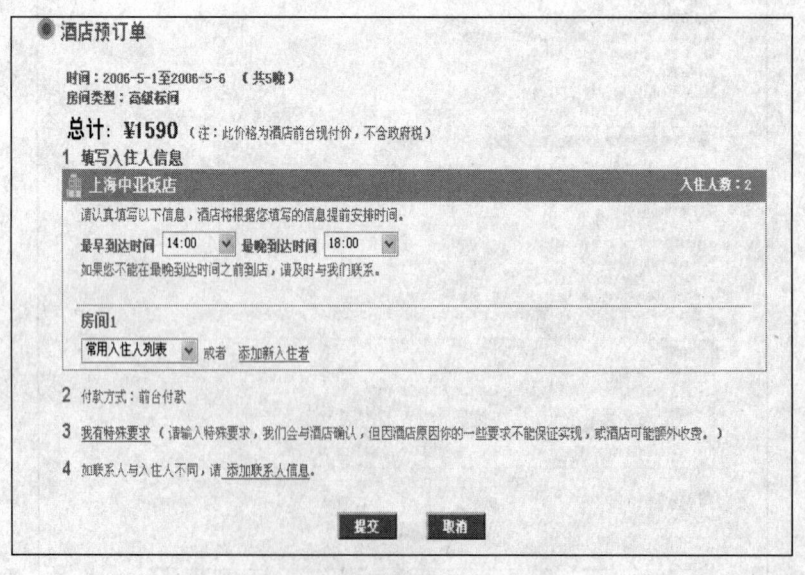

图 7-15 "酒店预订单"界面

在图 7-15 中，单击有下划线的蓝色文字，还可以在预订单中输入更详细的预订信息。如

图 7-16 和图 7-17 所示分别是"填写入住人信息"和"添加联系人信息"的界面。

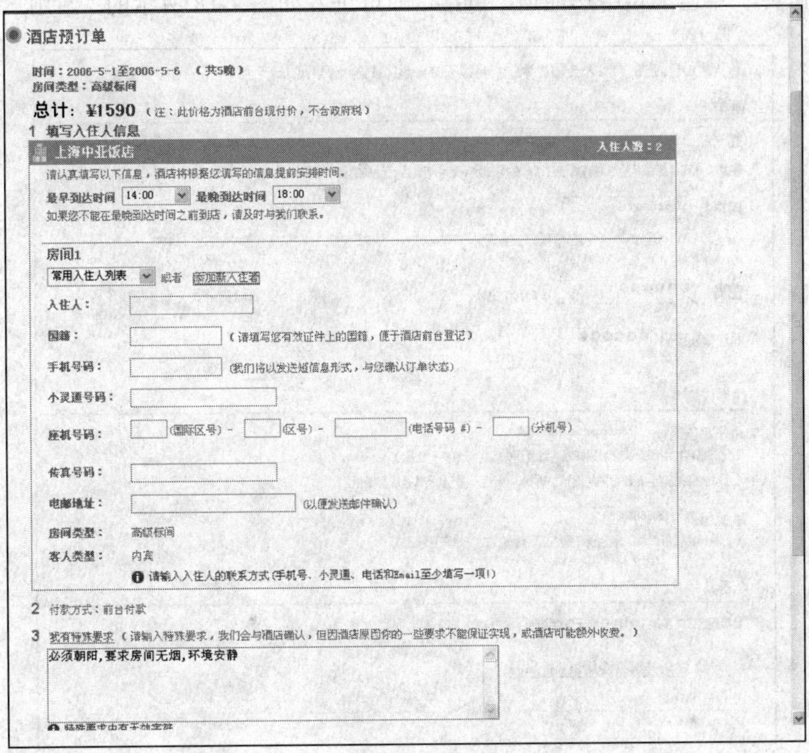

图 7-16 "填写入住人信息"界面

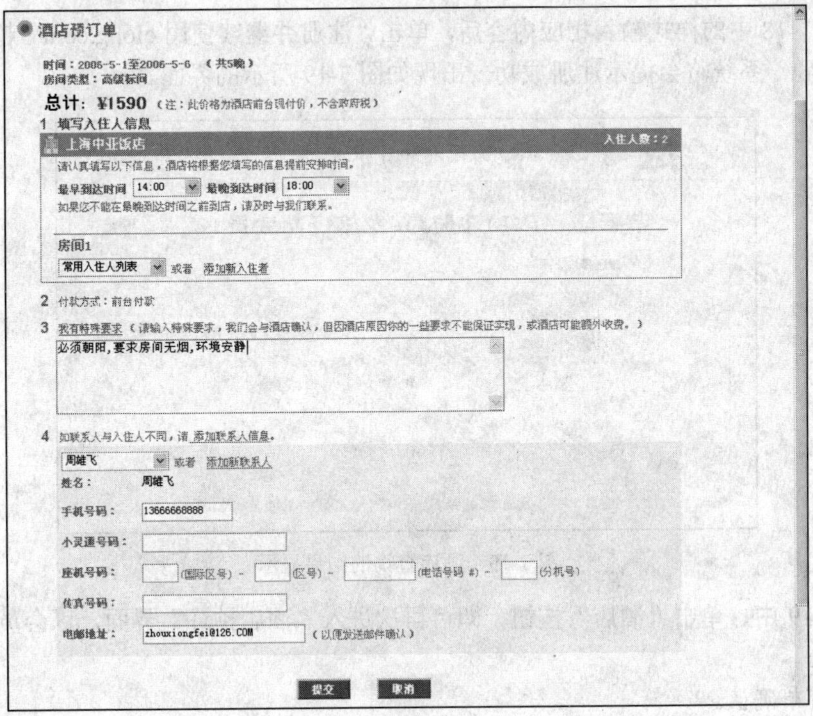

图 7-17 "添加联系人信息"界面

(5) 新用户注册。

在图 7-14 中，单击"新用户注册"链接，即可进入如图 7-18 所示的"新用户注册"界面。

图 7-18 "新用户注册"界面

按照图 7-18 中的样式输入相应内容后，单击"注册并继续使用 elong.com"超链接，如果没有什么问题，系统将会提示注册成功，出现如图 7-19 所示的界面。

图 7-19 酒店查询的结果显示

在图 7-19 中，单击"酒店"按钮，即可再次进入"酒店预订"界面，以会员身份进行酒店客房预订。

(6) 订单确认。

预订单完成后，单击"提交"按钮，会出现"订单确认"界面，如图 7-20 所示。

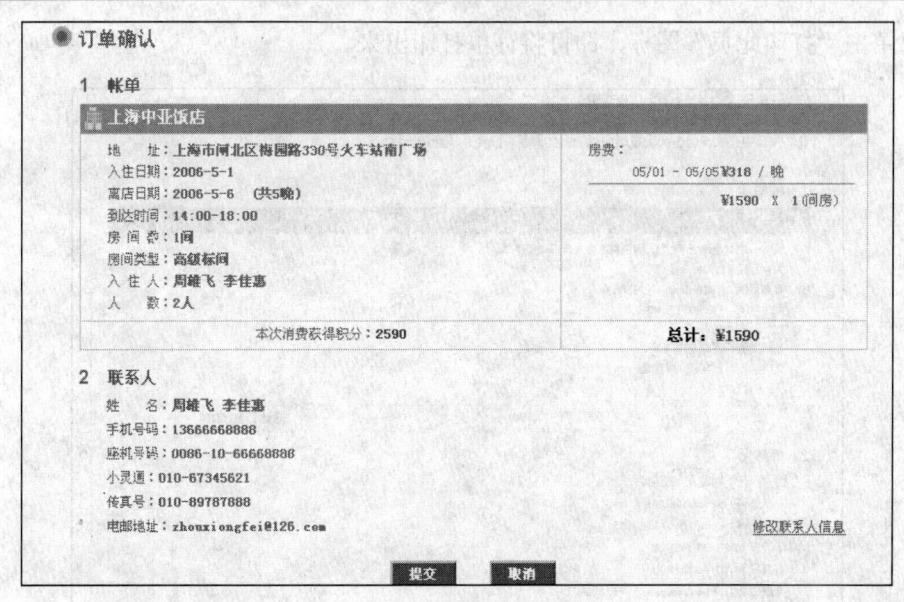

图 7-20 "订单确认"界面

在信息确认无误后，单击"提交"按钮即可进入如图 7-21 所示的"提交成功"界面。

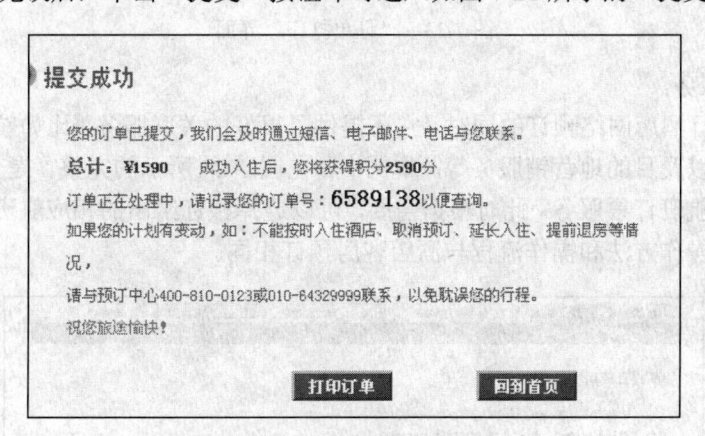

图 7-21 "提交成功"界面

如果是会员预订，还会出现如图 7-22 所示的"感谢服务 增加积分"界面。

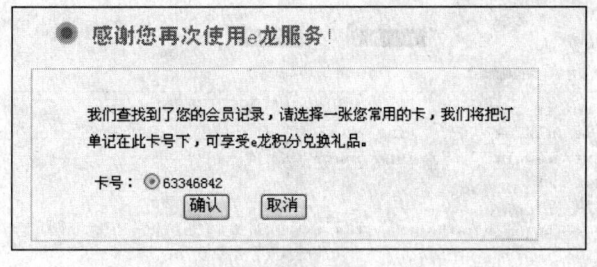

图 7-22 "感谢服务 增加积分"界面

（7）订单打印。

在图 7-21 所示的"提交成功"界面中，单击"打印订单"按钮，出现如图 7-23 所示的界面，此时单击"打印此页"图标，即可将订单打印出来。

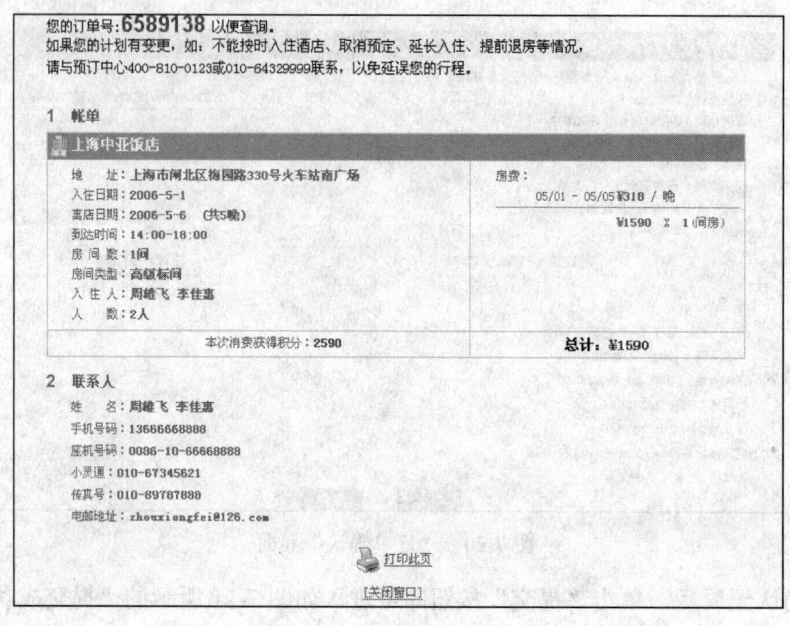

图 7-23 "订单打印"界面

（8）其他服务。

在 e 龙网进行酒店网络预订的同时，它还提供了很好的关联服务，比如航班订票服务、旅游景区门票服务以及目的地营销服务等。本例中，在图 7-24 所示的完整"提交成功"界面中，就包含了同步的航班订票服务。此时根据需要，可以选择预订给出的相应航班，也可以自行搜索相关航班，其操作方法和操作流程与酒店客房预订相同。

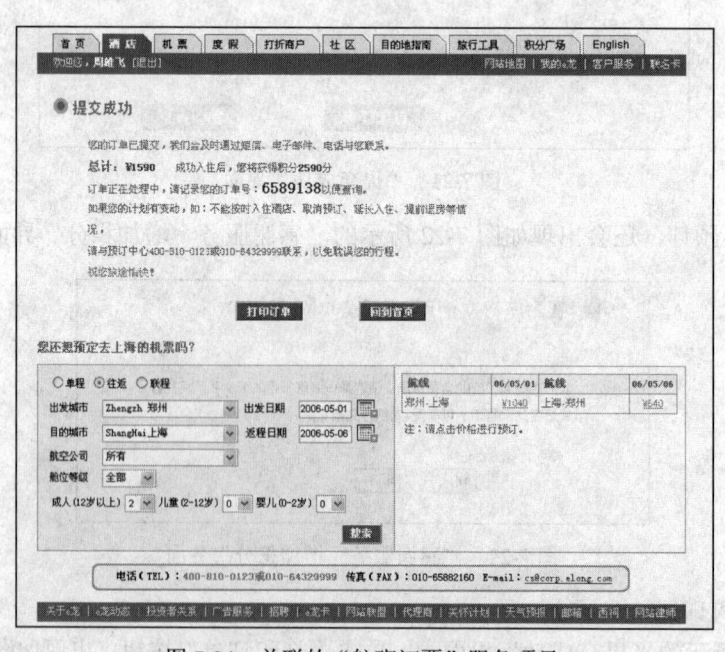

图 7-24 关联的"航班订票"服务项目

阅读材料：《e龙旅行网服务条款》

《e龙旅行网服务条款》

1. e龙旅行网服务条款的确认

e龙旅行网各项服务的所有权与运作权归北京艺龙信息技术有限公司（以下简称"e龙"）所有。本服务条款具有法律约束力。一旦您点选"注册"并通过注册程序，即表示您自愿接受本协议之所有条款，并已成为e龙旅行网的注册会员。

2. 服务内容

2.1 e龙旅行网服务的具体内容由e龙根据实际情况提供，e龙对其所提供之服务拥有最终解释权。

2.2 e龙在e龙旅行网上向其会员提供相关网络服务，与相关网络服务有关的设备（如个人电脑、手机以及其他与接入互联网或移动网有关的装置）及所需的费用（如为接入互联网而支付的电话费及上网费、为使用移动网而支付的手机费）均由会员自行负担。

3. 会员账号及密码

您注册会员成功后，将得到一个账号和密码。您应妥善保管该账号及密码，并对以该账号进行的所有活动及事件负法律责任。因黑客行为或会员保管疏忽致使账号、密码被他人非法使用的，e龙不承担任何责任。如您发现任何非法使用会员账号或安全漏洞的情况，请立即与e龙联系。

4. 会员权责

4.1 会员有权按照e龙规定的程序和要求使用e龙向会员提供的各项网络服务，如果会员对该服务有异议，可以与e龙联系以便得到及时解决。

4.2 用户在申请使用e龙旅行网网络服务时，必须向e龙旅行网提供准确的个人资料，如个人资料有任何变动，必须及时更新。

4.3 会员须同意接受e龙旅行网通过电子邮件或其他方式向会员发送促销或其他相关商业信息。

4.4 会员在e龙旅行网的网页上发布信息或者利用e龙旅行网的服务时必须符合国家的法律法规以及国际法的有关规定。

4.5 对于会员通过e龙旅行网网上消息平台（包括但不限于论坛、BBS、评论）上传到e龙旅行网网站上可公开获取区域的任何内容，会员同意授予e龙在全世界范围内享有完全的、免费的、永久性的、不可撤消的、非独家的权利，以及再许可第三方的权利，以使用、复制、修改、改编、出版、翻译、据以创作衍生作品、传播、表演和展示此等内容（整体或部分），和/或将此等内容编入当前已知的或以后开发的其他任何形式的作品、媒体或技术中。

4.6 会员承诺不会在e龙旅行网的消息平台（包括但不限于论坛、BBS、评论）发布如下信息：

（1）反对宪法所确定的基本原则的。

（2）危害国家安全，泄露国家秘密，颠覆国家政权，破坏国家统一的。

（3）损害国家荣誉和利益的。
（4）煽动民族仇恨、民族歧视，破坏民族团结的。
（5）破坏国家宗教政策，宣扬邪教和封建迷信的。
（6）散布谣言，扰乱社会秩序，破坏社会稳定的。
（7）散布淫秽、色情、赌博、暴力、凶杀、恐怖或者教唆犯罪的。
（8）侮辱或者诽谤他人，侵害他人合法权益的。
（9）含有法律、行政法规禁止的其他内容的。

4.7 会员单独为其发布在e龙旅行网上的信息承担责任。会员若在e龙旅行网散布和传播违法信息，网络会员服务的系统记录有可能作为会员违法之证据。

4.8 会员不得利用本站的服务从事以下活动：
（1）未经允许，进入计算机信息网络或者使用计算机信息网络资源。
（2）未经允许，对计算机信息网络功能进行删除、修改或者增加。
（3）未经允许，对进入计算机信息网络中存储、处理或者传输的数据和应用程序进行删除、修改或者增加。
（4）故意制作、传播计算机病毒等破坏性程序。
（5）其他危害计算机信息网络安全的行为。

4.9 会员不得以任何方式干扰本站的服务。

4.10 会员承诺遵守本站的所有其他规定和程序。

4.11 如果会员违反上述规定，e龙有权要求其改正或直接采取一切必要措施（包括但不限于更改或删除会员发布的信息、中断或终止会员使用网络的权利等），以减轻会员不当行为所造成的影响。

5. 服务条款的修改

e龙有权在必要时修改本服务条款，服务条款的内容一旦发生变动，e龙将会通过适当方式向会员提示修改内容。

会员如不同意修改，可以主动选择取消会员资格；如果会员继续使用e龙旅行网服务，将被视为接受修改后的服务条款。

6. 服务内容的修改或中断

鉴于网络服务的特殊性，e龙保留随时修改或中断其部分或全部网络服务的权利，并无需通知会员或为此对会员及任何第三方负责。

7. 会员隐私保护

e龙尊重会员的隐私权，不会公开、编辑或泄露任何有关会员的个人资料以及会员在使用网络服务时存储在e龙旅行网的非公开内容，但以下情况除外：
（1）事先获得会员的明确授权。
（2）遵守法律规定或e龙旅行网合法服务程序。
（3）按照相关政府主管部门的合理要求。
（4）维护社会公众利益。
（5）维护e龙的合法权益。
（6）符合其他合法要求。

8. 中断或终止服务

如发生下列任何一种情形，e龙有权随时中断或终止向会员提供本协议项下的网络服务，而无需对会员或任何第三方承担任何责任：

（1）会员向e龙提供的个人资料不真实。

（2）会员违反本协议的规则或不履行其所承担的义务。

除此之外，会员可随时根据需要通知e龙终止向该会员提供服务，会员服务终止后，会员使用服务的权利同时终止。

自会员服务终止之时起，e龙旅行网不再对该会员承担任何责任。

9. 知识产权

9.1 e龙在网络服务中提供的任何文本、图片、图形、音频和视频资料均受版权、商标权以及其他相关法律法规的保护。未经e龙事先同意，任何人不能擅自复制、传播这些内容，或用于其他任何商业目的，所有这些资料或资料的任何部分仅可作为个人或非商业用途而保存在某台计算机内。

9.2 e龙为提供网络服务而使用的任何软件（包括但不限于软件中的任何文字、图形、音频、视频资料及其辅助资料）的一切权利属于该软件的著作权人，未经该著作权人同意，任何人不得对该软件进行反向工程、反向编译或反汇编。

10. 免责声明

10.1 e龙对任何因会员不正当或非法使用服务、在网上进行交易或会员传送信息变动而产生的直接、间接、偶然、特殊及后续的损害不承担责任。

10.2 e龙对任何他人的威胁性的、诽谤性的、淫秽的、令人反感的或非法的内容或行为或对他人权利的侵犯（包括知识产权）不承担责任；并对任何第三方通过服务发送或在服务中包含的任何内容不承担责任。

10.3 会员明确同意其使用e龙旅行网服务所存在的风险以及使用e龙网络服务产生的一切后果由其自己承担。

10.4 对于因不可抗力或e龙旅行网不能控制的原因造成的网络服务中断或其他缺陷，e龙旅行网不承担任何责任，但将尽力减少因此而给用户造成的损失和影响。

10.5 e龙不对所提供之网络服务做任何类型之担保，包括但不限于：

（1）网络服务一定能满足会员要求。

（2）网络服务不会中断。

（3）网络服务的及时性、安全性、准确性。

但是e龙对不违反规定的特定目的担保不作限制。

11. 赔偿

因会员对本服务之使用而导致e龙遭受任何来自第三方之纠纷、诉讼及索赔要求，会员同意向e龙及其关联企业、职员赔偿相应损失（包括合理的律师费）。

12. 通告

所有发给会员的通告都可通过重要页面的公告、电子邮件以及常规信件的形式传送。

13. 法律

e龙服务条款之效力、解释、执行均适用中华人民共和国法律。如发生争议，应提交至有管辖权之人民法院。

14. **其他规定**
本服务条款中的标题仅为方便而设,在解释本服务条款时应被忽略。

本章小结

在现代酒店管理中,应用因特网可以塑造酒店企业形象,拓宽销售渠道,满足商务旅客的新需求,并能提供相应的特色服务;而这些功能的实现必须依靠酒店网站来实现。

一个完善的酒店网站可以实现如下功能:确立酒店的品牌和形象;展示酒店的产品与服务;开展网上营销和信息发布;做好客户服务并建立良好的客户关系;缩短推出新产品和打开新市场的周期;开展网上销售并促进网上联盟的建立。

酒店业网络营销是指酒店企业利用互联网进行的营销活动,它与传统营销方式相比具有跨时空、交互性和高效性的特点。以后我国必须大力发展酒店业的网络营销。

电子商务在现代酒店中的应用主要包括网上宣传、网上采购、网上销售三项,其主要作用体现在多个方面,例如拓宽了酒店的销售和采购渠道,降低了酒店的管理成本,加快了酒店的销售速度,保障了酒店个性化营销的实现,提高了酒店的服务质量等。

酒店网络预订系统就是指通过 Internet 接收用户对酒店所提供服务的预订网络系统。可以分为全球酒店预订系统、地区酒店预订系统和单体酒店预订系统 3 种。

在发展网络预订系统方面,中国的酒店业首先要进行纵向延伸,即与其他酒店或管理公司组建同盟集团;继而进行横向扩展,即与航空公司、旅行社、旅游景点、车船公司等相关行业组成战略联盟;同时还必须与银行的支付系统结合,组建可靠的电子商务平台,并选择好适合中国酒店管理特点的预订系统商务模式。

复习思考题

1. 什么是 Internet?它在酒店管理中有哪几方面的应用?
2. 酒店企业网站有什么功能?一个酒店如何对其网站进行定位?
3. 请说明酒店网站的制作流程。你认为一般的酒店网站应该设置的栏目必须有哪些?
4. 请登录国内几家比较知名的酒店网站,了解它们各自的栏目设置、功能特色,试概括其定位和特点,并指出其存在的问题与不足。
5. 什么是网络营销?请说明我国开展酒店网络营销的应对策略。
6. 什么是电子商务?它具有哪些特点?主要功能是什么?
7. 请分类说明电子商务的主要内容形式。
8. 请举例说明电子商务在现代酒店管理中主要有哪些应用。
9. 请说明电子商务在现代酒店管理中的重要作用。
10. 查找资料,写一篇 3000 字左右的小论文,论述我国酒店电子商务的发展现状、制约因素及其解决思路。

11．试述 Internet 酒店预订系统发展的功能与特点。
12．酒店预订系统有哪 3 种模式？你认为酒店预订系统应该朝什么趋势发展？
13．请从 Internet 上实际登录一个本章提及的酒店预订系统，了解其预订模式。
14．请读者对自己所在省份/直辖市/自治区的酒店业网站进行调查，撰写一篇调查报告，指出本省（市、区）酒店网站的现状、功能、问题，并给出建设性建议。

第8章　酒店信息管理中其他相关方法的应用

【内容导读】

随着信息技术和新型管理方法的不断发展，各种新的基于信息技术的管理模式不断出现。在酒店计算机信息管理中，除了信息系统应用、酒店网络营销、酒店电子商务、网上客房预订外，还有一些其他的现代管理方法可以在酒店经营管理中发挥各自的重要作用。

本章主要讲解酒店业中的客户关系管理、呼叫中心、供应链管理、企业资源计划、决策支持系统、业务流程重组、收益管理等现代管理方法，对于这些管理方法，一方面要掌握其基本思想，另一方面要深刻理解其在酒店计算机信息管理中的重要作用。

【本章目标】

- 了解客户关系管理的基本原理
- 了解客户关系管理的功能和目标
- 熟悉酒店业中客户关系管理的应用
- 了解呼叫中心及其在酒店中的应用
- 了解供应链管理的基本思想
- 理解酒店中供应链管理思想的应用
- 了解企业资源计划的基本原理
- 熟悉酒店决策支持系统的基本知识
- 知道业务流程重组的基本思想
- 掌握收益管理思想及其在酒店经营中的应用

8.1　客户关系管理在酒店业中的应用

现代酒店业面临着激烈的市场竞争，如何开拓新的客源市场，保持现有市场份额；如何让酒店与客人之间保持信息畅通，都需要与顾客进行广泛交流，并获得有利的支持，这都是客户关系管理（Customer Relationship Management，CRM）所涉及的内容。

本节简单介绍 CRM 的基本知识及其在现代酒店业中的主要应用。

8.1.1　客户关系管理概述

1. CRM 的含义

简单地说，CRM 就是指企业通过适当的渠道，在适当的时间，向适当的人提供适当的商品和服务，其目标在于维持企业现有的市场份额、开发新的市场，建立新的销售渠道，拓展企业业务，提高企业信誉和亲和力，增加客户的满意度，让客户更多获益。

CRM 的主要作用在于：它能向企业的销售、市场和服务等部门和人员提供全面、个性化的客户资料，并强化客户跟踪服务和信息分析能力，使他们能够协同建立和维护一系列与客户以及生意伙伴之间卓有成效的"一对一关系"，从而使企业得以提供更快捷和周到的优质服务，提高客户满意度，吸引和保持更多的客户，从而增加营业额，并通过信息共享和优化商业流程有效地降低企业经营成本。

2. CRM 的起源

CRM 的概念最早是由美国加纳特公司（Gartner Group）提出的。加纳特公司是美国一家著名的研究分析现代商业发展趋势和新型技术应用的专业咨询顾问公司。

CRM 是现代管理科学与先进信息技术相结合的产物，是以客户为中心的新型商业模式，是一种旨在改善企业与客户之间关系的新型管理机制，其产生和发展源于三方面的动力：需求的拉动、信息技术的推动和管理理念的更新。

在需求方面，20 世纪 80 年代中期开始的业务流程重组和企业资源计划建设实现了对制造、库存、财务、物流等环节的流程优化和自动化，但销售、营销和服务领域的问题却没有得到相应的重视，其结果是企业难以对客户有全面的认识，也难以在统一信息的基础上面对客户。而另一方面，在客户时代，挽留老客户和获得新客户对企业来说已经变得越来越重要，这就产生了现实和需求之间的矛盾。

在信息技术和管理理念方面，企业的办公自动化程度、员工的计算机应用能力、企业信息化水平、企业管理水平都有了长足的进步。数据仓库、商业智能、知识发现等技术的发展，使收集、整理、加工和利用客户信息的质量大大提高。另一方面，信息技术和互联网不仅为我们提供了新的手段，而且引发了企业组织架构、工作流程的重组以及整个社会管理思想的变革。在这种背景下，企业有必要而且有可能对面向客户的各项信息和活动进行集成，组建以客户为中心的企业，实现对客户活动的全面管理。这就产生了 CRM 思想。

CRM 是伴随着因特网和电子商务的大潮进入中国的。Oracle、HP、EMC 以及普华永道等公司从 2000 年开始在中国开始了 CRM 的市场教育和普及工作。

3. CRM 的管理目标

CRM 是一种以客户为中心的经营策略，它以信息技术为手段，对业务功能进行重新设计，并对工作流程进行重组，以达到留住老客户、吸引新客户的目的。

CRM 具有以下 3 个管理目标：

（1）建立、促进和拓展企业"一对一"客户服务网络。"一对一"客户服务是指企业通过传统方式或者通过现代 Internet 网络通信技术等手段，吸引更多的目标客户，提供符合消费者需要的产品和服务；而且使得产品在顾客所需要的时间、所指定的地点满足顾客。

（2）与客户建立快速、精确和可靠的沟通关系。企业根据所获得的客户信息和服务信息，动态制定出与目标市场相符合的产品、销售和服务战略。

（3）通过电子商务智能分析系统，最大程度上实现客户价值。

4. CRM 的结构组成

当前，对 CRM 的内涵和外延尚未达成共识，很多时候，人们看到和谈论的只是 CRM 整体功能中的一部分，所以其整体结构组成也没有定式。图 8-1 可以代表当前人们对 CRM 结构组成的主流认识。一般来讲，当前的 CRM 产品所具有的功能都是图 8-1 的一个子集。

5. 客户关系管理系统的功能

CRM 软件系统是在专业的 CRM 软件开发商提供的 CRM 软件平台的基础上，结合企业的

CRM 经营理念和资源特征，进行设计开发的。CRM 软件的基本功能包括客户管理、联系人管理、时间管理、潜在客户管理、销售管理、电话销售、营销管理、电话营销、客户服务、呼叫中心、合作伙伴关系管理、商业智能、知识管理、电子商务等。

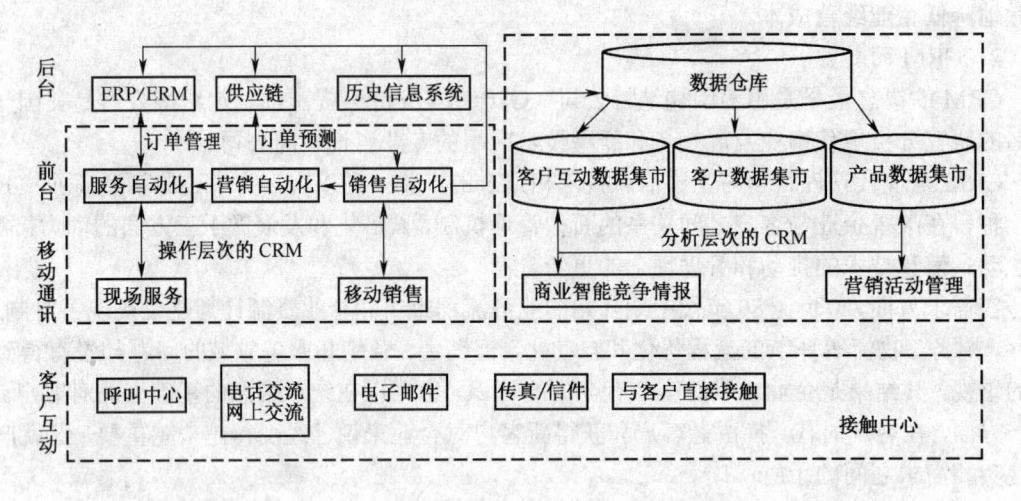

图 8-1　CRM 结构组成示意图

（1）客户管理。

主要功能有：客户基本信息；与此客户相关的基本活动和活动历史；联系人的选择；订单的输入和跟踪；建议书和销售合同的生成。

（2）联系人管理。

主要功能包括：联系人概况的记录、存储和检索；跟踪同客户的联系，如时间、类型、简单的描述、任务等，并可以把相关的文件作为附件；客户的内部机构的设置概况。

（3）时间管理。

主要功能有：日历；设计约会、活动计划，有冲突时，系统会提示；进行事件安排，如约会、会议、电话、电子邮件、传真；备忘录；进行团队事件安排；查看团队中其他人的安排，以免发生冲突；把事件的安排通知相关的人；任务表；预告/提示；记事本。

（4）潜在客户管理。

包括：业务线索的记录、升级和分配；销售机会的升级和分配；潜在客户的跟踪。

（5）销售管理。

主要功能包括：组织和浏览销售信息，如客户、业务描述、联系人、时间、销售阶段、业务额、可能结束时间等；产生各销售业务的阶段报告，并给出业务所处的阶段、还需的时间、成功的可能性、历史销售状况评价等信息；对销售业务给出战术、策略上的支持；对地域（省、市、邮编、地区、行业、相关客户、联系人等）进行维护；把销售员归入某一地域并授权；地域的重新设置；根据利润、领域、优先级、时间、状态等标准，用户可定制关于将要进行的活动、业务、客户、联系人、约会等方面的报告；提供类似 BBS 的功能，用户可把销售秘诀贴在系统上，还可以进行某一方面销售技能的查询；销售费用管理；销售佣金管理。

（6）电话营销和电话销售。

主要功能包括：电话本；生成电话列表，并把它们与客户、联系人和业务建立关联；把电话号码分配到销售员；记录电话细节，并安排回电；电话营销内容草稿；电话录音，同时给出书写器，用户可作记录；电话统计和报告；自动拨号。

（7）营销管理。

主要功能包括：产品和价格配置器；在进行营销活动（如广告、邮件、研讨会、网站、展览会等）时，能获得预先定制的信息支持；把营销活动与业务、客户、联系人建立关联；显示任务完成进度；提供类似公告板的功能，可张贴、查找、更新营销资料，从而实现营销文件、分析报告等的共享；跟踪特定事件；安排新事件，如研讨会、会议等，并加入合同、客户和销售代表等信息；信函书写、批量邮件，并与合同、客户、联系人、业务等建立关联；邮件合并；生成标签和信封。

（8）客户服务。

主要功能包括：服务项目的快速录入；服务项目的安排、调度和重新分配；事件的升级；搜索和跟踪与某一业务相关的事件；生成事件报告；服务协议和合同；订单管理和跟踪；问题及其解决方法的数据库。

（9）呼叫中心。

主要功能包括：呼入呼出电话处理；互联网回呼；呼叫中心运行管理；软电话；电话转移；路由选择；报表统计分析；管理分析工具；通过传真、电话、电子邮件、打印机等自动进行资料发送；呼入呼出调度管理。关于呼叫中心内容，下节还将进行详细介绍。

（10）合作伙伴关系管理。

主要功能包括：对公司数据库信息设置存取权限，合作伙伴通过标准的数据存取方法和数据交换模式与公司进行信息交流。

综上所述可以看出，CRM 的功能可以归纳为 3 个方面：对销售、营销和客户服务三部分业务流程的信息化；与客户进行沟通所需要的手段（如电话、传真、网络、E-mail 等）的集成和自动化处理；对上面两部分功能所积累下的信息进行的加工处理，产生客户智能，为企业的战略战术的决策提供支持。

8.1.2 酒店业中客户关系管理的应用价值

在酒店业的日常运作和管理中，客户关系管理是保证其实现更多利润，保持其永续经营和发展的重要法宝。

1. 酒店业实施客户关系管理的必要性

酒店业是一个需要获得顾客广泛支持的行业，获得了稳定、可靠、忠诚且有相当消费能力的顾客，酒店业也就取得了成功。因此，酒店和餐饮业加强客户关系管理非常必要。

（1）市场竞争环境的需要。随着酒店和餐饮业飞速发展，外资酒店、超大型餐饮企业的大量出现，酒店餐饮的竞争日益激烈。酒店的竞争最终体现在客户的竞争上。

（2）保持客户忠诚度的需要。在酒店和餐饮业竞争日益激烈的今天，除了必须有良好的就餐环境、可口的菜肴外，良好的客户服务和客户关系已成为企业在竞争中获胜的关键因素。

在市场竞争环境中，客户拥有更多的选择空间。客户很难盲目地保持对某一企业的绝对忠诚。客户如有一点不满就可能转向其他酒店。提高客户满意和忠诚度必然使酒店获取更多的利润，赢得更大的市场。

（3）满足客户个性化需求的需要。目前许多客户都在追求个性化消费。为了满足他们的个性化需求,客户关系管理系统可以对客户特征和历史消费进行量化分析,挖掘客人消费潜力,充分地在有限的资源基础上提高销售额和销售利润。另外,客户关系管理还能从客户的消费行为中进行各方面的分析,对客户流失、价值下降等情况能自动报警,给管理者提供决策依据。

在引入 CRM 之前,一般的餐饮企业也都有客户档案管理。但是,CRM 与传统的客户档案管理有着明显的区别,其功能是后者远远不能实现的。表 8-1 列出了二者的主要区别。

表 8-1 客房关系管理与传统客户档案管理的区别

项目	客户关系管理	传统客户档案管理
管理内容	预定管理、销售管理、服务管理、客户关怀、分析决策、销售机会挖掘、会员管理	客户档案管理
管理工具	客房关系管理系统	手工记录、电子记事本、Excel、Word
分布式管理	建立共享信息平台、跨区域管理、移动办公	无法实现
工作流管理	随时了解和监控业务进程,实现协同工作	无法实现
价值客户的关注	价值客户的服务与关怀、满足个性化需求	无法实现
电子商务应用	电子促销、商业信函批量打印、电子文档传真	无法实现
提升核心竞争力	通过对客户、产品、员工的追踪及对市场、销售、服务等工作的统计分析帮助企业科学、全面地提升核心竞争力	无法实现

2. 酒店业中客户关系管理的主要功能

酒店业中客户关系管理系统的主要功能表现在以下几个方面:

(1)提供个性化服务,满足客户个性化需求。

当前,老客户对酒店的要求越来越高,客户不希望每次来就餐总要重复一些相同的事情,如"先生,喝点什么酒?""先生,需要什么烟?"。这样客户就会有一种陌生的感觉,服务的最高境界可能就是要做到"服务员就像客户的家里人一样,对于客户喜欢喝的酒、抽的烟、吃的菜都一清二楚,使客户有"到家的感觉",这就需要服务人员去了解客户的喜好,如什么烟、什么酒、什么菜,对于一个新服务员来说可能要花几个月时间,但对于酒店和餐饮业来讲,服务人员的流动性较大,服务员可能才刚刚熟悉了客户,但就被其他酒店挖走或另谋职业,这其实对酒店的损失很大。

CRM 可以很容易地在客户住店和就餐的全过程中提供个性化服务,从而满足客户的个性化需求。例如,在客人预订阶段,通过使用 CRM 系统,预定人员可随时了解客人住宿喜欢的房间类型、个人偏好;在酒店餐厅时,CRM 系统能立刻查询出客人上次来店消费的时间、客人上次开的菜单、客人的忌讳菜肴,以及就餐时喜欢的包厢等信息,从而能迅速开出符合客人个性化需求的菜单,大大减少手工错误,提高效率和客人满意度;在菜肴制作环节,厨师可及时、方便地了解客户的相关信息,例如客人口味特征、喜好,以及更好地控制菜肴制作时间,大大提高了服务质量,为客人提供了个性化的服务。

总之,通过使用 CRM 系统,将能详细记录每位客人的喜好,即使服务人员流失,也只要花很短的时间就能培训出了解客户的新服务员,保证个性化服务的水平。

(2)客户关怀。

客户关怀的目的就是提高客户的忠诚度。您能随时查询了解到今天哪位客人过生日或者其他纪念日，根据客人的价值排行进行相应关怀，如送鲜花、生日蛋糕、寿面等。

总经理、经理坐在办公室里就能了解到今天哪些客人将要来就餐，以及就餐的具体时间、包厢，对于重要客人如"市委领导"、大客户，可以事先迎接，提高客户忠诚度。

（3）主动营销。

利用 CRM 系统，酒店可以进行主动营销，从而挖掘客户消费机会，增加酒店销售额。比如特殊日子的促销：在个人客户的生日、结婚纪念日，公司客户的公司成立日，客户即将举办的活动等，提前通过各种方式（电话、拜访、电子邮件等）关心客户、拜访客户。

根据统计，通过主动营销这种方式可大大提高酒店促销的成功率，随着客户数据的积累，将能带来更多销售机会。再比如，美食节的促销：酒店为了吸引客户，保持客户的新鲜感，需要经常创新菜品，举办美食节活动，在报纸、电视上做广告，一方面成本大，另一方面针对性不强。而利用客户关系管理系统，能根据美食节的特点，如"海鲜美食节"，自动搜索出喜欢海鲜的客户名单，发送邀请函、传真，这样成本低，又有针对性。

（4）客户行为分析。

利用客户关系管理系统，可以对客户的行为进行深入分析，从而提供决策支持。

对于大型酒店，如何识别新客户并将其发展成老客户，需要数据的支持。客户关系管理系统可自动分析识别新客户，并根据其价值情况提供给管理者。如可通过预定电话（手机号码）分析来就餐 5 次以上但还未发展为会员的客户名单，在下次客户来就餐时可由餐厅经理主动关怀，索取客户资料，发展成会员。

再例如，客户价值分析方面，利用客户关系管理系统，可以非常容易地分析客户的消费额、消费次数、人均消费、利润额，并可快速找出价值上升客户与价值下降客户，还可对客户流失情况进行统计和分析，并能自动分析客户就餐频率变化，提出客户流失报警。

8.1.3 客户关系管理在酒店中的应用实例

下面通过希尔顿酒店集团 CRM 应用的实例，说明酒店业应如何正确实施 CRM 系统。

希尔顿酒店集团是美国一家超大型的酒店集团，至 2005 年止，它们在世界上 80 多个国家经营着超过 3000 家连锁酒店，从 2000 年以来，曾经多次步入美国电子商务应用 100 强前列。希尔顿酒店集团具有强烈的客户关系管理意识。集团经常在内部培训中强调以下事实：获得一个新客户比维持一个老客户的成本要高出七倍；满意的客户买得更多并愿意支付更高的价格，使酒店获得更高的利润。而谈到客户关系管理时，他们认为：20%客户的离开是因为价格；而80%客户的离开是因为服务质量低下、缺乏应有的关注，以及缺乏购买后的关系维持。

希尔顿酒店集团为此专门开发了一套名为 H honor 的客户关系管理系统。这套客户管理系统的运营目标是：借助信息技术手段，与世界范围内的客户，包括旅游者、旅行社、会议组织者和旅游业协会保持联系。目前，希尔顿酒店集团通过 H honor 客户关系管理系统实现的客户接触总次数每年约为 8 百万人次。

酒店企业客户关系管理的基本步骤可以分为：客户资料收集、客户细分、客户接触、个性化客户服务。这 4 个步骤是 H honor 客户关系管理系统的设计基础。

H honor 客户关系管理系统的功能正是包括了以上 4 项内容。

1. 客户资料收集

为了方便客户资料的收集，H honor 采用了以下措施：

（1）鼓励浏览者在电子商务网站上注册，提供个人信息。

（2）为注册的潜在客户提供个性化的服务，包括发送每月活动信息和特色服务信息。

（3）记录个人或企业客户在网站上的累计预订量。

（4）发现有价值的客户，区分其类型和价值程度。

2. 客户细分

希尔顿酒店集团认为，对于不同类型的客户，必须进行细分，以便采取"一对一"的营销策略。为此，他们借助 CRM 进行了如下的客户细分：

（1）按客户类型细分：旅游者、常客、旅游批发商、代理商、会议组织者等。

（2）按客户所在的区域细分：大陆客人、港澳台客人、美国客人、日本客人等。

（3）按人口、职业、收入特征细分，与特殊身份客人维持特殊关系等。

3. 与客户接触

在酒店 CRM 运用中，必须采用多种方式加强与客户的接触。为此，采用了如下方案：

（1）在网上建立"全体代理商交流中心"，进行知识交流。

（2）通过经常沟通增加代理商的主动性。

（3）建立 H honor 客户服务中心：通过电话、邮件等多种途径与客户联系。

4. 针对客户特点提供个性化的服务

针对不同的客户特点提供个性化的服务，是 CRM 应用的最终目的。希尔顿酒店集团的 H honor 客户关系管理系统在这方面采取了以下措施：

（1）对于回头客，从客户数据库中直接调出客户基本资料，提高入住登记速度。

（2）对于重要顾客免去预订金。

（3）记录重要顾客的偏好和行为习惯，为他们提供更好的服务。

（4）为酒店集团"豪华度假"会员提供相互交流的机会。

（5）对于长期合作的旅行商、重要的同业伙伴提供及时信息和特殊优惠。

（6）为预订客房的会议组织者提供"会议策划津贴"和免费的"逍遥旅游"等。

8.2 呼叫中心在酒店业中的运用

在市场竞争越来越激烈的今天，呼叫中心是企业改善客户关系，提高客户忠诚度，保留老客户，争取新客户战略的一把利器。在当今的酒店业，客户服务水平已成为衡量企业经营规模、企业信誉和形象的标准。现代酒店充分利用呼叫中心的优势，可以带来无限商机。通过电话回访等手段，既能树立良好的企业形象，又能提供完善的服务。这样对保持原有的客户群，降低顾客流失率和扩大新的顾客群都将起到很好的作用。

8.2.1 呼叫中心的基本知识

1. 呼叫中心的概念

呼叫中心，是英文 Call Center 的直译，业内也译为电话服务中心或客服中心，是服务供应商为提高对客服务水平而建立的一种智能化的信息服务系统。它基于计算机网络和通信网络集成技术,集信息采编、知识提取、自动流转于一体,通过电话、传真、电子邮件、互联网站以及视频会议等高新技术向顾客提供综合性的服务。

2. 呼叫中心的结构组成

一个完整的呼叫中心通常由以下几个部分组成:智能网络、自动呼叫分配、交互式语音应答、计算机电话综合应用、来话呼叫管理、去话呼叫管理、集成工作站、呼叫管理、呼叫计费等。其中,智能网络、自动呼叫分配、交互式语音应答、计算机电话综合应用是呼叫中心的核心,下面简单说明一下它们各自的主要功能。

(1) 智能网络。

智能网络(Intelligence Network,IN)是呼叫中心依托的通信基础设施,它可以根据企业的需要制定不同的路由策略、提供 800 免费呼叫服务、支持虚拟专用网等。智能网还可提供自动号码识别和被叫号码识别功能。自动号码识别允许呼叫中心的业务代表在收到语音呼叫的同时,在屏幕上看到有关呼叫者的信息,加快呼叫处理过程;被叫号码识别则允许企业通过一组共用线路处理不同的免费呼叫号码。

(2) 自动呼叫分配。

自动呼叫分配(Automatic Call Distributor,ACD),俗称排队机,是现代呼叫中心有别于一般的热线电话和自动应答系统的重要标志。ACD 支持把呼入请求按照用户的来源、业务类型以预先设定的策略进行多队列排队,通过智能路由分配到适当的话务员,如可寻找上次为此客户提供服务的话务员是否空闲,如空闲则接入,如其处于繁忙状态可查找精通该业务的所有服务员是否处于空闲状态,如空闲则接入,或哪一个话务员空闲时间最长等。ACD 还可以提供长途优先、延迟通知等客户友好服务,以及提供座席管理所需的数据和报表。自动呼叫分配系统性能的优劣直接影响到呼叫中心的效率和顾客的满意度。

(3) 交互语音应答。

交互语音应答(Interactive Voice Response,IVR),又称自动座席,实际上是一个"自动的业务代表",是呼叫中心降低成本提供一致性服务的有效手段。IVR 可把标准化的语音信息预先录制存储到数据库中,通过精心设计的导航选单提示顾客利用音频按键电话输入编号或用语音输入信息,完成程式化的事务,获得相关的信息或服务。如酒店信息查询、自助式订房、银行预付订金、自动传真回复确认函等。

先进的 IVR 系统甚至已具备了语音信箱、互联网和语音识别的能力。IVR 可以利用驻留在数据库中的信息筛选来话并选择传送方式,也可与主计算机连接,使呼叫者得以直接访问主机数据库信息。这一点尤其重要,当客户来电仅仅是查询或提出惯例问题的时候,IVR 可以自动回复他们,大大提高了工作效率。

(4) 计算机电话集成。

计算机电话集成(Computer Telephony Integration,CTI)是呼叫中心实现客户关系管理的关键技术之一。CTI 可使电话与计算机系统实现信息共享,并允许根据呼叫者、呼叫原因、呼叫所处的时间段和呼叫中心的通话状况等来选择呼叫路由、启动功能和更新主机数据库,可以通过多种手段识别顾客身份和业务类型,自动弹出商务系统中处理相关业务的屏幕,自动完成顾客个人资料和业务记录的查询,同步实现用户电话和交易信息的显示和转移,实现多方会议电话等,CTI 把通讯技术和客户关系管理系统相融合,减少人工查询,提高服务水平,给顾客以惊喜。

3. 呼叫中心的主要功能

通过呼叫中心,可以对客户通过互联网、电话、传真、E-mail 等信息渠道提出的要求及时应答,能够实现全天候无间断的客户信息咨询服务。概括来讲,其主要功能包括:

(1) 信息资料查询服务。
(2) 自动语音应答服务。
(3) 预订受理服务。
(4) 建议与投诉服务。
(5) 语音信箱服务。
(6) 业务监督服务。
(7) 主管查询服务。
(8) 客户回访服务。
(9) 业务统计服务。
(10) 因特网服务。
(11) 系统维护与管理。

4. 呼叫中心的核心运营能力

从整体运营的角度看,呼叫中心的核心运营能力通常包括以下几个部分:

(1) 联系通道。联系通道就是呼叫中心为顾客提供服务的手段,包括电话、传真、IP 语音、互联网在线交谈、电子邮件、视频会议、手机短信息等,随着通信技术的发展,新的联系渠道将越来越多。

(2) 数据库存取。呼叫中心每日处理数量庞大、种类繁多的顾客事务,为对这些记录进行跟踪和重用,需要通过数据库存储;同时,酒店预订系统、CRM 系统、会员积分系统等各种商务系统也要求呼叫中心具有访问中心数据库的能力。大规模的呼叫中心通常采用 Oracle、Sybase、Informix 等专业数据库系统。

(3) 商务系统。无论顾客是从何种联系通道进入呼叫中心,话务员在处理事务时,均应遵循统一的专业而规范的服务作业流程,这就需要针对呼叫中心的特性度身订造一系列的商务系统,这些商务系统是以顾客为核心的,集成各种功能在画面上,随时翻看顾客的历史通话记录,并具有明确的指引告诉话务员如何应对各种问题。

(4) 话务座席。话务座席是呼叫中心话务员(又称座席代表)的工作区,也是呼叫中心的核心营运部门,每个入话由排队机通过预先制订的算法分配到话务座席,话务员通过和顾客一对一的双向交流,通过电脑系统完成各种事务。现代的呼叫中心不止是处理呼入,同时也可通过主动呼出与顾客联络,电脑会自动找出较空闲的话务员,调出相关资料,由话务员控制电话系统接通指定的顾客进行沟通。

(5) 班长座席。班长的主要作用是执行现场管理,这对于呼叫中心的服务质量是非常关键的,班长座席通常同时有几个控制台,实时监控话务量,适时调配话务员的工作,抽样监听即时通话以及历史录音记录,评估服务质量。

(6) 专家座席。呼叫中心通常设有专家座席以平衡话务流量,当顾客的要求需要长时间对答以及熟练的相关知识时,话务座席可以把来电转接到专家座席。

一个完备的呼叫中心除了上述核心运营能力外,还需要配备专业的技术部门负责运行维护及开发、市场部门负责营销策划和推广,以及财务、后勤和培训部门等。

8.2.2 现代酒店应用呼叫中心的意义

酒店呼叫中心系统是现代酒店利用先进的计算机技术和通信技术对其业务进行的又一次革命性的改进。通过呼叫中心的应用，酒店客户处理方面的业务工作将从固定的地点扩展到任意的环境。只要在有网络和电话的地方，就可以完成各种信息交流和查询，使酒店客户管理工作的手段和服务质量产生质的飞跃，从而大大增强酒店的整体竞争力、经济效益和社会效益。概括来讲，酒店应用呼叫中心系统具有以下重要意义：

（1）呼叫中心是实现客户关系管理的重要途径。

呼叫中心被称为 CRM 的门面，这是因为呼叫中心一旦建立起来，就会成为企业与顾客之间的主要接触点，原来分散在各个部门中的客服工作会统一归口到呼叫中心完成。

酒店行业对顾客的服务主要是在酒店物业范围内由酒店员工进行，是面对面的服务。而呼叫中心所扮演的角色，是在入住以前和离店以后为顾客提供服务，同样体现品牌服务的质量。通过 800 免费电话和呼叫中心的结合，呼叫中心可以为酒店顾客和潜在顾客提供入住前的信息咨询、酒店推介、预订、订单确认和取消、顾客特别需要、行程安排等服务以及入住后的服务质量跟踪、满意度评估、投诉处理、失物追寻、改进建议、会员促销奖励等服务。这些服务如果不通过呼叫中心，而是分散到各个职能部门，效率将大打折扣，如果由各个加盟酒店执行，则难以保证其一致性，因为呼叫中心具有单一号码、24 小时不间断运作、标准化服务流程、对客沟通能力的专门培训、定质定量控制、高强度作业等的特性使得它在连锁酒店实施客户关系管理中的地位是不可取代的。

（2）呼叫中心极大地改善了酒店客户服务的工作质量。

1）通过呼叫中心，客户可随时通过电话跟客户服务中心工作人员进行沟通，大大拉近了酒店跟顾客的距离。电话服务中，用户还可以选择自动语音服务和人工服务。

2）呼叫中心提供了多种与用户沟通的方式（包括电话、手机、传真、因特网浏览、电子邮件、网络电话等），方便了用户与酒店的信息沟通和业务联系。

3）呼叫中心系统可以提供完善的用户信息记录，只要输入用户身份识别号（ID 号）就可以将用户的所有记录调出，从而为用户提供最精确的诊断。

4）呼叫中心系统提供用户电话号码的识别功能，这种人性化的服务，使得用户一旦接通电话，系统就能认出用户是谁，使用户倍感亲切。

5）当用户受到不公正的待遇时，可以随时拨打客户服务中心的投诉热线，让用户摆脱那种对酒店工作人员的被动服从的心理压力。

（3）呼叫中心有助于优化酒店的服务流程。

酒店呼叫中心的建立，可以使各个工作人员和部门的职责划分更加明确，不必要、不合理的岗位可以精简，人员的工作量可以通过各种统计数字得到量化，并随时提供监督告警功能。而对于用户来说，可以更加明确地知道什么问题应该找谁解决，减少中间环节。这就大大优化了酒店业的服务工作流程。

（4）呼叫中心有助于提升酒店的品牌优势。

目前大多数酒店都只是靠提高酒店服务人员的素质、改善传统的酒店前台的服务方式等来改善服务形象。而呼叫中心的建设，为酒店业提供了一个电子化（电话、Internet 等）的服务窗口，从而有效地创造酒店企业的品牌效应。

呼叫中心的建立，为酒店的对外宣传开辟了一个全新的大众媒体，即电话和Internet媒体。由于电话和Internet的延伸是无限的，它比传统媒体拥有更广泛的消费群体，全世界的用户不论何时、何地，只要通过电话或Internet，就可以享受到酒店的服务。可见呼叫中心的建立，对于酒店企业的形象宣传和品牌的树立将会起到巨大的推动作用。

另外，现代酒店呼叫中心的建立还可以大大加快酒店业信息化建设的前进步伐，将酒店企业的综合实力和现代管理水平提升到一个新的高度。

8.2.3 呼叫中心与订房公司的区别

在酒店企业建立呼叫中心时，一些中档酒店的经营者存在一个误区，就是混淆了订房公司和呼叫中心这两个概念。一谈到呼叫中心，他们想到的就是市面上林林总总打着某某订房中心旗号的订房中介机构。经常出差的人，步出机场或车站，立刻会收到一些单张和名片，上面印着某某订房中心的热线电话以及所代理的各大酒店的优惠房价。这些订房公司，通常就是一张桌子、几台电话、一部传真机。接听电话的小姐对于酒店的认识仅限于房价、联系人和传真号，对于顾客的资料一无所知，对于顾客的满意度漠不关心。

表8-2列出了订房公司与连锁酒店呼叫中心的本质区别。

表8-2 订房公司与连锁酒店呼叫中心的区别

项目	订房公司	呼叫中心
经营目标	通过房间差价牟取利润	为在旅途的酒店顾客提供全方位服务
技术含量	低，几条中继线或小总机	高，专业平台、CTI技术和大型数据库
人员素质	缺乏管理和培训	量化质量指标，严格培训考核、分级管理
功能	单一的订房业务	市场拓展、客房销售、客户服务、客户保持等
效果	盘剥酒店利润，客源不稳定	为酒店带来盈利和稳定忠诚的客户

8.2.4 国内外酒店业呼叫中心的应用现状

呼叫中心起源于20世纪70年代，当时欧美等国的航空公司、电信企业、商业银行等为了密切与用户的联系，依靠计算机的支持、利用电话作为与用户交互联系的媒体，纷纷设立了"呼叫中心"，它实际上就是为用户服务的"服务中心"。随着信息科技的发展和以顾客为中心的商业理念被广泛认同，其目前发展已从简单的热线电话演变到现在集电脑和电信技术之大成，从成本中心变成创造利润的工具。

目前，我国国内"呼叫中心"已呈飞速发展势头，每年的增长率都在30%以上，在邮电、银行、航空、铁路、保险、证券、房地产、旅游等行业广为应用。但是，目前国内连锁酒店业的呼叫中心运用水平还较低，已经建立的某些高星级酒店集团的预订中心也规模较小、功能单一，一些旅游服务公司建立的地域性呼叫中心又不是专门针对酒店为酒店服务的。严格意义上我国目前还没有一个从属于中档连锁酒店品牌的，为酒店顾客提供全方位服务的呼叫中心。

在国外，连锁酒店运用呼叫中心技术已经趋于成熟，世界第二大特许经营连锁酒店集团Choice Hotels在北美地区的3个呼叫中心拥有250个座席，每天接听20000多个电话。希尔顿国际通过国际IP网络把在比利时、新加坡和日本的3个客户服务中心与旗下的酒店连成整体，处理顾客来电的同时挖掘和收集客人的重要信息，以便提供特别服务。

8.3 供应链管理及其在酒店业的应用

供应链管理是一种先进的业务管理模式，它为企业之间的信息沟通与交流、业务流程集成环境的创建提供了原动力。在现代酒店管理中，由于牵涉到原料供应、餐饮制作、产品销售等多个环节，供应链管理思想有着重要的应用价值。

8.3.1 供应链管理概述

供应链是指相互间通过提供产品与服务而使厂家、供应商、制造工厂、分销网络、零售商、客户等环节组成的网络。关于供应链管理（Supply Chain Management，SCM），目前学术界尚无统一的定义。美国供应链协会于1997年对供应链管理作了如下的解释：供应链囊括了涉及生产与交付最终产品和服务的一切努力，从供应商的供应商到客户的客户，供应链管理包括管理供应与需求，原材料、备品备件的采购、制造与装配，物料的存放及库存查询，订单的录入与管理，渠道分销及最终交付用户。

可以这样理解，供应链管理指的就是对供应链中的"信息流"、"物流"、"资金流"以及"增值流"和"工作流"的管理，通过对这些"流"进行精心设计、规划和控制，从而增强竞争实力，提高供应链中各成员的效率和效益。

供应链管理的实质是集成化管理：在由供应商、厂家、批发商、零售商和用户构成的完整的供应链中，每个成员都是一个既相对独立、又与相邻成员相互依赖的链节，在共享信息、协同运作的基础上集成为一个有机整体，以实现更为高效的供应、生产、分销、零售和服务。供应链管理强调的是所有成员之间的协调与合作：为了实现供应链的总目标，每个成员都将其他成员当成相濡以沫的战略盟友，而非你消我长的竞争对手，通过不断整合和优化各自的内外部业务流程，在整个供应链范围内形成其资源集成优势，进而创造一种强化核心竞争能力、缩短交货周期、缩减客户响应时间、降低总体库存、增加盈利能力的多赢效应，最终共同击败真正的竞争者——其他供应链。

成功的供应链管理蕴含着显著的经济效益。据美国生产与库存管理协会的统计，企业实施供应链管理的成效主要表现在：改善了库存管理，如库存资金占用降低了15%～40%，资金周转次数增加了50%～200%；提高了运作效率，如劳动生产率提高了5%～15%，按期交货率达到90%～98%；有效地降低了生产成本，如采购费用降低了5%左右，成本下降了7%～12%，利润增加了5%～10%。

8.3.2 供应链管理在现代酒店中的应用

在现代酒店中，供应链管理已经成为其经营管理的核心。现代酒店中，任何一个部门、任何一个人都和供应链发生着关系。凡涉及酒店资金流向的每一个环节，从采购到加工、到销售、到资金回笼、再到采购，都渗透着供应链管理，这样的一个循环过程叫做酒店供应链体系，供应链体系是否高效有序运转，决定酒店管理目标能否顺利实现。

1. 酒店业供应链的特殊性

酒店业的物资周转带有自身的特点，因此不能生搬硬套工业企业供应链管理模式。

一般来说酒店都属于中型企业，中型企业的采购模式与大企业和小企业有着很大的区别。

大企业可以建立独立的运输、储存、保管、搬运、装卸、包装、流通加工等环节。小企业几乎可以不用采购人员，老板直接负责采购，能做到最大限度地节约资金。而中型企业就不同，采购数量有限，不能形成集团采购，没有多少价格优势。虽然有专门的采购人员，但人数较少，并且相互之间牵制少，对采购人员监督小，导致灰色成本高。

具体到酒店业还有更加不利于供应链管理的因素。第一，采购品种繁杂、批量多、数量少。前面提到一般来说一个酒店无论从投资总额还是员工人数上看都属于中型企业，但其采购的品种数绝不亚于一个大企业，通常一个四、五星级的酒店，采购的物品品种总数在2000～4000种之间。巨大的品种总数给采购人员组织货源、库存保管都带来极大的不便。第二，可预见性差、响应时间短。一个工业企业通常销售比较平稳，方便预测，准确的预测对采购部门组织原料提供了很大方便。而酒店业除少量商务酒店外，一般季节性非常强，销售可能很不均匀。客房消耗品相对好预测一些，因为客房出租率与客用消耗品有一定线性关系，因此对客用品的消耗预测较易实现。餐饮物资消耗较难预测，作为商家不可能预测出客人都会点什么菜，而作为酒店，为体现服务质量，必须将菜谱中所有菜肴的料都备齐，而且每种菜肴的原料要准备多份。因为这个原因，餐饮用料一般备料全、备料足，而这些原料通常都是鲜活品，鲜菜易烂，新鲜动物原料一旦冷冻价格将大打折扣。这样必然造成餐饮原料浪费大、成本高。可是如果酒店过分追求降低成本，必然备料品种少、数量少，这样损害酒店形象，降低服务质量，久而久之酒店收入也会相应减少，最终导致餐饮部门恶性循环。

2. 酒店业供应链管理思想的应用途径

在建立酒店供应链体系时要充分考虑到酒店行业的特殊性，要运用供应链管理的原理考虑酒店实际。一般的酒店企业应用供应链管理思想可以遵循以下几个发展途径：

（1）采用适宜的方法和技术，加快酒店企业供应链再造。

在实施供应链管理之前，酒店企业应该从其长远发展着眼，综合考虑经营目标、组织架构、管理体制、员工素质等因素，选择适用的供应链管理方法和技术。现阶段，酒店企业进行供应链管理时至少应做到：①推行并不断改进"为订单而采购"的经营模式，最大限度地缩减销售物流与采购物流之间的中转环节——库存物流，按需求定供应，以信息换库存；②再造销售模式和采购模式，逐步实现在线、实时的电子销售和在线、实时的电子采购，并不断提高其份额，向科技要效率，从市场争效益；③以经营模式的转变为契机，推动整个管理模式的变革和优化，巩固扩展供应链再造的成效。

（2）实行酒店物流外包。

物流外包也称"第三方物流"，指的是企业将物流业务作为非核心业务外包给专业公司，有三点好处：①改善其物流能力，以获得和保持竞争优势；②建立低成本的物流系统，以增加其产品或服务的利润；③与物流外包公司建立有效、持久的战略联盟，以使自身成为其主要顾客的最佳供应商并长期保持这种有利地位。

酒店企业立足于自身的供应链管理需求，实行"物流外包"有着很好的发展前景，它刻意在各种层次上与第三方物流公司合作。例如，在初级层次上，可委托外包公司确定和安排一批物料的最佳运输方式，利用其批量购买、集中配载的运输能力，大幅度降低单位运输成本。在中级层次上，可委托外包公司设计、协调和实施供应链管理系统，分享专业知识、信息网络和分销网络，低成本地获得运输、仓储等基础物流服务和配套的增值物流服务。在高级层次上，可与外包公司结成一体化、持久性战略联盟，从一揽子的物流解决方案中获得全方位的物流增值服务，达到增强供应链系统的可靠性、持续提高客户服务水平、实现更有效的成本管理的综合效果。

（3）建立酒店物料配送中心。

酒店物料配送中心是指从事酒店物料配送业务的场所，它有完善的信息网络和健全的配送功能，为特定的用户进行多品种、小批量的服务，其业务以配送为主、储存为辅。

酒店企业建立物料配送中心，有自建、改建和联建 3 种方式。其中，自建投资较大、建设周期偏长，在目前条件下不宜普遍采用；改建就是对制造企业、商业企业、物流企业或其他酒店企业现有的物流设施、设备和网络实施资产并购或资产置换，进而改造成为技术先进、功能完善、管理创新的配送中心，采用这种方式可以缩短建设周期；联建就是与工业企业、商业企业、物流企业或其他酒店企业联合建立全新、现代化、公司制的配送中心，采用这种方式可以分摊投资金额。第二种方式挖掘了原有企业资源存量的潜力、有后发优势，第三种方式汇集了联建各方资源增量的合力、有整合优势，因而都值得提倡。

酒店物料配送中心承担着类似于供应链中分销商的角色，应从行业特点和自身条件出发，闯出一条有特色、可持续的发展道路。一是实行稳健的、阶段性的经营战略：初期应着重发挥流通型配送中心的功能，主要以暂存或随进随出的方式配货、送货，低库存或微库存运作；在客户基本稳定、实力逐步增强之后，再考虑向储存型甚至加工型配送中心发展。二是实行积极的、多样化的营销战略：对酒店集团，须确保供应；对单位酒店，应重点拓展；对酒店行业以外的零售企业、个体户、消费者，宜适当兼顾；注重发掘优质客户，不断提高客户的忠诚度。

值得一提的是，单位酒店以类似于供应链中零售商的身份加盟酒店集团建立的酒店物料配送中心，这可能是加快我国酒店业集团化、网络化、现代化的一个有效途径。

3. 供应链管理在酒店经营中的实施效果

在现代酒店业竞争日益激烈的今天，为使酒店能在激烈的市场竞争中把经营风险降到最低，酒店必须注重供应链管理思想的运用。为此，酒店决策层应该聘请专业咨询管理公司，为酒店的供应链体系进行分析与诊断，设计一套高效的数字化供应链体系方案。

一般来说，通过数字化供应链体系实施，酒店将最终实现"四化"目标，分别是：

（1）标准化。数字化供应链体系的有效实施，可以很好地促进酒店管理标准化，主要表现为：①原材料品质标准化：事先制定各种原材料标准，采价、进货时均以标准为原则，减少无效劳动，降低原料使用浪费；②加工使用标准化：制定出成率、标准食谱卡等指标，加工时严格执行；③工作流程标准化：制定严格的工作流程，明确各岗位个人职责，明晰责、权、利关系。

（2）时效化。数字化供应链体系的有效实施，可以很好地促进酒店管理时效化，主要表现为：①预测与计划的制定和修改响应速度快，降低不必要的浪费；②供应商的送货响应时间快，为酒店最终实现零库存创造条件；③原材料加工时间短，提高顾客的客户满意度。

（3）分工化。数字化供应链体系的有效实施，可以很好地促进酒店管理标准化，主要表现为：①各个部门明确各自职责，最大限度地完成自己的工作，降低由于职责不明、分工不清而带来的无效劳动；②各部门、各岗位各人独立考核，利于对整个供应链的管理和监控；③减少了审批环节，进一步明确职责，促进各部门提高工作质量和工作效率。

（4）合作化。数字化供应链体系的有效实施，可以很好地促进酒店管理合作化，这主要是因为供应链中各个环节是个整体，要求各个部门、各个岗位之间相互合作，保证各种信息顺畅快速地流通，保证各种物资的顺畅流通，提高整个供应链的工作效率；同时，各部门之间相互监督、相互促进，也保证了整个管理体系的运转顺畅。

8.3.3 酒店业供应链体系的构建策略

在进行酒店业的供应链体系构建时，需要注意采取以下策略：

（1）供应链体系的建立要符合酒店业的特色。

酒店企业在建立供应链体系时，必须充分考虑酒店的物资流动特色。将劣势转变成优势，必须要在大工业企业供应链理论基础之上有所变化，形成理论合理、可操作性强、投入相对较小的供应链管理模式。为此，必须要着重解决好以下3个关键环节：

1）透明供应商管理。

透明供应商的宗旨是对所有的供应商都提供一个公开、公平、公正的竞争环境，使企业能够通过供应链筛选出优秀供应商为企业服务，并与这些优秀供应商保持长期稳定的合作关系。这个筛选的过程是完全透明的，既对供应商透明也对所有使用人员、管理人员透明。最终达到在全体相关人员监督下展开供应商的平等竞争。

供应商相对固定可以促使其对酒店更加重视，让供应商认为与酒店建立的长期供货关系比与采购经理建立某种特殊关系更加可靠，可以获得更加长远的利益。

另外，相对固定的供应商也可以给酒店在价格上带来一定优惠。当然对供应商的审查是十分严格的，要考虑以往的供货情况。

2）低存货管理。

尽管每个企业都会有存货，但是零存货应该成为企业库存物资管理的目标，因为存货管理的好坏一定程度上影响着企业的盈利。优秀的存货管理能在完全不影响企业营业活动的情况下，降低库存物资成本，节约资金，间接带来收益。

传统的存货管理观念认为：储存物资越多占用资金越大，短缺成本越低；储存物资越少，储存成本越少，但短缺成本越大。这种观念的产生有它的时代背景，在不发达的市场经济情况下，没有临时采购物资市场，影响营业，会带来短缺成本。然而我国经过20多年改革开放，市场经济已经比较发达，只要身处较大的城市（除非采购极其特殊的货物），通常从用户提出购买要求到货物送达不会超过12个小时。从理论上说并不存在短缺成本（至少在酒店业是这样）。如果将市场因素考虑到库存物资政策之中，那么最合理的库存就应该是在保证正常营业的情况下，尽可能地降低库存。

低存货成本并非是绝对意义上的零库存，经常使用的物品保持最低的库存量，不是经常使用的物资，随用随买。随用随买看起来采购价格增加了，某些情况下还可能高于市场价格，但综合起来考虑对企业总体节约采购成本是有利的。

3）运用责任会计。

运用责任会计实际上就是有条件的权力下放，每个级别人员都有相应的金额控制权限，换句话说就是只有超过金额限制的采购申请才会向上报请领导批准，直至最高层。给部门经理赋予较大的采购权力和物资领用权力。申购的物品应不应该买，最高决策者在很多情况下不了解情况，因为他不清楚具体事物，所以很容易被申购部门蒙蔽，如果找不出合理的反驳理由就得购买。与其这样还不如引进责任会计概念，赋予部门经理一定决定权，由他们根据部门内的实际情况作出采购或物品领用决定，当然权力的下放并非无原则，对部门经理的控制表现在：

金额的限制、与部门损益挂钩。月末依据一定规则统计各个部门的成本率，折合成统一的标准进行部门间比较，对每个部门进行综合物资消耗考核，使各个部门之间产生竞争，同时酒店可以规定一定的奖励规范，促使各个部门经理节约费用而不是增加开支，做到物尽其用。

经过这样规划，采购部的工作职能就发生了改变。采购部主要负责的是管理供应商基本资料、整理供应商报价、进行日常询价、组织采购紧急用品、与供应商确认订货数量并组织收货。选定供应商和确定价格变为各个部门公开、集体作出的决定，从而最终杜绝采购中的"黑洞"。通过供应链管理系统的实际应用，酒店最高管理人员的工作也发生了改变。组织评审供应商资格、组织供应商会商会议、组织评审各个部门的上月费用率、确定各个部门费用消耗率的排名和奖惩、审批下月部门物资消耗计划，成为管理人员的主要工作内容。这样做使各级人员在不付出大量精力的情况下，实现了对供应链的有效控制，直接导致费用的节约。

（2）运用计算机帮助企业建立供应链。

当供应链体系建立完成之后，完全依靠手工实现存在一定困难，原因是数据计算量太大。此时就应该借助计算机实现对供应链的管理，如果有条件的话可以购买专业的供应链管理软件。借助办公软件也能基本建立起控制的模型，但在功能上肯定会受到影响。

在供应链管理软件中，对几个关键环节必须准确把握，否则有可能达不到控制目的。

1）单据流程灵活设置。企业对各种单据的流转能够独立把握，建立自己的单据流转环节，并且能根据条件的变化（例如金额）选择下面的流程，这样做的目的是便于引入责任会计概念，在金额没有突破部门经理权限时，不必提请上级领导审核。

2）价格透明。每天购买那么多东西，总经理不可能知道每种申购物品究竟值多少钱，最后还是听采购部经理的，不能形成价格的透明和互相监督，企业仍旧要受到损失。为杜绝这种情况，在申购单据审批过程中，领导除能够审批采购人员推荐的供应商及价格外，还要能够查看其他供应商对本物品的报价，以及供应商分值等级高低，并且能够否决采购人员的提案更换其他供应商和价格。

3）具有网络概念。领导能够实现远程单据审批，无论身处何地都能够对各种申请及时批复，同时查看酒店物资运转情况。供应商能够远程报价，甚至查看库存情况。

4）自动化程度高。对于一个管理型软件要对企业管理者提供许多有价值的数据，但这些数据如果都靠人去将参数录入，工作量实在太大，难以实现。最终结果往往导致软件仅仅局限于核算。为此软件在某些方面要有自动功能，可以根据以往出入库、采购、申购的数据，通过合理分析方法估计，自动计算参数，并与当期实际数据比较提供管理的依据和编制预算参考。

5）多种单据。一般来讲，酒店的采购申请单一共有 5 种，缺少了其中一种就有可能影响到实际应用，因此用户在选用时要特别注意。这 5 种采购申请单分别是：

- 一般申购。指一般物品申购，该类申购事先不知道从何供应商购买、价格多少，需要由采购人员挑选满足条件的供应商和价格，然后请领导按审批流程审批。
- 日常申购。指对于经常采购的物资，事先审批价格和供应商，购买时只需填写购买数量，通过简短的审批即可完成申购过程。
- 紧急申购。特殊的管理人员可以在特殊情况下，未经层层批准就直接采购物资，事后系统应该详细地统计出这些物品、供应商和购买原因，供领导监管。
- 售后采购单。这种单据很具有中国特色，通常外包的海鲜池采用这种方式销售，事先酒店与供应商协商好价格，当客人点菜之后，称分量确认采购，也就是说先销售后采购,而且采购、申购、验货、领料、出库一步完成。
- 补仓单。库存管理员根据当前库存情况提出的补仓申请。

6)全面的事后统计。在实际的采购过程之中有很多情况需要调整原先的批示,例如申购单经各级人员批准之后,也与供应商签定了订单,但在收货时供应商提出要修改原先价格,否则不能提供该商品,如果是急需的物品就需要收货人员在填制收货单时能修改实际价格。也可能供应商在送货时发现原先订单中确认的物品并非酒店需要,收货人员也要有调整收货品种的权力等。如果不能修改将使整体运行受到影响,为保证软件的顺利运行,需要软件应提供大量修改的手段,但事后一定要有相应报表体现,要让管理者心中有数:哪些物品没有依照原先的审批执行、为什么、影响金额有多少、以后如何加强管理。一个好的应用软件在于建立一个合理的模型,依靠这个模型正确引导人的行为,除非必要不强迫操作员为与不为,不能教条地要求操作员必须严格按照流程运转,那样将受到操作员的强烈抵制,最终导致软件的闲置,原本好的思想得不到贯彻。

总之,在这个系统中要依照责任明确、透明化管理、事前预测、事中控制、事后总结的原则管理控制物资周转过程中的每个环节,最终实现在不影响企业正常营业的情况下合理降低成本。

8.4 企业资源规划在现代酒店中的应用

ERP 是现代企业管理的一种重要思想,是信息技术在企业管理中的重要应用,在现代酒店企业中也开始普遍应用。本节简单介绍 ERP 的基本知识及其在酒店业中的运用。

8.4.1 企业资源规划的基本知识

1. ERP 的含义

企业资源计划(Enterprise Resource Planning,ERP)是由美国著名的计算机技术咨询和评估集团 GarterGroup 公司于 20 世纪 90 年代初首先提出的一套企业信息管理系统,是指建立在信息技术基础上,以系统化的管理思想,通过企业的资源整合,实现数据共享,为企业决策层及员工提供决策运行手段的管理信息平台。这种系统集全面的信息与先进的管理于一身,使企业能够合理调配资源,最大化地创造财富。

简单地说,ERP 是将客户的需求、企业内部的制造活动以及供应商的制造资源,通过现代化通信技术、计算机技术和网络技术整合在一起,使得企业各方面的资源得到合理配置,最大程度地发挥这些资源的作用。它实质上是一种基于"供应链"的管理思想,这种管理思想提高了工作效率,有助于公司进行总体控制和决策,有助于对企业资源进行系统规划,从而达到企业内部资源的最佳组合,获取最佳效益。

2. ERP 的产生原因

ERP 的产生是为了合理配置传统企业内部资源,提高企业各部门的协调能力。具体表现为:

(1)许多企业在经过多年的营运后,难免会碰到内部人事泛滥、组织僵化的问题,造成时间与人力资源的浪费。

(2)传统企业的各个部门大都各自为政,使用不同的计算机系统,业务部门与生产部门关联度低，无法做到企业信息共享；企业各部门通常都拥有各自的计算机信息系统和系统维护开发机制，虽然可以提高单一部门的效率，却无法全面提升企业整体工作效率，造成企业资源浪费、信息脱节。

（3）企业业务处理停留在纸张作业阶段，依靠人工方式进行信息的传递。

针对这些问题，企业资源计划实施的战略思想是将企业各部门通过 ERP 连接起来，真正做到信息共享，各级管理者可以根据不同级别的管理权限，通过企业局域网，掌握相关部门的资料，做出正确决策。同时，企业资源计划希望通过整合原本分散在各部门的信息系统，分析企业及部门的需求，实现企业办公流程的自动化，提高企业的作业效率。对于有的企业，特别是一些生产企业，通过将企业资源计划与客户关系管理 CRM、供应链管理 SCM 等现代电子商务经营管理模式相结合，可以使得客户与厂商在全球范围内形成水平或垂直整合，真正实现全球运筹管理的模式。

3. ERP 的功能模块

企业资源计划 ERP 是将企业的物质流、资金流、信息流进行全面系统的管理。

ERP 最初主要应用于生产制造企业，其主要功能模块主要包括 4 方面的内容：生产控制（计划、制造）、物流管理（分销、采购、库存管理）、财务管理（会计核算、财务管理）和人力资源管理。由于本书定位和编写篇幅所限，以上各个模块的具体功能不再详细介绍，有兴趣的读者可参考专门介绍 ERP 的相关教材。

8.4.2 企业资源规划在酒店业中的应用分析

现今的中国酒店业正面临着由传统向现代的转化，酒店管理的信息化是现代酒店的一个重要标志，因此全面引入 ERP 具有十分深远的意义。

1. ERP 对现代酒店的重要作用

对于酒店企业而言，任何一项措施的实施都是为了最终能够获取实际效益，而 ERP 的实施给酒店企业带来的正是效益上的增加和企业竞争力的提高。具体而言，酒店业通过实施 ERP，将会改进和强化企业的物流、资金流、人员流及信息流的集成管理，从而降低生产成本，提高产品质量，提高劳动生产率，使企业提高市场竞争力。

酒店业的生产和物料管理（包括采购、库存、厨房）、市场营销和销售、会计和财务、人力资源等部门，在未引入 ERP 系统之前，是一个分散的信息系统，各部门独立作业，信息难以共享，经常出现"内耗"的情况。例如，在餐饮方面，如果市场营销人员不与生产和物料管理部门人员共享数据，当出现突然的销售高峰时，由于餐饮消费具有生产和消费的同时性，故生产就会紧张，而为了保证供应，就必须增加人员，从而导致人力成本的增加；需求量的增加，必然导致原料的短缺，采购部门就必须组织人员加班采购并支付加班费，结果又使产品成本增加；再者，各职能部门的每笔收支，财务部门都需要入账，但在许多情况下，数据共享不能及时实现，所以财务部门的数据不能及时更新，这就使生产部门对销售的预测产生了偏差，导致采购部门对于库存量的偏差，造成一系列的损失。

而引入 ERP 系统后，整个酒店业的运营过程就形成了一个集成系统，在这个系统内由于数据共享而成为一个高度互动的统一体，并由此产生协同效用，共同达到提高效益的目的。例如，通过 ERP 系统，采购部门可根据产品销售（实际的和预计的）信息和现有的库存情况来安排原材料的采购，按需订购，使库存保持较低水平，减少资金积压。

2. ERP 在现代酒店中的主要应用

目前商贸流通业、旅游业、金融保险业等服务业中大都已经开始采用 ERP 的管理思想。酒店业作为一种典型的服务行业，ERP 在其日常运行管理中也大有用武之地。

酒店业中 ERP 的应用主要集中于物流管理、财务管理和人力资源管理 3 个部分。

以餐饮行业为例，餐饮行业的 ERP 系统将餐饮行业的每一个环节有机地结合在一起，为餐饮行业提供统一的信息化管理解决方案。将酒店业管理的起点从顾客点菜开始，包括点菜终端系统、前台接待系统、用餐预订系统、收银系统、库存管理系统以及决策管理系统等全部集成到了一起。

3. 酒店实施 ERP 需要注意的问题

现代酒店实施 ERP，必须认真面对以下几个问题：

（1）ERP 系统的实施方式。现今企业实施 ERP 系统主要有两种方式：自行购买组建运行和通过 ASP（应用服务提供商）。这两种方式各有利弊，对于酒店业而言，若规模较大，最好是运用自行购买组建的方式，虽然这种方式费时费资，但自主性强，可根据自身的需求进行调整，而且较为安全可靠；对于中小型酒店业而言，还是运用 ASP 为好，因为通过 ASP 亦可达到实施 ERP 系统的目的，却无须投入过多的时间和金钱。

（2）具体实施步骤。在 ERP 的具体实施步骤这个问题上，目前国内尚有争论，但实施过程必须进行培训、设计、运行三大步骤，是得到一致认可的。

（3）选择合作伙伴。在实施 ERP 时，最好选择一家既能深入了解酒店业的运行和管理知识，又有实施 ERP 服务经验的服务商作为合作伙伴，这样较易成功。

（4）保证行动顺畅。由于酒店业是较传统的行业，从业人员对新事物的认识与接纳热情不高，所以在实施 ERP 过程中会遇到一定的阻力。因此，企业的高层领导者要充分利用"一把手"的权力，要发挥巨大的作用，在人力、财力、物力资源方面给予保障，保证项目的成功。

4. 酒店实施 ERP 的风险

我们在认清 ERP 系统的巨大优势的同时，也需要看清实施 ERP 存在的风险：

（1）实施 ERP 系统的成本较高，其成本主要由购买 ERP 系统软件、重置适合软件运作的硬件、聘请服务商或服务人员、开展人员培训等几部分构成，所耗成本不菲。

（2）如果在实施时出现失误，可能引起整个企业日常运营的低效，甚至出现瘫痪的情况。

（3）由于酒店业人员本身素质的限制，在实施 ERP 时，有可能遭遇来自内部人员的阻力。

但无论如何，ERP 能产生效益是不容争辩的，因此，对于酒店业而言，应紧跟行业发展的潮流，努力抓住机会，提高自身的实力。

8.4.3 我国酒店业 ERP 应用的典型案例

2004 年 12 月 19 日，浙江省开元旅业集团斥资 1615.09 万元的 ERP 项目建成并通过了验收，这是国内首个酒店集团 ERP 项目。这个 ERP 项目给开元旅业带来了很大的方便：利用该项目建立的系统，只需几秒钟，开元旅业在杭州、宁波、台州、宁海、千岛湖的酒店客房情况尽可掌握，顾客短时间内便可完成预订。

开元旅业上马的 ERP 项目，由国内最大的管理软件供应商用友软件股份有限公司负责实施，历时一年半建成。项目涵盖财务会计、管理会计、人力资源、物流管理、设备管理、房地产项目管理和商业智能等系统。其中的酒店前台业务系统（OPERA）在国内酒店集团中尚属首次应用。

开元旅业集团目前有下属企业近 50 家，是中国旅游酒店集团 20 强中唯一的民营酒店集团。ERP 项目的运用，实现了集团业务、财务与办公实时化，管理方式网络化，决策支持智能化和商务运营电子化，将进一步提升集团内部的管理水平。

8.5 酒店决策支持系统及其应用

当前，酒店计算机应用也不断向深层次发展，出现了一些新的系统和管理工具。酒店决策支持系统就是其中之一，它采用了人工智能技术，采用了面向对象的计算机第四代语言，使酒店管理信息系统向广度和深度发展，提高了酒店管理的效率和效益。

本节简单介绍酒店决策支持系统的基本知识。

8.5.1 酒店决策支持系统的概念

决策，就是选择，是人们日常工作中的一种社会行为。在企业管理中，存在着许多决策问题，其范围很广，例如销售计划的确定、政策制度的制定、系统目标的确立、投资规划的设计、发展战略的筹划等都是决策。著名管理学家西蒙曾经说过"管理就是决策"，由此可见，科学的决策在企业管理中的重要性。

决策支持系统（Decision Support System，DSS）是以信息技术为手段，应用决策科学和有关学科的理论与方法，综合利用大量管理数据和众多数学模型，通过人机交互，为决策者提供决策所需要的数据、信息和背景资料，并对各种方案进行分析、比较、评价、判断和优选，辅助各级决策者实现科学、正确的决策。

在现代酒店经营的组织、控制和协调等环节中，都存在着如何做出合理决策的问题，如服务承诺决策、原材料采购决策、市场营销决策、价格定位决策、人力资源管理决策、投资决策、财务规划决策、酒店企业形象规划决策等。在信息社会里，这些管理决策行为光靠人本身的智慧和判断力已经很难完成，必须借助于计算机这个科学工具。

酒店决策支持系统（Hotel Decision Support System，HDSS）就是专门应用于酒店管理决策的系统，它提供了一种高效的辅助手段，帮助酒店高层管理人员进行决策，为酒店的经营管理服务，它能够将计算机加工信息的能力与信息化酒店决策者的思维、判断能力结合起来，从而可以解决更为复杂的决策问题。

8.5.2 酒店决策支持系统与酒店管理信息系统的区别

HDSS 与酒店管理信息系统（HMIS）相比，它们的区别主要表现在以下 8 个方面：

（1）MIS 追求的目标是现代酒店管理的高效率，以提高管理和服务水平；HDSS 所追求的目标是高效能，即提高决策的能力和效果。

（2）HMIS 着眼于信息，着重考虑如何完成现代酒店的信息处理任务；HDSS 着眼于决策，着重考虑如何根据需要为现代酒店决策者提供有价值的信息。

（3）HMIS 的设计思想是实现一个相对稳定协调的现代酒店信息系统；HDSS 的设计思想是实现一个具有巨大发展潜力的适应性强的信息系统。

（4）HMIS 的设计原则是强调系统的客观性，努力使系统设计符合现代酒店的实际情况；HDSS 的设计原则是强调充分发挥人的经验、智慧、判断力和创造力，努力使系统设计有利于现代酒店决策行为的改善。

（5）HMIS 的设计方法是以数据驱动的，通常以数据库设计为中心，并且强调采用线性的结构化设计方法；HDSS 的设计方法是以问题为驱动的，重视解决问题决策模式的研究与模型的使用，并且侧重采用以用户参加为主的、非线性的、自适应设计方法。

（6）HMIS 的分析着重体现系统全局的、总体的信息需求；HDSS 的分析着重体现现代酒店决策者个人的信息需要。

（7）HMIS 着重考虑符合系统现状；HDSS 则强调面向未来，强调未来发展研究。

（8）HMIS 只能解决结构化的决策问题，并且人工干预日趋减少；HDSS 能够帮助解决的是半结构化的决策问题，并且以人机对话为系统工作的主要方式。

8.5.3 酒店决策支持系统的功能

在整个现代酒店的决策过程中，无论在范围上还是在能力上，HDSS 都是酒店管理人员大脑的延伸，它帮助管理人员提高决策的有效性。但是，需要指出的是，HDSS 只能起到"支持"作用而不能起到"代替"作用，因此它只是由酒店管理人员或决策者控制的一个辅助决策的工具。在现实中，半结构化的决策问题在酒店业中大量存在，这正是 HDSS 能够充分发挥作用的场所。总体来讲，HDSS 应当具有如下功能：

（1）便于操作。酒店的高级管理人员很少有人是计算机技术人员，他们对计算机的工作原理和相关技术不是很了解，因此，HDSS 必须要求能够便于操作和使用，能够通过人机对话方式来支持决策者进行决策，解决在 HMIS 环境下通常不能解决的问题。

（2）语言系统具备表达、识别、记忆和理解的功能。语言系统是信息化酒店决策者和 HDSS 对话的工具，为了实现人机交互的方便性，要求其必须具备表达、识别、记忆和理解等功能。

（3）知识系统内容丰富。知识系统是 HDSS 必须具有的功能。一个 HDSS 的许多功能来自于对酒店业领域知识的处理，这些知识通常都是酒店决策者没有时间收集的大量信息，而这些信息对于酒店的合理决策是非常重要的。HDSS 中的知识系统必须要以一种有组织的方式保存在系统中，并且要构造相应的操作规则，以便使 HDSS 能够更好地发挥作用。

（4）问题处理系统灵活。HDSS 的问题处理系统是信息传递和处理的主要环节，是保证信息输出能够为决策者提供帮助的核心部分，是 HDSS 的职能所在，是 HDSS 中最为关键的部分，它的灵活性将直接影响决策的正确性。

（5）要有数量众多的管理模型。有效的 HDSS 需要有众多的管理模型来支持，这些模型能够根据酒店所处的环境反映信息化酒店所面临的客观问题，并给出多个解决方案，以供决策者进行比较选择。

8.6 业务流程重组及其在酒店业中的应用

在手工管理方式下，酒店企业已经形成了一个比较成型的业务处理流程和管理方法。信息技术的应用有可能改变原有的信息采集、加工和使用方式，甚至使信息的质量、获取途径和传递手段等都发生根本性的变化。为此，在酒店企业进行信息化建设，规划整个信息系统建设之前，首先需要对已有的业务流程进行重新组织。

本节简单介绍业务流程重组的基本知识及其在现代酒店中的重要应用。

8.6.1 业务流程重组的基本知识

1. 业务流程重组的含义

业务流程重组（Business Process Reengineering，BPR）是 20 世纪 80 年代初源于美国的一种企业变革模式，最初是由一些信息咨询公司为客户构建系统时积累起来的，其完整定义最早于 1993 年由美国学者哈默（Hammer）和杰姆培（Champy）给出。

哈默（Hammer）和杰姆培（Champy）给 BPR 下的定义是：业务流程重组是以业务流程为改造对象和中心，以关心客户的需求和满意度为目标，对企业过程进行根本的再思考和彻底的再设计；以信息技术和组织调整为实现手段，以求达到企业关键性能指标（如成本、质量、服务和速度等）和业绩的巨大提高或改善，从而保证企业战略目标的实现。

这里描绘 BPR 用了 3 个关键词：根本的、彻底的和巨大的。"根本的"的意思是指不是枝节的、表面的，而是本质的，是要对现存系统进行彻底的怀疑，用敏锐的眼光看出企业的问题。"彻底的"的意思是要动大手术，是要大破大立，不是一般性的修补。"巨大的提高"是指成十倍成百倍的提高。例如有的企业在 2～3 年内营业额由上亿元猛增到百亿元。这种巨大的增长是在原来线性增长的基础上实现跳跃，是量变基础上的质变。

BPR 的成功必定会使企业朝着现代化的方向迈进一大步，其中包括：企业的组织更趋扁平化，工作方式也将改变；企业将更多地采用更大的团队工作方式，并且团队间的相互了解和主动协调将大大提高；公司的领导更像是教练，而不像司令官；整个组织将更主动、更积极地面向顾客，从而更好地达到管理过程化、职能综合化和组织扁平化的目标。

2. 业务流程重组时考察的问题

从上面的定义可以看出：所谓企业流程重组是在新系统开发的系统规划中重新检查每一项作业活动，找出并去掉不具有价值增值的作业活动，将那些具有价值增值的作业活动重新组合，优化过程，缩短周期。所谓"重组"的概念，强调打破旧有的管理程序，对整个体系实行某种大的改革。

当前随着酒店企业经营的集团化和国际化，经营活动的规模越来越大，活动的流程越来越复杂，因此，流程重组和系统重组就越来越受到各家酒店企业的重视。

系统重组始于系统改进，大规模改进便构成了系统的重组。流程改进的方法包括 ECRS 四项：E（Eliminate），取消不必要的环节；C（Combine），合并一些必要环节；R（Rearrange），对一些必要环节重排顺序；S（Simplify），对一些必要环节进行简化。

业务流程重组时，一般需要从表 8-3 所列的几个问题的考察开始。

表 8-3 业务流程重组时需要考察的问题

问题	作用	措施
目的：为什么有该工作、是否必要、为什么？	说明工作必要性	取消不必要的环节
内容：做什么、有必要吗？	确定工作内容	
时间：何时做、必须这时做吗？	确定工作时间	改进一些必要的环节
地点：何处做、必须此地做吗？	确定工作地点	
人员：由谁做、别人能否做得更好？	确定工作责任	
方法：怎样做、有无更好的方法？	确定工作方法程序	

3. 业务流程重组的实现手段

BPR 的实现有两个主要手段：信息技术和组织变革。BPR 之所以能达到巨大的提高在于充分地发挥 IT 的潜能，即利用 IT 改变企业的过程，简化企业过程。另一个方法就是变革组织结构，达到组织精简、效率提高。

除了这两个手段，对 BPR 更重要的是企业领导的抱负、知识、意识和艺术，没有企业领导的决心和能力，BPR 是绝不能成功的。领导的责任在于克服中层的阻力，改变旧的传统。在当今飞速变化的世界中，经验不再是资产，而往往成了负债。在改变经验的培训上的投入越来越增加，领导只有给 BPR 创造一个好的环境，BPR 才能得以成功。

BPR 的主要技术在于简化和优化过程。总的来说，BPR 过程简化的主要思想是战略上精简分散的过程，职能上纠正错位的过程，执行上删除冗余的过程。

企业流程与企业的运行方式、组织的协调合作、人的组织管理、新技术的应用与融合等紧密相关，因而，企业流程的重组不仅涉及技术，也涉及人文因素，包括观念的重组、流程的重组和组织的重组，以新型企业文化代替老的企业文化，以新的企业流程代替原有的企业流程，以扁平化的企业组织代替金字塔型的企业组织等。

BPR 在利用 IT 技术简化过程上有一些常见做法，这些做法可以用表 8-4 来描述。

表 8-4 IT 技术简化过程的常见做法

序号	名称	具体含义
1	横向集成	部门工作按流程压缩，如交易员代替定价员和核对员的工作
2	纵向集成	权力下放，压缩层次
3	事前监督	减少检查、校对和控制，变事后检查为事前管理
4	单点对待顾客	用入口信息代替中间信息
5	单库提供信息	建好统一共享数据库，把相互打交道变成与共享数据库打交道
6	单路径到输出	不用许多路径均能走通，多路径会让人不知该走哪条
7	并行工程	串行已不可能再压缩，可考虑把串行变为并行
8	灵活选择联接	对于不同的输入，不一定需要全过程，可设置几个可选过程

4. 业务流程重组的工作步骤

业务流程重组工作的开展，一般需要遵循以下工作步骤：

（1）确认组织的战略目标，把企业过程重组方法与组织的目标联系起来，用战略目标引导业务流程重组的进行；否则，没有针对性，实施企业流程重组可能会使组织与预定的战略方向相偏离。

（2）确认可能受到战略影响的企业流程。例如，当企业决定建立一个"网上商店"的战略时，可能受影响的业务流程有订货方式、销售过程等。

（3）确定每一流程的目标。随着企业的发展，有些过程可能会偏离目标，通过确认，可以使旧的流程重新回到正确目标，使流程重组的工作目标明确。

（4）了解每一重组流程所涉及的人员，确定一个训练有素的企业流程重组的总负责人，指导流程重组的全过程。

（5）每个流程参与者画出自己现在工作过程的流程图。一方面，可以使他们能更好地考虑组织流程的整体需求；另一方面，可以使总负责人明确每个参与者对流程的理解。

（6）根据现有的流程图，结合流程的目标，找出实施新的战略目标必须完成的流程，设计一个新的流程雏形。

5. 业务流程重组的应用实例

下面通过 BOM 银行抵押贷款业务流程重组的实例说明其具体运用方法。

BOM 银行是美国排名第 12 位的银行，1992 年该银行的抵押贷款业务量预计从平均每年 3.3 万笔激增到 30 万笔，为避免由此而引发的桌面上业务量的激增，BOM 银行对抵押贷款业务过程进行了再设计，结果大量减少了办理每笔业务的步骤和所需填写的表格，将每一笔业务平均所需要耗费的时间从原来的 18 天减少为 2 天。

BOM 银行原来的业务过程示意图如图 8-2 所示。抵押贷款的申请人先填写一份贷款申请书，银行将它输入计算机系统。然后由 8 个不同部门的信用分析专家、担保人等分别依次审议；如果此项贷款获得批准，就出具各项手续；最后转到其他服务机构，如保险、公证等单位，由这些单位再依次提供一系列的服务。这个过程需要 18 天。

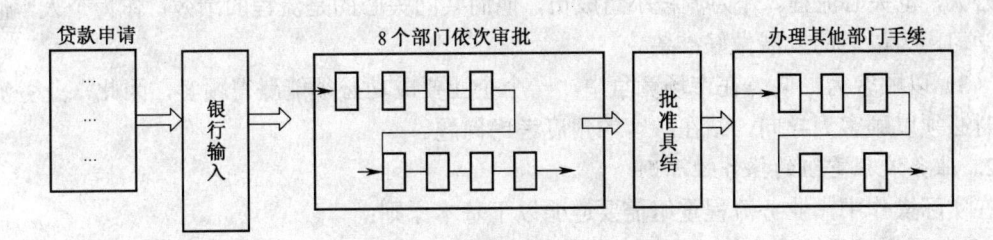

图 8-2 BOM 银行 BPR 前的流程

BOM 银行经过 BPR 之后，业务过程示意图如图 8-3 所示。在这次业务流程重新设计中，BOM 银行将原来依次审批的方式改为协同工作的并行方式。首先由贷款人自己在其机器上输入贷款申请书，并由软件自动检查输入内容的正确性与完整性；然后申请人通过拨号联网方式与 BOM 银行的地区业务中心连通，并将申请表输入 BOM 银行的计算机系统。该系统改变了原来依次审批的方式，将各部门专家作为一个团队，并行审批此项申请。批准后，将此业务转交另一个专家组，并行地完成保险、公证等项业务。

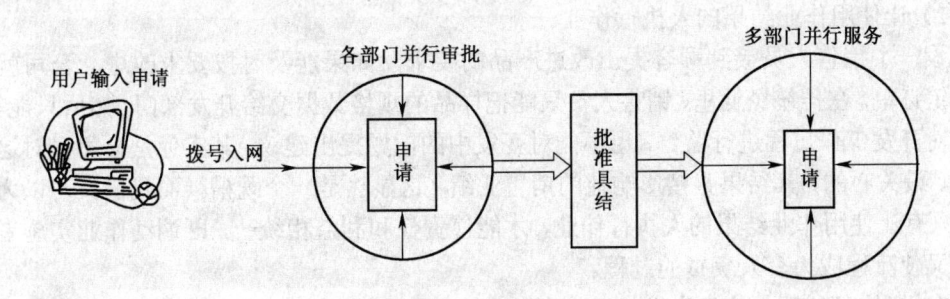

图 8-3 BOM 银行 BPR 后的流程

BPR 顺利实施之后，BOM 银行最终使此项业务过程缩短为 2 天。更新后的业务不仅更便于处理，还方便了贷款人随时拨号联网，查询此笔贷款有关的费用、状态等信息。

8.6.2 业务流程重组的管理原则

业务流程重组是站在信息的高度，对业务流程的重新思考和再设计，是一个系统工程。进行信息系统建设时，必须要创造性地对现有业务流程进行分析，找出现有流程存在的问题及产生问题的原因，分析每一项活动的必要性，并根据企业的战略目标，在信息技术支持下，分析哪些活动可以合并、哪些管理层次可以减少、哪些审批检查可以取消。

1. 业务流程重组的核心原则

流程设计变革中必须坚持以下 3 个核心原则：

（1）以流程为中心。业务流程重组不同于以往的任何企业变革，不仅企业的流程设计、组织机构、人事制度等发生根本变革，更重要的是组织的出发点、领导和员工的思维方式、企业的日常运作方式、企业文化等都得到再造，使企业的经营业绩获得巨大的提高，最终使企业由过去的职能导向型转变为以顾客为中心的流程导向型。

（2）坚持以人为本的团队式管理。以流程为中心的企业必须坚持以人为本的新的发展观，既关心人，也关心流程。作为流程小组成员，他们共同关心的是流程的绩效；作为个人，他们需要学习，为以后的发展做好准备。

（3）以顾客为导向。在市场竞争中，一个企业要成功必须能赢得顾客，因此，业务流程重组时必须以顾客为导向，站在顾客的角度考虑问题。

2. 业务流程重组的操作性原则

在实际操作中，业务流程重组需要遵循以下基本原则：

（1）围绕结果设计组织而不是以作业来组织。

围绕结果就是围绕企业最终要为顾客提供的产品流程进行设计和组织，而不是依据以往的工作顺序进行。例如，一家公司由销售到安装以前按照如下装配线进行：第一部门处理顾客需求；第二部门把这些需求转换为内部产品代码；第三部门把信息传达给每个工厂和仓库；第四部门接收这些信息并组装产品；第五部门运送并安装。

顾客订单信息按顺序移动，但这个流程却经常出现问题。因此，公司进行业务流程重组时，放弃原来的生产方式，将各部门的责任整合，并由一个顾客服务代表监督整个流程，顾客只要跟这个代表联系就可以知道订单的进展状况。

（2）让使用作业结果的人执行作业。

假设一个销售人员接到顾客提出改进产品的要求，如果能及时按要求改进，公司就会得到一大笔订单。在传统企业里，销售人员只能把样品的规格数据交给开发部门，然后只能等待，既不能对开发工作日程进行监督，也不能对开发中的问题提出建议。其实他是公司里对这件事最清楚、最关心的，其结果直接影响他的销售业绩。这显然是一个既糟糕而我们又习以为常的流程。只有让使用作业结果的人执行作业，才能使责任和利益相统一，既调动作业实施者的积极性，又使流程成为有人负责的过程。

（3）把信息处理与信息生产的工作合并。

当前，一直困扰企业管理的一个问题是信息在传送过程中的缺失、曲解和失真，如果从信息产生的地方一次性采集信息，把信息处理与信息生产的工作合并，避免重复输入，就可以解决这个问题。

（4）将地域上分散的资源加以整合。

传统企业的资源被人为地分割，应该进行变革，但人们通常认为地域上资源的分散是无法变革的。分散的资源对使用者能提供更好的服务，却造成成本的不经济，可以利用IT技术，将地域上分散的资源加以整合，优化资源配置，获得规模经济。

(5) 利用信息技术进行重组企业，而不是让旧的流程自动化。

不少企业投入大量资金进行自动化建设，结果却令人失望，主要原因在于用新科技自动化老式的经营方法，原封不动地保留原来的业务流程，计算机信息管理只是简单模拟原来的手工管理流程。计算机只是加快了传统作业流程的速度，不能解决根本上的绩效不佳。因此，我们要灵活运用现代信息技术再造流程，使绩效得到大幅提高。

(6) 联系平行的活动过程，代替把各项活动的结果进行整合。

企业再造的工程要求从一开始各环节就需要相互联系，不能指望在一个详尽的分析结果基础上设计一个完美的新流程。因为太长的分析使人们失去耐心，也会使小组成员失去对原有流程的客观判断能力，找不到再造的切入点。

以银行为例，银行有贷款、信用卡、资产融资等各种不同的信用业务，各业务单位一般无法知道顾客有没有超过信用额度，使公司的贷款超过上限。可以设计一个协调平行功能，在流程活动中进行协调，而不是等他们完成后去协调。

(7) 在工作中进行决策并实现自我控制。

再造是以"再造"这一流程为中心的，成败的关键在于这一流程的结果，而不是再造的任务过程。再造是一个创造性的流程，无法规定和衡量再造的每一个任务的完成情况，决策只能在再造工作中逐渐形成，使行为者自我管理和自我控制。

(8) 新流程应用之前应该进行可行性实验。

新流程设计后，如果直接实施，可能会使客户受到粗糙或不完善流程的缺陷的影响。而通过多次反复实验，可以使流程得到不断改进和完善。

8.6.3 酒店企业业务流程重组的实施

1. 酒店企业业务流程重组的必要性

从现代企业管理理论来看，任何一个酒店的经营规模都不是很大。所以，对单体酒店而言，好像业务流程重组的需求并不明显。但是在酒店集团化经营之后，一般都会开始考虑业务流程重组。最明显的例子便是当集团接管某一家酒店时，不管这一家酒店原来的信息系统如何，都会被放弃不用，新的管理者不会考虑系统改造，而是考虑重新组织其信息的业务流程，以便保证集团整体运行的一致性和和谐性。

目前酒店企业实施BPR的基本内涵就是以流程运作为中心，摆脱传统组织分工的束缚，提倡面向客户、组织变通、员工授权及正确地运用信息技术，达到快速适应市场变化的目的，包括不同程度的业务提升、业务优化和业务改造。

2. 酒店企业业务流程重组的内容

从酒店管理的业务内容来看，酒店企业业务流程重组应该包括酒店服务流程重组、采购流程重组、库存管理流程重组、售后服务流程重组、人力资源管理流程重组、战略管理流程重组、财务管理流程重组、信息管理系统流程重组等。

从酒店业务流程优化的不同程度，业务流程重组包括表8-5所示的流程优化服务。

表 8-5 业务流程优化的常见方式

序号	名称	作用	工作内容
1	业务流程梳理	用于为与流程相关的各职能奠定基础	- 现状了解 - 现状流程描述 - 流程梳理
2	iBPR	用于企业信息化规划而实施的业务流程重组	- 现状了解 - 现状流程描述 - 流程梳理及分析 - 流程优化报告
3	业务流程重组	用于企业职能形式转变过程	- 战略明晰 - 管理诊断 - 管理模式设计 - 关键流程优化 - 组织及岗位设计 - 绩效考评体系设计
4	专项业务流程优化	用于企业某部分职能需要调整与提高	- 企业内控流程优化 - 成本控制流程优化 - 采购流程优化
5	业务流程持续改进	用于企业已有较好的基础，谋求得到更好的提高与完善	- 企业流程持续改进策略制定 - 流程变革风险分析 - 企业流程改进指导

3. 酒店业务流程重组的应用效果

经过业务流程再造的酒店信息化应用的典型情景是：针对酒店经营管理全过程中的各个环节，电脑管理系统都有相应的功能模块来方便、快捷和规范地运转。

例如，酒店在网上宣传酒店设施、服务项目、餐饮特色、旅游景点、购物指南等卖点，客人在网上可选择预订酒店客房和服务项目，当顾客完成预订后，系统就生成了一项预订记录。当顾客到达酒店时，系统开始自动提示预订项目并在顾客确认后执行。顾客只要经过简单的手续就可以领取电子卡入住客房和消费项目。在住店过程中，顾客可以凭电子卡在酒店的其他部门签单消费。各种消费项目将通过系统迅速、精确地汇总到客人账上。楼层服务员通过运用自动化智能技术，不用频频敲门，便可根据客房内安装的红外线安全消防监控系统感应客人是否在房内。客房小酒吧的自动化管理可实现自动记账和监控，提示服务员及时补充。当客人结账离店后，酒店管理者通过系统生成的报表汇总了解顾客的各种信息，包括顾客来源、消费项目、消费次数、需求偏好、客人特殊要求等。这些数据经过集成化处理后将为经营管理者制定决策提供准确且及时的信息，使酒店管理方法逐渐由经验管理转向科学管理。

良好的酒店集成化应用可以保证酒店一体化的规范、精简和加速内部的业务流程，降低运作成本和提高效率，并通过实时的信息来支持精确管理运作和战略决策。相反，如果酒店的各个业务流程环节管理还孤立运作，企业内部连一个各部门相互联通的信息平台都没有，必然导致工作效率低下、人工成本上升、企业决策失误、市场反应速度缓慢等。

8.7 收益管理系统及其在酒店业的应用

收益管理是适用于现代服务业的一种重要管理思想,而收益管理系统就是按照这种思想开发的一种计算机辅助决策管理系统。本节介绍其基本知识及其在酒店业中的应用。

8.7.1 收益管理系统的基本知识

1. 收益管理的基本思想

收益管理是一种现代科学管理方法,它综合运用了微观经济、企业管理、数理统计、数学优化等知识,在准确地预测未来宾客需求和产品供给趋势的情况下,以持续增长企业经济收益为目标,合理制定最佳产品价格,并动态地调控产品以满足宾客的需求。

简单地说,收益管理是一种指导企业如何在合适的时间,以合适的价格,把合适的产品卖给合适的顾客的科学管理方法,其核心思想是,帮助企业做出合理而科学的决策,从而实现企业收益的最大化。

2. 收益管理系统的起源

所谓收益管理系统,就是根据收益管理原理设计开发的一种计算机辅助决策系统。

收益管理系统最早问世于20世纪70年代末美国航空客运市场的管制开放。在客运管制开放之前,美国政府严格控制航空客运市场的营运。航空公司不得随意开辟新的航线,也不能任意变动票价。客运管制的解禁,使得航空公司能够自由地增减飞行线路并自由地浮动票价,同时这也导致了各航空公司之间前所未有的激烈竞争。

为了摆脱困境,美洲航空公司于1985年元月首先开发使用了第一个收益管理系统。通过使用该系统,美洲航空公司能够对当时紊乱的航空客运市场有着较为清晰的认识,并能制定出合理的应对策略。美洲航空公司不仅很快赢回了其原有的市场占有率,而且还扭亏为赢。如今,收益管理系统已成为欧美各大航空公司不可或缺的决策管理工具。

收益管理系统在航空客运业的巨大成功,极大地激励着其他行业。目前,收益管理系统作为一种通过平衡服务型企业需求和供给、有效管理企业相对固定的服务能力的工具,已成功应用于宾馆酒店、汽车租赁、豪华游船、铁路客运、公寓出租、电视广告等行业。

3. 收益管理系统适用的主要行业

一般来讲,收益管理系统主要适用于如下特征的行业:

(1) 企业提供的服务产品无法被储存。

在这方面最具代表性的行业就是服务业。服务业区别于制造业的一大特征就是,服务产品不可储存。未被充分利用的服务能力,对于企业来说就意味着机会成本,是收益的损失。企业若能把闲置降低到最小限度,便能更加有效且高收益地运作下去。比如没有预订的飞机座位或假期宾馆,在航班起飞或假期过后就没有任何剩余价值。

(2) 企业的服务能力相对固定,无法在短期内有很大的提高。

收益管理重点要解决的问题是如何有效地分配总量一定的、由几种产品共享的服务能力,所以它适用于那些不能迅速调整服务能力的行业。也就是说,生产力的资源基本恒定,生产能力是刚性的,在短期内无法根据供求情况改变自己产品的产量。如果要调整生产能力,需要付出很大代价。例如,对于酒店来说,其所拥有的客房数量在短期内是固定的,如果所有的客房已经客满，再来的宾客就不能在酒店住下了，而建造新的客房在短期内是不可能的，而且投资十分巨大。

（3）企业的服务固定成本高，运营成本低。

最初的投资十分巨大，但是每额外销售一单位产品的可变成本却很小，甚至可以忽略不计。在这类部门，通常可以用在价格不变的前题下额外赠送的办法吸引客户，赠送的部分最高可达总值的 20%。这是由于产品或服务的成本受销售数量的影响很小。对于酒店来说，酒店的固定资产投资巨大，日常维护费用较高，相对于较高的固定成本的可变成本可能只是一晚上的水电费、一次性用品的消耗以及布件的洗涤费等，一般不会超过数十元。

（4）顾客需求随着时间的变化而具有波动性和随机性。

许多服务型企业都会面对需求的高峰期和低谷期，企业通过运用收益管理手段可以在需求低的时候增加服务能力的利用率（通过降价），在需求高峰时增加收益（通过提高价格）。对酒店来讲，任何一家酒店的经营都有淡季、平季、旺季之分。有的受所在城市旅游资源特性的影响，有的受所在城市商务活动的影响，有的受公共假期的影响，还有的受一些特殊事件的影响。酒店可以根据过去的销售数据预测未来的需求情况，更好地把握需求变化趋势，制订计划，对不同时期的需求进行有效管理。

（5）企业可以对其提供服务的市场进行细分。

细分的市场是企业实行差别化定价、开展收益管理的基础。在不同的细分市场，即使对相同水平的服务，宾客愿意承担的价格也是不一致的。一般来说，酒店的宾客可以分为两类：商务公务宾客（简称商务客）和休闲度假旅游者。酒店可以针对这些不同的目标市场采取不同的营销策略，以吸引不同的目标宾客。同时通过采取一些限制性措施，防止发生不同细分市场的宾客稀释现象。

（6）企业提供的服务产品可以通过预订系统提前预订。

需求管理的有效手段之一便是通过预订系统把服务产品在真正使用前预订出来。通过这个预订系统，管理人员可以在一定程度上获知未来对服务产品的需求量。预订是酒店客房销售的重要手段。从预订的来源上细分，可以将酒店客房预订分为公司来人委办预订、旅行社预订以及订房中心预订。但是，酒店仍旧面对着一定程度的不确定性，因为预订客房的宾客可以在服务真正发生前的任意时刻取消预订，而不会受到任何或只受到很小的损失。另一方面，酒店必须确定预留多少产品给那些晚来预订的，但却会出高价的宾客（如上门客）。综合考虑这两个方面，酒店才能有效地进行需求管理。

8.7.2　收益管理系统可以应用于酒店业

1. 酒店业应用收益管理系统的可行性

随着收益管理理论的成熟，人们开始在很多行业中应用收益管理。酒店业与航空业有许多共同的特征，因此，酒店业已经成为继航空业之后，收益管理应用最为广泛的行业。

酒店业的特点使酒店的管理和经营面临许多其他行业所没有的问题。由于酒店的需求随时间而变化，时而高、时而低。需求较低时，大量的客房无法销售出去，更重要的是这些客房是无法储存的产品，创造收益的机会在那个夜晚消失了；当客房需求高涨时，又由于生产能力的固定无法满足全部的需求，潜在的收益又失去了。如何平衡供给和需求间的矛盾一直是酒店业的重要课题。同时酒店高固定成本、低可变成本的成本结构让酒店经营者在淡季时有了降价的余地；酒店的预订工作使酒店可以更有效地控制和分配客房资源；可以细分的市场为经营者提供了差异定价的基础。

因此，通过上述分析可以看出，酒店业与上面我们提到的适用收益管理的行业特征非常符合，酒店业是运用收益管理理论和实践的最佳场所之一。酒店业的收益管理是指酒店管理人员根据本地旅游市场增大量，为各个细分市场合理安排服务设施（客房），制定合理价格（房价），在适当的时间、按适当的价格向适当的市场销售适当数量的产品和服务。酒店业收益管理是一种控制房价与出租率，以实现收入最大化的方法。

2. 酒店业收益管理的具体方法

酒店业收益管理的具体做法是：在求大于供时，努力提高房价；在供大于求时，努力提高出租率。由于存在着预订的宾客应到未到、推迟抵达、取消预订，未预订宾客随机入住（上门客），各细分市场的客房比例（团队与散客比例），各细分市场的梯度房价等因素，因此，收益管理应充分考虑这些影响酒店收益的因素。

结合酒店业的实际情况，一般常用的收益管理方法有以下几种：

（1）超额预订。

超额预订是酒店进行收益管理的一个重要技术方法，它是指酒店预订出比酒店客房总量更多的预订量，以防止由于宾客取消订房或应到未到而造成当天酒店较低的出租率，从而造成酒店收益的损失。

酒店实行超额预订的必要性是建立在酒店业的以下3个运作特点基础之上的：

1）对于酒店来说，绝大多数客房都是通过预订售出的，宾客一旦发出预订请求，酒店预订系统就保留了该宾客入住酒店的权利。而在预订之后到宾客入住当天这一段时间内，宾客可以在任意时刻取消预订，却不受到任何经济损失或只赔偿很少的金额。根据国外酒店以及国内酒店的经验，预订不到者占酒店客房预订量的5%左右，临时取消预订者占酒店客房预订量的8%~10%，如果不实行超额预订的话，酒店当天肯定会有一定数量的空房，而这些空房原本是可以出售给其他有需求的宾客的。

2）对于酒店来说，维持一座酒店的固定成本是很高的，而多入住一个宾客产生的可变成本却很低，所以多入住一个宾客带来的收益可以看做是酒店的净利润。有研究表明，若酒店的年平均出租率提高1%，就意味着一年可增加数十万甚至数百万元的收益。

3）酒店高固定成本低可变成本的成本结构，加上酒店客房的不可储存性，决定了酒店失去一个潜在宾客的机会成本是很高的。通过超额预订增加酒店的出租率，成了酒店增加收益的重要手段。

当然，超额预订也是一把双刃剑，它既是一种增收的方法，也是一种冒险，超额的数量和幅度是最难以掌握的。保守的超额预订使酒店仍存在较高水平的空房浪费，出租率不是很高，还没有达到收益最大化的理想状态；激进的超额预订使酒店出现"拒住"的情况，表现在财务上是酒店不得不对被拒绝入住的宾客做出补偿：安排他们入住其他酒店，或者是支付一定的违约金（一般是一天的房费）。从营销的角度看，造成的损失是酒店服务水平的下降，长期会损害酒店信誉，造成宾客满意度的降低以及对酒店忠诚度的减弱。所以，确定合理的超额预订水平，对酒店开展收益管理是非常重要的。

（2）定价政策。

收益管理中的定价政策同传统定价政策不同，传统的定价常常是基于成本定价，在定价时，决策者往往考虑所定的价格是否能补偿酒店的运营成本和资本的机会成本等。事实上对于那些无法以高价售出且不降价就将闲置的客房，只要出售价格高于可变成本，都可以增加酒店的收入。因此对于部分闲置客房而言，降价的底线不应该是保本价格而是可变成本。收益管理中的定价政策就是在适当的时间以适当的价格将客房卖给宾客，不论你的价格有多高，只要它可以被市场接受，就是合理的。

目前，酒店一般将市场细分为公司部委办市场、旅行社市场、订房中心市场等。酒店也越来越意识到基于细分市场的差别化定价策略对于提高酒店收益水平的意义：通过实行差别化定价，使原本可能入住不满的客房能以较低的价格出售给其他有需求的宾客，增加了酒店的收益。事实上。除了以上3个细分市场外，酒店对于团队房价一般还根据一年中销售季节的不同（淡季、平季和旺季）、同一销售季节中的不同时段（节假日团和平时团）制定不同的销售价格。因此若能把细分市场划分得越细，并据此提供更多价格等级的房价，就越有可能实现理想状态下收益的最大化。

酒店若想实现收益最大化，必须设计出一个合理梯度的价格来吸引属于不同细分市场的宾客，并且要争取只对这个细分市场的宾客有吸引力。酒店一般对各细分市场设计从高到低的价格梯度：门市价（随机入住宾客，即上门客）→订房中心价格→旅行社散客价格→商务散客价格→会议团队价格→旅行社团队价格。加在各等级价格上不同程度的购买限制成为了价格差别化的依据，这些限制能有效阻碍原本购买高房价的宾客有机会购买更低价格的客房。这种限制作用对酒店实现收益最大化来说是很重要的。

酒店的定价是一个非常复杂的系统工程，从酒店自身角度来看，要考虑酒店的财力、物力、人力资源，考虑固定成本和可变成本的分摊；从竞争的角度看，要与其他酒店的定价进行博弈，绝对不可忽视竞争对手的价格水平，要确定自身的竞争战略优势。定价还必须与收益管理的其他工具如超额预订、客房分配结合使用，才能真正实现收益最大化。

（3）客房分配。

虽然定价对酒店的收益有直接影响，但是做出定价决策时必须考虑到竞争对手的行为和反应，所以价格水平不是酒店单独所能确定的。而收益管理的另一重要工具——客房分配却是完全在酒店自己控制之下的，它是酒店实现收益最大化、使用最灵活的工具。

酒店的客房总数是一定的，在从低到高不同价格等级之间进行分配。低价客房数目多了势必会减少高价客房的数量，影响酒店的最终收益；但是高价客房数目过多，又有不能全部售出的风险，造成的低出租率又会使收益很难实现最大化。所以酒店进行客房分配要解决的根本问题就是：预留多少客房给出高价的宾客，这些客房是不能出售给与之相比较早预订客房的低价宾客的。对于客房分配来说，就是在客房总数一定的前提下，确定每个价格等级的客房预订上限，当某一价格等级的累积预订数目超过规定的上限时，就拒绝后来的预订请求，但是对于高房价客房预订超过规定上限时，一般允许牺牲部分低房价客房的分配量。

酒店根据不同的销售季节以及不同的目标市场，参考以往的历史数据，依据宾客需求与客房供给的预测以及考虑竞争对手的情况下，制定出最佳房价和最佳空房分配的方案。其中，宾客需求与客房供给的预测主要指预测未来每天不同时段可能有多少宾客会来预订客房、他们是什么样的宾客、要住什么样的房间、住多长时间，以及每天各个时段有多少空房可供预订等。另外，商务酒店一般节假日商务客较平时少，因此，节假日会增加旅行社团量。在实际接受预订过程中，酒店一般还应掌握几个原则，即先预订先得、价格优先、有保证的预订优先、公部委办协议客优先。

3. 酒店业收益管理的重要作用

对不同的酒店和酒店集团,由于各自的市场定位、顾客来源、管理理念、控制机制的不同,其收益管理的使用方法及其作用也不尽相同。但总体而言,酒店业的收益管理系统可通过以下几个方面来发挥作用:

(1) 顾客分类及需求预测。不同的顾客对酒店的要求往往不同。尽管每一酒店都有其自己的市场定位,但顾客的性质、来源渠道以及消费特点仍有许多不同之处。收益管理的一个重要功能就是通过科学的方法对不同的顾客进行分类,并得出各种行为模式的统计特性,然后再对每一类顾客的未来需求通过 9 个数理模型进行精确的预测,包括预订的迟早、入住的长短、实际入住和预订的差异、提前离店和推迟离店的概率等。有了这些精确的预测,再根据各种客人对价格的敏感度等,酒店就能很好地控制资源,提高收益。

(2) 优化控制。有了精确的需求预测,还必须有一套相应的价格和收益控制体系才能灵活有效地利用酒店资源,使得收益或利润最大化。根据不同的预售和价格控制系统,酒店业普遍采用的优化方法主要包括线性规划、动态规划、边际收益控制、风险最小化等。

(3) 节假日价格需求控制。节假日以及特殊事件日往往是酒店获利的最佳时机,许多酒店在此期间一般能达到很高的入住率。但高入住率并非就是高利润率。要使得收益和利润最大化,还必须有一套完善的节假日需求预测及控制方法。

(4) 动态价格设定。酒店的定价及其管理是调节一家酒店盈利能力的最直接的杠杆。常见的以成本为基础的定价方法虽简便易行,但往往缺乏竞争的灵活性,且不能反映市场需求的动态变化。而建立在收益管理基础上的一些定价方法,如实时竞标定价、浮动定价、竞争定价等则通过对市场的细分和有效的控制使得价格杠杆的功能发挥到极致。

(5) 超售和免费升级控制。由于预售和实际入住往往存在一定的差异,因此如何预测及控制这种差异从而保证实际入住率是酒店经常要解决的一个问题。尤其是在高峰季节,这一问题特别突出。对酒店而言,既要保证尽可能高的入住率,又要避免超售而使得客人无房的尴尬,因此一种精确的超售控制则是保证酒店在最大收益条件下使得客户服务损失变得最小的一个重要工具。

(6) 团体和销售代理管理。团体销售几乎是每一酒店都有的业务,且多数情况下有一定的折扣。但如何定量地对这项业务进行分析并有效地控制折扣程度,则是收益管理的很重要部分。相应地,对代理销售及批发代理等,也都可通过抽象的模式来进行优化控制。

(7) 酒店附设资源管理。许多星级酒店常有许多附设资源,如餐厅、会议室等。收益管理系统的拓展就是进行所谓的"全收益"管理,既不仅仅对客房的收益进行预测和控制,并对整个酒店的收益进行预测和优化,已期达到最大效益。

(8) 入住时间长短控制。不同类型的酒店顾客有不同的需求周期,如商务顾客通常在工作日入住、旅游顾客常在周末入住等。当顾客的需求周期互相冲突时,各周期的需求就不能完全满足,往往会出现"峰谷现象"(即高入住率日之后紧接着几个低入住率日),造成收益的损失。此时需要采取一定的措施,对入住时间进行最长入住时间控制或最短入住时间控制,以此来避免各周期之间的相互竞争,提升酒店的整体收益。

(9) 经营状况比较和 WHAT—IF 分析。酒店经营状况的及时反馈和历史分析是保证酒店正确决策的重要途经。而收益管理系统由于同时兼有大量的历史数据和未来需求的预测,因此它可以是一个很好的战略和战术的决策武器。另外，通过所谓的 WHAT—IF 分析，即通过比较不同控制模式所得到的实际收益和理论最大收益之间的差值，酒店管理层就能随时判断经营管理的状态。

8.7.3 当前酒店业收益管理系统的应用情况

1. 收益管理系统在美国宾馆酒店的应用

宾馆酒店是继航空客运业之后最先成功开发使用收益管理系统的行业。过去，旅客常通过电话预约或临时登记入住宾馆酒店。随着网络的普及，许多宾馆酒店先后建立了各自的网站以方便旅客上网预订房间。宾馆酒店的经营管理者们随时通过计算机系统查询有关旅客预订及客房分配情况，并相应地做出各种不同的决策。比如说，经理们每天必须制订客房价格，考虑是否拒绝或接受某个旅客或团体的预订等决策。这些决策的好坏往往直接影响着宾馆酒店的赢利。常见的以成本为基础的定价方法虽然简便易行，但往往缺乏竞争的灵活性，且不能反映市场需求的动态变化。此外，有的经理们往往凭借个人的经验，或者直接照搬其竞争对手的方法，所做的决策常带有盲目性，缺乏科学的根据。为此，许多宾馆酒店先后开发使用了各自的收益管理系统，以尽量避免做出错误的决策。

收益管理系统的开发使用，不仅帮助宾馆酒店经营管理者们迅速、准确地做出各种决策，同时也使宾馆酒店的总收益获得极大的提高。如今美国的许多中、高档宾馆酒店均开发使用了收益管理系统，并专门成立了收益管理部门。大家熟悉的酒店有六洋酒店集团（Six Continents Hotels，Inc.）所属的假日酒店（Holiday Inn）、玛丽奥特国际酒店（Mariott International Hotels）、希尔顿国际酒店（Hilton International）、韦斯汀酒店（Westin Hotels）等。其中玛丽奥特国际酒店最先开发使用收益管理系统。其董事长兼首席执行官比尔·玛丽奥特曾说，"收益管理不仅为我们增加了数百万美元的收益，同时也教育了我们如何更有效地管理。"

一般来说，不同的宾馆酒店由于其各自的市场定位、顾客来源、管理理念及控制机制的不同，其开发使用的收益管理系统也各有差异。但是，这些收益管理系统均具有两大共同功能：需求预测和优化控制。

需求预测能准确地预测未来旅客需求及客房供给的情况，使得管理者们对今后的市场变化有一个较为清晰的认识。该功能在分析宾馆酒店有关以往客房预订的历史资料以及当前旅客预订的情况下，正确估计出未来每天的旅客需求和空房的供给。其中包括每天不同时段可能有多少旅客会来预订房间、他们是什么样的旅客、要住什么样的房间、呆多长时间，以及每天各个时段有多少空房可供预订等。鉴于旅客需求的季节性和时段性，收益管理系统往往进行长期、中期和短期的预测。长期预测的时间通常为 3 个月至 9 个月，中期预测为七天至 3 个月，短期预测为当天多个时段至以后的七天。由于许多旅客是当天临时登记入住的，有的收益管理系统还每间隔几个小时就进行一次短期预测，以保证预测的准确性

优化控制功能制定了最佳房价并推荐最佳空房分配的方案，以供管理人员决策参考。这些最佳房价与最佳空房分配方案的制定，是在以持续增长宾馆酒店总收益为目标，并依据旅客需求与客房供给的预测以及考虑其竞争对手的情况下，通过建立和分析复杂的数学模型而获得的。最佳房价包括了每天各个时段不同房间的价格。最佳空房分配方案则动态地调控每日不同时段各种空房供给的配额。

2. 收益管理系统在我国宾馆酒店的应用前景

从国外的经验来看，应用收益管理的企业，在没有重大支出的情况下，收益增加了 3%～7%，利润增加了 50%～100%。由于收益管理带来极大的收益，故收益管理在酒店业中的运用是很广泛的。随着中国加入 WTO，外资酒店大量涌入国内，这些酒店带来了许多国外的先进管理经验，对中国传统的酒店经营方式提出了严峻的挑战。面对这些挑战，国内酒店业应该学习外资酒店的先进管理经验，而收益管理是国外酒店业的最先进的管理方式之一。为了增强国内酒店业的竞争力，在酒店业中建立以收益管理为核心、实现酒店宾客双赢为效果的现代化经营理念是必由之路。

收益管理系统不仅能保证决策的科学性和准确性，还大大减轻了管理者决策的工作量，更重要的是，它能持续为宾馆酒店增加额外的财富。收益管理系统能否在我国宾馆酒店成功应用，主要取决于两个因素：宾馆酒店自身信息系统的完善程度和各管理层对应用收益管理系统的重视程度。

随着计算机应用的日益普及，我国许多中、高档宾馆酒店已先后建立并逐步完善了各自的信息管理系统。这些信息系统主要是为管理顾客预订和客房分配而设计开发的。所收集信息的完备与否直接决定了所要开发的收益管理系统质量的好坏。比方说，顾客预订的信息应尽可能地详细记录有关资讯，其中包括是什么样的顾客或团体来预订、是何时预订的、欲何时入住、要何种房间、是何种房价、拟呆几天、最终是否入住等。有关客房分配的信息则应记录每天各种客房分配使用的情况。另外，这些信息系统还应尽量收集主要竞争对手各种房价的资料。从开发收益管理系统所需硬件的角度来说，宾馆酒店只需增添一台或两台计算机用来存储、计算和显示有关需求预测和优化控制的数据即可。目前我国计算机硬件价格越来越便宜，这方面的投资似乎问题不太大。

收益管理系统仅仅是一种计算机辅助决策的管理工具，它能否充分发挥其功能则完全取决于从上到下各个管理人员对其的有力支持。由于人们往往习惯于原有的思维和管理方式，从怀疑到接受收益管理系统，这需要一个学习和适应的过程。人们一旦真正了解了收益管理系统后，就会喜欢使用的。随着人们对系统的日益深入了解，管理者和管理系统能够充分互动，相辅相成，把机器的客观精确性与人对突发事件处理的灵活性有机地结合起来，进一步扩大系统的功能，并创造更大收益。

我们以为收益管理系统在我国宾馆酒店应用的条件业已成熟，前景极为广阔。收益管理系统的应用无疑会有助于我国宾馆酒店业在与国外同行的竞争中处于不败之地。

本章小结

随着现代信息技术的不断发展，各种新的基于信息技术的管理手段不断出现，这些管理手段在酒店业管理中发挥了重要作用。本章讲解了酒店业中的客户关系管理、呼叫中心、供应链管理、企业资源计划、决策支持系统、业务流程重组、收益管理等现代管理方法。

客户关系管理有助于酒店业开拓新的客源市场，保持现有市场份额，保持酒店与客人之间的信息畅通和广泛交流；呼叫中心作为实现 CRM 的重要工具，既能树立良好的企业形象，又能提供完善的服务，对保持原有的客户群，降低顾客流失率和扩大新的顾客群都将起到很好的作用；在现代酒店中，供应链管理已经成为其经营管理的核心，酒店企业通过数字化供应链体系实施，最终将实现"四化"目标，即：标准化、实效化、分工化和合作化；酒店 ERP 是一个集成系统，在这个系统内由于数据共享而成为一个高度互动的统一体，并由此产生协同效用，共同达到提高效益的目的；酒店决策支持系统能够将计算机加工信息的能力与信息化酒店决策者的思维、判断能力结合起来，从而可以解决更为复杂的决策问题；业务流程重组是站在信息的高度，对业务流程的重新思考和再设计，是一个系统工程，在酒店信息化规划中非常重要；收益管理的核心思想是帮助企业实现收益的最大化。酒店业的收益管理是指酒店管理人员根据本地旅游市场容量，为各个细分市场合理安排服务设施（客房），制定合理的价格（房价），在适当的时间、按适当的价格向适当的市场销售适当数量的产品和服务。

通过本章内容的学习，读者一方面要真正掌握这些管理方法的基本思想，另一方面还要深刻理解其在酒店计算机信息管理中的重要作用。

复习思考题

1. 什么是客户关系管理？它具有哪些主要功能？
2. 请说明现代酒店中实施客户关系管理的必要性和重要性。
3. 什么是呼叫中心？试说出其组成和功能。
4. 论述酒店业中使用呼叫中心的重要意义。
5. 何谓供应链管理？酒店业的供应链体系有哪些特点？
6. 在旅游酒店中如何实施供应链管理？
7. 何谓 ERP？酒店企业的 ERP 系统主要包含哪些子系统，各个部分分别有什么功能？
8. 什么是酒店决策支持系统？与酒店管理信息系统相比，二者有什么区别？
9. 什么是业务流程重组？在酒店业有什么作用？如何运用？
10. 什么是收益管理？收益管理系统如何应用于酒店经营管理中？
11. 选取本章中的某一种管理方法（如收益管理、供应链管理、客户关系管理等），自己搜索文献资料，撰写一篇有关这种管理方法在我国酒店业中应用现状（包括应用案例介绍）、存在问题、解决对策等内容的小论文，要求字数在 4000 字以上，条理清晰，体系合理，论据充分，理论科学，数据确凿。

第 9 章　酒店信息化建设及其案例介绍

【内容导读】

在市场竞争激烈的今天，酒店实施信息化建设无疑是提高核心竞争力的重要举措。

本章首先介绍酒店信息化的基本知识，然后分析我国酒店信息化建设的现状，指出其中存在的问题，并给出对策建议；最后列举了几个酒店信息化建设案例。

【学习目标】

- 了解信息化的概念、层次和内容体系
- 熟悉酒店信息化的含义和内容
- 理解酒店业信息化建设的作用
- 知道酒店业信息化的发展阶段
- 了解酒店智能管理的整体框架
- 熟悉我国酒店信息化建设的现状和问题
- 理解我国酒店信息化建设的应对策略

9.1　酒店业信息化概述

酒店业的竞争日益加剧。在当前的信息时代，酒店业要想提高竞争能力，必须变革管理模式，提高管理水平。目前，实施信息化建设无疑是实现这一目的的重要举措。

9.1.1　信息化的基本知识

信息化是当今世界经济和社会发展的大趋势，下面首先介绍一下信息化的基本知识。

1. 信息化的概念

"信息化"与"城市化"、"工业化"等概念一样，都是 20 世纪的产物。"信息化"这一词语是由日本学者梅田忠夫于 1963 年 1 月最先提出，1986 年 12 月信息化的概念传入中国。当时"首届中国信息化问题学术讨论会"在北京举行，与会专家讨论了信息化的重要性和中国研究发展信息化的迫切要求，指出中国只有大力推进信息化才能加速现代化的进程。信息化同工业化、现代化一样，是具有特定内容的发展过程，信息化本身绝不是目的，使人类社会从工业社会或准工业社会最终发展成为信息社会，才是信息化的目的。

关于信息化概念，至今尚没有一个统一的定义。我们认为：信息化就是在国家的统一规划和领导下，在国民经济和社会发展的方方面面广泛应用信息技术，大力开发信息资源，全面提高社会生产力，实现社会形态从工业化社会向信息化社会转化的发展过程。

"信息化"的这一概念至少包括了以下几个要点：

（1）信息化的组织者是国家。

(2) 信息化的实施范围包括国民经济和社会发展的方方面面。
(3) 信息化的手段是信息技术。
(4) 信息化的任务是开发信息资源。
(5) 信息化的目的是提高社会生产力，实现社会形态从工业化社会向信息化社会的转变。

2. 信息化的层次

信息化的层次应该包括以下几个方面：

(1) 产品信息化。产品信息化是信息化的基础，它包含两层意思：一是产品所含各类信息、知识比重日益增大，物质比重日益降低，产品日益由物质产品的特征向信息产品的特征迈进；二是越来越多的产品中嵌入了智能化元器件，使产品具有越来越强的信息处理功能。

(2) 企业信息化。企业信息化是指企业在产品的设计、开发、生产、管理、经营等多个环节中广泛利用信息技术与信息资源，并大力培养信息人才，加速企业信息系统建设的过程。

(3) 产业信息化。产业信息化是指农业、工业、服务业等传统产业广泛利用信息技术，大力开发和利用信息资源，建立各种类型的数据库和网络，实现产业内各种资源、要素的优化与重组，从而实现产业升级的过程。我们下面介绍的酒店信息化就隶属于旅游产业信息化。

(4) 国民经济信息化。国民经济信息化是指在经济大系统内实现统一的信息大流动，使金融、贸易、投资、计划、营销等组成一个信息大系统，使生产、流通、分配、消费等社会经济的4个环节通过信息进一步联成一个整体的过程。国民经济信息化是各国亟需实现的近期目标。

(5) 社会生活信息化。社会生活信息化是指包括经济、科技、教育、军事、政务、日常生活等在内的整个社会体系不断采用先进的信息技术，建立各种信息网络，大力开发有关人们日常生活的信息资源，由此丰富人们的精神生活，拓展人们的活动时空的过程。当社会生活实现极大程度的信息化时，则意味着我们已经进入了信息社会。

3. 信息化的内容体系

信息化的内容体系可以分为六大要素：信息资源，信息网络，信息技术应用，信息产业，信息化人才，信息化政策、法规和标准。上述6个要素是一个有机的整体，构成一个完整的信息化内容体系，每个要素在信息化中都有其特定的地位和作用：信息资源是社会发展的战略资源，它的开发和利用是信息化建设的核心，是信息化建设取得实效的关键；信息网络是信息资源开发和信息技术应用的基础；信息技术应用是信息化建设的主阵地，集中体现了信息化建设的效益；信息产业是国家信息化立足于自主发展的支柱；信息化人才队伍建设是国家信息化成功之本，对其他各要素有着决定性的影响；信息化政策、法规和标准是国家信息化快速、有序、健康、稳定、持续发展的保障。

9.1.2 酒店信息化的含义与作用

1. 酒店信息化的含义

所谓酒店信息化，就是指酒店业在业务管理、日常经营等各个环节和各个方面，广泛采用计算机、通讯和网络等现代信息技术，充分开发、广泛利用酒店内外的信息资源，逐步实现酒店经营管理的自动化，逐步提高信息资源在酒店管理中的重要作用。

酒店信息化实质上是对酒店运行过程中人流、物流、资金流、信息流的管理，其主要目的就是提高酒店的管理效益及经济效益，提高服务质量、工作效率，完善酒店内部管理体制，提高酒店决策水平,从而为酒店管理带来作业流程的标准化、服务水平的数量化,并有助于快捷有效沟通的建立、促进经验知识的共享、加快公关信息的传播、加速客户关系管理手段的完善、准确进行经营成本的分析和预警、加快经营数据的挖掘等。

通过将 IT 技术渗透到酒店营运的各个环节,可以为酒店带来收入增长、提高全员生产力、积累数据库资产,从而最终打败行业竞争对手。可以说,酒店信息化建设是酒店竞争的有力工具。信息化建设不是酒店取得成功的充分条件,但它却是成功的必要条件。

2. 酒店信息化的内容

酒店信息化建设包括了从酒店内部的行政办公系统、业务信息系统,到与合作伙伴之间的供应链管理系统、客户关系管理系统,再到 Web 网站建立、电子商务平台构建等。

就目前的技术现状情况,概括地讲,酒店信息化建设的内容主要包括以下项目:

(1) 酒店应用软件。当今,酒店应用的计算机管理软件主要包括:前台计算机管理软件、餐饮和成本控制管理软件、宴会与销售管理软件、工程管理软件、财务管理软件五大模块,各个模块之间存在一定的联系。同时,还要与电话计费系统、磁卡门锁管理系统、餐厅收款机系统、收费电视系统、床头板控制系统等进行连接。并且,在今后的酒店业中,还需要有一套连接 Internet 和全球卫星通信的系统,在酒店的日常经营管理中,酒店的信息系统也将有飞速的发展,以适应当今信息时代和酒店业的激烈竞争。

(2) 无线网络。网络不仅是酒店的信息工具,也是现代化酒店的重要标志。商务客人一般会要求酒店提供与其办公室和个人家庭相同的高速 Internet 访问能力,通过无线局域网可实现灵活且可扩展的网络解决方案。例如,在登记入住后,商务客人只需简单地在其笔记本上安装一个无线局域网卡,便可快速访问 Internet。无线局域网系统的安装使客人可以非常方便和灵活地在酒店内移动办公,无论是在酒店客房、会议室、餐厅、花园还是游泳池边。

(3) 酒店安防监控系统。酒店、宾馆出入人员比较繁多,外地客人又占绝大部分,而犯罪分子恰好利用这种环境,潜入酒店、宾馆伺机作案,直接影响到客人的人身安全和财产安全,直接影响到酒店、宾馆的声誉。建立监控、报警、通信相结合的安全防范系统是行之有效的保卫手段。

(4) 网络营销。今后,各家酒店都将加快网上经营环境的营造,主要是通过建立一个以营销为主要目的的网站,并通过一些具体策略对网站进行推广,其主要目的是为酒店提升品牌形象,增进顾客关系,改善顾客服务,开拓网上销售渠道并最终扩大销售。

据悉,随着国际旅游酒店业电子商务市场发展势头的趋强,目前酒店网上预订销售额已占在线旅游行业的 1/3。网上订房走俏已成为酒店信息化发展的必然,但目前其操作方式仍较为局限,真正实施网上支付的客人仍然很少,大多数只是通过网络发了预订申请,结账仍保留至到达酒店之后。不久的将来,真正意义上的酒店网络销售就会实现。

(5) 酒店电器系统。目前,国内酒店业电器几乎全部停留在普通家用、性能单一的水平上,电器系统大多由中间商购买若干厂家的大众化产品简单拼凑而成。这种低层次的酒店电器系统不但采购交易成本高、效率低、使用中维护管理成本高,而且不具备信息功能,脱离了宾客的客观需要。并且,酒店电器系统升级速度远远落后于酒店数量的增长,已经成为酒店业、旅游业发展的瓶颈。酒店电器系统市场的空白给酒店业和电器制造商们提出了新的课题。

(6) 无线点餐系统。由于传统的点菜方式纯属人工操作,人为的错误严重影响工作效率,同时,烦琐而重复的点餐程序也为客人带来了很大不便。利用无线全智能的餐饮信息服务系统,可完成从配菜、炒菜到传菜的全部管理过程。

3. 酒店信息化的作用

现代酒店加强信息化建设，一方面可以改善现代酒店的内部管理，提高决策水平，提高经济效益；另一方面，信息化建设对现代酒店的业务流程优化，组织结构调整，实现现代酒店向知识密集化、组织网络化、管理柔性化的结构转型都有重要意义。

信息化建设对现代酒店的业务运作有着举足轻重的作用，主要表现在以下几个方面：

（1）提高企业管理水平。在信息化建设中，现代酒店可以通过建立内部数据库将企业内部信息汇集，这样便于员工随时查询；也可以在网络上存放较为机密的数据，并设定存取权限，不同级别的员工可以浏览在其权限之内的数据。这样，员工可以最大限度地获取数据，从而提高工作效率和积极性。另外，现代酒店也可以利用内联网提高协同工作的能力，方便各部门员工之间的沟通和交流，信息传递更准确及时，有利于企业增强凝聚力。

（2）降低企业运营成本。信息化建设是现代酒店降低运营成本的一种有效途径，这主要表现在：

1）降低交通和通信费用。信息化实现后，现代酒店业务人员和管理人员沟通非常方便，他们可以利用互联网上低廉的沟通工具，如电子邮件、网上电话、网上会议等方式进行。

2）降低人工费用。由于采用信息化技术，现代酒店中传统管理过程中许多由人处理的业务，现在都可以通过计算机和互联网自动完成。它减少工作中不必要的人员，减少人为因素造成的损失。

3）降低企业财务费用。借助企业管理信息化，可以大大降低现代酒店对一般员工、固定资产投入和日常运营费用开支，可以节省大量资金和费用。

（3）树立企业良好形象。在现代酒店业竞争中，良好的企业形象对现代酒店的生存起着至关重要的作用。在信息化环境下，可以在较短时间内快速树立一个良好的酒店形象。现代酒店通过在国际互联网上建立起自己的网站，就可以把企业自身的优势充分地展示出来，为顾客提供受欢迎的产品和优质的服务。由于国际互联网是覆盖全球的网络，所以在网络上树立的企业形象是广泛的、具有国际性的。这种良好的形象将会给现代酒店带来大量潜在的顾客。

（4）提高酒店营销效益。现代酒店营销活动对于酒店的生存、发展具有决定性作用，它包括市场营销研究、市场需求预测、酒店产品开发、客房定价、广告、促销、服务等。信息化对于提高现代酒店营销效益有着直接、明显的作用。现代酒店在国际互联网上建立起自己的商业网站，通过网站发布酒店信息；通过网站可以广泛地与大众交流，获取他们对产品和服务的意见。总之，信息化为现代酒店的市场营销提供了新的舞台，可以明显提高营销效益。

（5）提高顾客满意程度。在激烈的市场竞争中，顾客满意度和忠诚度对于现代酒店的发展来说非常关键。信息化建设中，现代酒店可以利用互联网，将企业的信息都放到网上，顾客可以随时随地根据自己的需要有选择性地了解有关信息。这样克服了在为顾客提供服务时的时间和空间障碍，并且能够显著地提高顾客服务效率，为顾客提供满意的订单执行服务——利用国际互联网顾客可以自行查找订单的执行情况。另外，信息化还可以很好地为顾客提供满意的售后服务。许多顾客在住店后经常遇到许多问题，特别是一些不满意的投诉，这时他们首先可以从网站获取售后服务，如果再有问题才向客户部寻求帮助，这样既提高了酒店对客户的反应速度，又减少了企业的一些客户可以自行解决的售后服务问题。

9.1.3 酒店业信息化的发展阶段

纵览国际酒店业信息化的应用过程，其产生与发展大体上经过了以下 5 个阶段：

（1）数据处理阶段。

现代酒店作为集客房、餐饮、通讯、娱乐、商务文化及其他各种服务与设施于一体的消费场所，组织庞大、项目众多、信息量大，要想提高工作效率、降低成本、提高服务质量和管理水平，必须借助计算机来对酒店运行过程中的人流、物流、资金流和信息流进行计算机化的输入、存储、处理和输出。

早期的酒店业信息化应用正是为此而设计的。它主要是替代手工操作而构建各种电子数据处理系统，使员工可以利用系统来处理简单、琐碎、重复性的工作，如财务管理，可进行收银、总账、出纳管理、银行对账等；客房管理，可进行房态查询、客房统计报表等。这些应用对酒店实现局部科学管理、提高工作效率、改善服务质量等起到了一定的作用。但是在这一阶段的信息化应用并没有从深层次上改变传统酒店业的内部管理流程，仅仅是替代手工操作或对现有流程的计算机模拟，未达到改变竞争方式和经营模式的要求。

（2）智能控制阶段。

随着计算机在智能楼宇控制自动化和酒店设施设备管理监控中的应用，酒店宾馆的设备运行管理的自动化逐步走向高层次信息化应用，如暖通系统的监控、给排水系统监控、供配电与照明系统监控、火灾报警与消防联动控制/电梯运行管制、出入口控制及门禁系统等，发展成由中央管理站、各种 DDC 控制器及各类传感器、执行机构组成的能够完成多种控制及管理功能的智能化自动化控制系统。同时酒店信息化在这一阶段应用的另一方向是酒店办公业务自动化，通过覆盖酒店管理主要业务部门的办公自动化系统实现文档信息方便、快捷、准确地传递和管理。图 9-1 描述了酒店智能管理的整体框架。

（3）网络营销阶段。

以因特网和数字化经济为主要特征的信息化冲击，使网络化建设业已成为酒店业整个信息化建设应用中的重要组成部分，于是以宽带高速数据网络为核心的"数字化酒店"（Cyber Hotel）也应运而生。"数字化酒店"的含义不仅仅是酒店有宽带接入线路，方便客人在酒店内域高速上网，还包含以下内容：在网上创建公司网站可供客户浏览，进行互动式的数据查询和客户自助服务功能，有市场销售、宣传推广、订房管理的功能；运行突破电子数据处理功能的酒店管理信息系统；以因特网为基础，方便员工的移动办公系统和面向社会的电子商务系统雏形。在这一阶段的应用重点是网络营销和网上适时订房业务，酒店通过网络宣传企业形象和服务，开展网上预订客房，让客人了解酒店设施，选择所需要的服务进行远程预订。而酒店与顾客通过网上的互动式交流，为顾客提供更为个性化的服务，这比打价格战要高明得多。客人无论身处何处，上网就可以选择自己中意的酒店。所有这些都基于因特网网络化，高速互联网接入将是未来酒店的基本设施，"明日"的酒店将要以宽带网络化为特色，特别是无线接入网的建设。

（4）系统集成阶段。

随着酒店信息化管理系统的深入运用，为充分实现信息共享和持续上进的行业最佳业务规范，酒店业信息化步入了酒店流程再造的全新的集成化应用阶段。很多酒店开始强调应用最佳行业业务规范进行酒店业务流程再造，将传统的组织结构向顾客导向的组织结构转变，酒店流程的再造不仅是为使用电脑系统而使用电脑系统,更重要的在于相应地转变和理顺酒店的组织结构,使信息技术架构同酒店的新业务流程及组织的管理目标相适应,形成酒店在信息时代的新竞争优势。例如,网络时代,网络订房就是信息技术带来的最简单不过的变革,但任何一个现代酒店企业都不得不适应这种变革,再造酒店业务流程。

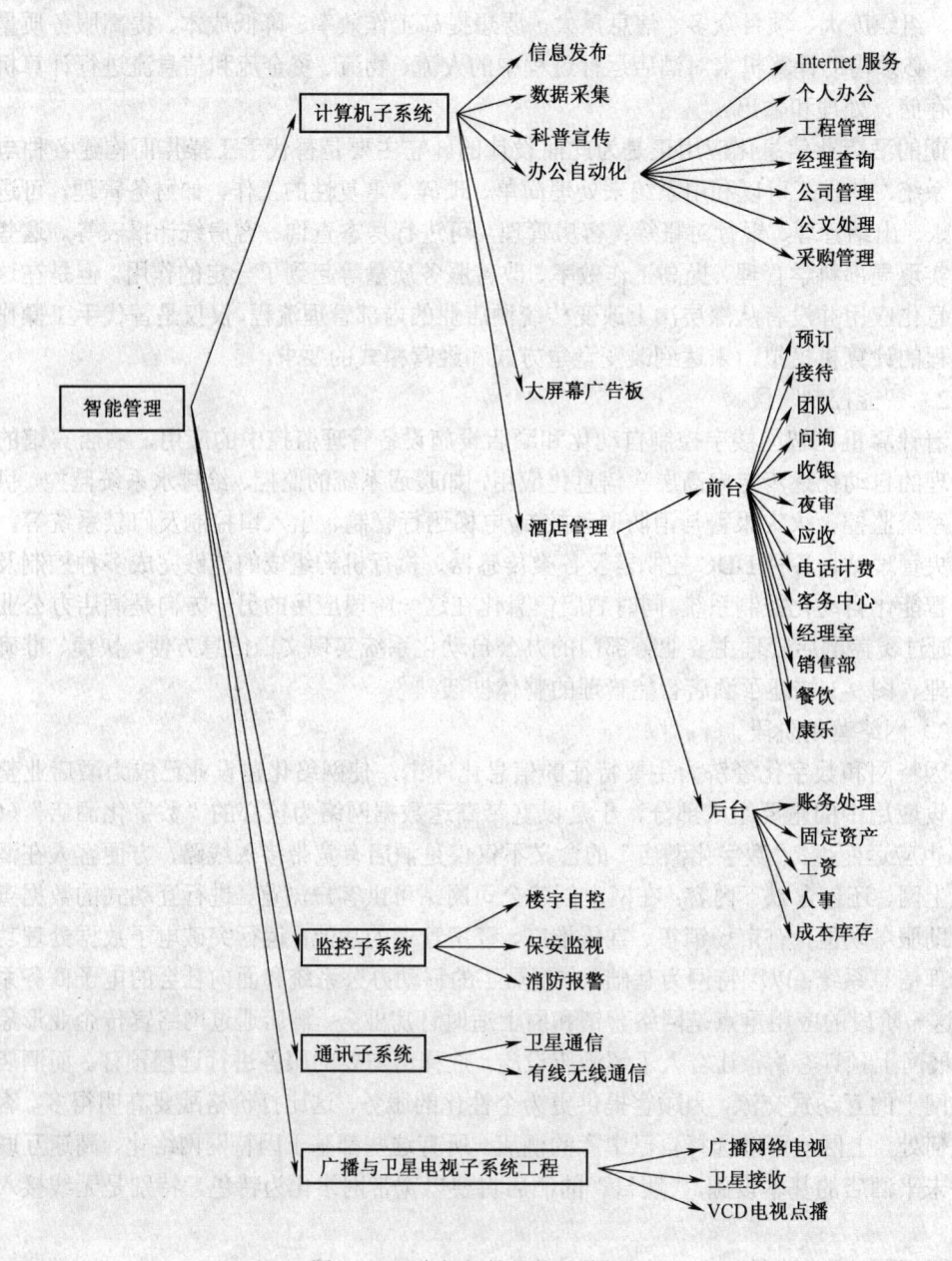

```
                              ┌─ 信息发布
                              ├─ 数据采集
              ┌─ 计算机子系统 ─┼─ 科普宣传
              │               │           ┌─ Internet 服务
              │               └─ 办公自动化┤─ 个人办公
              │                           ├─ 工程管理
              │                           ├─ 经理查询
              │                           ├─ 公司管理
              │                           ├─ 公文处理
              │                           └─ 采购管理
              │
              │                           ┌─ 预订
              │                           ├─ 接待
              │                           ├─ 团队
              │                           ├─ 问询
              │                           ├─ 收银
              │               ┌─ 大屏幕广告板
              │               │           ├─ 夜审
              │               │   ┌─ 前台 ┤─ 应收
智能管理 ─────┼─ 酒店管理 ────┤          ├─ 电话计费
              │               │          ├─ 客务中心
              │               │          ├─ 经理室
              │               │          ├─ 销售部
              │               │          ├─ 餐饮
              │               │          └─ 康乐
              │               │           ┌─ 账务处理
              │               │           ├─ 固定资产
              │               └─ 后台 ────┤─ 工资
              │                           ├─ 人事
              │                           └─ 成本库存
              │
              │               ┌─ 楼宇自控
              ├─ 监控子系统 ──┼─ 保安监视
              │               └─ 消防报警
              │
              ├─ 通讯子系统 ──┬─ 卫星通信
              │               └─ 有线无线通信
              │
              │                              ┌─ 广播网络电视
              └─ 广播与卫星电视子系统工程 ──┼─ 卫星接收
                                             └─ VCD电视点播
```

图 9-1　酒店智能管理的整体框架

经过业务流程再造的酒店信息化应用的典型情景是:针对酒店经营管理全过程中的各个环节,电脑管理系统都有相应的功能模块来方便、快捷和规范地运转。酒店在网上宣传酒店设施、服务项目、餐饮特色、旅游景点、购物指南等卖点,客人在网上可以选择预订酒店客房和服务项目,当顾客完成预订后,系统就生成了一项预订记录。当顾客到达酒店时,系统开始自动提示预订项目并在顾客确认后执行。顾客只要经过简单的手续就可以领取电子卡入住客房和消费项目。在住店过程中,顾客可以凭电子卡在酒店的其他部门签单消费。各种消费项目将通过系统迅速、精确地汇总到客人账上。楼层服务员通过运用自动化智能技术,不用频频敲门,便可根据客房内安装的红外线安全消防监控系统感应客人是否在房内。客房小酒吧的自动化管理,可实现自动记账和监控,提示服务员及时补充。当客人结账离店后,酒店管理者通过系统生成的报表汇总了解顾客的各种信息,包括顾客来源、消费项目、消费次数、需求偏好、客人的特殊要求等。这些数据经过集成化处理后将为经营管理者制定决策提供准确且及时的信息,使酒店管理方法逐渐由经验管理转向科学管理。

良好的酒店集成化应用可以保证酒店一体化地规范、精简和加速内部的业务流程,降低运作成本和提高效率,并通过实时的信息来支持精确管理运作和战略决策。相反,如果酒店的各个业务流程环节管理还孤立运作,企业内部连一个各部门相互联通的信息平台都没有,必然导致工作效率低下、人工成本上升、企业决策失误、市场反应速度缓慢等。世界著名酒店集团如 Shangri-La、Marriott、Hilton、Wyndham、Radisson、Bass、Starwood、Forte、Mandarin Oriental 等均为集成化信息应用的先锋。

(5) 协同运作阶段。

进入互联网新经济时代,酒店业信息化的新追求境界是在集成化基础上的协同化应用,酒店通过互联网搭建统一的信息应用平台将客户、酒店、员工、供应商、合作伙伴等各方联为一个整体以实现纵览全局的跨行业、跨组织、跨地区,实时在线的、端对端数据无缝交换的业务协同运作,其重点在于各方联为一体直接面向顾客提供个性化服务。

当前,国际上酒店业信息协同应用主要揉合了企业资源管理计划(ERP)、客户关系管理(CRM)、供应链管理(SCM)和电子商务的观点。从企业资源管理计划(ERP)的角度,优化酒店价值链,对企业业务流程、组织结构再造,提升酒店管理水平;从供应链管理(SCM)的角度,实现社会资源配置最优化,控制采购成本,保障供应质量;从客户关系管理(CRM)和电子商务的角度,把企业关注的焦点逐渐转移到客户上来,帮助酒店最大限度地利用以客户为中心的资源,不断开发现有客户和潜在客户,通过改进客户价值、客户满意度以及客户的忠诚度,锐利酒店竞争优势。

纵观国外酒店业信息化发展的轨迹和趋势,我们不难看出,随着酒店业竞争的加剧,酒店之间客源的争夺越来越激烈,客房销售的利润空间越来越小,酒店需要使用更有效的信息化手段,拓展经营空间,降低运营成本,提高管理和决策效率。高层次的酒店业信息化不再是仅仅追求计算机辅助管理,而是追求建立在集成化基础上的协同化应用。

9.2 我国酒店信息化建设的问题与对策

我国酒店信息化发展很快,但是也存在着一些问题,我们必须认真对待这些问题,采取切实措施,稳步推进我国酒店信息化建设的步伐。

9.2.1 我国酒店信息化建设的发展现状

截至目前,中国内地共有星级酒店一万多家,总营业额逾 10000 亿元,是中国发展最迅猛的行业之一。这庞大的数字为中国酒店业跨入信息时代提供了根本性的基础和动力。

但是,中国酒店业的信息化目前还仅限于简单的信息发布阶段,尽管已有许多酒店都启动了信息化建设工程,但是整体效果并不是太好。很多酒店对信息化建设很不重视。

在 2004 年 2 月召开的首届中国酒店业信息化发展论坛上,专家和学者们认为,中国酒店业在实施信息化过程中存在重复建设、盲目投资、资源浪费等现象。

根据一家权威机构的预测,中国将在 2020 年成为世界第一旅游接待大国,届时到中国旅游的外国人将超过 1.37 亿人次的预测,依旧令酒店人振奋,面对如此巨大的市场,酒店信息化建设必将出现一股巨大浪潮。酒店业数字信息化建设在三五年内将出现高峰,根据数据显示,数字信息技术产品在中国酒店业内市场的最大容量可高达 2300 亿元。

然而,由于信息化工程需要大量资金来启动和维护,对于不少的单体酒店或众多酒店管理公司而言仍然是可望而不可及的,巨额的资金投入正在成为中国酒店业信息化发展的瓶颈。因此,中国酒店业目前面临的已不再是上不上信息化的问题而是如何结合中国国情来将信息化落实到行动上的问题。

在今后的几年中,酒店的竞争将主要在智能化、信息化方面展开。店内装潢、客房数量、房间设施等质量竞争和价格竞争将退居二线。酒店信息化的发展趋势主要分为三大应用领域:一是为酒店的管理者、决策者提供及时、准确地掌握酒店经营各个环节情况的信息技术;二是针对酒店的经营,为节省运营成本、提高运营质量和管理效率的信息化管理和控制技术;三是直接面对顾客所提供的信息化服务。

今后,我国酒店业信息化建设将呈现以下 3 种趋势:

(1) 电子商务。对于酒店而言,盈利是根本,若要加快酒店行业的信息化进程就应当首先从能够为酒店创造或提高经济效益的项目着手。建立一个基于互联网络的全球酒店客房预订网络系统已不再是难事。无论是集团酒店、连锁酒店还是独立的酒店都可以加入成为该系统的成员,并且享用全球网络分房系统。全球网络分房系统,可以让旅行社团、会议团队、散客都可以利用电脑直接访问该系统,从中得到某酒店的详细资料,包括酒店的出租状况,并能立即接受预订和确认。

(2) 智能管理。"酒店智能管理"作为一个综合概念,给酒店业带来经营管理理念的巨大变革。这一变革要经过不断的建设和发展,渐渐形成一个涵盖数据采集、信息保存、信息处理、传输控制等的信息库。这些信息库的建立将成为酒店信息化管理和办公自动化的重要基础。从前台客人入住登记、结账到后台的财务管理系统、人事管理系统、采购管理系统、仓库管理系统都将与智能管理系统连接融合构成一套完整的酒店信息化体系。

(3) 个性化服务。服务业现代化的一个重要内容就是,要实现"个性化服务"。例如,酒店的会议室采用可视电话系统,可以跨全球、同时、同声地传影、传音翻译;基于客户管理积累和建立的"常住客人信息库"记录了每位客人的个人喜好,客房智能控制系统将根据数据库中的信息实现:光线唤醒,由于许多人习惯根据光线而不是闹铃声来调整起床时间,新的唤醒系统将会在客人设定的唤醒时间前半小时逐渐自动拉开窗帘或增强房间内的灯光;无匙门锁系统,以指纹或视网膜鉴定客人身份;虚拟现实的窗户,提供由客人自己选择的窗外风景;自动感应系统，窗外光线、电视亮度、音响音量和室内温度以及浴室水温等可以根据每个客人的喜好自动调节。

9.2.2 我国酒店信息化建设中的主要问题

当前，我国酒店信息化建设主要存在以下几个问题：

（1）信息化意识淡薄。

大多数酒店经营者认为酒店属于传统的服务行业，主要是靠出租客房和床位来创收，通常把投资信息化与投资房间内的设施（如增添浴缸或沙发）的投资回报等同看待，没有把信息化建设与影响和改善酒店的经营、管理效率等方面的功效挂起钩来，没有把信息化的价值融入酒店自身价值链在竞争中发挥的作用挂起钩来。

（2）应用软件不统一。

国内酒店业的应用系统不同，各家供应商的软件也各不相同。对于一家酒店，如果各部门使用的是不同的平台、不同的软件，当员工进行软件操作时，需要学习各种软件，这样不但使员工的学习成本增高，也同时影响酒店的效率。

对于连锁酒店集团而言，信息系统没有实施标准化是非常严重的。酒店不但需要耗费大量财力去维护不同的平台，而且当未来同一连锁集团的酒店共享服务中心或实施电子商务时，平台整合的任务非常艰巨和昂贵。

对于酒店软件系统的选型，酒店业主主要考虑到价格，而忽略了软件系统的质量和功能。如果酒店应用了一个不适合的系统，降低了客户的满意度，会直接影响酒店现在及以后的生意。如果集团应用统一的、标准化的软件，不但员工可以得心应手地使用，同时集团报表也会非常统一，便于集团化的管理。

对于酒店业主来说，一个不错的建议是：应保持着眼于长期业务策略、采用标准化的系统产品，而不仅仅是在成本比较的基础上去选择技术和产品。

（3）缺少中央预订系统。

中国酒店信息化程度总体水平与国外相差 5～10 年。在国外的酒店行业，流行应用"中央全球预订网"，这个会员制第三方的网络平台吸引着全球的酒店集团的加入。这套网络系统与每家会员酒店的客房预订系统实现对接，客人可以自己从网上订到自己希望下榻的酒店和房间。而国内，大部分的客人是通过旅行社来帮助自己预订酒店。旅行社仍然采用手工订房的方式，向合作的酒店预订固定数量的房间。如果旅行社的系统和酒店的客房预订系统连接起来，他们就能更方便地知道酒店是否有空房。客房中央预订系统，在中国存在很大的发展空间。

从入住的手续来看，在中国，客人办理酒店的入住手续比较复杂，登记、审查，还要出示身份证……，相比较而言，国外的入住流程就简化很多。办理入住的手段也比较丰富，有些国外的酒店，可以允许客人在未到之前，在网上登记入住。还有一些高档的酒店，给客户提供无线网络的服务，客户应用 PDA 等手持设备就可以通过酒店的无线网络将自己的个人信息传递到酒店的信息系统上，实现自助式登记。

（4）酒店软件产品稳定性有待提高。

中国酒店业发展 20 多年，整体发展基本趋于成熟，但是在酒店软件产品的稳定性和完整性方面，与国外存在一些差距。中国酒店业信息化管理体制总体来说由国外引进。引入信息化管理的目的是杜绝原有的弊端，提高科学管理水平。

而现在很多酒店对于软件系统，要按自己的需求模仿原来酒店业手工的操作系统的思路，开发出的系统难免存在一些漏洞，对酒店的管理没有太大的改善。

还有一点是，国内软件提供商通盘考虑性差了一些，不可避免对开发的软件进行修修补补。另外，国内软件提供商对客户的需求一味满足，对软件进行修改，但是如果软件提供商对软件系统没有很好的管理，今天给这个酒店改，明天又给另一个酒店改，造成一个系统的多种版本，这样为后期的维护带来了巨大的困难。

（5）缺乏行业标准。

旅游酒店业对信息化的理解千差万别，加之 IT 公司各自为政的解决方案，使得原本就技术水准有限的酒店业眼花缭乱，盲目投资上马的项目比比皆是。就客房网络的具体实施来说，就有 ISDN、ADSL、XDSL、802.11 无线网卡、CableModem、光纤、双绞线等方案，作为酒店究竟应该选择哪一种，没有一个定式，也没有相关的行业标准。

（6）行业差距造成提高过高。

酒店业属于以人为本的劳动密集型服务行业，IT 行业属技术密集型行业。由于这种行业间本质上的差异，致使很多 IT 公司尽管竭尽全力将最先进的产品设备或解决方案推销给酒店，其结果通常是酒店付出了昂贵的代价却不尽如人意。多数单体酒店和大部分酒店管理集团难以支撑高额的信息化工程投资成本、运营成本、维护成本和升级成本。究其原因，主要表现在：技术功能与酒店需求错位，目前的管理系统很多不能解决酒店面临的关键问题；管理决策层没有整体的规划，让开发商牵着鼻子走；供应商和酒店没有利益上的一致性。

（7）信息服务不到位。

酒店是一个以服务为本的行业，依靠客人对各项服务的满意度来提升酒店的入住率和经营效益。酒店信息化的实施，意味着酒店又增加了一项新的服务，即信息服务。IT 公司负责策划和实施，但通常不承担日后的服务，因为他们是 IT 公司不属于服务行业。然而，倘若服务的责任落到酒店自身头上，酒店能应付得了吗？由于服务不到位，使系统不能充分发挥作用的已屡见不鲜，由谁来为酒店提供信息服务是一个值得商榷的问题。

9.2.3 我国酒店信息化建设的应对策略

有关人士也指出，中国要在 20 年内成为世界旅游强国，中国酒店信息化的发展就不能按部就班地，必须树立前瞻性、超前意识，走跨越式、超常规发展之路。

关于今后我国酒店信息化的发展，下面给出几点建议对策：

（1）要更新观念、转变态度，正确认识酒店信息化建设的重要作用。在这方面，领导要先行，因为酒店信息化是"一把手工程"，是事关全局的整体工作，领导必须着力解决那些全局性的、困难的、影响深远的重大问题。

（2）要引进先进管理思想。先进信息化应用不能只是对现有流程的简单模拟或仅仅实现了有关数据的局部共享，而忽略了导入先进信息化应用的初衷是引进新的管理思想，改变传统管理模式，提升企业国际竞争力。

（3）要加强管理方式的创新。三分软件七分实施，导入先进信息化应用无异于缔造一个全新的经营管理模式，要重视优化酒店价值链，对酒店业务流程和组织结构再造。从酒店内部看，解决信息沟通迟缓、决策速度慢、不适应市场变化等；从酒店外部看，解决企业间缺乏明确和真正密切的协作关系、互动及时性难以得到保证等问题。

(4)要借助外脑,积极学习。在信息化建设中,要善于利用专家咨询队伍。在选择专家咨询队伍时,除了考虑常规的因素如实施顾问的能力和经验外,还应重点考察是否有前瞻性、超前意识。同时,要善于学习和引进本行业内信息化建设水平较高酒店的好经验好做法,并结合企业情况进行创新。

(5)对信息化建设的总体方案要严格审核。酒店信息化是一个系统工程,从发展的角度看酒店信息化的路还很长,为了当前项目所需而不顾日后发展的方案不仅造成重复投资导致浪费,若方案不符合业务需求还会降低项目本身的实际功效。因而,酒店信息化应该根据自己的规模和目标,从业务流程重组、系统设计、产品选型、工程实施、工程监理等方面全面考虑,提出总体方案设计,并由行业管理部门组成专家组,对总体方案进行论证和审核,以确保方案的先进行、可行性。

(6)建立行业认证。有的 IT 公司并不了解酒店行业特性,但是为了融资等目的,与很多酒店签署合同,并在客房宽带合同中明确了网络环境产权不属于酒店。因此,酒店无权在该网络环境加载任何其他应用项目。将来酒店若要实施节能控制、智能监控等都会受到阻碍。鉴于上面提及的问题,有必要针对那些专业从事酒店业信息化方案实施的企业进行认证,以确保从事酒店信息化的 IT 公司都能够具有专业性,避免酒店信息化走弯路。

(7)要建立服务标准。对于酒店而言,信息化是一个工具,是一种手段,是一种服务,服务水平的好坏直接影响酒店的经济效益和竞争力。虽然目前阶段我国高级技术人才辈出,却大多投身于高薪技术领域,而服务行业层面的服务型技术人才却非常缺乏。因而,这也成为酒店开展信息化服务过程中的一大障碍。

9.3 酒店业信息化建设案例介绍

本节我们通过几个实例的介绍,让读者了解并借鉴一些酒店信息化建设的实际情况。

9.3.1 ××酒店信息化建设整体方案

1. 酒店信息化建设历程

当前,酒店信息化已经成为酒店行业发展的一个必然趋势。一方面,随着全球信息化的发展,酒店需要更有效的信息化手段,降低运营成本,提高决策和管理效益,拓展经营空间;另一方面,21 世纪是一个以信息化和知识经济为特征的时代,随着商务客人的增加,人们的需求也在发生变化。因此,无论是从客户的需求角度,还是从酒店自身的行业角度来看,酒店都要采用先进的技术来加快自身的信息化建设。

××酒店从成立以来,酒店领导就一直重视酒店信息化的建设,不断加大信息化建设方面的人力、财力、物力投入,目前其信息化建设已走在了同行业的前列。

简单地回顾一下,该酒店的信息化建设经历了以下一些主要活动:

- 1996 年 6 月酒店大厦开始动工,考虑到信息化的需要,在大厦规划之初就考虑了全楼的综合布线系统,并在所有客房以及会议室预设了宽带网络接口。
- 1997 年 8 月,酒店开业,选用了杭州西湖软件的 FOXHIS 前台酒店管理系统(开始使用的是 DOS 版本,2000 年 6 月已经升级到基于 Windows 下的 3.0 版本)。
- 1998 年 1 月,全部客房都配备了先进的 IC 卡电脑门锁系统。

- 1998年10月，酒店开通了自己的网站，并设立电脑工程师进行专人维护。
- 1999年3月，酒店开通了网上预订功能，通过订单号客人可以了解预订情况。
- 2000年1月，酒店启用金蝶财务管理软件。
- 2000年4月，酒店使用科智成公司的物料管理系统。
- 2000年4月，网站进行了更新，增加了英文版和韩文版。
- 2001年4月，酒店开始采用员工打卡考勤系统。
- 2001年6月，增加客房VOD数字点播系统，客人可以通过电视机点播影片。
- 2002年6月，酒店进行了宽带IP Hotel改造，使酒店管理系统与宽带网络设备及程控交换机相连，当客人在酒店前台开房时，可以根据客人需要打开房间宽带上网权限、电话权限等；客人退房时，酒店在前台就可以关闭客房的宽带上网、电话权限，并对入住期间的电话及上网费用进行结算。
- 2002年6月，酒店建立了自助服务和休闲娱乐平台，在客房中可以自助查询当前账务、消费等信息，还提供影片点播、图书在线、游戏天地和音乐天堂等项目。
- 2003年4月，酒店加入了携程网和e龙网，实现了全国范围的网络订房服务。
- 2004年起，酒店加大了信息化建设力度，系统地确定信息化建设目标方案。
- 2005年3月，酒店开始进行内部供应链的流程改造。
- 2005年11月，酒店开始进行客户关系管理系统的公开招标。
- 2006年1月，酒店计划引入瑞玛收益管理系统，目前正在系统考察之中。

2. 酒店软件系统的主要功能

目前，××酒店应用的酒店软件系统很多，主要包括酒店业务管理系统、行政办公系统、人力资源管理系统、停车库管理系统以及售饭和考勤系统。

（1）酒店业务管理系统。

酒店业务管理系统主要是酒店前台应用系统，采用C/S结构，主要功能模块如下：
- 总经理查询系统。提供本周收入分析，本月收入分析，宾客来源分析，实时房态图显示，营业总表的分析查询，稽核报表的查询和打印，本月房价走势分析，本年出租率走势分析，当前宾客档案信息的查询，历史宾客档案信息的查询，客户档案、协议单位、应收账单等查询，黑名单、特别提醒档案等信息查询，客房信息、客房简报、客房预留分析，客房收入分析报表和餐饮、娱乐、康体等营业项目的日报、月报、走势分析、综合明细分析等。
- 公关销售系统。提供销售员个人信息的管理、房价方案的管理、房价码的管理、消费码的管理、协议码的管理、佣金的管理、客户（单位）档案的管理、客户（宾客）档案的管理、所有的散客/团体/会议/餐饮/娱乐/会议室等项目的预订功能、客房资料明细和综合列表分析、制作广告标牌的统计、包含本日/本月/本年/计划/上年的酒店营业总表分析。
- 预订子系统。功能包括：散客、团体、会议等客房预订、餐饮预订、其他酒店营业项目的预订等。
- 前台接待系统。直接上门的散客、团体、会议的入住登记，提供多种登记方式（房态表上直接操作、通过菜单直接创建宾客主单、复制主单产生、快速入住）；修改客人资料、客人延住、改房价、房间加人、智能排房、设定付款方式、住店预订单、登记打印、宾客欢迎卡打印、客人留言服务、预订客人接待；多种换房处理方法、团体预留房调整、团体付费定义、签单控制、宾客信息的批量修改功能、散客/团体成员身份互转处理、宾客续住功能、客房资源的综合查询、宾客信息的综合查询、协议单位及其协议房价查询；所有涉及客房的操作（入住、退房、换房等），均自动更新客房房态；客房租赁、保险箱查询、黑名单管理；各种统计报表、贵宾卡信息查询、电子门锁接口、公安局数据接口、公共信息查询等。

- 前台收银系统。可以分别显示指定账户的有效账目、明细账目和汇总账目，显示所有联房账户的总消费、付款和余额；录入定金或费用到指定的分户账，打印定金单，可以套打、支持预付信用卡和支票；转账；结账：打印账单、显示账目、外币兑换、账务查询、当前客人档案、历史客人档案、黑名单、会议室使用情况、交班报表等。

- 餐饮娱乐系统。餐饮娱乐系统主要实现点菜收银功能。客人点菜开单，设置服务费，设置折扣、改单（加菜、退菜、修改服务费、修改折扣、修改人数、服务员、客人类型、姓名、备注等）、换台、结账（现付方式、转账、转内部账、一卡通结账、代价券结账部分不计入营业收入、冲销预订金等），打印中文、英文、明细、合计、分组结账单，并单、分单，宴会预订，餐位图查询，账单查询，交接班，各种报表打印。

- 餐饮成本管理系统。与前台餐饮娱乐系统连接，自动读取餐厅销售数据，根据菜谱核价单中的各原料用料多少，以该餐厅领料单、直拨单的价格为依据，按照仓库的计价方法，核算餐饮销售的标准成本；并根据实际消耗的原料数据，统计出每一道菜的实际成本，反映出实际成本和销售数据的变化情况，协助管理者找出成本差异的原因。可统计食品的日实际成本率和月实际成本率。统计某一期间的日销售和本期累计销售成本数据，查询出某一时间段内、某一类菜按不同比较指标（销售数量、成本、销售额、毛利）的销售排名情况，从而有利于分析毛利变动情况，了解成本浮动原因，便于管理者制定相应的销售策略。

- 贵宾卡子系统。建立贵宾卡账户、为贵宾卡账户制作 IC 卡。办理 IC 卡的停用、挂失、销卡，增加、删除、修改贵宾卡账户，提供签单控制功能；可以通过设置贵宾卡账户的限额避免坏账产生，贵宾卡单据打印、贵宾卡所对应的 AR 账户账务处理、交班报表等；客人可以持有酒店的一卡通实现门卡开锁、餐厅消费、各康乐点消费、代替早餐券。

- 商务中心。提供商务中心账务处理、商务电话管理、商务传真、宾客留言服务、物品租赁、入账员每日交班报表、区间营业报表、公共信息查询等。

- 客房中心。多种实时的房态效果图、直接基于房态的功能处理（房态处理、维修房处理、客房临时态处理、客房使用日志）、房态修改（干净房、脏房）、维修房管理、报房与查房、客房账务处理、客房联房信息的查询、宾客留言服务、客房消耗品管理、失物招领管理、客房租借、保险箱租赁管理、客房清洁工作量管理、特殊要求统计、黑名单查询等。

- 账务审核系统。建立 AR 账户、AR 账务处理、前台收银账目清转到 AR 账、餐饮娱乐收银账官结转到 AR 账、前台账务查询、餐饮娱乐账务查询，客房、商务、商场账务查询、审核人账目分析、定制账龄分析表、打印交班表、催账报表、夜审、单据管理等。

- 各类接口。建立各种 VOD 计费接口、宽窄带控制、计费接口。

(2) 行政办公系统。

办公自动化系统是酒店后台应用系统,考虑到使用人员较多,采用了 B/S 结构、软件定制方式,主要包含了如下模块内容:

- 公共信息。该系统提供的公共信息包括专题讨论区、总经理信箱、职工留言板/聊天室、常用资料下载区、邮件收发、信息公告、会议通知、通讯录打印、办事指南、学习园地等。
- 日常办公。日常办公包括工作计划与电子办公两个主要部分。其中工作计划包括个人计划、部门计划、部门日报、部门查询、年报汇总等。而电子办公包括请示批复、发文管理、收文管理、会议管理、督办催办、人事管理等。对 Word 文档采取留痕处理,对没有修改权限的人,采取了文档保护功能,防止文档的不必要改动。

(3) 人力资源管理。

主要包括人事变动(新进员工登记、员工离职登记和人事变更管理)、员工培训(培训管理和学历记录)、资料、人事合同、生理状况、户籍、考核与奖惩、人事档案完整资料(基本政治情况、投保管理、担保情况等)等内容。

(4) 停车库管理系统。

车辆驶近入口,可看到停车场指示信息标志。标志显示入口方向与车库内空余车位的情况。若车库停车满额,库满灯亮,拒绝车辆入库;若车库未满,允许车辆进库,但驾车人必须购买停车票卡或将专用停车卡经验读机认可,入口电动栏杆才升起放行。

车辆驶过栏杆门后,栏杆自动放下,阻挡后续车辆进入。进入的车辆可由车牌摄像机将车牌影像摄入,并送到车牌图像识别器形成当时进入车辆的车牌数据。车牌数据与停车凭证数据(凭证类型、编号、进库日期、时间)一齐存入管理系统计算机内。

进库的车辆在停车引导灯指挥下,停入规定的位置。此时在管理系统中的 CRT 上即显示该车位已被占用的信息。

车辆离库,汽车驶近出口电动栏杆处,出示停车凭证经验读机识别。此时出行车辆的停车编号、出库时间、出口车牌摄像识别器提供的车牌数据和阅读机读出的数据一起送入管理系统,进行核对与计费。若需当场核收费用,由出口收费器(员)收取。手续完毕后,出口电动栏杆升起放行。放行后电动栏杆落下,车库停车数减 1,入口指示信息标志中的停车状态刷新一次。

(5) 售饭和考勤系统。

售饭系统是采用射频卡作为电子钱包进行消费的管理系统,实现员工食堂的刷卡售饭、后台餐费补贴的录入、充值统计等。

考勤管理系统是采用 C/S 和 B/S 结构相结合的方式,各个部门可以利用网页进行排班登记、加班登记、请假登记、公差登记、信息查询。考勤员采用应用程序进行刷卡数据的回收、考勤统计、加班统计、餐费补贴统计等。

3. ××酒店网站建设情况

网站是酒店在网上的门户,是宣传窗口,它的形象也代表酒店的形象。××酒店网站于 2000 年开始筹建,在建设中注意了以下 3 点:内容丰富、美化页面、动态更新。

目前该网站分中、英、韩 3 种语言。随着酒店的发展需要,不断地调整网站结构,更新

内容。目前网站的主要栏目内容如下:
(1) 酒店宣传类栏目。
- 酒店介绍。通过互联网这个信息化的窗口,全方位地介绍酒店的各项特点:地理位置、会议设施、客房、餐饮、娱乐设施、商务服务等,以提高酒店的知名度。
- 酒店文化。宣传酒店的服务宗旨、管理理念、经营特色、企业组织结构等。
- 新闻动态。打开首页时弹出窗口,宣传酒店当前的重要促销活动、重大事件等。
- 联系方式。标明酒店的联系方式,使客户方便快捷地与酒店服务部门联系。酒店的联系方式包括酒店电话、传真、E-mail。

(2) 酒店电子商务栏目。
- 在线订房。为方便外地客户,酒店设置在线订房,外地客户可通过互联网方便、快捷地进行客房查询、客房预订。
- 客房介绍。以图片、三维虚拟现实等形式对客房进行形象直观的介绍。
- 网上订餐。以图片的形式对餐厅进行介绍,如设施、面积、容纳人数、营业时间、价格等,客户可以进行预订、查询。
- 优惠促销。以时时更新的形式发布酒店的优惠措施和促销方法。
- 订单查询。可以随时查询客房预订的状态。

(3) 客户服务类栏目。
- 服务介绍。详细地介绍酒店的服务内容、服务宗旨。
- 投诉受理。对客户进行的投诉及时地受理,并发布受理结果。
- 客户留言。这是客户和酒店交流的平台,它的存在使酒店和客户走得更近。
- 客户公告。酒店公告一些近期的优惠措施和服务内容。
- 失物招领。对客人遗忘在酒店中的物品,通过此栏目公告给客户。
- 友情链接。链接一些知名酒店和酒店方面的专业网站,以此提高酒店的整体形象。

4. 信息化建设的效果

××酒店通过信息化建设,大大提高了服务质量。总体来讲,取得了以下效果:

(1) 实现了整个酒店的无纸化办公,保证了部门之间信息交换的电子化。
(2) 实现酒店信息共享,对于酒店的资源使用情况,赋予权限的部门和员工随时可以方便查看,例如客户档案、会议室、餐厅、车辆、能耗等。
(3) 建立公共内部网络平台,提供员工休闲娱乐、学习交流、信息发布的网络场所,营造良好的企业文化氛围。
(4) 通过对营销系统的需求分析及定制开发,拓宽了营销渠道,特别是网络营销。
(5) 对餐饮管理模块,由于加强了餐饮成本控制,有效减少了餐饮成本和费用。
(6) 通过数据辅助分析,加强了酒店的仓库管理,降低了采购成本和运营成本。
(7) 酒店网站对于宣传酒店营销策略、新闻动态,更好地反映酒店风貌,提供客户与酒店的信息交流起到了非常重要的作用。

9.3.2 ××酒店人力资源管理系统应用案例

酒店如果没有一个强大的人力资源管理系统,酒店管理层的决策将只能依据简单的一些报表,这样的决策很多时候是不完整甚至是片面的。而要改变这一状况,必须选用一套既有国际化管理理念，又能够满足中国特殊的人力资源管理环境的人力资源软件系统。

本小节介绍一家酒店人力资源管理系统规划、设计与实施的过程。

1. 软件产品选型

××酒店是××市老牌的五星级酒店之一，位于市中心繁华地段，拥有近三万平方米的花园，是一个集古典高雅与豪华舒适于一体的五星级宾馆。

酒店拥有500套客房，多个西餐厅、咖啡厅、中餐厅、日餐厅和酒吧，在酒店中工作的员工有900多名。而负责人力资源工作的，现在只有3个人。

"以前我们的人力资源管理工作主要靠手工和Excel表格来做，工作量大，而且大都是重复劳动。我们经常需要半个月的时间才能把考勤情况做完统计，而薪资的计算也需要10天左右，因此可以说是忙完了考勤，忙工资，忙完了工资又要开始忙考勤了。有时候事情多，我们经常是把工作带回家去做。"该酒店人事科科长介绍。

其实，1994年该酒店就已经开始使用人力资源管理软件，但只有工资模块和人事资料，不具备统计功能，只能做单纯的记录，因此酒店人力资源部门的工作量还是非常大。

作为一家十多年经营的五星级酒店，××酒店目前已经建立了一整套比较规范的人力资源管理方法。但在当今人力资源管理迅速发展的年代，××酒店意识到，没有一个强大的人力资源管理系统，人力资源部门面对大量的信息，无法有效率地将其中重要部分提取出来，并做出相应的判断和处理。酒店管理层的决策只能依据简单的一些报表，在浪费大量人力、物力的同时无法做到实时监控，难以保证数据的准确性和及时性，更加无法满足酒店管理层对人力资源部提出的更高的要求。因此，选用一套既有国际化管理理念，又能够满足中国特殊的人力资源管理环境的人力资源软件系统就被提上了日程。

最初，××酒店准备对原来使用的人事软件进行升级改造，但是发现难度太大。后来，就决定重新选择新软件。通过对一些相关软件公司的调研，他们发现有些定制开发的产品无论是成本还是风险度都相对较高，而规模公司的成熟产品则可以避免这些情况。和多家软件企业接触和比较下来，他们觉得无论在产品的功能模块、成熟度，系统的设计理念，还是售后服务上，金蝶都与××酒店更加"投缘"。经过一番权衡后，2003年7月，金蝶K/3 HR入主××酒店，4个月后，金蝶完成系统实施，××酒店开始运用信息手段管理人力资源。这家有着悠久历史的五星级酒店开始焕发出现代科技的气息。

金蝶K/3 HR将××酒店烦琐的考勤、薪资和培训管理变得异常轻松，效率成倍提高。事务性工作逐步地被金蝶的系统所取代，人力资源的管理真正进入了信息时代。

2. 应用情况

在酒店行业中，考勤制度往往非常复杂。据了解，在××酒店的中/西/日餐厅、咖啡厅、酒吧中都有着各自不同的考勤制度。"因为有的餐厅可能需要供应早餐，它的考勤就要从早上5、6点钟开始，而有的餐厅如果不供应，它可能只需要从10、11点开始。而且，就算在同一个餐厅中，不同职务的员工也会有不同的考勤要求。因此，在我们酒店里如果把所有的考勤方式加起来至少有上百种。"该酒店人事科科长介绍，"另外，由于时间的变化，这些考勤制度还需要经常做调整。"以前这些烦琐的数据从统计、输入到计算经常要耗去人力资源部门一大半的时间。而现在，在实施金蝶的考勤管理模块后，××酒店的人力资源部门只需要将各个部门提交上来的、存有考勤数据的软盘插入电脑，数据就可以自动导入系统。在设置条件后，系统可以根据要求进行考勤数据的计算。"原先很多用人工计算的考勤工作，现在非常快捷地就做完了，大大节省了劳动力。"

而之前占去人力资源部门另一大块工作时间的是薪资的计算。××酒店有900多名员工，其中包括600多名正式工和300多名劳务工、计时工、实习工等，这都要求系统在进行薪资计算时采取不同的计算方式。薪资是员工最关心的信息之一，不能出一点差错。在以前手工加Excel时期，计算数量如此庞大的薪资数据要耗费人力资源部门大量的时间和精力。但现在，只要在金蝶的薪资管理模块中设定不同的工资、补贴、奖金计算公式，系统就可以自动而精确地计算出酒店所有员工的薪资。据介绍，从2003年12月开始，××酒店就开始使用金蝶系统中的薪资管理模块，经过3个多月的应用，现在薪资模块已经被××酒店用得得心应手。

××酒店是一家日资企业，与其他同级别的酒店相比，它在人员培训方面的要求更多。为此，金蝶提供了符合××酒店实际需求的培训管理模块。现在的培训管理模块包括培训审批、培训活动安排、培训总结安排和培训报表等功能。根据××酒店外语培训和考试的需求，金蝶在培训管理模块中增加了多种查询方式，可以按照部门、考试日期以及参加培训者的星点数等条件来查询个人、部门及全酒店当前的外语水平现状。"用这个系统查询起来非常方便，而且员工的信息也收集得很完整。如果人力资源部门需要对员工的一些情况做修改也非常便捷。"

3. 运行效果

××酒店成功实施金蝶K/3 HR后，该酒店人事部门负责人深刻感觉到了工作内容的变化："我们现在的事务性工作已经逐步地被金蝶的系统所取代，人力资源的管理真正进入了信息时代。"实现人力资源管理的E化，将帮助人事经理们成功转变角色，为企业提供优化的，甚至是创新的人力资源服务。

在××酒店，通过借助信息化的手段改变了人力资源管理一直陷在事务性工作中的困境，并且优化了人力资源服务。现在，××酒店的人力资源工作人员有了更多的精力和时间去为酒店做更具价值的人力资源服务，为酒店招聘优秀的新员工就是其中一项。

据了解，××酒店只招聘应届毕业生，许多学校的酒店专业都与××酒店建立了长期的联系，应届毕业生都会通过固定的渠道到××酒店来面试。前几年，学生资源一直比较充足，但近几年，该市的高档酒店越来越多，其中也不乏许多与××酒店一样的五星级酒店，酒店招聘新员工的竞争就变得非常激烈。在以前，人力资源部门经常疲于做考勤和薪资的计算，在招聘新员工方面能够调动的时间和精力比较有限。而现在一方面有了更多精力投入到新员工招聘上，另一方面，系统也详细地记录了应聘者的情况，使人力资源部门能对招聘信息了然于心，这都为××酒店招聘到更多、更优秀的新员工创造了条件。

9.3.3 ××国际酒店财务管理系统应用案例

1. 酒店简介

××国际酒店位于××市最繁华的××路，是一间集酒店、写字楼、公寓、旅游、金融、商贸于一体的多功能综合性现代化五星级中外合作经营酒店。该酒店经营状况很好，曾荣获国际质量委员会"国际质量之星金奖"，酒店开房率高达106.32%、一天内入住客人最多超过900人、咖啡厅早餐接待人数最多达600人次/天。

酒店曾多次接待国家领导人和国外代表团、国外商务代表团、国际著名球队和众多港台、祖国各地影视明星。多次被国家旅游局授予"全国最佳星级酒店"称号。

酒店利用自身的环境设施，进行高科技资讯的深入开发，形成无可比拟的优越商务服务环境，吸引了一大批跨国公司和外事机构。澳大利亚、英、法、美等国在酒店设总领事馆或商会；日本、加拿大等国银行在酒店设立办事处；AT&T、美孚石油、美国通用、道琼斯财经资讯等国际著名公司在酒店租用写字楼。优质的物业管理服务、周密的消防保卫工作为客户提供了整洁、安全的环境。

2. 信息化过程概况

1994年，酒店实行电脑作账，原用广东省某财务公司开发的 DOS 版软件，该网络服务器各项功能落后，各种财务数据资源庞大而且不能共享，已经不适应酒店管理的需要，并且由于该软件无法解决"千年虫"问题，1999年，集团开始新的软件选型，针对酒店行业的特点，组成了专门班子，对国内众多的财务软件厂商进行考察，最终选择了金蝶公司的金蝶2000标准版，Windows 风格的操作方式，简单实用，一用即会，由于选用了金蝶软件，酒店顺利解决"千年虫"问题。2000年，又成功升级到金蝶 K/3 V8.8 系统，从根本上帮助我们解决公司基础管理难题。K/3 集团控制系统适用于大中型企业集团，采用三层结构、组件化开发和 IMTS 等核心技术，支持 XML 标准，实现异地数据自动传递，提供集团数据仓库，实现集团财务并账和集团内任意机构间往来业务的自动抵销；满足集权管理和分散经营模式的管理需求，帮助企业集团实现"数据—信息—决策—控制—分析"的完善管理，建立高效、有组织的信息控制管理平台和体系。

3. 软件实施

K/3 系统采用最优的存储结构，以多账套、多数据库的方式提供存储服务。

该酒店有 4 个独立核算的非法人单位：酒店管理部、物业管理部、工程管理部和商场管理部，改用金蝶 K/3 软件后，酒店能切身感觉到 K/3 系统多账套多数据库文件处理方式的优越，也解决了旧软件多个账套一个数据库文件形成的问题：如 I/O 性能问题，即当组织机构多且用户访问多时，数据库 I/O 成为整个系统应用的瓶颈。自从使用金蝶 K/3 系统之后，各个独立核算的分支机构的账套的备份和恢复更方便了；组织机构间的应用更安全；各账套的索引管理、查询性能效率更高了。

K/3 系统的用户管理授权机构体现在多层次和严密控制上，并能结合用户的实际情况进行符合自身特点的授权。

由于该酒店是中外合资的五星级酒店，一直采用外国酒店的管理模式，企业内部分工详细，尤其是酒店财务部分，分为总账、工资、总出纳、应付、信贷、酒店应收、成本、固定资产、百货、食品酒水、收货和物业应收组等。详细的内部分工对内部控制提出了更高的要求，所以对操作用户的权限设置即系统本身所提供的用户不同级别的操作权限的控制尤为重要，金蝶 K/3 系统能提供方便灵活的用户管理功能，包括新增用户、删除用户和用户授权。在 K/3 系统中，这些功能已被集成在一起，并能针对某一用户提供域认证和密码认证两种功能，满足了处于特殊环境下的登录用户使用，例如往来会计查账。另外，K/3 系统用户授权提供了整体授权和详细授权两种方式，其中整体授权又分为查询权和管理权。查询权是指用户具有基本的查询使用权，如会计查账；管理权是指表明使用者具有修改数据、删除数据的权利。详细授权是根据业务功能进行授权，我酒店就按组别来授权，可对每一具体组别的业务功能的增加、修改、查询等进行授权，删除权只能由系统管理员（财务经理）使用，除此之外，K/3 系统还提供了按业务关系的最丰富的授权，即可对用户使用的某一科目（含最明细科目），如币别、凭证字、零户、供应商等具体明细资料进行授权，只有获得相应的授权后，用户才能进行操作。

当然，还可以自定义授权。

K/3 的授权方法不仅可对单用户，还可对多用户组，从而大大减少了授权的工作量，提高对授权管理的直观化。这种繁简结合的授权机制可让用户轻轻松松地对企业管理的各个环节进行严密的控制。

9.3.4 ××大酒店信息化建设工作总结

××大酒店是××市一家著名的五星级旅游酒店，近几年，该酒店大力加快信息化建设步伐，取得了不错的成绩。应市旅游局的要求，2005 年该酒店将自己信息化建设的经验进行了总结，下面就是其总结报告的内容摘要，希望读者看过后有所收获。

利用高科技　　开拓新思维　　努力打造信息化酒店

——××大酒店有限公司信息化建设总结

现代社会是一个信息化社会，企业的发展壮大，信息化宣传是一个必然趋势。××市旅游局为旅游信息化建设提供了平台，在市旅游局的支持和指导下，××大酒店近几年加大了信息化建设的力度，经营管理中不断采用新技术，并积极开拓新思维，加快现代信息管理方法的应用，不断提高了自身的信息化、智能化、自动化水平，努力打造信息化建设的新向标。现将我们的主要做法总结如下：

一、运用先进设备，加大科技投入，加快信息化基础设施建设

随着科技的发展，先进的设施设备应运而生，酒店如果不能很好地利用各种现代化的设施设备，提高酒店管理的智能化水平，则会在社会竞争中被淘汰。××大酒店在多年的经营管理过程中深深地认识到了信息化建设对企业的重要性。

××大酒店领导对各项信息化建设一直非常重视，在基础设施建设方面，全店目前已经配备使用电脑 138 台，打印设备 55 台，最近还将计划更换液晶显示器电脑 15 台；2003 年起购买了尼康高像素数码相机 3 部、SONY 数码摄像机 2 部、方正扫描仪 2 台、各种 POS 系统 5 套，去年又与电脑部的专业人员沟通，及时引进了先进的数字存储设备、光盘存储设备等。上网条件也逐步改善，采用 100M 光缆专线接入，大大提升了上网速度，今年又设立了专项建设资金，启动专项资金 30 万，除计划进一步提高上网速度外，还将联系专业网络公司，对酒店网站进行重新规划设计，积极开展网络营销，并积极主动，争取年底加入 2～3 家全球酒店网络预订系统；另外，还要引进先进设备，加大日常信息的维护，确保网站内容及时更新，为企业应用现代网络技术，开展信息化建设提供了有力的保障。

二、建立信息管理机构，配置专业技术人员，确保信息化建设有序开展

为了稳步推进信息化建设，在组织机构设置上，酒店专门成立了信息化建设领导小组：总经理亲自任组长，电脑部主任任副组长，各个职能部门的负责人都是小组成员。下一步，酒店还计划成立专门的信息管理部，专门负责信息化建设，并考虑设置 CIO 职位。

在人员的配备上，为了实现人员管理专业化，酒店积极从外部引进或内部选拔专业技术人才，目前电脑部共有员工 8 人：含电脑图片制作人员 2 名，网络系统维护人员 1 名，数据维护人员 2 名，网站维护人员 1 人，计算机硬件维护人员 2 名，他们负责全店电脑及对客网络的日常维护与服务。

在网站内容上，信息化建设小组对于政务公开内容中的单位信息介绍、交通信息、联系方式和产品价格、新闻上报等保证及时准确，栏目完整、图片及时上传。为了保证网上信息及时准确地传送，酒店已制定出专门程序，对信息化工作的一系列操作进行规范，由专人负责将信息及时整理并上传。

目前，××大酒店信息化工作人员，每天于固定时间查阅三次信息网，以保证信息的及时接收。接收到上级下发的文件或通知后，及时交予相关人员，对要求回执的文件或通知，由相关人员进行回执，并将操作情况上报，要求通过网络报送的内容，由工作小组进行组织并负责于规定时间内上传。对于客户发来的预订信息，要及时进行信息确认；对于客户通过网络发来的各种投诉建议，在第一时间快速转交给相关部门进行核实、查对。

三、加大培训，提高素质，切实树立全员信息化意识

培训是企业延续与发展的最好方式，我们在工作中，除了对员工进行企业发展必要的岗前培训、专业技能培训、外语培训、外请与外派培训外，我们还加入了信息化培训的内容，让酒店每位员工都了解并深刻认识信息化的重要性。

对于国家旅游局信息中心、省旅游局信息中心以及市旅游局组织的相关培训和会议，酒店每次都要派出专业人员参加，参加培训及会议后，由总经理办公室下发文件做到上传下达，并及时组织专业人员对全体管理人员进行网络基本知识技能以及信息专业化培训。在这个过程中经常是由我们总经理亲自主持会议及传达精神。

在日常的管理和维护中，我们由专业人员及时与主管单位及旅游局信息中心的领导进行沟通，以掌握最新最快的信息。现在酒店内所有可上网的电脑，均已将主页设置为市旅游政务网，确保一打开网页，就可以了解到最新的旅游动态信息，掌握旅游发展动态。

四、积极开展网上营销，努力打造信息化建设新向标

在省旅游局和市旅游局的支持与指导帮助下，我们酒店信息化建设已运行了相当长的一段时间，企业从中受益很大，而在不断探索和运行的过程中，我们更加认识到了信息化建设的必要性和重要性，网络营销、网上订房、产品促销等极大地丰富了企业原有的宣传模式，而在动态信息的反馈方面更是及时准确、一目了然。

在不断发现其方便、快捷的操作特点的同时，我们也在推行网上办公，更多地开展和利用网上营销。在旅游旺季来临之际，我们将继续加大企业的宣传力度，不断充实与完善自己，充分利用网络技术，推进信息化建设进程，开创数字化旅游的新局面。

阅读材料1：首届中国酒店业信息化发展论坛在青岛举行

首届中国酒店业信息化发展论坛2004年2月28～29日在青岛丽晶大酒店举行，本次论坛由东方酒店管理有限公司、中国电子商务年鉴编委会主办，e龙公司、香港理工大学酒店及旅游管理学院和美国俄克拉何马州立大学酒店及餐饮管理学系协办。来自政府、实业界、学术界等近100位人士参加了论坛研讨。

为预防中国酒店业在实施信息化过程中出现的重复建设、盲目投资、资源浪费等现象，抑制中国在GDP快速增长过程中出现的粗放型硬件投资过热和产业重组过程中出现的"第三产业"软件过软的现象，有效地降低酒店或公司的信息化工程投资成本、运营成本、维护成本和升级成本，确保那些资金、资源、技术或人才等经济要素相对短缺的单体酒店或小型管理公

司也能分享到集团化及信息化管理、经营与服务所带来的规模经济效益和范围经济效益。论坛期间,由东方酒店管理有限公司发起,中国航空集团旅业有限公司、泰达旅游集团有限公司、海天酒店管理有限公司、上海宝锦酒店管理有限公司、中旅酒店总公司、浙江世贸酒店管理有限公司、金陵酒店股份有限公司、开元国际酒店管理公司、《中国电子商务年鉴》编委会、香港理工大学旅游及酒店管理学院、美国俄克拉何马州立大学、金蝶公司、Fidelio 中国区独家代理——中长石基公司、e龙公司、美国舜远科技公司等共同参与并签署了《促进中国酒店业信息化发展倡议书》。

他们倡议,在政府相关部门的指导下,筹备成立"中国酒店业信息化推进协作组",创建开放型的旅游业服务平台,创建"追求多赢,协同发展"的酒店信息化发展模式,倡议社会用爱心关注、政府用政策支持、行业用行动参与中国酒店业信息化发展。

论坛在两天的时间里,就国内外信息化的历史沿革与发展趋势;酒店业如何借助信息技术开源节流、增强自身竞争力;国外旅游业运用信息技术的成功案例——全球分销系统;国内外最新酒店前台、后台管理系统的理念导入及实际应用;伴随互联网时代而出现的酒店业电子商务和客户关系管理系统以及如何在"信息高速公路"上实现数据、语音传输的完美结合与信息资源共享等内容进行了研讨。

(资料来源:深圳商报 2004年03月15日)

阅读材料2:四川省星级旅游酒店信息化建设细则

0. 前言

根据《四川省旅游信息化建设总体规划》和国家标准《旅游酒店星级的划分与评定》(GB/T14308—2003),结合我省实际,特制定本细则。

1. 总体要求

凡四川省内的国家一星至五星级旅游酒店,均有向所在地县(市)以上旅游行政管理部门实时报送企业规划建设、经营管理等基本信息的义务,其内容应符合《四川省旅游基本信息资源规范》的相关要求,能网上报送旅游统计报表。

2. 分级具体要求

2.1 一星级、二星级旅游酒店

有依托于地方网站或市(州)以上旅游专业网站、具有独立国内域名的网站。其网站的内容应符合《四川省旅游基本信息资源规范》,坚持日常专人维护,数据实时更新并与省、市(州)DMS 网站对接。

2.2 三星级旅游酒店

有依托于地方网站或市(州)以上旅游专业网站的具有独立国际、国内域名的网站或独立网站。其网站的内容应符合《四川省旅游基本信息资源规范》,具有网上预订功能,坚持日常专人维护,数据实时更新并与省、市(州)DMS 网站对接。有与本星级相适应的计算机管理系统,使用专业酒店管理软件,有带宽不低于 10M 的局域网,覆盖总台、客房、餐厅等主要公共区域,能提供一次性总账单结账服务(商品除外),商务中心和标准间以上客房均能提供国际互联网接入服务并有使用说明,能提供电脑出租服务。

2.3 四星级旅游酒店

有依托于地方网站或市（州）以上旅游专业网站的具有独立国际、国内域名的网站或独立网站。其网站的内容应符合《四川省旅游基本信息资源规范》，具有网上预订功能，坚持日常专人维护，数据实时更新并与省、市（州）DMS网站对接。有与本星级相适应的计算机管理系统，使用专业酒店管理软件，有带宽不低于100M的局域网，覆盖总台、客房、餐厅、娱乐、保健、会议等主要公共区域和内部办公区域，能提供一次性总账单结账服务（商品除外），商务中心和标准间以上客房均能提供国际互联网接入服务并有使用说明，行政楼层客房和套房有可供上网的电脑，能提供电脑出租服务。有电子监控系统，能对各入口和重要公共区域、重要部位进行24小时监控和录像。

2.4 五星级旅游酒店

有具有独立国际、国内域名的独立网站，光纤接入或托管，中外宾客访问快捷。其网站的内容应符合《四川省旅游基本信息资源规范》，网上订房、订餐、受理投诉和宣传营销功能强大，坚持日常专人维护，数据实时更新并与省、市（州）DMS网站对接。有与本星级相适应的计算机管理系统，使用专业酒店管理软件，有带宽不低于100M的局域网，覆盖总台、客房、餐厅、娱乐、保健、会议等主要公共区域和内部办公区域，能提供一次性总账单结账服务（商品除外），商务中心和标准间以上客房均能提供国际互联网接入服务并有使用说明，行政楼层客房和套房有可供上网的电脑，能提供电脑出租服务。有先进的电子监控系统，能对各入口和重要公共区域、重要部位进行24小时监控和录像。

3. 验收办法

以上条件作为相应星级评定及复核的必备项，不符合以上条件的，待整改至符合条件后再予以评定星级或向国家旅游局申报评定。

四川省旅游信息中心可为四川省各星级旅游酒店提供自动建站服务及技术支持，代理申请国际、国内域名，受理服务器托管业务。

（资料来源：四川旅游政务网 http://www.scta.gov.cn 2005-12-29）

本章小结

酒店信息化建设，就是指酒店业在业务管理、日常经营等各个环节和各个方面，广泛采用计算机、通讯和网络等现代信息技术，充分开发、广泛利用酒店内外的信息资源，逐步实现酒店经营管理的自动化，逐步提高信息资源在酒店管理中的重要作用。

酒店加强信息化建设，一方面可以改善内部管理，提高决策水平，提高经济效益；另一方面，它对酒店的业务流程优化，组织结构调整，实现向知识密集化、组织网络化、管理柔性化的结构转型都有重要意义。纵览国际酒店业信息化的应用过程，大体上经过了数据处理、智能控制、网络营销、系统集成和协同运作5个阶段。

我国酒店信息化发展很快，但是也存在着一些问题，我们必须认真对待这些问题，采取切实措施，稳步推进我国酒店信息化建设的进程。

通过本章学习，读者应该知道酒店信息化的概念、内容、作用、发展阶段等基本知识，同时要了解我国酒店信息化的建设现状、存在问题、发展对策。

复习思考题

1. 什么是信息化？它包括哪些层次？信息化的内容体系包括哪几个主要部分？
2. 什么是酒店信息化？它有什么重要作用？
3. 国际上酒店信息化的发展经历了哪几个主要阶段？各有什么特点？
4. 自行查询资料，撰写一篇 2000 字左右的小论文，论述我国酒店业信息化建设的现状、存在的问题，并给出一些建设性的建议。
5. 请读者调查一家高星级酒店，了解其信息化建设的发展历程，撰写一篇调查报告。

第 10 章　石基 PMS：酒店信息管理典型软件介绍

【内容导读】

作为全书内容的最后一章，本章介绍一款酒店信息管理典型软件——石基 PMS。本章主要介绍石基 PMS 酒店信息化管理软件的基本知识和主要模块，从而使学生认识到石基 PMS 是饭店实现空间、时间和服务销售收益管理的基础平台。通过石基 PMS 的相关操作，使用者可以灵活地设置系统的各项参数，让软件实现自己的管理模式。本章将从预定、前台接待、出纳、管家等角度，认识石基 PMS 在满足现代化酒店信息化需要时所发挥的作用。

【学习目标】

- 了解石基 PMS 预定的内容与操作功能
- 了解石基 PMS 酒店前台宾客处理流程
- 了解石基 PMS 账目管理活动业务流程
- 了解石基 PMS 财务应收账管理的操作
- 了解石基 PMS 管家部与前厅间的衔接
- 了解石基 PMS 的夜审功能与操作流程

10.1　石基 PMS 概述

10.1.1　石基 PMS 的应用范畴

PMS 是 Property Management System 的缩写。按照物业管理理论，物业定义为地表向上或向下延伸的、人造或自然的、可利用并具有价值的建筑实体。物业管理的核心在于物业所有权的管理，包括物业的保值和增值、物业的维护，以及在保值增值的前提下为物业的所有者创收。物业分为四大类：居住物业、商用物业、工业物业和专用物业。

石基 PMS 主要服务于旅游行业的专用物业，包括但不限于宾馆、度假村、服务式公寓和赌场等。由于物业管理的主要对象是不动产，因此专注于宾馆营销收入流程的石基 PMS，就相当于以前的宾馆前台管理系统外加财务应收账（Accounts Receivable）处理。

石基 PMS 包括了宾馆客房资源管理的所有方面和完整过程，它不仅可以处理简单的接待（Reception）、出纳（Cashiering）、管家（Housekeeping）和夜审（Night Audit）的工作，而且可以通过预定（Reservation）和销售（Sales）分析手段将生意扩展到更大的空间和时间段。账务处理的多样性和支付方式的多样性，让前台员工通过简单的日常操作，就可以轻松实现管理会计核算的诸多需求，直至合并了财务应收账管理。通过对顾客的识别和分类，方便地实现客户关系管理，让管理者能动态识别和维护尊贵客人的忠诚度。内部信息的分发机制帮助各个部门的员工，围绕着顾客及其需求提供酒店的协同（Collaboration）处理能力。

10.1.2 石基 PMS 的基本任务

石基 PMS 是整个物业管理的核心系统。以宾馆为例，其收益主要来源于两大部分：一是客房收入；二是餐饮收入。客房收入的管理通过石基 PMS 完成，而餐饮楼面管理则通过 POS 机完成，然后在日结时，将数据传送给石基 PMS 进行整合处理。

通常，PMS 与 POS 通过界面软件（Interface）连接，并相互交换数据。此外，还有许多外围系统，如电话交换机（PABX）和电话计费系统（Call Accounting System）、电子门锁系统（Electronic Door Locking System）、视频点播系统（Video-on-demand System）、小酒吧管理系统（Minibar System）、能源与房控系统（Energy Control System）等，共同为物业的运营提供服务，其中有部分外围系统有计费和/或控制需要，这就产生了数据交换的需要，也是通过界面软件来实现。目前，国际上已经有这方面的标准产生，HITIS 就是专门解决数据交换的标准化问题。无论什么性质的外围系统，最终都会将计费或控制信息与石基 PMS 交换，并在石基 PMS 内得到加工和处理。

旅游物业创收的两个基本要素是房间的占用性（Occupancy）和收入（Income）。房间占用的管理就是前台管理的基本任务，也是石基 PMS 的基本任务之一。收入的管理是通过价格（Rate）的管理来实现的。销售部门和管理当局会通过制定销售预算和任务定额分配工作目标，然后将分析结果用价格和政策的形式体现在经营过程当中，由前台来贯彻执行，这也是石基 PMS 的基本任务之一。然而，占房率（Room Occupancy）和房价（Room Rate）永远是一对解不开的冤家：房价过高，占房率必然下降；占房率人为提高，必然会压低房价。如何在两者之间达到平衡，谋求最大的利润，便成为新的诉求。于是产生了第三个重要的要素——RevPAR，这是 Revenue Per Available Room 的缩写，是说每间出租的客房能带来的平均售价。虽然这是一个统计学的指标，但是却能将占用性和收入水平整合在一个数量中加以体现。这就产生了一个新的管理方法——Yield Management（收益管理）。好的酒店目前都会配备专业的 Yield Management System（收益管理系统）。而这些专业的收益管理系统，都需要用石基 PMS 这样专业的 PMS 系统作为基础平台，从中获取所需的基础数据。

10.2 预定模块介绍

10.2.1 预定相关的基本概念

预定是一个协议，在宾馆与客人或债务人之间达成。饭店接受债务人的请求，向客人提供特定房型和特定数量的房间，约定特定日期的特定时刻到达，并于特定日期的特定时间离开，承诺特定的价格，要求特定的付款方式和保证金支付等。

预定中的协议涉及宾馆的 3 个基本特征：空间、时间和服务。

1. 预定的对象

宾馆预定的协议对象，可能是个人，也可能是公司、旅行社或其他预定源，也可能是旅行团队的团主。石基 PMS 为这些对象提供了基本档案（Profile）管理功能，用于保存协议对象相对固定的基本信息以及以往历史和未来预定的信息。可以直接指定各个协议对象能享用的价格代码，可以计算积分，可以记录其常用的信用卡和各种协议卡信息，可以以当前记录为基准，合并掉其他垃圾记录等。

2. 预定的内容

预定包含的空间内容主要是特定房型的房间或指定房间以及房间数量。通常，一间房形成单一个体预定（Individual Reservation），因为房间内入住的主要客人可能就是你的债务人。多间房形成的预定分为团体预定（Group Reservation）和聚会预定（Party Reservation）。

团体预定有唯一的主要债务人、一般为团主（Pay Master），预定时会明确哪些应计收费（Accrual Charges）为团主负责，哪些为团员自付，谁来负责向团员（次要债务人）追讨散账，也就是提前定义路由指示（Routing Instruction）。聚会预定仅仅是若干个体预定的集合。当客人信息进一步明确后，订房人的姓名会变更为实际入住的客人姓名。

随着全球化的发展，旅游资源分销业务遍及全球各个角落，分销机构和直销机构对宾馆房间资源的争夺已经由简单的旅行团队形式，扩张为虚拟经济的 Block 形式，也就是房间配额（Allotment）。为了避免在全球化的大环境下沦为分销业务的纯粹打工仔，宾馆必须具备渠道管理（Channel Management）能力，也就是根据自己的销售策略、价格管理（Rate Management）和市场形势，以我为主地为各个分销机构分配房间配额，这种管理方式就是 Block。例如，宾馆现有客房 200 间，协议每天分配给艺龙网（一家专门的酒店预定网站）30 间夜配额，即 block=30。当艺龙网实际带来一个预定时，我们说产生了一个 pickup=1，此时 block=30-1=29。随着不断落实新的预定，block 值不断减少，直至耗尽，完成一天的任务。这时，艺龙网会选择申请更多的房源，或者将客人介绍到其他宾馆；而宾馆则需要考虑是提供给艺龙网更多的 block，还是为了维持价格水平，而放弃更多潜在的预定。

预定包含的时间特性主要是到达日期（Arrival Date）和离开日期（Departure Date）。由于客人下榻宾馆的主要目的是夜间睡觉，白天到达的时刻和离开的时刻，可能会造成客人之间的不便，以及宾馆客房资源利用率的损失，因此，有必要在当日到达和离开客人之间进行一定的协调。虽然中午 12:00 结账的行业约定有助于协调客人之间的利益以及客人与宾馆之间的利益，但是宾馆灵活的经营，仍然有对时刻进行管理的具体要求。比如：

- 一个到达客人的航班较晚落地，宾馆需要明确了解航班号和到达时刻，以便评估该预定是否可信，以及航班受天气等外在因素影响，可能发生的变更。
- 一个到达客人乘坐的是"夕发朝至"的列车，要求早上 8:00 结账，而适用房型的房间都被在住的客人所占用，宾馆既不能将当日客人驱逐离开，也不能将该到达客人撂在前台而不理睬。如果能提前知道到达车次和到达时刻，那么就可以提前做好准备，要么预留房间，要么为客人提供临时休息和寄存行李的方便等。
- 一个离开的客人要赶早班飞机，希望 6:00 叫早，6:30 去餐厅吃早餐或准备外卖，7:00 叫车去机场。为了节省双方的时间，降低延误风险，客人提出前一天提前结账要求。这不仅需要对离店时刻进行管理，而且可能涉及多项安排。
- 一个客人离开的航班为晚间起飞。提前了解其离开时刻甚至航班号，有助于协调到离客人之间的关系。为了降低占房率损失的风险，有必要收取半天房租或一天房租。
- 有客人要求日租（Day Use）服务。宾馆需要度量由此带来的风险，可能会导致丧失为潜在过夜客人提供服务的机会。在这里时间的协调对于经营至关重要。

在石基 PMS 中，预定涉及的服务大多通过 Reservation Options 窗口调用，包括路由指示（Routing Instruction）、授权挂账（Authorized Direct Bill）、跟踪指示（Trace）、登记卡、换房、

恢复预定、包价（Package）选项、信用卡、预定确认（Confirmation）、候补预定（Waitlist）、固定收费（Fixed Charges）、DID 虚拟直拨号、伴随（Accompanying）、删除预定、婉拒预定（Regrets）/流失预定（Turn away）、汇率信息、变更记录、客人留言（Messages）、附加预定（Add On）、客人定位（Locator）、共享（Shares）、历史记录、聚会预定（Party）、膳食计划（Meal Plan）、休闲管理（Leisure）、排队房（Q-Rooms）、积分换房（Free Night Awards）、累计积分（Guest Awards）、估价单（Pro-forma）等。

预定是前台系统的核心，管理一笔生意从发起到结讫的全生命过程。对于有预定的生意，是从 Expected 状态到 Checked In 状态，再到 Due Out 状态，再到 Checked Out 状态；对于没有预定的生意，是从 Walk In 状态到 Due Out 状态，再到 Checked Out 状态。生意的结果不仅会成为历史资料，而且会被销售部利用来进行分析，产生再加工数据。

10.2.2 预定模块的工作流程

在石基 PMS 的预定模块中，包括了几个主要的功能按钮，每个功能按钮提供一个相应的服务功能。各个相关命令按钮、对应英文含义以及相应的汉语意思如下：

- New Reservation：创建新预定。
- Update Reservation：更新、查找或编辑预定。
- Group：创建、更新和取消团体和 Block 的预定。
- Waitlist：创建或撤消 Waitlist。
- Profile：创建个人、公司、旅行社和团体的 profile。
- Event：创建、查找和取消 Event。
- Leisure Activities：预定或取消休闲营业网点。

1. 新建预定（New Reservation）

在预定模块中可以进行客人档案的创建，当然也包括在此基础上预定的建立。可以把 Reservation 理解为针对宾馆房间租赁的一个合同。在 New Reservation 对话框的 Main 选项卡（如图 10-1 所示）中，有构成预定的必备字段：Name（姓）、Arrival（到达日期）、Departure（离开日期）、Rooms（房间数）、Rate（价格）、Room Type（房型）、Resrv Type（预定类型）、Market（市场细分）、Source（市场来源）。其他字段可以称为可选字段，如 payment（付款方式）、comments（内部特别通告信息）、Flight（航班号）等。

在做公司/旅行社/预定源的预定时，必备因素要比个人预定的必备因素多一个，即 Agent/Company/Source。在预定挂接到一个公司/旅行社/预定源下时，那么所有的预定数据统计都会记录在公司/旅行社/其他来源的 profile 中。

2. 更新、查找预定（Update Reservation）

可以通过 Update Reservation 功能来查找预定。标准的预定检索界面如图 10-2 所示。

这可以满足大部分检索需要。更多检索方法，单击 Advance 按钮，还可以获得更多的检索条件，如图 10-3 所示为"高级查找预定"的界面。

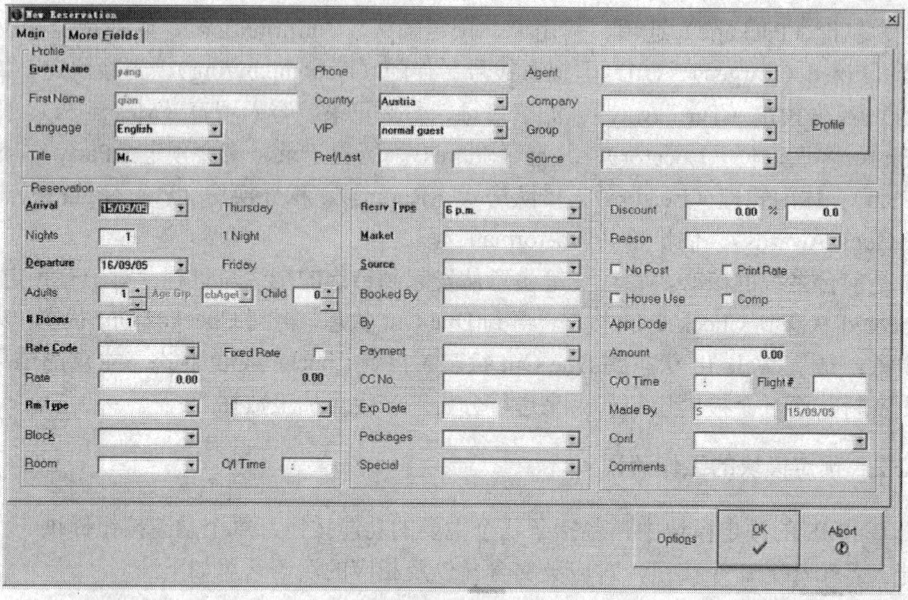

图 10-1 新建预定模块

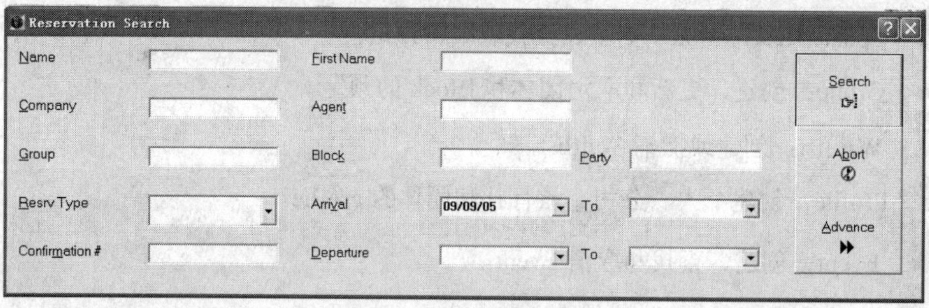

图 10-2 查找预定模块

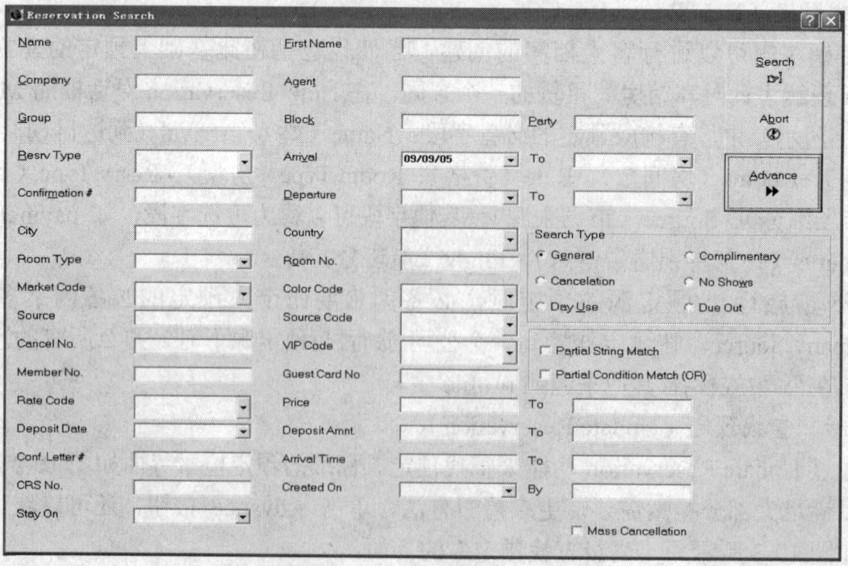

图 10-3 "高级查找预定"的界面

3. 团体预定（Group Reservation）

团体预定也是建立在个体预定基础之上的，其操作界面如图 10-4 所示。

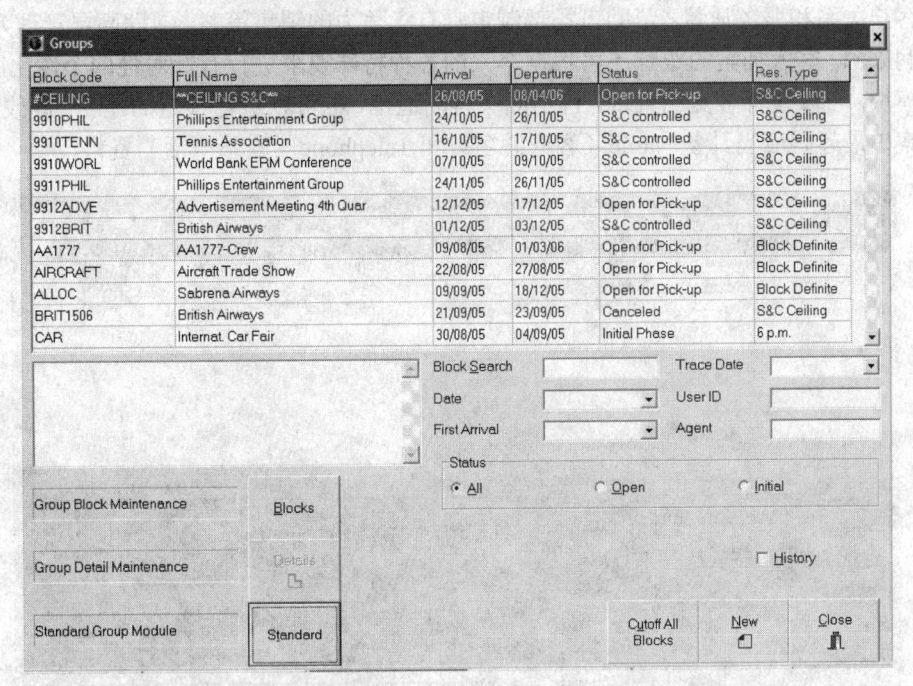

图 10-4 "团体预定"界面

石基 PMS 包含两种团体类型：标准团队预定和 Block（高级团体预定）。

（1）标准团队预定。用来处理同时到达、同时离开、需求相同或近似的标准旅行团队的业务。通常预定同类型的房间。除各个团员各自形成独立债务人之外，还有共同的主要债务人，即 Pay Master，负担大部分账务的结算。

（2）Block（高级团体预定）：用来处理陆续到达、陆续离开的各种非旅行团队形式的团体业务，如大型会议、婚宴用房、分销机构的分销业务等。Block 是若干独立的个体预定和标准团队的超集，每个预定都有自己的债务人。Block 的另外一个名字叫 Allotment，有人译为"配额"。

标准团队由两个重要成分组成：Group Master 或 Pay Master（PM）预定和 Group Profile 团队的客史档案。

标准团队的 Group Master 是主要债务人，理应形成一个 PM 预定。如果你希望针对团体机构作统计的话，那么你需要为这个 Group Master 创建 Profile，并将其与该预定绑定。由于标准团队预定是由若干个体预定组成的，因此，每个团员也应有自己的个体 Profile。

4. 候补预定（Waitlist）

如果客人需要的房型或房价不可用，客人又希望能入住，那么可以将预定放置到候补预定队列中。当房型和房价变成可用时，再按特定顺序或优先级联系客人，问是否需要预定。如果客人需要，就将候补预定转为正常预定。"候补预定"界面如图 10-5 所示。

5. 基本档案（Profile）

在预定模块中可以进行顾客基本档案的创建，当然也包括在此基础上建立预定。系统通过 Profile 功能来收集每个客户（个人、公司、旅行社、预定源、团主等）各方面的资料，包括曾经入住和已经预定的信息。同样，客人的照片也可被存进 Profile 中。这些数据可用来帮助改善客户关系和服务质量；帮助市场部制定具有竞争力的销售策略；帮助高层管理人员分析业务利润来源。客人档案的跟踪还可根据客人的各种特殊要求进行有针对性的个性化服务。通过这个模块，可以进行客史的查询，包括回头客的追踪，也可以进行预定的建立、修改及取消。客人档案中最起码应当具备 Name（客人姓名）和 Telephone（联系电话）资料。

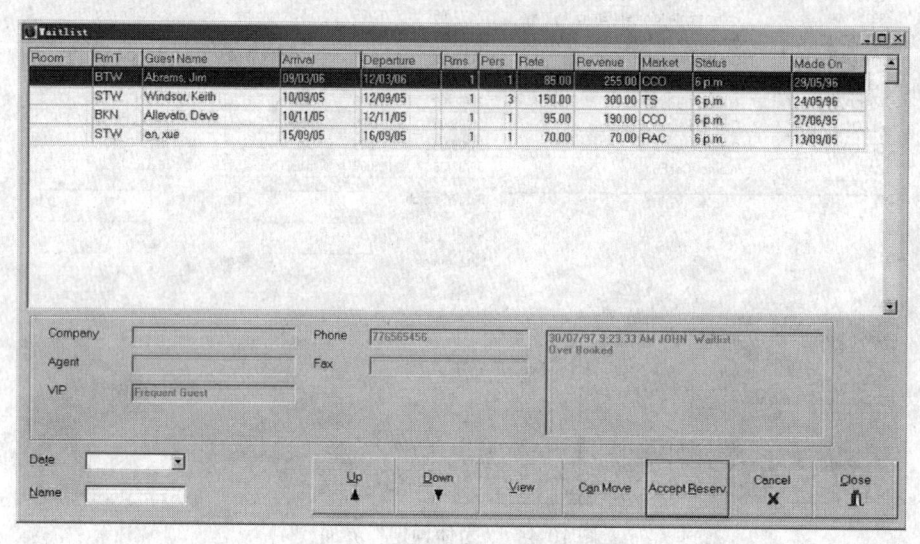

图 10-5 "候补预定"操作界面

如图 10-6 所示，Profile 包括五大类别，分别是：
- Individual：个体散客，个人。
- Company：公司。
- Travel Agent：传统旅行社。
- Reservation Source：其他预定来源，例如艺龙网等中介服务商。
- Group Master：团主，也叫 Pay Master。

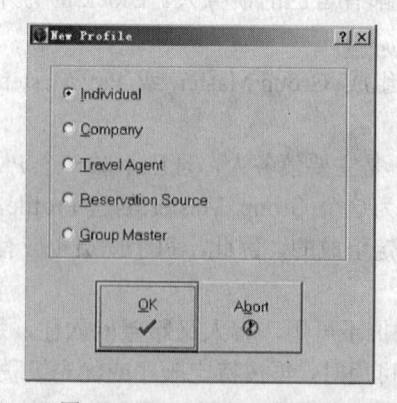

图 10-6 Profile 的五大类别

6. 事务管理（Event）

可以记录宾馆的一些会议日程时间表。例如，一家公司预定了宾馆的会议室，那么宾馆的销售部可以将会议室名称、餐厅名称和会议时间记录在 Event 中，如图 10-7 所示。

图 10-7 "事务管理"操作界面

7. 休闲管理（Leisure）

用于为休闲活动进行场地、设施、技师等资源的预定，适用于店内任何销售网点的服务，如网球场或餐厅的厅台、跳舞机、美容技师和水疗技师。从休闲活动模块里可以直接做收费过账的处理。如图 10-8 所示是休闲管理的操作界面。

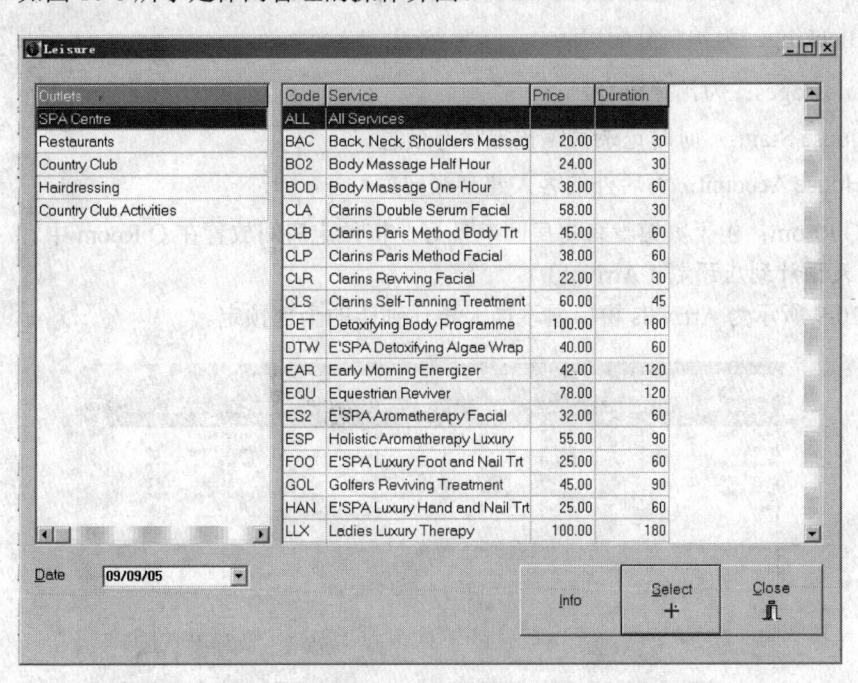

图 10-8 "休闲管理"界面

10.3 前台接待模块介绍

10.3.1 前台接待的功能说明

前台接待被喻为是酒店的脸面，接待工作的好坏直接影响到酒店的形象及酒店的收益。前台接待的主要工作包括入住登记、结账、问询、外币兑换、保险箱等，有的酒店还将礼宾部、票务等工作包括其中。

石基 PMS 中的前台服务功能用于为到达的和已入住的客户提供服务。此模块不仅可以处理个人客户、集团客户，以及未预约客户的入住服务，还设有房间分配、客户留言管理、叫醒服务、电话簿信息以及部门间的内部沟通与跟进服务等功能。

利用前台服务功能，对内可以使酒店集中管理，集中控制，快速反映前台的经营状况，大大降低工作人员的劳动强度，提高工作效率，更能有效地杜绝财务漏洞，减少经济损失；对外可以为用户提供迅速、高效的服务，为酒店电子商务的开展提供平台，从而带来良好的经济效益和社会效益；另外，大量的经营、收入、分析数据和报表能使管理者实时动态地掌握宾馆、酒店的经营状况，也为管理者提供有力的决策支持。

10.3.2 前台接待模块的工作流程

在石基 PMS 的前台接待模块中，包括几个主要的功能按钮，每个功能按钮提供一个相应的服务功能。各个相关命令按钮、对应的英文含义以及相应的汉语意如下：

Arrival：查找当天预计到店预定，创建 Walk In。

Guest In House：查找在住预定以及处理前台其他一些业务。

Blocking：为预定分配房间。

Messages：为预定留言。

House Status：时时记录宾馆预定状态信息。

House Account：为店外的客人建立账户。

Q Room：由于宾馆没有将房间准备好，将预定房间放置在 Q Room 中。

1. 当天预计到店预定（Arrival）

如图 10-9 所示为 Arrivals 窗口显示当天预计到店的全部预定。

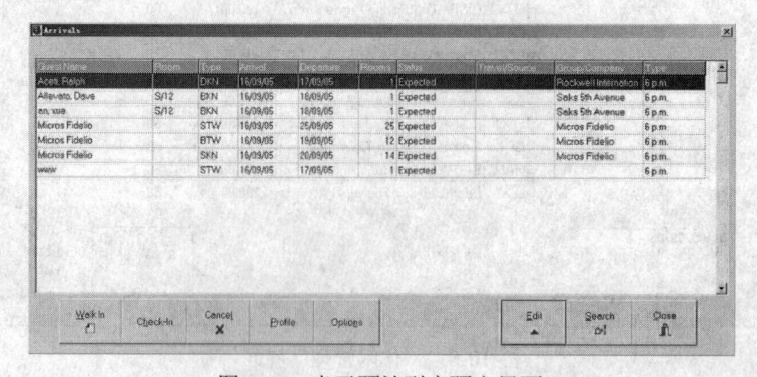

图 10-9 当天预计到店预定界面

第10章 石基PMS：酒店信息管理典型软件介绍 279

注意：所有预计到达的预定的状态均为 expected。当客人来到前台办理入住时，可以通过"标准查找"和"高级查找"输入相应的字段信息查找客人预定。

对于所有预计到达的预定，可以执行标准查找和高级查找，如图 10-10 和图 10-11 所示。

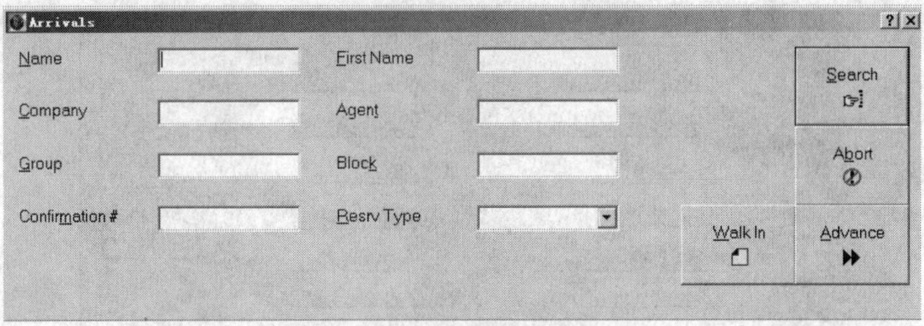

图 10-10 Arrival 标准查找界面

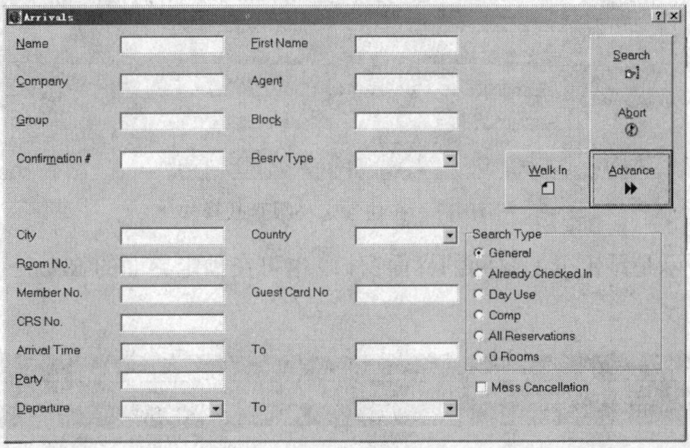

图 10-11 Arrival 高级查找界面

2. 在住预定（Guest In House）

宾馆会为店外客人查找店内客人，或因为前台的一些业务而查找在住客人。同样，查找在住客人的预定也是两种方法：标准查找和高级查找，如图 10-12 和图 10-13 所示。

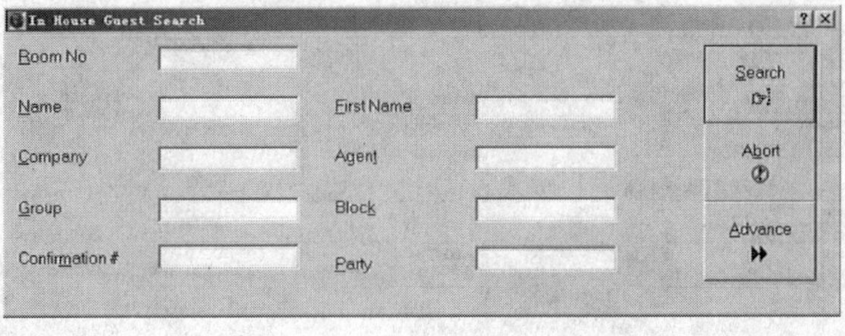

图 10-12 在住预定标准查找模块

3. 预定分配房间（Room Blocking）

宾馆的实际运营中，为客人做好预定以后，宾馆前台的员工会在某些客人到店之前为其提前分派好房间，系统称之为 Room Blocking（派房）。每一个客人在为自己作预定时，都会跟宾馆提出自己对房间的要求，例如 King Bed 或 Twin Beds、Floor、Smoking 或 Non-Smoking 等。前台员工可能会依据客人的预定要求，提前为其分派房间。

图 10-13　在住预定高级查找模块

如图 10-14 所示是预定分配房间的界面窗口。也可在预定界面的 Room 字段中直接为客人选择房间号码。

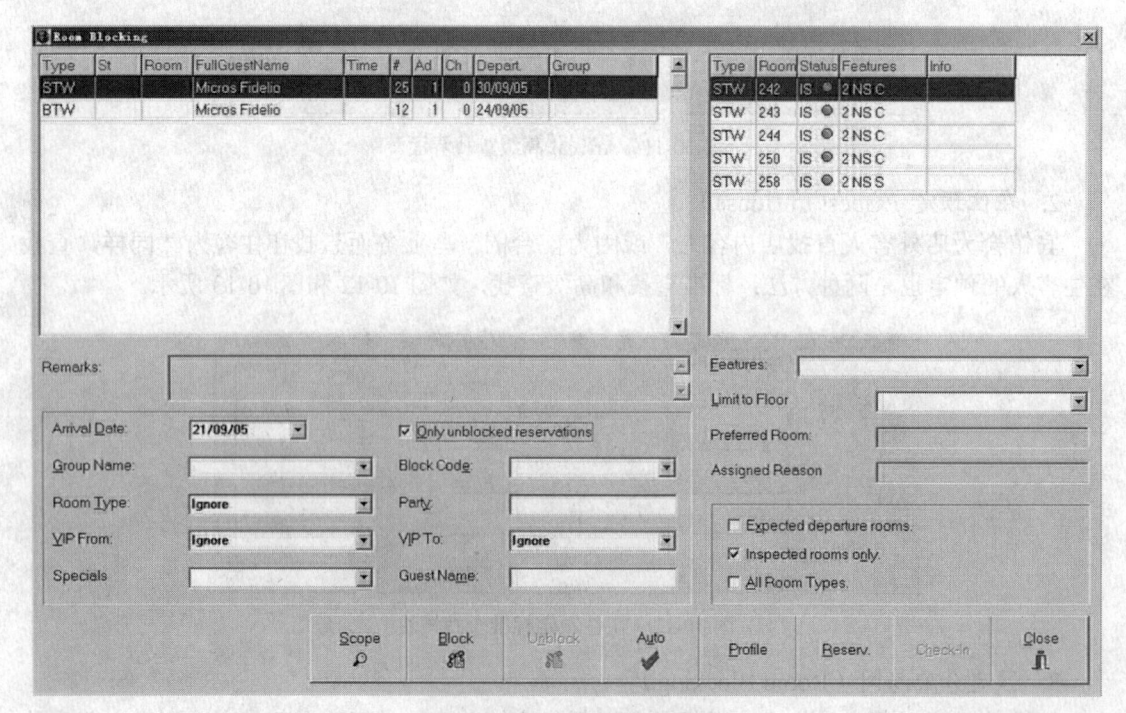

图 10-14　预定分配房间界面

4. 预定留言（Messages）

宾馆或其他客人为一个在住客人或团体留言，交由石基 PMS 保管，并以特定形式送达客人时，可以使用预定留言（Messages）功能。你可以无限制地给每一个客人保留留言，可以做接收留言与不接收留言的标记和用户自定义打印留言的格式，与相对应的界面（Interface）连接，留言触发器将在电话上打开留言指示灯，或将留言直接发送到在住客人的视频点播系统上，让客人可以在电视屏幕上看到留言。如果客人换房了，还有旧的留言尚未接收，那么系统会自动重新发送到当前的房间号码。留言在系统里可以一直保留，直到被删除掉或过夜审之前客人已经退房了。预定留言的操作界面如图 10-15 所示。

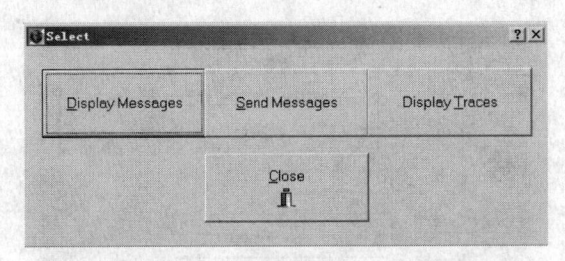

图 10-15　预定留言的操作界面

Traces 是宾馆员工之间的在特定的日期为特定的事件留言或派工，要求指定人员或部门进行后续跟进。可以查看 Traces，解决和不解决 Traces。Traces 允许你和宾馆其他员工交流客人的要求，允许宾馆在指定的日期里记录必须做的事情。你可以创建、修改、删除或解决或记录已完成的 Trace。

5. 客房预定状态（House Status）

House Status 是时时更新宾馆预定信息的数据表，如图 10-16 所示。

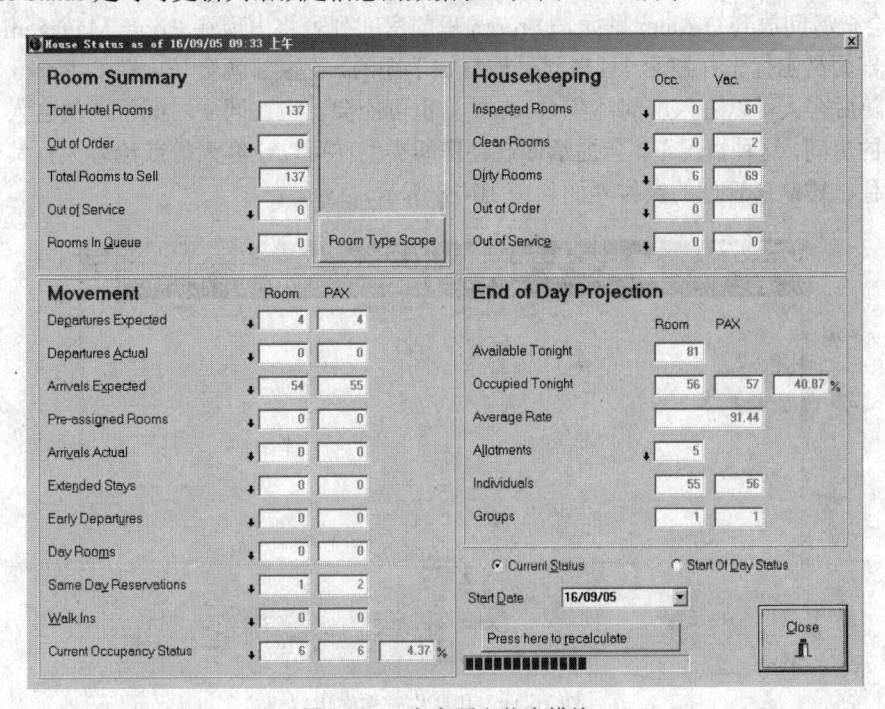

图 10-16　客房预定状态模块

它由以下 4 个部分组成：
- Room Summary：宾馆房间总数概括。
- Movement：时时更新预定数据。
- HouseKeeping：宾馆房间实际状态。
- End of Day Projection：时时预测宾馆的出租率以平均房价。

6. 客房账户（House Account）

House accounts 选项用于打开宾馆的账目，界面如图 10-17 所示。例如宾馆的客人想分开付他房间的消费，或者没有客人在宾馆入住但却跟宾馆有消费交易的可以使用此功能。

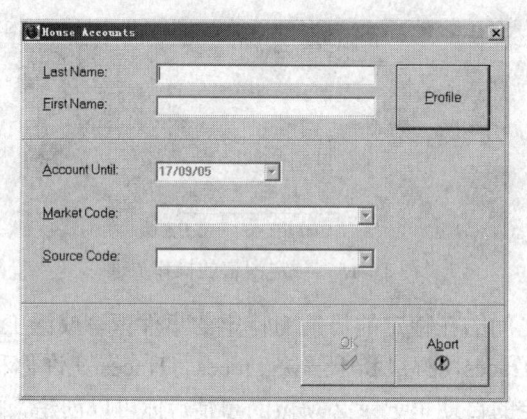

图 10-17　客房账户操作界面

7. 排队房管理（Q Room）

很多宾馆在客人当天到达之前为其准备房间。在客人预计到达时间之前，房间还没有准备好，将会把房间放到 Q-room 里面，Q-room 里的房间列表将出现在 Room Management 里面，以便管家部的员工优先打扫。一旦房间是被打扫干净的，管家部就会马上在 Q-Room 里显示房间状态，随后客人可以进入房间。在 Q-room 里也可能会发生在同一时间不同的客人分配的是同种类型的房间，这种情况下，会提示你这种房间类型你可以让客人等或给客人找其他新的房间办理入住。排队房管理的操作界面如图 10-18 所示。

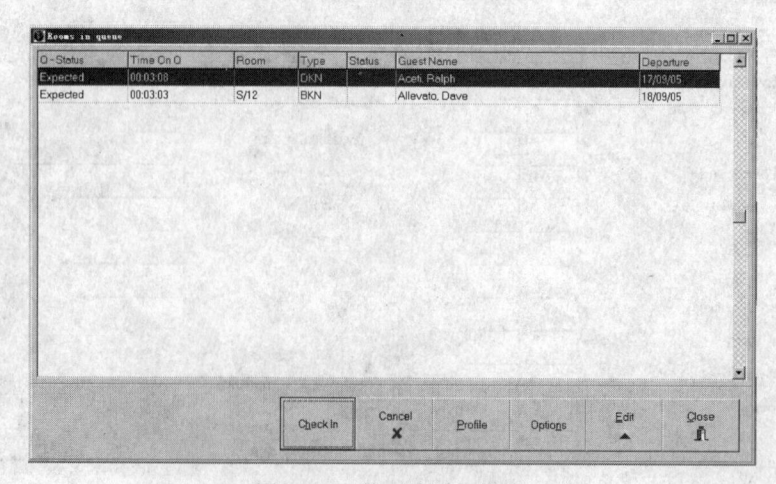

图 10-18　排队房管理模块

10.4 出纳管理模块

10.4.1 出纳管理的功能简介

出纳管理能够支持所有宾馆出纳工作所需的功能，包括预定定金、外币兑换、付款及应收账等，还包括一些出纳员功能，如外来客入账及账目审核等。

10.4.2 出纳模块的工作流程

在石基 PMS 的出纳模块中，包括了几个主要的功能按钮，每个功能按钮提供一个相应的服务功能。各相关命令按钮、对应的英文含义以及相应的汉语意思如下：

Billing：记账，包括客人账页查询、过账或结账。

Posting：过账。

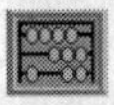

Cashier Functions：其他一些出纳业务功能。

Close Cashier：关闭出纳员账户。

Passer By：为店外客人建立账户。

Quick Check Out：快速结账。

1. 记账（Billing）

大多数客账操作都是通过 Billing 来管理的，其界面如图 10-19 所示。可以通过该功能来选择任何客人、浏览客人账页、过账、更正现有的账目、调整之前的账目、为客人办理离店手续，也可以执行一些其他功能。当客人有消费时，宾馆会将消费额记录到对应的科目当中。过夜审时，房费会自动过账到客人指定的账页中。结账时，前台会选择相应的付款方式来结账。如果客人的账目有问题，可以通过相应的功能来为客人的账页进行调账。

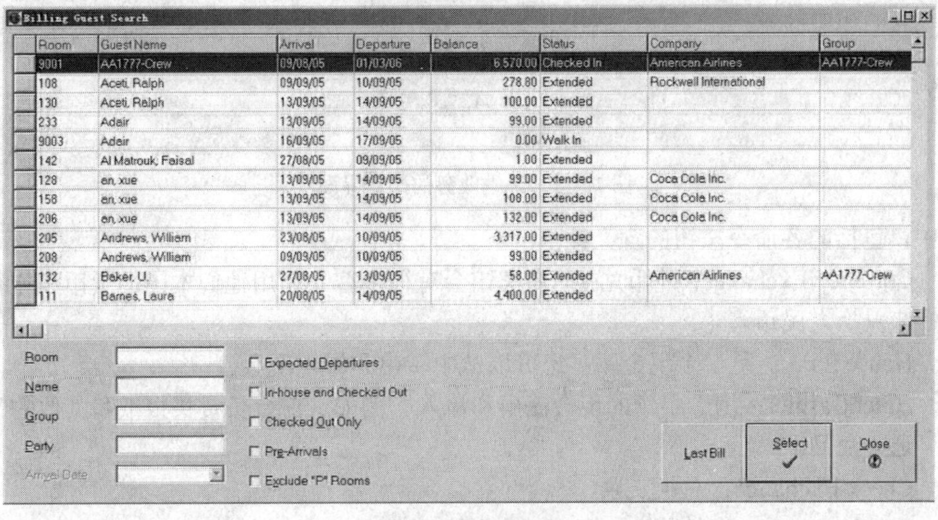

图 10-19　记账模块

2. 过账（Posting）

此功能可以用来做快速过账，如图10-20所示是其操作采单。可以为若干房间的同一科目的各个交易手工过账，或为同一房间的不同科目的若干交易手工过账。

Posting 的功能在 Billing 功能中已经包含，单独把它设立成一个功能是为了过账方便，并且有部门权限控制的考虑。

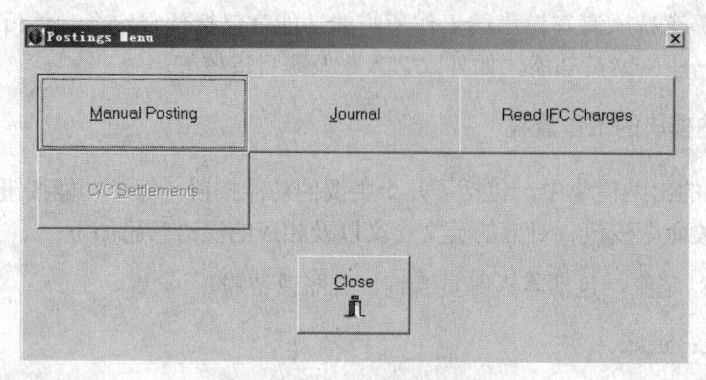

图 10-20　过账的操作采单

3. 出纳业务（Cashier Functions）

这是出纳若干操作功能的一个总汇，其操作界面如图10-21所示。

图 10-21　出纳业务的操作界面

其中，包括的各命令按钮的含义如下：
- Currency Exchange：外币兑换，在宾馆会有很多客人使用他们本国的货币和旅行支票来兑换人民币。
- House Bank：是一个现金库，您可以从中转出和转入现金。
- Hotel Cashier：用于小额的现金流出和流入。例如，前台负责买报纸和其他的一些普通小商品。
- Check Exchange：兑换支票。
- Cashier Status：出纳状态，即出纳上班和下班。

- Reservation Deposit：预定担保金。
- Exchange Rates：外币兑换汇率。
- Folio History：账页历史。
- Cashier Reports：出纳对账表。
- Batch Posting：一次性为不同客人批量过账同一笔费用。例如为团体所有成员过账。
- Batch Folios：批量打印账页。
- Post Covers：录入就餐人数，与 department codes 相关联。

4. 关闭出纳员账户（Close Cashier）

如图 10-22 所示，出纳一般分为 3 个班次：早班、中班、夜班，在每一个班次下班的时候都需要对自己的账目进行检查，所入的科目是否正确，所收的押金是否已经全部入账，查看 Cashier Report。如果无误，那么需要将自己的 Cashier No.关闭，结束今天工作。

图 10-22 关闭出纳员账户的操作界面

5. 为店外客人建立账户（Passer By）

不入住客房，但在店内其他经营网点有消费或罚款等往来项目发生的客人叫做 Passer By。为店外客人建立账户的操作界面如图 10-23 所示。

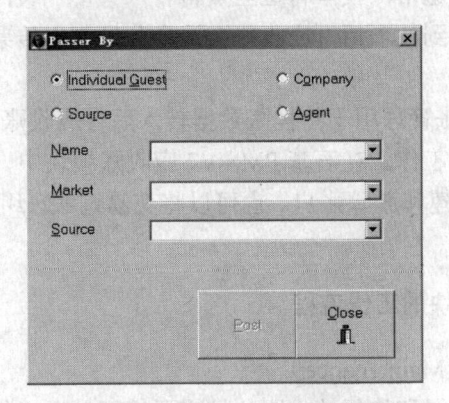

图 10-23 为店外客人建立账户模块

6. 快速结账（Quick Check Out）

当客人不需要账单明细的时候可以快速结账。如果账页余额不为 0，那么就会直接打印收据并且办理 Check Out。如果余额为 0，则直接 Check Out。若之前没有打印过账页，则可以打印出账页。

快速结账操作的界面如图 10-24 所示。

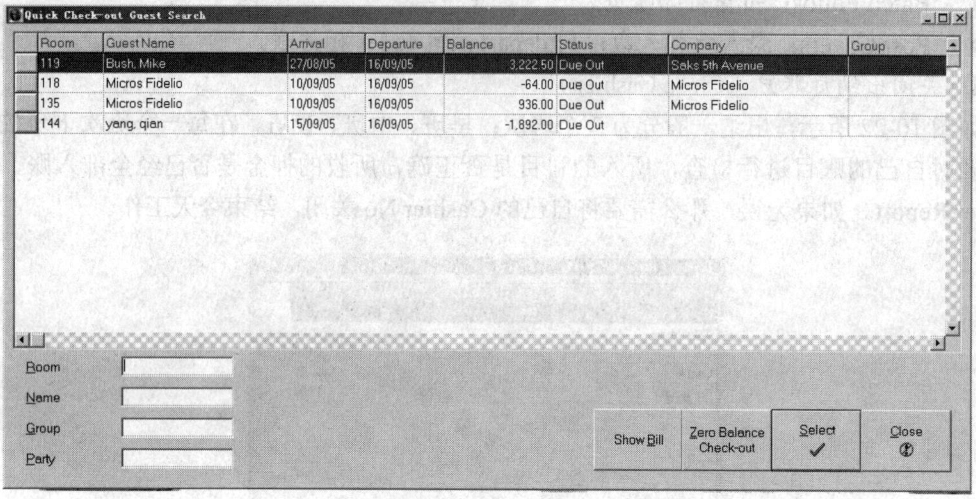

图 10-24　快速结账的操作界面

10.5　财务应收账模块介绍

10.5.1　财务应收账的基本知识

在前面我们所讲的全部是发生在前台的出纳业务，虽然完成了所有的现金交易，但是还有一些交易并未在前台结讫。例如公司挂账、团体挂账、信用卡结账。对于前台客账（Guest Ledger）来说，账单上结余额已经为"零"，但银行账并没有实际收到这些款项，还需要信贷经理或应收账会计去跟这些公司、旅行社等去讨要。这就是为什么前台会把这些账项转到后台相应的应收账户中的原因。通常，夜审将这些资料转入一个"缓冲池"，经过审计员检查后会实际转入财务应收账。等收到款项后，应收账会计会分批制作传票（Journal Vouchure），正式做总账的明细账过账。

石基 PMS 的财务应收账管理用于将挂账数据转入后台应收账模块，并完成催账、收账、银行对账、账龄分析等日常工作。在石基 PMS V7 应收账模块中，允许你管理债务人的账户，更新账户的记录，编辑、新建和删除账户。也可以将交易过账，纠正和打印账页，处理信用卡的挂账。

10.5.2　财务应收账模块的工作流程

1. 账户维护（Account Maintenance）

宾馆会有很多的协议公司和旅行社，跟他们需要签订一个"信贷协议"。在信贷协议中会有很多的限制条款，例如信贷限额、回款周期等。当一家公司所有条件都符合宾馆信贷协议的要求时，可以为这个公司创建一个应收账户，如图 10-25 所示是其操作界面。

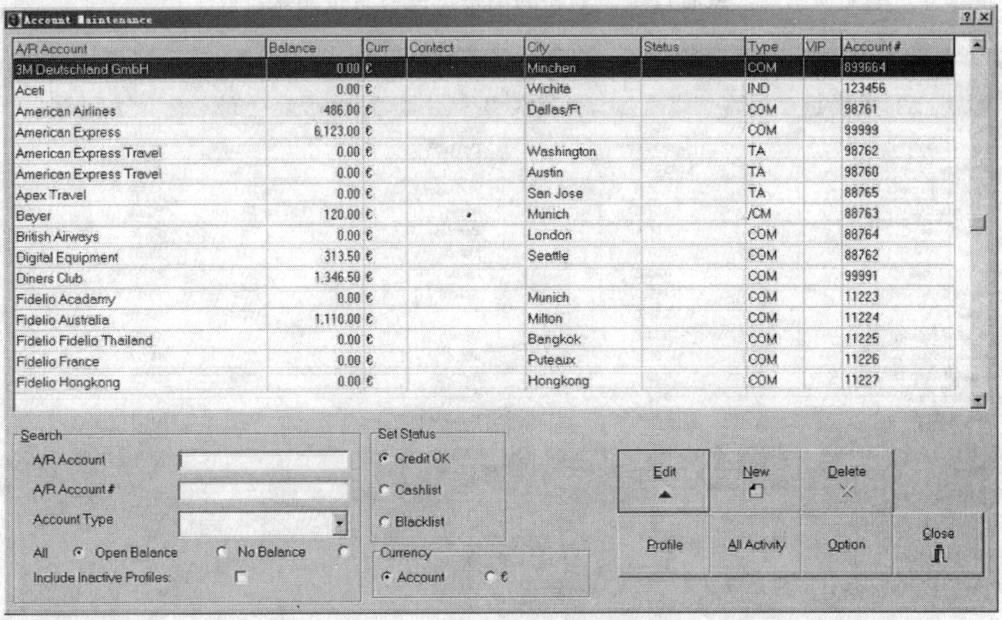

图 10-25　账户维护的操作界面

2. 数据转换（Transfer F/O Data）

如图 10-26 所示是前台将客人挂账的明细转到相应的应收账户（A/R）中的界面。在正式转移之前，必须确保消费金额正确，并确认 A/R 账号正确。因此，提供一个缓冲，如果你确实需要做一些更改，那么在正式转移之前可以在 Import F/O Data 对话框中进行必要的更改。

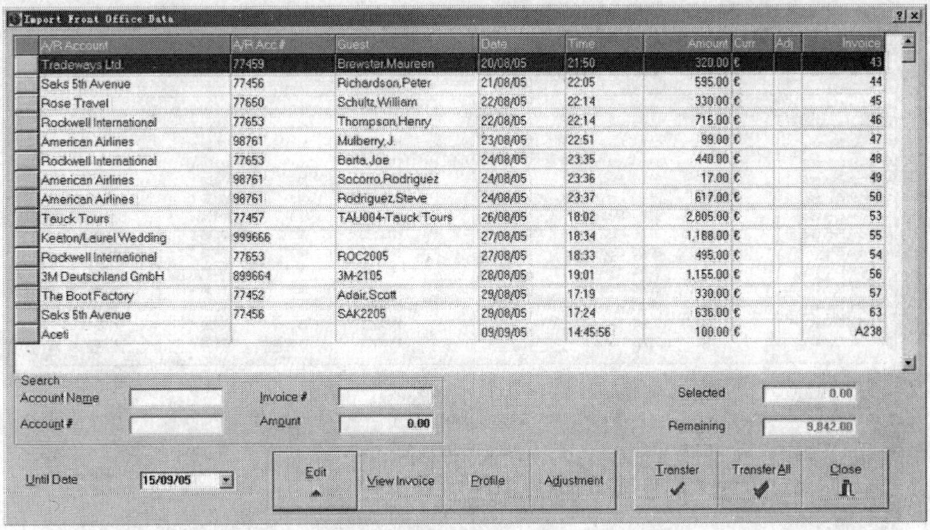

图 10-26　数据转换的操作界面

3. 过账（Postings）

过账的操作界面如图 10-27 所示，用于处理单个 A/R 账户的交易过账。在必要的情况下，可以查看每一笔交易明细，或者过账一笔新的消费，或者直接调账。

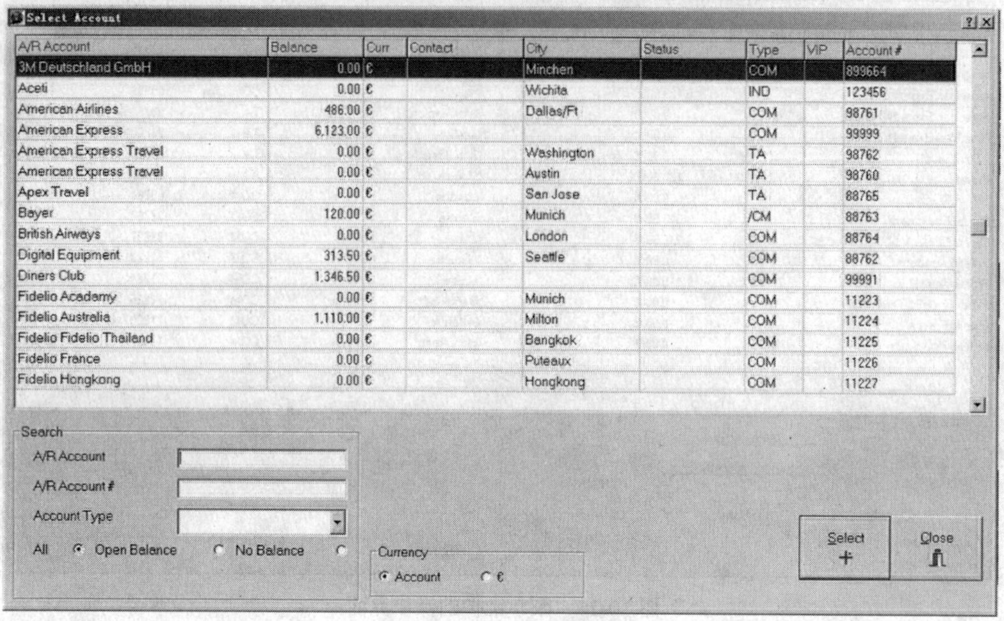

图 10-27　过账的操作界面

4. 交易搜索（Transaction Search）

如图 10-28 所示，此功能允许你精确地查找出每一个指定的应收账户中的单个交易，可以为交易付款，为一个交易做调账处理，或者将错放的交易转入到正确的应收账户中。

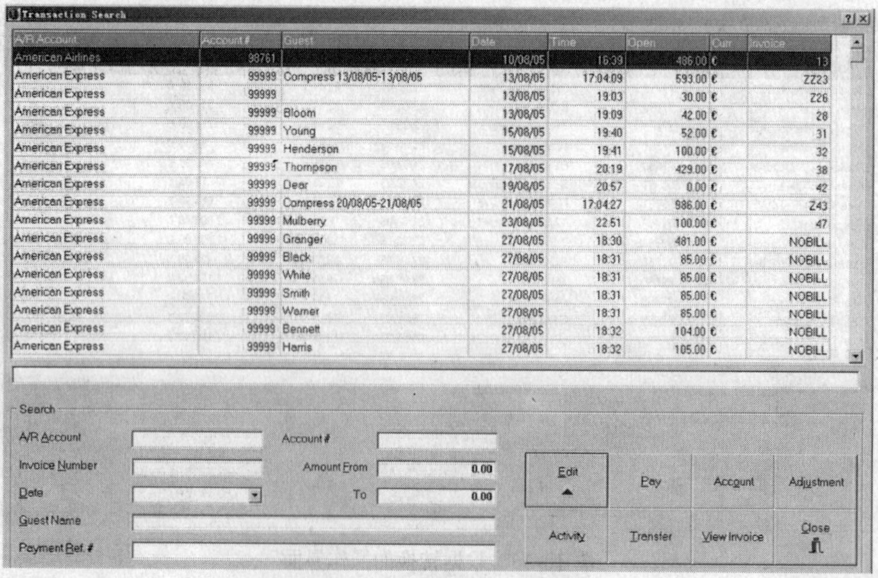

图 10-28　交易搜索操作界面

5. 信用卡结账（Credit Card Payment）

如图 10-29 所示，对于通过信用卡结账的交易，需要将信用卡支付的详细信息送达信用卡公司，经过与银行对账，确认无误，信用卡公司才会将对应金额转入宾馆的银行账户。信用卡应收账户按照信用卡类别来分类，可能还会按照货币种类区分不同的账户。

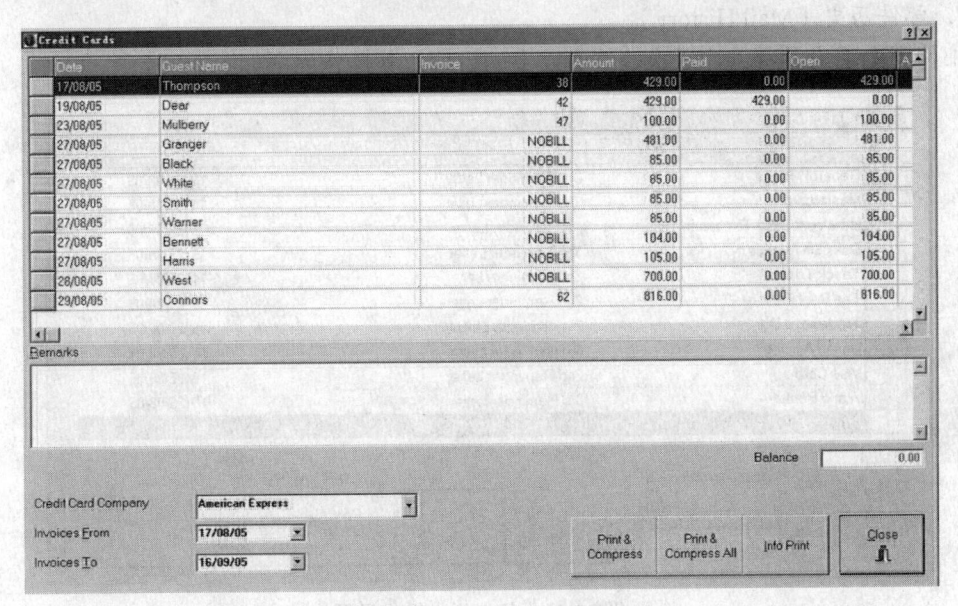

图 10-29　信用卡结账操作界面

6. 催账函（Reminder Letters）

催账函是宾馆对公司、旅行社等债务人发出的催账函，其操作界面如图 10-30 所示。

图 10-30　催账函操作界面

通常情况下分为 3 种级别的催账函。第一个月发出的催账函只是书面通知债务人相关债务的详细信息，提示支付方式和时限。第二个月发出的第二封催账函则明确声明债务人已经逾期没有付款，作为警示，有滞纳金约定的，还会主张滞纳金。第三个月发出的第三封催账函则语气比较强硬，并声明违约可能带来的后果，有滞纳金约定的，则会明确将滞纳金列为应收项目。90 天以后仍然不付款，意味着严重的违约，在国外，通常直接由信贷经理移交给律师，通过法律途径来解决。

7. 邮件历史（Mail History）

邮件历史用来显示以往历次催信函发出的日期，其操作界面如图 10-31 所示。

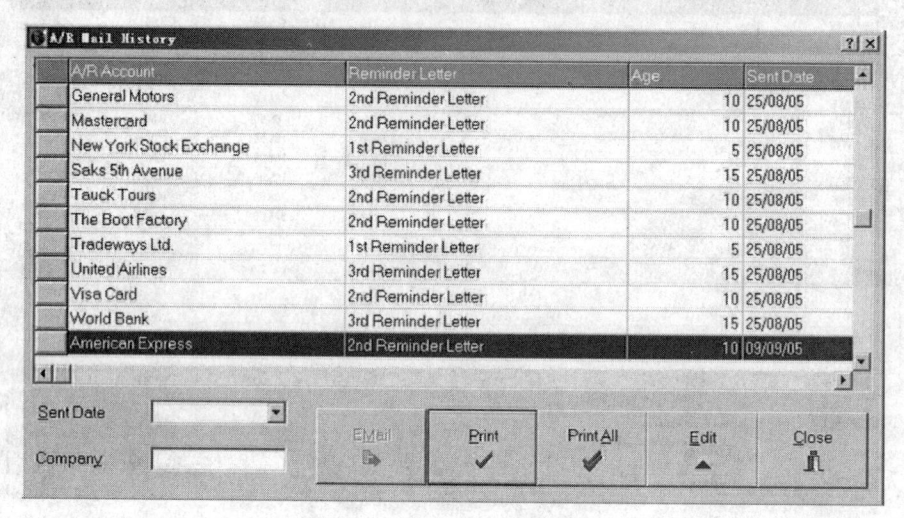

图 10-31　邮件历史操作界面

8. 批处理（Batch Statements）

批处理操作界面如图 10-32 所示。系统可以按照你的定义一次性批量打印若干每月对账单。勾选 Include in Batch Statements 可以指定在批量打印对账单时包含这个债务人账户。

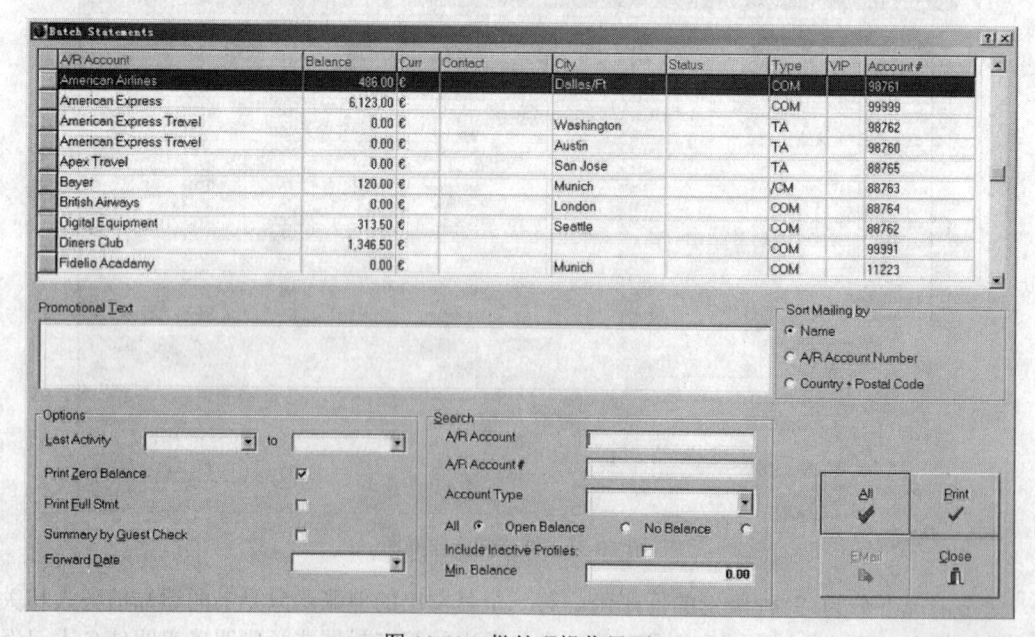

图 10-32　批处理操作界面

第10章 石基PMS：酒店信息管理典型软件介绍　291

9. 跟踪指示（Traces）

Traces 是一个内部员工的沟通工具，操作界面如图10-33所示。在这里只针对这个应收账户。通常情况下是用来标注在未来某一特定时间将要发生的事情或为其他同事派工。

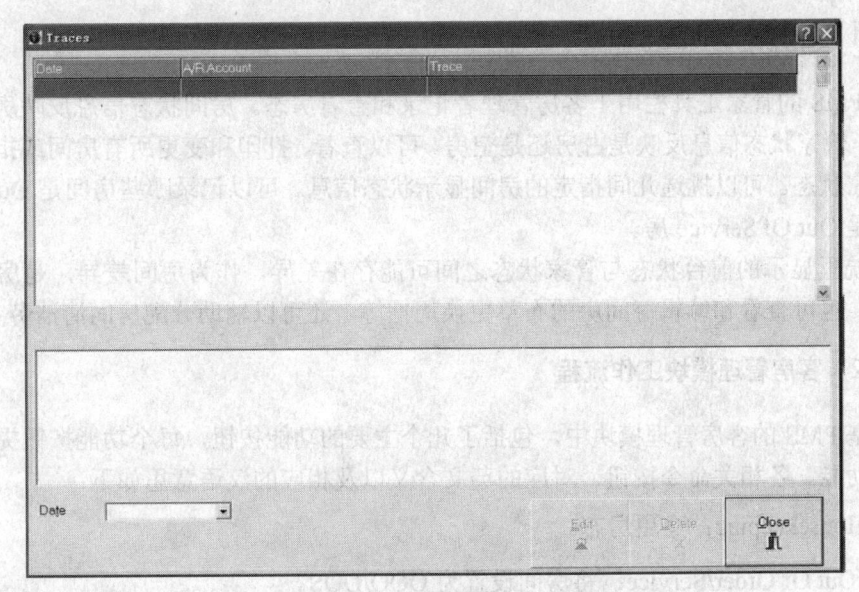

图10-33　跟踪指示的操作界面

10. 报表（Reports）

许多预定义的和用户自定义的应收账报表都可以通过应收账模块访问。其他类型的报表，建立报表的格式可通过访问 Miscellaneous 模块来查阅报表。当你点击 A/R 中的 Reports 按钮时，加载 Reports 的应用程序，由此可以访问所有应收账报表。通过 A/R 来访问 reports 模块，财务类报表是默认的第一访问界面。报表功能的操作界面如图10-34所示。

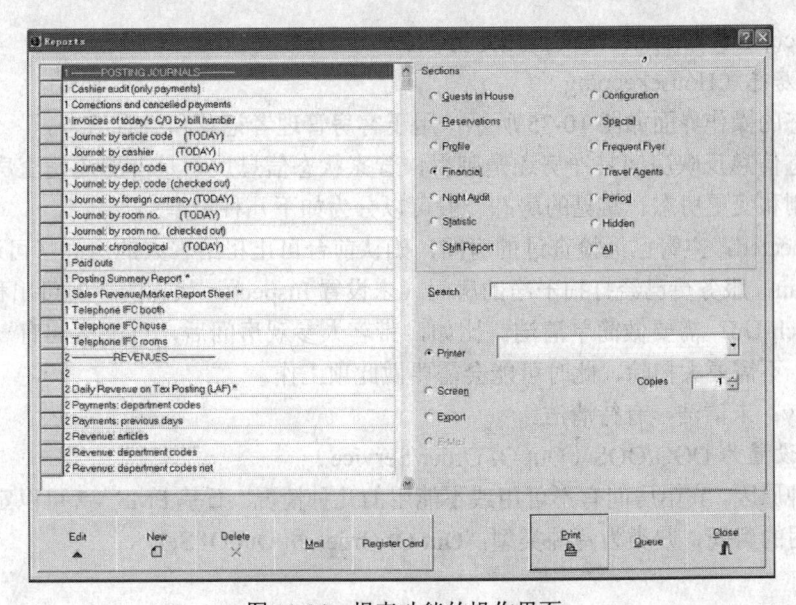

图10-34　报表功能的操作界面

10.6 客房管理模块介绍

10.6.1 客房管理的基本知识

石基 PMS 的管家工具栏用于客房管理者记录和查看房态。房间状态信息反映房间是净房还是脏房，管家状态信息反映是占房还是空房。可以查看、打印和变更所有房间或指定房间的房态和管家状态。可以挑选几间指定的房间显示状态信息。可以记录哪些房间是 Out Of Order 房，哪些是 Out Of Service 房。

在系统里显示的前台状态与管家状态之间可能存在差异，作为房间差异，是房务管理的重要手段。也可查看和编辑每间房的布草更换周期等，还可以辅助分配房间清洁劳务。

10.6.2 客房管理模块工作流程

在石基 PMS 的客房管理模块中，包括了几个主要的功能按钮，每个功能按钮提供一个相应的服务功能。各相关命令按钮、对应的英文含义以及相应的汉语意思如下：

Housekeeping：变更房态。

Out Of Order/Service：将房间设置为 OOO/OOS。

Room Assignment：将房间设置为宾馆的 Show Room 或其他用途的房间。

Room History：房间历史。

OverBooking：超额预定设置。

Attendants：房间清洁员管理。

Q-Room：排队房管理。

Occupancy Graph：房间占用走势图。

1. 变更房态（Housekeeping）

变更房态的操作界面如图 10-35 所示，用于客房管理者记录和查看房态。

房间状态信息反映房间是净房还是脏房，管家状态信息反映是占房还是空房。主要功能在于实时控制和变更房态。常见的房态一般可以分为如下几种类型：

- Inspected：主管已经检查过的房间，确认前台可出租给客人的房间（可选）。
- Clean：服务员已经打扫干净的房间（未设置 Inspected 状态的，即可出租）。
- Touch-Up：需要做简单清洁。比如，带客人参观房间后，可能房间有一些小小的脏乱，不需要大扫除，此时可能会需要做此项工作。
- Dirty：未清洁，有待清洁。

2. 房态设置为 OOO/OOS（Out Of Order/Service）

由于各种原因，宾馆房间有不可用或不能用的几种情况。石基 PMS V7 可以定义由于各种原因无法使用的房间，归类为两种类型：Out Of Order 和 Out Of Service。

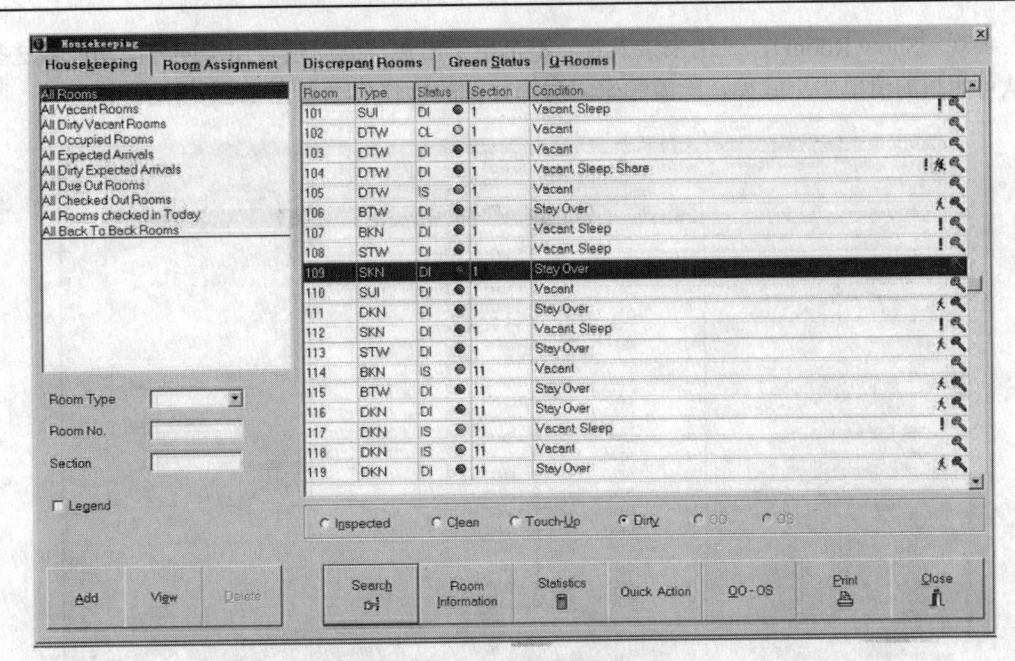

图 10-35 变更房态的操作界面

Out Of Order（不可用房）表示房间需要维修或有其他状况发生，不能进入经营状态，该房间将从可用房总数中减掉，不参与出租率计算。Out Of Service（停用房）表示房间能够进入经营状态，没有任何状况发生使得房间的功能丧失，仅仅是由于某种考虑而暂时停止使用。当然，该房间仍然要参与计算出租率，否则业主的利益将受到损害。例如，在淡季，要关闭若干楼层，除非有大型会议等事件发生。停用房设置操作界面如图10-36所示。

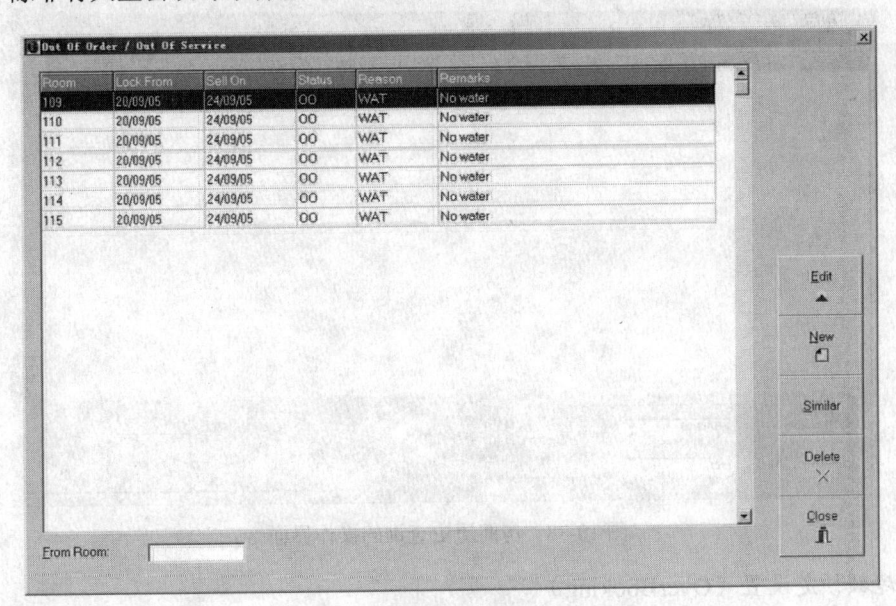

图 10-36 停用房设置操作界面

3. 房间分配（Room Assignment）

房间分配的作用是将房间的用途或性质进行强制指定。比如，宾馆通常会固定几间房供客人参观（Show Room），只用来给人看，不可用于出租，此时便可用房间分配功能将这些房间从可用房的清单中剔除掉，隐藏起来。房间分配的操作界面如图 10-37 所示。

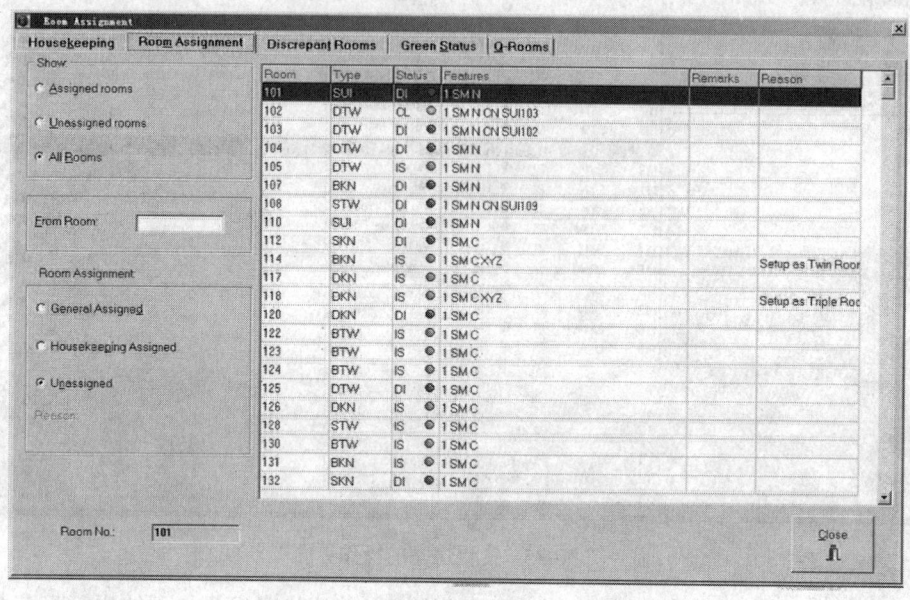

图 10-37　房间分配设置的操作界面

4. 房间历史（Room History）

房间历史跟踪客人房间占用状况、房间是否被损坏，或失物招领资料。可以用详细的日期查到客人使用的列表，显示客人留宿的历史数据。房间历史操作界面如图 10-38 所示。

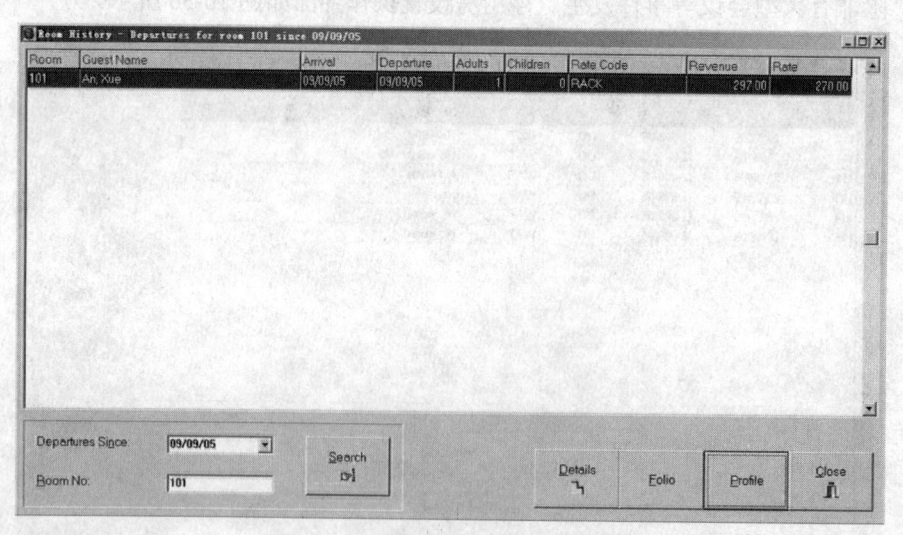

图 10-38　房间历史查询的操作界面

5. 超额预定设置（OverBooking）

许多宾馆在旺季高峰期的预定已经达到 100%的出租率，但是在仍有很多没有担保预定的前提下，宾馆不确定这些预定是否真的会来，于是，会在测算之后，仍然接受额外的预定。这就是所谓的超额预定。超额预定有两层含义：第一种是 House Overbooking（整个宾馆的超额预定），第二种是 Overbooking By Room Type（某种房型的超额预定）。

超额预定设置的操作界面如图 10-39 所示。

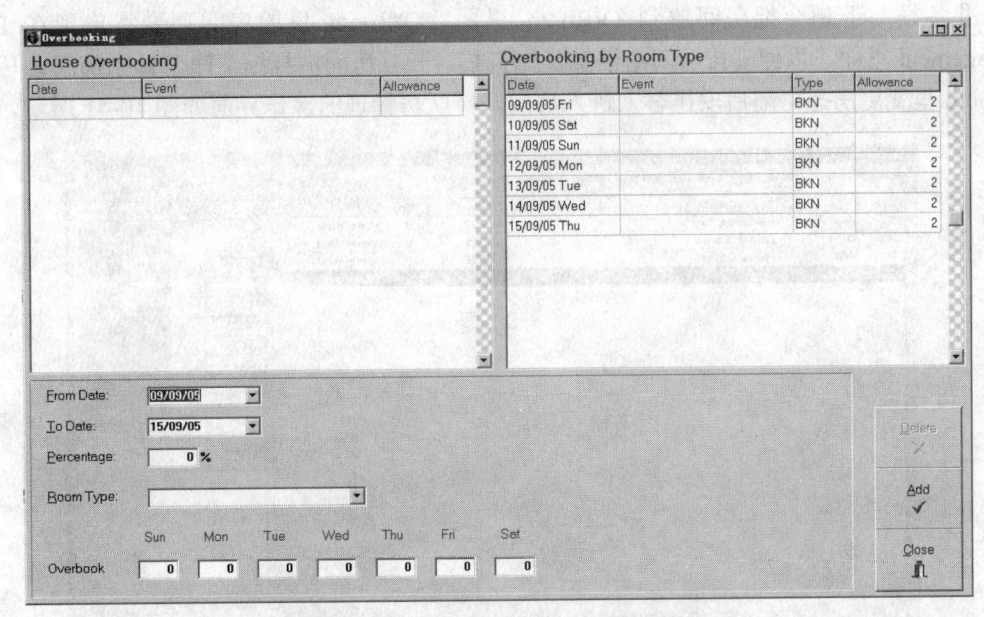

图 10-39　超额预定设置的操作界面

6. 服务员管理（Attendants）

Attendants 功能可以快速和简洁地提供服务员的工作量信息，如图 10-40 所示。不仅可以看到所有房间的分配，而且可以根据需要对房间进行再分配。可以再分配任何单个房间，或者对全部的房间进行重组。也可以打印关于房间分配的报表，或者将这个报表保存成文件。

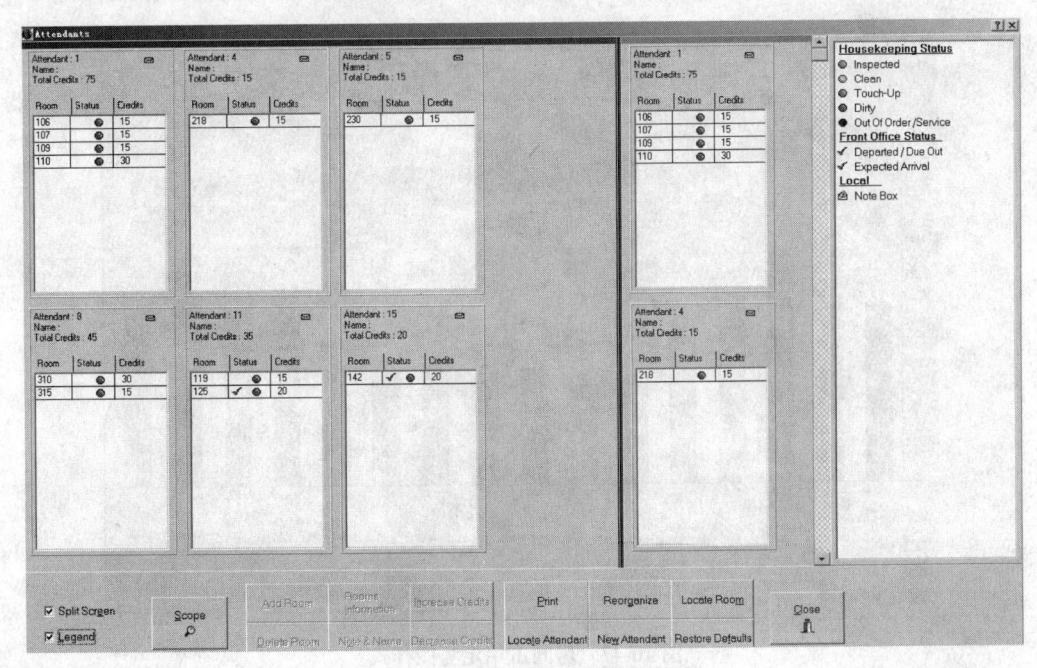

图 10-40　服务员管理的操作界面

7. 排队房管理（Q-Room）

很多宾馆在客人当天到达之前为其准备房间。在客人到达宾馆时或到达之前，房间可能还未准备好，于是会把房间放到 Q-Room 里面。Q-Room 里的房间列表将出现在 Room Management 里面，以便安排房间清洁员优先打扫。一旦房间被打扫干净，管家部就会马上在 Q-Room 里变更房态，随后安排客人进入房间。排队房管理的操作界面如图 10-41 所示。

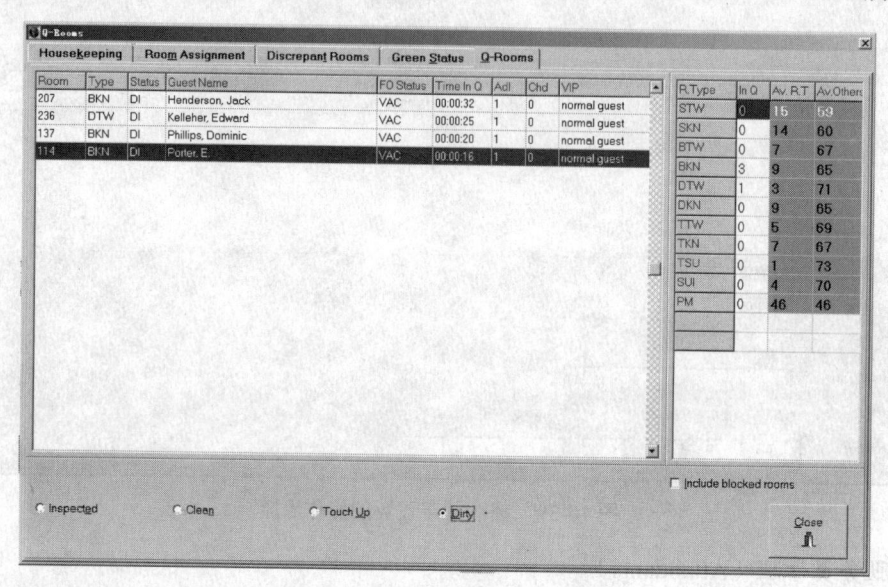

图 10-41 排队房管理的操作界面

8. 房间占用走势图（Occupancy Graph）

房间占用走势图如图 10-42 所示，用图表形式来显示宾馆在某一日期段内的出租率。

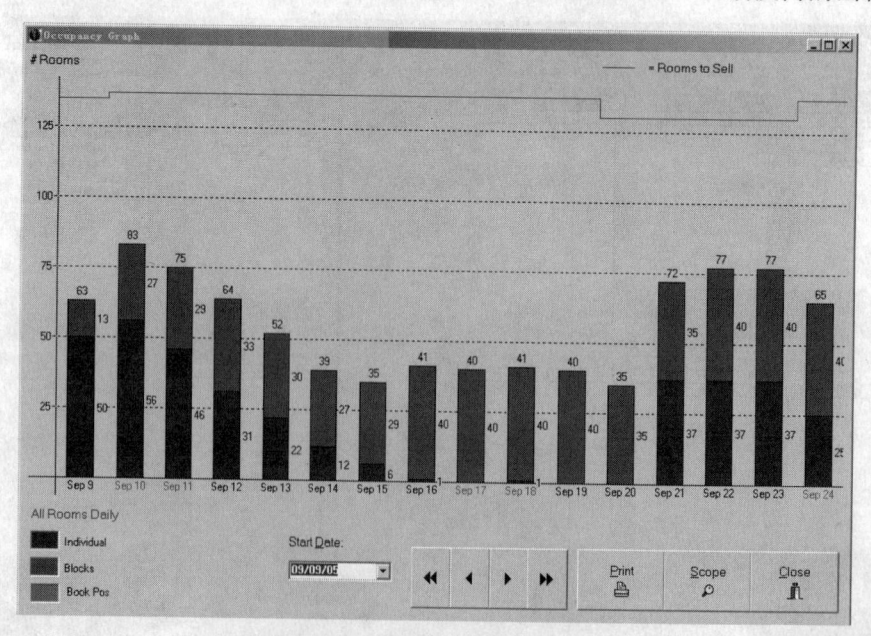

图 10-42 房间占用走势图样式

10.7 夜审模块介绍

10.7.1 夜审前的准备

运行夜审程序的目的是结束一天所做的工作，主要内容包括完成各科目的汇总、检查数据、整理文件、更新系统内部数据、递进宾馆营运日期。

在夜审期间，会自动控制和产生最后一次必要的过账，每天自动统计数据计算和打印报表，旧的数据被删除。在运行夜审之前，以下几项工作是必须要做的：

- 检查到达日期和离开日期。
- 检查在住客人，包括其房价、结余、国籍是否输入、入住登记单是否丢失等。
- 关闭 FO Server，停止收发外围系统的数据。
- 审核 PM、PF、PI 等假房账户。
- 打印在住客人的报表、到达客人报表和空房报表。
- 检查所有的出纳员是否已经关闭（结束工作状态）。
- 运行 Re-Organization 程序清理数据库，重新整理索引。
- 夜审前备份数据库。夜审期间，出纳员要暂停账务处理。

夜审的工作流程在系统初始化设置时设定，各家的具体操作情况会有所不同。

夜审模块的操作界面如图 10-43 所示。

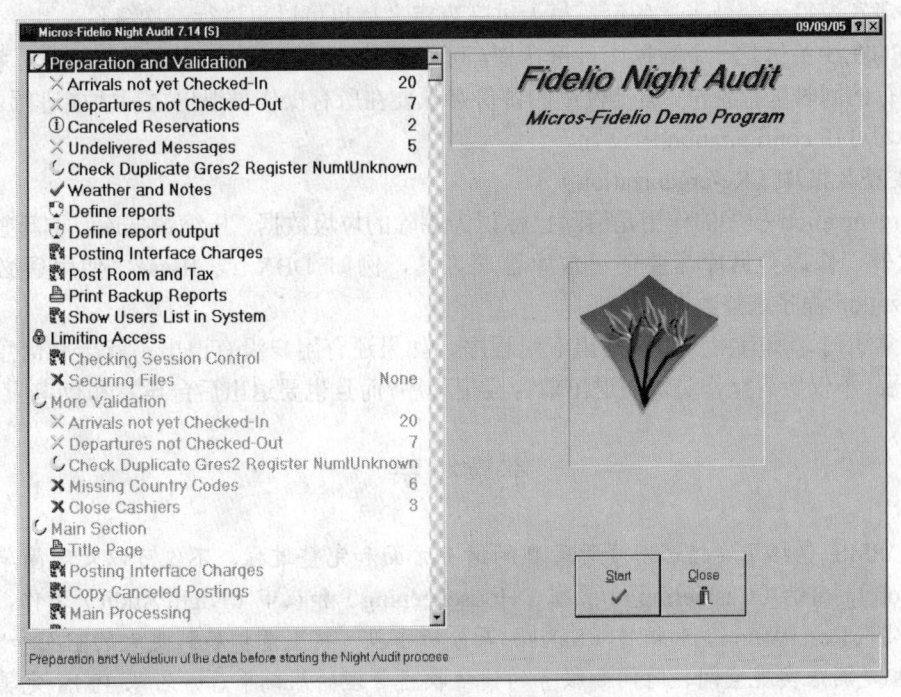

图 10-43 夜审模块的操作界面

10.7.2 夜审运行的主要内容

24小时之内只能过一次夜审,并且要在审账之后。如果在24小时内执行了两次夜审,系统就会给出警告。运行夜审时,系统会提示系统日期已经更新,因此绝不能在一天当中过多次夜审。如果夜审因为一个错误被中断,那么可以检查一下有多少夜审流程已经完成了。当重新开始夜审时,需要从中断的步骤重新开始。如果夜审在 Limiting Access 和 End Of Limited Access 之间中断了,那么夜审会从头重新开始。如果夜审在 Save Statistic 过程中失败,系统会使用备份中的副本替换当前的 statistic files,重新覆盖所有的 statistics。

在自动中断夜审之后,重新进入夜审时,可以查看一下 log file。这是我们推荐的方法,这样可以从中得到中断夜审的原因。这里面记录了错误信息,它可能会为您提供夜审中断的原因。所有的操作员都必须退出系统才能开始过夜审。如果有操作员在夜审过程中没有退出系统,就会在 session control 界面中显示。

当夜审运行的时候,如果有人进入系统,系统会对这些操作员发出警告。其实,操作员可以使用所有的功能键,包括留言、检查可用性、打印预定确认函,但是不能对财务和预定数据库进行修改。一旦夜审开始转入在后台运行,所有操作员就可以开始使用所有功能。系统会在所有的客户端上更换日期,除了本机。所有的用户都会恢复正常使用。

1. 在线备份(On Line Backup)

建议准备一个备份设备随时进行备份,以防数据的丢失。如果发生硬件损坏或者其他故障,管理员可以从备份文件中恢复所有或者部分的数据库。最低限度要在夜审前进行一次备份工作。很多宾馆每天会做多次备份,每天过完夜审之后也可以再进行一次备份。

这里的在线备份是一个数据库备份计划,可以通过 configuration 程序进行设置。系统可以在正常运行的同时进行备份。但是夜审的备份必须要在所有操作员退出之后才能进行。备份周期和路径均可在 configuration 中设置。

2. 重整数据库(Re-organization)

Re-organization 程序的作用是清除已标识为删除的垃圾数据、压缩数据库、重新整理索引文件。此外,修改数据库需要使用数库管理工具,例如 DBX 或 fBase,使用后必须运行 Re-organization 程序重整数据库。

重建索引时,所有用户必须退出应用程序。如果还有用户没有退出,就会有信息警示。这非常重要。不仅所有操作员需要退出前台应用程序,而且也要退出后台设置和夜审应用程序。

本章小结

石基 PMS 包括了宾馆客房资源管理的所有方面和完整过程,不仅可以处理简单的接待(Reception)、出纳(Cashiering)、管家(Housekeeping)和夜审(Night Audit)工作,而且可以通过预定(Reservation)和销售(Sales)等分析手段,将生意扩展到更大的空间和时间段。石基 PMS 是酒店实现空间、时间和服务的销售收益管理的基础平台。石基 PMS 完美地满足了全球各国各种旅游物业管理的现实需求。透过石基 PMS,人们可以灵活地设置系统参数,让软件实现自己的管理模式,而不必请软件设计师变更程序。

通过本章学习,读者应该了解到石基 PMS 的概念、内容、作用、工作流程等基本知识,同时要了解石基 PMS 在酒店信息化建设中的重大作用和意义。

复习思考题

1. 在石基 PMS 中，Profile 的 5 种类型是什么？
2. 在石基 PMS 中，预定模块的工作流程有哪些？
3. 在石基 PMS 中，前台接待模块的工作流程有哪些？
4. 在石基 PMS 中，House Status 中数据来源的根据是什么？
5. 在石基 PMS 中，出纳管理模块的工作流程有哪些？
6. 在石基 PMS 中，Trace 与 Message 的区别有哪些？
7. 在石基 PMS 中，财务应收账模块的工作流程是什么？
8. 在石基 PMS 中，管家工具栏的主要作用有哪些？
9. 在石基 PMS 中，客房管理模块的工作流程有哪些？
10. 在石基 PMS 中，夜审工作中断的不良后果有哪些？

参考文献

[1] （美）Michael L. Kasavana, John J. Cahill 著. 饭店业计算机系统. 王宏星译. 北京：中国旅游出版社，2002.
[2] 查良松. 旅游饭店计算机应用系统. 北京：高等教育出版社，2001.
[3] 查良松. 旅游管理信息系统. 北京：高等教育出版社，2002.
[4] 陈志辉. 旅游信息学. 北京：中国旅游出版社，2003.
[5] 邸德海. 旅游管理信息系统. 天津：南开大学出版社，2001.
[6] 干雪芳. 计算机现代饭店管理. 重庆：重庆大学出版社，2002.
[7] 甘利人. 企业信息化建设与管理. 北京：北京大学出版社，2003.
[8] 黄梯云. 管理信息系统（第三版）. 北京：高等教育出版社，2005.
[9] 姜红，罗捷斯. 餐饮信息化操作实训. 上海：复旦大学出版社，2008.
[10] 李江风. 旅游信息系统概论. 北京：北京大学出版社，2003.
[11] 陆均良，杨铭魁. 信息技术与饭店管理：以技术提升饭店的竞争力. 北京：旅游教育出版社，2003.
[12] 陆均良. 饭店计算机信息管理（第2版）. 北京：旅游教育出版社，2003.
[13] 陆均良. 计算机在饭店信息管理中的应用. 北京：科学出版社，1996.
[14] 陆均良. 旅游饭店信息管理与计算机应用. 杭州：浙江摄影出版社，1998.
[15] 罗时龙. 信息化饭店管理. 北京：中国财政经济出版社，2003.
[16] 马费成. 信息管理学基础. 武汉：武汉大学出版社，2002.
[17] 牛越胜. 现代酒店管理信息系统. 广州：广东旅游出版社，2004.
[18] 王曰芬. 电子商务网站的建设与管理. 北京：北京大学出版社，2002.
[19] 巫宁，杨路明. 旅游电子商务理论与实务. 北京：中国旅游出版社，2003.
[20] 吴映鹏. 饭店信息化管理. 北京：旅游教育出版社，2002.
[21] 薛华成. 管理信息系统（第四版）. 北京：清华大学出版社，2004.
[22] 杨路明. 现代旅游电子商务教程. 北京：电子工业出版社，2004.
[23] 姚国章. 电子商务案例. 北京：北京大学出版社，2002.
[24] 周贺来. 饭店计算机信息管理. 北京：中国水利水电出版社，2006.
[25] 周贺来. 客户关系管理实用教程. 北京：机械工业出版社，2009.
[26] 周贺来. 旅游信息化简明教程. 北京：中国水利水电出版社，2005.